영화와 문화냉전

미국 외교정책과
아시아 영화네트워크의 기원

지은이

이상준 李尙埈, Sangjoon Lee

미국 캘리포니아주립대학교(UCLA)와 뉴욕대학교(NYU) 영화이론학과에서 석사학위와 박사학위를 취득하고 미시간대학교, 단국대학교, 난양공과대학교, 그리고 링난대학교에서 교수 생활을 했다. 현재는 홍콩성시대학교(City University of Hong Kong) 창의미디어학과(School of Creative Media)에 재직 중이며 동대학에서 아시아영화연구소(Asian Cinema Research Lab)를 이끌고 있다. 주로 냉전기 영화정책과 산업, 국제영화제, 아시아 영화 교류사, 그리고 영미권의 초기 아시아 영화 수용사를 연구한다. 저서에는 『영화와 문화냉전-미국 외교정책과 아시아 영화네트워크의 기원(Cinema and the Cultural Cold War : US Diplomacy and the Origins of the Asian Cinema Network)』이 있고 편저에는 『한류 2.0-소셜미디어 시대의 한류(Hallyu 2.0 : The Korean Wave in the Age of Social Media)』, 『한국영화의 재발견(Rediscovering Korean Cinema)』, 『한국영화산업(The South Korean Film Industry)』, 그리고 『아시아 영화와 냉전의 재구성(Remapping the Cold War in Asian Cinemas)』 등이 있다. 현재 한국과 동남아시아의 화교영화산업이 맺은 교류의 역사를 정리하는 책을 집필 중이다.

옮긴이

김지은 金池垠, Jieun Kim

경희대학교 글로벌커뮤니케이션학부에서 영미문화를 전공했고 동 대학원에서 박사과정을 수료했다. 루스 이리가레·마이클 마더의 『식물의 사유』를 공역했고 발 플럼우드의 『악어의 눈』 등을 우리말로 옮겼다. 공저로는 『도래할 유토피아들』, 『우리는 어떻게 사랑에 빠지는가』, 『위기의 시대, 인문학이 답하다』 등이 있다.

영화와 문화냉전
미국 외교정책과 아시아 영화네트워크의 기원

1판 1쇄 발행 2023년 7월 15일
1판 2쇄 발행 2024년 10월 15일

지은이 이상준
옮긴이 김지은

펴낸이 박성모
펴낸곳 소명출판
출판등록 제1998-000017호
주소 서울시 서초구 사임당로14길 15 서광빌딩 2층
전화 02-585-7840
팩스 02-585-7848
이메일 somyungbooks@daum.net
홈페이지 www.somyong.co.kr

ISBN 979-11-5905-774-8 93680
정가 33,000원

이 책은 2021년 대한민국 교육부와 한국연구재단의 지원을 받아 수행된 연구임 (NRF-2021S1A5C2A02086967)

영화와
문화냉전

미국 외교정책과
아시아 영화네트워크의 기원

CINEMA AND THE CULTURAL COLD WAR
US DIPLOMACY AND THE ORIGINS OF THE ASIAN CINEMA NETWORK

이상준 지음
김지은 옮김

일러두기

1. 원서에 큰따옴표로 강조된 부분은 작은따옴표로 처리했다. 다만 원서의 인용에 표시된 큰따옴표 중 3어절 이상은 큰따옴표 그대로, 2어절 이하 인용은 작은따옴표로 처리했다.

2. 단행본은 『 』(겹낫표), 논문과 기사는 「 」(홑낫표), 영상작품은 〈 〉(홑화살괄호)를 사용했다.

3. 외국 인명 및 기관명, 작품명은 외래어표기법에 따라 표기했다. 다만 국내에 통용되는 명칭이 있을 경우 그것을 활용했다. 일본과 중화권 인명 및 작품명은 가급적 해당 국가의 원어를 병기하되, 영어식으로 발음되는 명칭에 한해 원어와 영어를 함께 병기했다. 그 외 해외 지역의 것은 영어 병기를 우선시했다.

4. 약어는 처음 표기할 때 국문명칭(영문명칭, 영문약어) 순으로 기재하고 이후 국문명칭 표기를 우선시했다. 다만 불필요한 혼선을 피하기 위해 국문명칭과 영문약어를 부분적으로 중복하여 병기했음을 밝힌다.

5. 모든 주는 원저자의 주이다. 옮긴이가 가독성을 위해 본문 및 각주 내 임의로 추가한 부분은 [ ](대괄호)로 구분했다.

이 책은 코넬대학교 출판부의 '세계 속의 미국(United States in the World)' 시리즈 중 하나로 출간되었다. 마크 필립 브래들리(Mark Philip Bradley)와 폴 A. 크레이머(Paul A. Kramer)가 시리즈의 토대를 구축했고, 벤자민 코티스(Benjamin Coates), 에밀리 콘로이 크루츠(Emily Conroy-Krutz), 폴 A. 크레이머, 주디 쥬춘 우(Judy Tzu-Chun Wu)가 공동 편집했다. 시리즈 목록은 다음 웹사이트에서 확인할 수 있다. www.cornellpress.cornell.edu.

항상 믿어주신 부모님께

한국어판 서문

이 책은 코로나로 모든 것이 멈추어 버렸던 2020년 10월에 처음 출판이 되었다. 당시 근무하고 있었던 싱가포르 밖으로 한 발자국도 나갈 수 없던 나는 연구실에 앉아 화상으로 미국, 캐나다, 영국, 이탈리아, 대만, 중국, 오스트레일리아, 홍콩 등 다양한 국가의 대학과 연구기관에서 내 연구에 관심을 보여주는 연구자들과 대학원생들을 만났다. 이 과정에서 가장 많이 받은 질문은 도대체 이 책의 아이디어를 어떻게 얻었냐는 것이었다. 특히 박사 과정에 있는 학생들이 가장 궁금해했다. 아마도 경계가 비교적 선명하게 그어져 있는 전통적인 학제에서 훈련을 받고 있는 그들에게 미국학, 냉전사, 지역학 그리고 수없이 많은 아시아 영화의 역사들이 뒤섞인 나의 연구가 무척 신기하게 보였던 모양이다. 그리고 어떻게 그 많은 국가의 아카이브와 도서관들을 돌아다니며 리서치를 해낼 수 있었냐는 질문도 많았다. 소명출판으로부터 한국어판 서문을 써달라는 요청을 받았을 때, 나는 이 책을 읽을 한국의 독자들 역시 비슷한 질문을 하게 되지 않을까 하는 생각이 들었다. 그래서 이 자리를 빌려 그에 대한 대답을 해 보고자 한다.

이 연구는 홍콩에서 시작되어 이후 뉴욕, 앤 아버, 서울, 싱가포르, 그리고 캔버라에 이르기까지 총 여섯 개 도시를 거치고 13년이 걸려서 완성되었다. 그 시작은 박사과정 중에 홍콩에서 보낸 6개월의 체류였다. 당시 뉴욕대학교에서 박사논문을 준비하던 나는 1950년대부터 1970년대까지 이어졌던 홍콩과 한국 간 합작영화의 역사를 연구하겠다는 계획을 갖고 있었다. 이 주제는 2004년 부산영화제의 '한·홍 합작의 시대' 특별전에서 영감을 받은 것이었다. 나는 한국영화가 홍콩의 화교 영화산업과 맺었던 이 특별한 교류의 역사에 매혹되었고, 6개월간 머물며 본격적인 연구를 할 목적으로 2007년 여름 홍콩에 도착했다. 당시는 홍콩 반환 10주년을 맞아 기대와 우려가 공존하던 시기였다. 홍콩영상자료원이 위치한 홍콩섬 동쪽 끝에 있는 사이완호西灣河에 머물며 매일같이 홍콩영상자료원에 가서 영화를 보고 홍콩의 옛 영화잡지와 정부자료, 그리고 자료원의 기록들을 뒤졌다. 당시의 홍콩영상자료원은 지금은 고인이 된 웡 아인링 Wong Ainling, 샘 호Sam Ho, 로우 카羅卡, 스티븐 티오Stephen Teo, 로저 가르시아Roger Garcia 등 홍콩영화연구자들이 홍콩영화산업이 아시아 및 유럽과 맺은 초국가적인 네트워크의 역사를 연구하고 학술행사를 기획하며 다양한 연구서적들을 적극적으로 출판하던 곳이어서 활력이 넘쳤었다. 그들의 도움으로 지금은 은퇴한 영화인들을 만나서 인터뷰도 할 수 있었다. 박사논문 리서치는 별 문제 없이 순조롭게 진행되어가고 있는 듯 보였다.

홍콩 체류가 중반을 넘어설 즈음이었다. 우연히 방문했던 홍콩대학교 도서관의 특별장서보관소에서 오래된 영화제 관련 책자를 발견했다. 1956년에 홍콩에서 개최되었다고 기록된 제3회 아시아영화제Southeast Asian Film Festival의 꽤 두꺼운 결과 보고서였는데, 원본도 아니고 흑백 복사본에 엉성하게 제본이 되어 있는 상태였다. 그 시절의 국제영화제가 100쪽도 넘는 영문 결과 보고서를 기록으로 남은 것도 흥미로웠지만, 무엇보다 나는 '아시아영화제'라는 행사 자체를 그 어떤 아시아 영화연구 서적에서도 접한 적이 없었기에 적잖이 놀랐다. 인터넷을 뒤져 보아도 '아시아·태평양 영화제'의 전신이라는 것 정도가 나올 뿐이었다. 그리고 홍콩영화연구자들이 남긴 몇 줄 안되는 기본적인 내용이 그 당시 내가 찾을 수 있는 정보의 전부였다. 그나마도 서로 상충되는 내용인 경우가 많았다. 하지만 1956년에 개최된 이 영화제에서는 한국을 포함한 아시아 8개국의 100명이 넘는 영화인들이 한자리에 모여서 각국의 영화를 상영하고, 포럼을 통해 공동제작의 가능성과 영화제작의 고충을 나누고 있었다. 영화장비 전시회에서는 최신 카메라와 녹음·현상 장비들이 전시되고 있었고, 그리고 무엇보다도 일본 다이에이스튜디오大映株式会社의 사장이자 태평양전쟁 전범으로도 지목받았던 나가타 마사이치永田雅一가 이 영화제를 주도하고 여기에 할리우드의 영화인들이 행사에 참여하고 있었다는 점이 더욱 놀라웠다. 게다가 미국영화제작자협회Motion Picture Association of America, MPAA의 회장 에릭 존스턴Eric Johnston이 축전을 보내며 영화제에 직접 참석하지 못해서 미안하다는 말까지 전하는 게 아닌가. 1956년이라면 태평양전쟁이 끝난 지 11년, 그리고 한국전쟁의 휴전협상이 맺어진 지 불과 3년밖에 지나지 않았던 해이다. 짧은 기간임에도 필리핀, 말레이시아, 인도네시아, 한국, 대만의 영화인들과 일본 영화계 인사들이 함께 반공영화인 연대를 구축하고 그들 간의 합작영화제작을 논의하고 있는 이 풍경이 너무도 당황스러웠다. 이런 상황을 도대체 어떻게 해석해야 한다는 말인가? 그리고 무엇보다도, 이 영화제의 주최 기관으로 되어 있고 아시아 각국의 영화제작자들을 회원으로 두고 있는 아시아영화제작자연맹Federation of Motion Picture Producers in Asia, FPA이란 도대체 무슨 기관이었고 어떤 과정을 거쳐서 누구에 의해 설립이 되었던 것일까? 하지만 이 질문에 대한 답을 찾는 것은 쉽지 않았다. 그 누구도 이에 대하여 제대로 알고 있지 않았기 때문이다. 나는 이 질문들을 컴퓨터 폴더에 보관해 놓고 일단은 박사논문을 완성하는 데에 더 집중하기로 했다.

아시아영화제에 대한 본격적인 연구는 2012년에 다시 시작되었다. 미시간대학교에서 박사 후 연구원을 거쳐 조교수로 이제 막 임용되었던 나는 박사논문에서 간단히 언급되었던 아시아영화제와 미국의 비정부 민간단체인 아시아재단의 냉전기 활동에 대한 자료를 찾고자 스탠포드대학의 후버연구소 기록보관소에 방문했다. 2일간 머무는 가벼운 일정으로 이곳을 찾았던 나는 전혀 예상하지도 못했던, 너무나도 중요한 문서들이 담긴 폴더를 열람하게 되었다. 아시아재단이 사실 미국중앙정보국CIA의 비공식 지원을 통해 탄생한 미국 문화냉전의 부산물이며, 이 기관은 아시아에서 미국의 영향력을 넓히고 반공연대를 구축하기 위해 '자유진영' 아시아의 지식인, 언론인, 그리고 예술인들에 대한 지원과 연대 구축을 위한 전방위적인 노력을 기울였다는 것도 알게 되었다. 그리고 아시아재단 초기 사업의 핵심 분야 중 하나가 영화였고, 아시아영화제작자연맹 출범의 배후에 바로 아시아재단이 있었다는 것을 발견하자 그동안 연결을 짓지 못했던 모든 파편들이 하나로 엮어졌다. 그제서야 모든 것이 다 이해되었다. 내가 지금까지 알고 있던 아시아 영화의 역사를 완전히 다른 각도에서 바라볼 수 있는 그런 연구를 완성해낼 수도 있을 것 같았다. 자유 아시아를 엮어 미국의 헤게모니를 구축하고 이익을 극대화하고자 했던 미국 정부의 의도와는 달리, 아시아 각국의 영화제작자와 지식인 그리고 정치인들은 서로 각자의 이해관계 안에서 필요에 의한 연대를 구축하고 절묘한 줄다리기를 하고 있었다. 그리고 그 연대가 아시아 영화산업이 지역 내에서 형성한 첫 번째 전후 영화네트워크가 된 것이다.

2012년에서 2016년까지 나는 미국, 홍콩, 싱가포르, 한국, 그리고 오스트레일리아의 여러 도시를 돌아다니며 가능한 모든 자료를 찾고자 노력했다. 당시 내가 소속되어 있던 싱가포르 난양공과대학교의 전폭적인 연구 지원이 없었다면 불가능했을 그런 작업이었다. 그리고 2018년 1월, 확보한 모든 자료들을 들고 오스트레일리아 캔버라의 오스트레일리아국립대학교에 교환 교수로 6개월간 머물며 전체 원고를 끝마칠 수 있었다. 완성된 원고는 2020년 10월, 미국 코넬대학교 출판부의 미국학 시리즈인 '세계 속의 미국'을 통해서 세상에 선보여졌다. 이 책의 가치를 인정해주고 적극적으로 도움을 주었던 시리즈의 편집자 폴 크레이머 교수에게 감사를 표한다. 인생의 아이러니라고 해야 할까. 이 책이 출판되고 2년이 조금 넘는 시간이 흐른 지금, 나는 처음 이 연구를 시작했던 홍콩의 대학에 자리를 잡고 다시 박사논문의 주제로 돌아가서 한국과 홍콩의 영화산업이 맺은 70여 년간의 교류의 역사를 쓰고 있다. 13년 전에 드나들던 홍콩영상자료원의 자료실에서 옛 잡지들을 들추어 보면서.

내 연구가 한국의 학생과 연구자, 그리고 영화연구와 냉전사에 관심을 갖고 있는 독자들과 만날 수 있다고 생각하니 정말 감사한 마음이다. 이 책이 한국어로 번역이 될 것이라고는 솔직히 전혀 예상하지 못했다. 하지만 소명출판에서 기꺼이 번역서의 출판을 결정해주고 이 연구를 깊이 이해하고 있는 김지은 선생님이 번역을 맡게 되면서 이렇게 세상에 나와 새로운 독자들을 만나게 되었다. 이 책의 가능성을 믿어주신 박성모 대표님과 번역자인 김지은 선생님께 진심으로 감사드린다.

2023년 6월
홍콩 링난대학교에서
이상준 씀

감사의 말

　　2011년 미국 미시간대학교에서 박사후연구원 과정을 시작했을 때, 당초 계획은 아시아 영화 스튜디오의 네트워크를 역사적으로 추적하여 집필하는 것이었다. 연구의 주된 초점은 1960년대와 1970년대 한국과 홍콩, 대만, 그리고 일본이었다. 그러나 2012년 1월 연구차 캘리포니아 팔로 알토Palo Alto로 짧은 여행을 다녀온 후, 모든 것이 바뀌었다. 아시아재단에 관한 세부정보를 확인하고 싶은 마음에 미국 스탠퍼드대학교 후버연구소Hoover Institution의 기록보관소를 이틀간 방문한 짧은 일정이었는데, 그곳에서 나는 아시아재단에 관한 방대한 자료를 발견했다. 특히 아시아재단이 아시아에서 진행한 영화프로젝트에 관한 자료가 담긴 두 개의 큰 상자를 발견했다. 그 순간은 다름 아닌 '유레카'였다. 예기치 못한, 그러나 참으로 소중한 자료를 발견함에 따라 나는 자연스레 초기 출판계획을 수정하고 미룰 수밖에 없었다. 나는 2012년부터 2016년까지 후버연구소의 기록보관소, 예일대학교의 원고·아카이브보관소, 콜롬비아대학교의 C. V. 스타C. V. Starr 동아시아도서관, 로스앤젤레스에 위치한 영화예술과학아카데미의 마가렛 헤릭 도서관the Margaret Herrick Library, 하와이대학교의 이스트웨스트센터, 오스트레일리아의 국립영상음향아카이브, 홍콩영상자료원 및 홍콩대학교 특별장서보관소, 한국영상자료원 및 국립중앙도서관, 싱가포르 국립기록보관소 및 아시아영상자료원에서 방대한 자료를 검토했다. 이 책의 제1장부터 제5장까지는 이 광범위한 기록 연구의 결과로 대부분 2015년과 2016년에 작성되었다. 이후 2018년에는 오스트레일리아국립대학교에서 6개월간 교환 교수로 머무는 행운이 내게 주어졌다. 오스트레일리아 캔버라는 조용하고 평화로운 도시였으며 나는 그곳에 머무는 동안 이 책의 전체 초안을 처음 완성했다.

책의 원고 일부는 영화제, 갤러리, 아카이브, 학회 및 학술대회, 대학 등 여러 곳에서 발표했다는 점을 밝힌다. 부산국제영화제^{2019년} 및 DMZ 국제다큐멘터리영화제^{2019년}, 싱가포르 국립갤러리^{2018년}, 한국영상자료원²⁰¹⁷^년, 영화미디어연구학회^{Society of Cinema and Media Studies, SCMS}의 학술대회^{2015년 캐}^{나다 몬트리올, 2019년 미국 시애틀}, 아시아연구협회^{Association for Asian Studies, AAS}의 학술대회^{2018년 캐나다 토론토}, 키네마클럽워크숍의 학술대회^{2010년 미국 하버드대학교}, 아시아연구협회의 아시아학술대회^{2015년 대만 타이베이 중앙연구원}, 한국영상문화 학술대회^{2015년 덴마크 코펜하겐대학교}, 일본아시아연구^{Asian Studies Conference in Japan, ASCJ}의 학술대회^{2015년 일본 메이지가쿠인대학교}, 동아시아합동연구^{Joint East Asian Studies,} JEAS의 학술대회^{2016년 영국 SOAS 런던대학교}, '한국영화에서의 냉전' 심포지엄²⁰¹⁶^{년 미국 프린스턴대학교}, '문화적 태풍' 학술대회^{2016년 일본 도쿄예술대학}, 아시아재단 워크숍^{2017년 미국 콜롬비아대학교}, 한국영화사 워크숍^{2017년 미국 UC 버클리}, 미디어산업 학술대회^{2019년 영국 킹스칼리지런던}, 유럽한국학회^{Association for Korean Studies in Europe,} AKSE의 학술대회^{2019년 이탈리아 사피엔자대학교}, 국제영화제 포럼^{2019년 중국 샤먼대학교}, '영화제의 재구성' 학술대회^{2020년 이탈리아 카 포스카리대학교}, 그리고 다수의 학술행사^{2016년 연세대·인하대, 2017년 중앙대·싱가포르국립대학, 2018년 영국 유니버시티칼리지런던·오스트}^{레일리아국립대·모나시대학교·디킨대학교, 2019년 이화여대}가 이에 해당한다.

전체 원고 또는 일부를 읽고 사려 깊은 조언과 논평과 피드백을 아끼지 않은 사람들에게 마음 깊은 곳에서 우러나온 감사를 전한다. 이들의 도움은 내가 이 책을 대폭 발전시킬 수 있도록 이끌었다. 진달용, 이향진, 이남, 최진희, 로저 가르시아, 요미 브레스터^{Yomi Braester}, 마 란^{Ma Ran}, 디나 이오르다노바^{Dina Iordanova}, 밍예 론스리^{Ming-Yeh Rawnsley}, 줄리안 스트링거^{Julian}

Stringer, 로우 카, 故 웡 아인링, 엔젤 싱Angel Shing, 키니아 야우 슉팅邱淑婷, 리 척토Li Cheuk-to, 찰리다 우아붐룽짓Chalida Uabumrungjit, 제인 유Jane Yu, 아사코 후지오카Asako Fujioka, 로렌스 웡 카히Lawrence Wong Ka-Hee, 알렉산더 잘텐Alexander Zahlten, 김규현, 니틴 고빌Nitin Govil, 브라이언 예시스Brian Yecies, 나카지마 세이오Nakajima Seio, 에인 코카스Aynne Kokas, 다이수케 미야오Daisuke Miyao, 이현정, 크리스티나 클라인Christina Klein, 그레이스 막Grace Mak, 무라타 치에코Murata Chieko, 탄 세 캄Tan See Kam, 찰스 암스트롱Charles Armstrong, 김청강, 스티븐 정Steven Chung, 안진수, 정혜승, 데이비드 스콧 디프리엔트David Scott Diffrient, 에밀리 유에유 예Emilie Yueh-yu Yeh, 대럴 윌리엄 데이비스Darrell William Davis, 데이비드 데서David Desser, 로알드 말리앙카이Roald Maliangkay, 아론 매그넌 박Aron Magnon-Park, 데이비드 훈트David Hundt, 김홍준, 김영우, 윙파이 렁Wing-Fai Leung, 쉘던 루Sheldon Lu, 오세미, 헨리 임Henry Em, 김소영, 팀 버그펠더Tim Bergfelder, 이순진, 만펑 입Man-fung Yip, 이화진, 정종현, 이봉범, 김한상, 박현선, 김신동, 쉬란진Xu Lanjun 선생에게 고마움을 표한다.

나는 학업과 연구를 이어나가는 동안 늘 최고의 멘토들과 함께하는 영광을 누렸다. 캘리포니아대학교 로스앤젤레스UCLA에서 닉 브라운Nick Browne, 스티브 맘버Steve Mamber, 故 테쇼미 가브리엘Teshome Gabriel, 리사 커넌Lisa Kernan, 故 피터 월렌Peter Wollen 교수는 내게 영화연구의 정신과 지성에 뒤따르는 책무가 무엇인지 보여주었다. 뉴욕대학교의 장 젠Zhang Zhen 교수는 특별한 조언자였고 지금도 여전히 그러하다. 그녀는 내게 아낌없는 지적 영감과 가르침을 제공했으며 그녀에게 진 빚을 전부 갚을 길이란 결코 없다. 이 책은 그 누구보다 그녀에게 가장 많이 빚지고 있다. 나는 이곳에서 미츠히로 요시모토Mitsuhiro Yoshimoto, 데이나 폴란Dana Polan, 최정봉, 로버트 스탬Robert Stam, 빌 사이먼Bill Simon 에드 구에레로Ed Guerrero, 안

토니아 란트Antonia Lant, 리차드 앨런Richard Allen과 故 로버트 스클라Robert Sklar 교수와 같은 저명한 영화 학자에게서 도움을 받는 행운도 함께 누렸다. 또한 나는 이남희와 크리스 베리Chris Berry 교수에게도 신세를 지고 있다. 이남희 교수는 언제나 든든한 지지자였고, 나는 그녀에게서 학자로서 사유하고 쓰는 법을 배웠다. 크리스 베리 교수는 내게 복잡한 영화망과 초국적 세계에서 항해하는 법과 살아남는 법을 가르쳐주었다. 그의 가르침은 런던에 위치한 그의 연구실보다는 주로 베이징, 홍콩, 싱가포르의 카페와 식당 테이블 위에서 이뤄졌다. 로스앤젤레스와 뉴욕에서 8년이란 긴 기간 동안 대학원 과정을 견딜 수 있도록 도와준 나의 친구들 김지훈, 정승훈, 전영찬, 신영재, 정혜진, 박현희, 한민수, 김형신, 브라이언 후Brian Hu, 미즈노 사치코Mizuno Sachiko, 안드레이 고르디엔코Andrey Gordienko, 린디 렁Lindy Leong, 이남, 이현진, 오재은, 키아 아프라Kia Afra, 왕치Wang Qi, 이상오, 백효성, 이지원, 김혜원, 김경준, 수영 박-프리미아노Sueyoung Park-Primiano, 제이넵 다닥Zeynep Dadak, 아누자 자인Anuja Jain, 와이어트 필립스Wyatt Phillips, 네이선 브레넌Nathan Brennan, 신디 첸Cindy Chen, 앨리스 블랙Alice Black, 도미닉 휴버트 개빈Dominic Hubert Gavin, 인딴 빠라마디따Intan Paramaditha, 아미 킴Ami Kim, 루퍼스 드 람Rufus de Rham, 안지은, 이소현, 몰리 킴Molly Kim, 조윤정, 김영아, 이정아, 잉샤오Ying Xiao, 진잉 리Jinying Li, 쉬얀 차오Shi-yan Chao, 단 가오Dan Gao, 장한일, 그리고 이순이 선생에게 고마운 마음을 전한다.

미시간대학교에서 나는 마커스 노네즈Markus Nornes, 유영주, 곽노진 교수로부터 값을 매길 수 없는 귀중한 멘토링을 받았다. 영상예술문화학과, 아시아언어문화학과, 남한국학센터 동료들은 나와 내 가족이 가장 어려웠던 시기에 우리에게 큰 힘을 실어줬다. 도날드 로페즈Donald Lopez, 다니엘 허버트Daniel Herbert, 크리스토퍼 맥나마라Christopher McNamara, 카릴 플린Caryl Flinn,

마크 클링거만Mark Kligerman, 손이레, 필립 홀맨Philip Hallman, 메리 루 치팔라 Mary Lou Chipala, 캐리 무어Carie Moore, 마가 슈베르크-햄펠Marga Schuhwerk-Hampel, 안준영, 정헌진, 데이비드 정David Chung, 케빈 박Kevin Park, 곽대희, 정도희, 이 지영, 이훈, 에이드리엔 재니Adrienne Janney와 성윤아 선생에게 고마움을 표 한다. 싱가포르 난양공과대학NTU의 동료들은 내게 남다른 지원과 지지를 보여주었다. 이곳 위킴위 언론정보대학Wee Kim Wee School of Communication and Information, NTU의 동료들로부터 받은 친절과 지원에 깊은 고마움을 느낀다. 무엇보다 첫날부터 내 연구를 전폭적으로 지지해준 학과장 찰스 T. 살몬 Charles T. Salmon 교수, 그리고 영화연구와 문화연구를 함께한 동료 리우 카이 키운Liew Kai Khiun, 스테판 티오Stephen Teo, 니키 드레이퍼Nikki Draper, 이안 딕슨 Ian Dixon, 쉬어샤 페레라Sheersha Perera, 킴 캠벨Kym Campbell, 엘라 레이델Ella Raidel, 허철, 로스 윌리엄스Ross Williams, 벤 슬레이터Ben Slater, 벤 셰드Ben Shedd, 니콜 미도리 우드포드Nicole Midori Woodford, 크리스티 강Kristy Kang, 추 키우와이Chu Kiu-wai, 팅 춘춘Ting Chun Chun 교수와 선임 멘토인 리치 링Rich Ling과 제라드 고긴 Gerard Goggin 교수에게 감사를 전한다. 싱가포르 난양공과대학의 정연보, 김 누리, 김혜경, 강현진, 정묘정, 신원선, 나진천, 오풍, 이관민, 홍주영, 장원 근 진하정, 이수현 교수는 나와 내 가족 곁을 한결같이 지켜주었다. 이들은 싱가포르에서 보낸 우리 가족의 삶을 보다 안락하고 의미 있게 만들어주 었다. 이 자리를 빌려 이들에게 고마운 마음을 표한다.

이 책에 포함된 일부 원고의 초안은 논문과 단행본의 형태로 발행되었 다. 해당 자료를 이 책에 실을 수 있게 허락해준 편집자와 출판사에 각각 감사의 인사를 전한다.* 또한 매우 귀중한 가족 소장 자료와 아카이브용

---

* 목록은 다음과 같다. "The Asia Foundation's Motion Picture Project and the Cultural Cold War in Asia", *Film History* 29, vol. 2, 2017, pp. 108~37; "Creating an Anti-Com-

사진·지도·공식 수치를 복사하여 다시 사용할 수 있도록 허락해준 모든 분들에게 고마움을 전한다. 한국영상자료원의 조준형 선임연구원, 아시아재단의 에이미 오발Amy Ovalle, 하와이국제영화제의 자네트 폴슨 헤레니코Jeannette Paulson Hereniko, 오스트레일리아 국립영상음향보관소의 숀 브리지먼Sean Bridgeman, 아시아태평양영화제작자연맹의 수한 판샤Suhan Pansha, 로체스터대학교 희귀·특별장서보존학과의 멜리사 S. 미드Melissa S. Mead, 일본국립영화아카이브의 오카다 히데노리Okada Hidenori와 카미야 마키코Kamiya Makiko, 아시아필름아카이브의 크리스 웡 한 민Chris Wong Han Min과 츄 티 파오Chew Tee Pao 선생, 아버지인 故 찰스 M. 태너Charles M. Tanner의 소중한 사진을 포함할 수 있도록 도와준 보비 존슨-태너Bobbi Johnson-Tanner 선생, 싱가포르 국립기록보관소 관계자분들에게 깊이 감사드린다.

이 책을 출간한 코넬대학교 출판부의 폴 크레이머, 마이클 맥갠디Michael McGandy, 베다니 와식Bethany Wasik, 클레어 존스Clare Jones가 보여준 열정과 전문성에 고마움을 표한다. 엘리슨 반 데번터Alison Van Deventer, 줄리아 쿡Julia Cook, 디나 디네바Dina Dineva, 제니퍼 도나 사브란 켈리Jennifer Dona Savran Kelly는 원고를 다듬는 데 있어 아주 놀랍도록 현명한 지침을 제공했다.

이 작업은 여러 기관의 후한 재정 지원이 없었다면 불가능했을 작업이다. 미시간대학교의 영화예술문화학과·아시아언어문화학과·남한국학센터, 오스트레일리아국립대학교의 예술사회과학대학, 난양공과대학의

---

munist Motion Picture Producers' Network in Asia : The Asia Foundation, Asia Pictures, and the Korean Motion Picture Cultural Association", *Historical Journal of Film, Radio, and Television* 37, vol.3, 2017, pp.517~38; "The Emergence of the Asian Film Festival : Cold War Asia and Japan's Re-entrance to the Regional Market in the 1950s", in *The Oxford Handbook of Japanese Cinema*, ed. Miyao Daisuke, Oxford University Press, 2012, pp.232~50.

예술인문사회과학대학·위킴위 언론정보대학이 연구를 지원했다. 또한 이 책은 난양공과대학의 스타트업지원과제[M4081574.060]와 싱가포르 교육부의 학술지원펀드 1단계 과제[04MNP000412C440]로부터 지원받았다.

　마지막으로 나의 가족에게 감사의 말을 전하며 이 장을 마치려 한다. 아내 정연은 이해와 사랑과 인내를 갖고 나의 연구를 굳건히 지탱해주었다. 그녀의 존재가 내게 의미하는 바를 말로 표현하는 것은 감히 불가능하다. 우리가 싱가포르에 막 정착했을 때, 소중한 딸 봄이가 우리에게 찾아왔다. 그녀는 나와 아내가 삶을 계속해서 충만하게 만들어 나가도록 만드는 영감의 원천이다. 내가 가장 사랑하는 두 여성, 아내 정연과 딸 봄에게 이 책을 바친다. 끝으로 늘 나를 믿어준 아버지 이의춘, 어머니 김성기, 그리고 두 누이 은숙과 은경에게 애정 어린 고마움을 전한다.

차례

약어

AFPFL (Anti-Fascist People's Freedom League) 반파시스트인민자유연맹

AFL (American Federation of Labor) 미국노동연맹

AMPP (ASEAN Motion Picture Producers Association) 아세안영화제작자협회

APEC (Asia-Pacific Economic Cooperation) 아시아 · 태평양경제협력체

ASEAN (Association of Southeast Asian Nations) 동남아시아국가연합

CCF (Congress for Cultural Freedom) 문화자유회의

CEPA (Closer Economic Partnership Arrangement) 중국과 홍콩 간 포괄적 경제동반자 협정

CFA (Committee for a Free Asia) 자유아시아위원회

CFE (National Committee for a Free Europe) 자유유럽위원회

CIE (Civil Information and Education Section) 시민정보교육과

CMPC (Central Motion Picture Corporation) 중앙전영공사

CMPE (Central Motion Picture Exchange) 중앙영화배급사

DPRK (Democratic People's Republic of Korea, North Korea) 조선민주주의인민공화국(북한)

ECA (Economic Cooperation Administration) 경제협력국

ECAFE (Economic Commission of Asia and the Far East) 아시아극동경제위원회

ECOSOC (Unites Nations Economic and Social Council) 유엔경제사회이사회

ESA (Economic Stabilization Agency) 경제안정화기구

FPA (Federation of Motion Picture Producers in Southeast Asia) (동남)아시아영화제작자연맹

GMP (Grand Motion Picture Company) 국련전영유한공사

HICOG (US High Commissioner for Germany) (미국의) 독일고등판무관

HIFF (Hawaii International Film Festival) 하와이국제영화제

ICC (East West Center's Institute of Cultural and Communication)

이스트웨스트문화커뮤니케이션연구소

IFFI (International Film Festival of India) 인도국제영화제

IFFPA (International Federation of Film Producers Association) 국제영화제작자연맹

KMPPA (Korean Motion Picture Producer's Association) 한국영화제작자협회

KMPCA (Korean Motion Picture Cultural Association) 한국영화문화협회

MPAA (Motion Picture Association of America) 미국영화제작자협회

MPEA (Motion Picture Export association) 영화수출협회

MP&GI (Motion Picture and General Investment) MP&GI

MPPDA (Motion Picture Producers and Distributors of America)

미국영화제작·배급협회 (現 미국영화협회)

NATO (North Atlantic Treaty Organization) 북대서양조약기구

OPC (Office of Policy Coordination) 정책조정국

OSS (Office of Strategic Services) 전략사무국

PRC (People's Republic of China) 중화인민공화국

RFA (Radio Free Asia) 자유아시아라디오

RFE (Radio Free Europe) 자유유럽라디오

ROK (Republic of Korea) 대한민국(한국)

SEATO (Southeast Asia Treaty Organization) 동남아시아조약기구

SFIFF (San Francisco International Film Festival) 샌프란시스코국제영화제

SWG (Screen Writers Guild) 미국작가협회

TAF (The Asia Foundation) 아시아재단

TCA (Technical Cooperation Administration) 기술협력국

UNKRA (United Nations Korea Reconstruction Agency) 유엔한국재건단

USIA (United States Information Agency) 미공보처

USIS (United States Information Service) 미공보원

VOA (Voice of America) 보이스오브아메리카

WBC (World Buddhist Congress) 세계불교총회

WFB (World Fellowship of Buddhists) 세계불교도우의회

문화냉전정책과
아시아 영화네트워크의 탄생

"세상 모든 사람들이 항상 우리를
사랑하게 만들 수 있다고 기대할 수는 없습니다.
우리는 세계안보와 안전을 위해 때때로
몇몇 사람들이 좋아하지 않을 일을 해야만 합니다."

앨런 W. 덜레스(Allen W. Dulles), 미중앙정보국(CIA) 부국장,

1963년 프린스턴대학교 〈프로파간다와 냉전 심포지엄〉, "미국 정보활동을 강화하기" 연설 중에서

한국 신필름과 홍콩 란콰이픽처스邵光影業公司가 협업하고 최경옥 감독이 연출한 영화 〈SOS 홍콩國際女間諜〉1966년은 한국 해군이 베트남에서 치른 영웅적 전투를 보여주는 뉴스릴 영상으로 시작한다.[1] 한국이 1964년부터 1967년까지 베트남전에 30만 명 이상의 병력을 투입한 사실은 잘 알려져 있지 않지만, 한국은 미국에 이어 남베트남에 두 번째로 많은 병력을 파견한 국가이다.[2] 영화는 전투장면과 군인을 대상으로 한 박정희 대통령1963~79년의 연설을 보여준 후, 주인공인 한국 특수요원 백민박노식 분이 북한 스파이가 한국군에 대한 정보를 중국에 넘기지 못하도록 막는 특수임무를 맡고 홍콩으로 향하는 모습을 담는다. 곧이어 백민은 홍콩에서 활동하는 무기상 샤 라오떼Sha Laote와 접촉하는데 이 접촉은 환락가의 여성

샹란Xiaglan, 헬렌 리 메이(李湄) 분을 통해 이뤄진다. 북한에 봉사하는 샹란은 홍콩 나이트클럽의 여왕으로 그녀가 구축한 방대한 사회적 연결망이 이 접촉을 주선한 것이다. 샹란은 자신의 적인 백민을 사랑하게 된다. 하지만 백민은 대만의 '더블 호스' 요원인 마리아Maria, 팅 잉(丁瑩) 분에게 반해 마음을 뺏기고, 이로써 샹란과 백민의 관계는 엇갈리게 된다. 마리아를 향한 질투에 사로잡힌 샹란은 자신의 보스이민 분가 가하는 압박이 점차 거세지자 마음이 동요되어, 백민과 마리아를 나이트클럽으로 꾀어낸다. 그곳에는 백민과 마리아의 적이 몸을 숨긴 채 두 사람을 기다리고 있다. 하지만 이내 초조해진 샹란은 자신의 목숨을 걸고 백민이 위험으로부터 빠져나오도록 돕는다. 한편 샹란을 몰래 마음에 품고 있던 그녀의 보스는 그녀에게 북한 평양에서 함께 살자고 제안한다. 샹란이 이를 거절하자 실의에 빠진 보스는 그녀에게 조국을 배신하는 행동의 결과를 알고 있냐고 묻고, 샹란은 "물론 알고 있어요. 그렇지만 저는 이제 자유 없이 사는 데에는 아무런 의미가 없다는 걸 깨달았어요"라고 말하며 그의 말을 당차게 되받아친다. 결국 샹란은 그녀의 보스에 의해 총살당해 죽음을 맞이한다. 샹란의 죽음 이후, 백민은 마리아를 구하기 위해 나이트클럽으로 돌아가고 두 사람은 마침내 북한 악당에게서 마이크로필름을 뺏는 데 성공한다. 자신의 임무를 마친 특수요원 백민은 이어 한국으로 돌아간다.[3]

스파이영화의 인기가 절정에 달했던 1960년대 중반에 제작된 한국 첩보영화를 보면, 흥미롭게도 특수요원은 대부분 홍콩에 파견된다. 영화 〈SOS 홍콩〉에서처럼 많은 경우, 영화 속 요원은 대만이나 홍콩 혹은 한국계 미국인 CIA 여성요원과 한 팀을 이룬다. 이를테면 홍콩은 공산세력이 '자유아시아'라는 자본주의 사회를 해체하기 위해 비밀부대를 설치하고 지하벙커에서 암암리에 작전을 수행하는 곳이다. 이때 '자유아시아'는 한국과 대만과 일본을 의미하며 이곳[홍콩]에서 한국형 '제임스 본드'는 냉전시대의 전사로서 조국의 전략적·이념적 동맹국을 위해 싸운다.

그러나 불과 20년 전 대중적인 성공을 거두었던 첩보소설『태풍』1942~43년은 완전히 다른 세상을 보여주었다. 소설가 김내성이 조선에서 집필한 이 연재소설은 태평양전쟁이 발발하기 2년 전인 1939년을 배경으로 삼는다. 소설은 조선과 일본, 독일, 중국, 영국, 미국이 최신형 대량살상무기를 갖고 벌이는 첩보전을 그려낸다. 주인공인 젊은 탐정 유불란은 일본의 식민권력을 대변하며 식민지 조선의 국경 너머 마르세유, 리버풀, 델리, 콜롬보, 상하이로 여행을 떠난다. (유불란은 아르센 루팡Arsène Lupin을 창작한 프랑스 소설가 모리스 르블랑Maurice Leblanc을 오마주한 캐릭터이다.) 일본이 본국과 식민지 그리고 식민지 국가들 사이의 유대감을 심어주기 위해 활용한 대동아공영권 논리가 김내성의 지정학적 상상력을 확장시킨 것으로 보인다. 실제로『태풍』은 1941년 12월 일본이 진주만을 공격한 이후 집필되었다.[4] 그러나 1945년 8월 한국이 일본으로부터 해방되자 이로부터 새롭게 그려진 지정학적 국가경계는 김내성의 초국가적 상상력에 일말의 여지도 남기지 않게 된다. 작가를 둘러싼 세계가 완전히 변해버린 것이다. 일본은 서구에 항복했고 한국은 남한과 북한으로 분할되었다. 더욱이 서구라는 '악의 힘'은 이제 국가의 새로운 멘토가 되었다. 작가 김내성의 새로운 조국인 한국은 이제 '자유아시아'라는 새로운 지도가 그려낸 세계질서 안에 그리고 미국 안에 위치하게 되었다.

1950년대 초 미국정부는 아시아 지역에서 공산주의가 팽창하는 것을 보고 위협을 감지했다. 특히 중화인민공화국People's Republic of China, PRC의 설립, 동남아시아에서의 공산주의 인기 상승, 한국전쟁1950~53년의 발발을 통해 현실세계의 실질적 위협이 전해졌다. 이에 따라 미국정부는 이 지역에

'자유아시아' 진영을 구축하고 군사적 방어벽을 세울 필요가 있다고 진단했다. 소련 정치가이자 당위원회 제1서기였던 라자르 카가노비치Lazar Kaganovich는 1954년에 "19세기가 자본주의의 세기였다면 20세기는 사회주의와 공산주가 승리하는 세기이다"라고 선언하며, 아시아 전역에 빠른 속도로 확산되는 소련의 영향력을 확신했다.[5] 소련의 영향력에 대항하기 위해 미국은 서구 진영을 구축했다. 이 서구 진영은 미국 및 북대서양조약기구NATO와 연맹하여 소비에트 연방 및 바르샤바조약기구1955년에 대항하는 국가들을 가리킨다. 이때, 이 진영의 일부로서 미국이 주도한 '자유아시아' 연맹은 새로이 주권을 얻은 국가들 간의 방대한 네트워크를 포괄한다. 즉 필리핀과 인도네시아에서부터 한국, 대만, 일본에 이르기까지 반공산주의 진영은 새로운 패권국 미국에 의해 통제되었다. 그리고 이 통제는 미국인의 삶의 방식을 전파하는 문화적 지배와 재정적 지배를 통해 이뤄졌다. 브루스 커밍스Bruce Cumings는 이 진영을 사실상의 '영토적 제국'을 세운 '제국의 군도'라고 일컫는다.[6] 이 논리에 따라 일본은 미국의 입양아이자 '개화된' 아이로, 준안정상태인 지역에 재정적으로 자급자족할 수 있는 '성장한 형제'로 부상했다. 일본 제국이 아시아를 점령했던 기간 일본에게 향했던 적대감은 불과 20년 만에 공산주의에 대한 두려움으로 대체되었다. 이처럼 놀라운 전환은 결과적으로 반공 매트릭스라고 불리는 새로운 합의를 도출했다. 이 새로운 지역질서 안에서 '자유아시아'에 속한 여러 국가들의 문화적 장, 특히 영화산업은 매우 밀접하게 연결되어 있었다.

아시아 지역 영화산업의 첫 번째 연결조짐은 사실상 1930년대 일본에서 나타났다. 이 조짐은 아시아 지역에 걸친 일본의 제국주의적 야망과 깊은 연관이 있었다. 일본의 '신영화제' 설계하에 '대동아영화Greater East

Asian Cinema'가 운영되었고, 각 식민지는 '대동아공영권大東亞共栄圈'이라는 기치 아래 다른 식민지와 연결되었다.[7] 이 야심찬 네트워크는 비록 일본의 항복으로 막을 내렸지만, 지역영화네트워크를 구축하자는 아이디어는 1950년대 중반 아시아영화제와 그 모체인 (동남)아시아영화제작자연맹Federation of Motion Picture Producers in Southeast Asia, FPA이라는 새로운 조직과 함께 되살아났다. 1953년 설립된 아시아영화제작자연맹은 전후 최초의 범아시아 영화단체이다. 이 단체의 연례행사인 동남아시아영화제1957년 아시아영화제로 개칭는 그로부터 1년 후 도쿄에서 처음으로 개최되었다. 일본 다이에이스튜디오 사장이자 영화제작자인 나가타 마사이치1906~85년는 아시아영화제작자연맹의 창립자이자 초대 회장을 역임했다. 그러나 아시아영화제작자연맹과 아시아영화제를 단순히 과거부터 이어져 온 일본 식민지사업의 영속화로 간주해서는 안 된다. 이러한 접근법은 그 이면에 담긴 복잡한 관계를 제대로 읽어내지 못하기 때문이다. 일본영화 학자인 마커스 노네즈의 말을 빌리자면, 이 새로운 지역연맹은 오히려 "일본 제국주의의 유산과 미국이 맺는 양자 관계의 압도적 힘에 의해" 완화되었다.[8] 실제로 아시아영화제작자연맹은 내가 '반공영화제작자연대'라고 부르는 미국 설계의 '자유아시아' 영화네트워크의 플랫폼이었다.[9] 이렇게 새롭게 등장한 네트워크는 미국기관, 특히 샌프란시스코에 기반을 둔 비정부 민간단체 자유아시아위원회The Committee for a Free Asia, CFA, 1954년 아시아재단으로 개칭로부터 재정지원과 행정지원을 받았다.

이 책은 전후 아시아 영화사를 다룬다. 그렇다고 하여 아시아 지역의 영화, 영화제작자, 영화운동에 대해 포괄적으로 살펴보는 작업은 아니다. 그보다 이 책은 1953년 7월 한국전쟁 휴전 이후 20년 동안 전후 범아시아 영화네트워크에 영향을 준 역사적, 사회적, 문화적, 지적 구성을 본격적으로 고찰하는 최초의 분석이다. 나는 아시아 영화문화와 영화산업이 신생 독립국과 식민지 간의 초국가적 협력 및 경쟁에 의해 형성되었다고 판단하며, 그 뒤에는 미국기관의 재정 및 행정지원이 있었다는 점을 다각도에서 조망한다. 구체적으로 이 책은 냉전이 최고조였던 시기와 그 이후 아시아 지역의 영화사경영진, 정책입안자, 지식인, 창의적 인력들이 맺은 영화네트워크를 살펴본다. 이러한 분석은 이들이 영화시장을 확대하고 상품경쟁력을 높이기 위해 지역조직을 발족하고, 영화제를 공동개최하며, 영화를 공동제작했다는 점을 보여준다. 이 작업은 이들이 스타와 감독과 주요 제작진의 인적 교류를 통해 어떻게 대량제작 시스템을 합리화하고 산업화했는지 전면화한다. 나는 이 네트워크가 냉전문화정치와 미국 패권의 산물이었다고 주장한다. 1950년대에 미국기관, 특히 아시아영화제작자연맹은 아시아 영화산업에 재정 및 행정지원을 제공하고 지식인들과 반공 문화제작자들을 지원하면서 아시아 영화문화 및 영화산업의 모든 분야에 적극적으로 개입했다. 이 지점에서 아시아재단의 존재는 특히 중요하다. 1951년에 설립된 이 비정부 조직의 현장요원들은 '자유 아시아'에 대한 명확하고 일관된 비전을 가진 채, 현지의 '토박이' 영화제작자와 영화감독들이 할리우드의 반공 베테랑과 재단 관리인에게서 적절한 지도를 받게 만들었다. 그리고 이를 통해 그들이 공산주의 세력과 맞서 싸우도록 격려했다. 그 노력의 절정은 과연 아시아영화제작자연맹의 출범이었다.

아시아영화제작자연맹은 설립 이후 초기 20년간 가장 중요한 범아시아 영화산업단체였다.[10] 연맹의 연례행사인 아시아영화제는 단일도시 혹은 단일국가에서 개최되지 않는다는 점에서 독특했다. 대신 매년 개최국이 한 국가에서 다른 국가로 이동하는 순회 시스템을 채택했는데, 어떤

〈그림 1〉 1954년 5월 동남아시아에서 개최된 첫 번째 영화제의 공식 포스터. 영화제는 5월 6일부터 15일까지 도쿄에서 열렸다. 영화제는 본래 동남아시아영화제로 출범하였으나 이후 영화제명을 두 번 바꾼다. 1957년 아시아영화제로 처음 개칭했고 1983년 아시아 · 태평양영화제로 다시 개칭했다.

출처 : 아시아 · 태평양영화제작자연맹

회원국도 2년 연속으로 영화제를 개최할 수는 없었다. 당초 아시아영화제는 관습적인 영화제가 아니었다. 오히려 지역 영화경영진을 위한 지역 연맹회담에 가까웠고, 이 행사는 참가자들의 연간 제작물을 상영하고 일련의 포럼을 진행하며 영화장비 박람회와 전시회를 함께 진행했다. 대중을 위한 공개상영은 고려되지 않았다. 이전 연구들은 이 영화제가 주로 "산업을 위한 홍보행사"이고, 행사의 목표는 "영화인들이 경쟁하고 비즈니스 거래를 하는 권위 있는 칸과 베니스 영화제에 버금가는 아시아영화제가 되는 것"이라고 주장했다.[11] 이러한 견해는 전후 아시아 영화를 연구하는 역사가들에게서도 반복되는 주장이다. 그러나 이전 연구들은 아시아영화제의 역사를 일본과 홍콩의 몇몇 영화스튜디오와 경영진 간의 경쟁으로 취급함으로써, 아시아영화제작자연맹의 중요성 그리고 연맹과 아시아재단과의 비밀스런 동맹을 탈정치화했다. 사실 아시아영화제작자연맹의 근본적 목표는 "영화 전반에 걸친 공산주의 세력의 침략으로부터 '자유아시아'를 보호하는 것"이었다.[12] 아시아재단이 비밀리에 아시아영화제작자연맹과 여러 개별회원들을 재정적으로 지원한 사실이 처음으로 드러나고 있으며, 이 책은 바로 이 점에 주목한다.

아시아영화제작자연맹과 매년 개최된 아시아영화제는 역사적으로 매우 중요함에도 불구하고 마땅히 연구되지 않았다.[13] 말레이시아 문화예술예산부 장관 라이스 야팀Rais Yatim은 2005년 아시아영화제의 50주년을 준비하던 중 참고할 만한 1차 자료가 턱없이 부족하다는 사실에 탄식했다. 그는 "아무도 그리고 어떤 단체도 영화제가 보인 지난 50년간의 투쟁과 성공을 기록하지 않았다"고 언급했다.[14] 이처럼 아시아의 영화제, 그중에서도 특히 1990년대 이전 아시아의 영화제연구는 극소수의 결과물만을 남겼다. 아마도 영화제연구가 내셔널시네마연구의 다소 경직된 학문

경계에 잘 들어맞지 않았기 때문에 이처럼 빈약한 결과물을 남겼다고 볼 수 있다. 더욱이 아시아의 영화제연구는 영화학계에서조차 여전히 새로운 연구분야이다.[15]

이 기간 동안 아시아영화제작자연맹과 아시아영화제, 이와 동등하게 중요한 그 외의 행사 및 지역조직은 단일국가에 얽매이지 않았다. 그들 중 대부분은 지역적으로 구성된 단체였는데, 비정부기구 혹은 전후 미국 헤게모니의 문화정책과 밀접하게 연결되어 있었다. 이 책은 이러한 상황

〈그림 2〉 동남아시아영화제작자연맹(FPA)의 공식 로고.

출처 : 아시아·태평양영화제작자연맹

을 종합적으로 고려하여 문화냉전 연구분야를 새롭게 조망한다.

냉전이 최고조일 때 미국정부가 도입한 심리전psychological warfare 프로그램에 대한 많은 연구가 지난 20년간 발표되었다. 예를 들어, 케네스 오스굿Kenneth Osgood과 로라 A. 벨몬트Laura A. Belmonte는 트루먼–아이젠하워 행정부가 여론에 영향을 미치기 위해 프로파간다와 캠페인을 행사한 방식에 대해 탐구한다.[16] 이 분야의 주요 업적은 2000년에 출판된 프랜시스 손더스Frances Saunders의 『문화냉전The Cultural Cold War』이다. 손더스는 CIA가 어떻게 지식인들을 위한 잡지, 음악공연, 예술전시를 지원했는지 그리고 이것이 어떻게 소련과 그 동맹국에 대항하는 '무기'로 사용되었는지 분석한다.[17] 이후 이와 밀접하게 관련된 많은 작업이 소련과 서구 민주주의 국가 사이의 문화적 갈등을 다루고 기록했다. 그렉 반히셀Greg Barnhisel은 근대예술과 문학의 역할에 대한 연구에서 '모더니즘'이 '문화냉전'으로 알려진 장, 즉 소련 주도의 동구권과 미국 주도의 서구권이 문화적 우위와 영향력을 놓고 투쟁한 장에서 무기가 되었다고 주장한다. 반히셀에 따르면, 1950년대 문화외교관들은 회화와 문학과 건축과 음악에서 드러나는 미국 모더니즘을 "미국의 높은 문화적 성취 증거"로 제시했다.[18] 아이젠하워 행정부1953~1961년는 국제문제를 위한 대통령 긴급기금을 마련하여 민간기업의 무역박람회, 유럽과 소련에서 개최하는 미국 국립전시회, 출판, 예술단체의 해외방문을 보조했다. 이와 마찬가지로 미국 국무부의 문화공연프로그램은 현대무용과 발레, 클래식음악, 로큰롤, 포크, 블루스, 재즈 분야의 최고 연주자들을 아시아, 중동, 아프리카, 소련에 파견했는데, 그 목적은 제3세계의 마음과 정신hearts and minds을 쟁취하고 미국을 겨냥한 인종차별 인식에 대응하는 것이었다.

영화 및 시청각분야의 최근 연구들은 CIA가 자유유럽방송Radio Free Europe · Radio Liberty을 비밀리에 후원해 온 역사, 그리고 한때 문제가 되었던 보이스오브아메리카Voice of America, VOA의 역사를 추적한다. 이 연구들은 트루먼-아이젠하워 행정부 시절 미국이 추진한 라디오 프로파간다에 대한 새로운 통찰력을 제공한다. 영화역사학자들은 그들 분야에서 CIA가 냉전기간 동안 어떻게 할리우드와 암암리에 협력했는지를 밝힌다. 문화냉전과 영화를 주로 연구하는 토니 쇼Tony Shaw는 저서 『할리우드의 냉전Hollywood's Cold War』에서 영화제작자와 검열관, 정치인과 정치 선전가들 사이의 복잡한 관계를 분석하고, 『영국영화와 냉전British Cinema and Cold War』에서 영국영화가 냉전 프로파간다에 기여한 바에 대해 논설한다.[19] 앤드류 J. 포크Andrew J. Falk와 존 스바르델라티John Sbardellati는 할리우드가 조지프 매카시Joseph McCarthy와 반미활동조사위원회에 개입한 데에 대한 새로운 관점을 선보인다. 스바르델리티는 미연방수사국Federal Bureau of Investigation, FBI이 1942년부터 1958년까지 영화산업에서 진행한 수사 활동의 폭과 영향을 밝히고, 前 FBI 국장 J. 에드거 후버J. Edgar Hoover가 어쩌다 영화산업에서의 체제전복 사상에 집착하게 되었는지를 살펴본다. 공산주의자와 무정부주의자 그리고 좌파 영화 · 예술가들이 할리우드의 이념적으로 '올바른' 영화를 프로파간다 수단으로 둔갑시켰다고 판단한 자가 바로 후버와 그가 이끄는 FBI였다. 포크는 이러한 상황에도 아랑곳 않고 국제관계에 대한 논란의 여지가 있는 의견을 계속해서 표출해 온 할리우드 및 TV아티스트의 이야기를 들려준다. 포크가 미국의 '새로운 협상가'라고 적절하게 명명한 이 예술가들은 문화적 문제에 있어 응당 그들의 영향력을 행사했다. 이들이 다루는 문제는 소련, 원자폭탄, 해외원조, 팔레스타인, 반식민주의운동, 유엔과 관련된 갈등을 포괄했다.[20] 그 외 상당수의 연구는 미국 영화산업이 냉전기간 동안 어떻게 국가-기업네트워크의 문화부문 중 하나로서 기능했는지에 주목하면서, 영화수출협회Motion Picture Export Association, MPEA — 前 미국영화제작·배급협회이자 現 미국영화협회Motion Picture Pro-ducers and Distributors of America, MPPDA — 를 철저하게 조사했다. 또한 이 기간 동안 영화수출협회가 소련과 동유럽, 터키, 독일, 스페인에서 착수한 글로벌 비즈니스를 미국 내의 소련 영화배급 사정과 맞물려 살펴보았다.[21]

할리우드와 유럽영화 역사가들은 아마도 문화냉전 기간 동안 미국이 아시아 영화에 개입한 데에 관한 자료가 극히 드물다는 점에 놀랄 것이다. 냉전은 정의상 세계적 분쟁이었고 미국은 아시아 주변부에서 소련과 중국 모두와 대결했지만, 그럼에도 아시아는 종종 문화냉전 관련 문헌에서 대충 얼버무려지곤 했다. 관련 문헌은 대부분 미국의 문화정책과 유럽에서의 활동에 초점 맞춰져 있다.[22] 아시아에서 치러진 냉전에 관한 학문은 분명 성장하고 있다. 하지만 여전히 그중 문화적 문제를 다루는 연구는 매우 드문 실정이다. 더욱이 냉전기간 동안의 아시아 영화문화 및 영화산업은 대체로 간과되어 왔다. 이에 따라 아시아재단 그리고 재단이 문화영역에서 진행한 은밀한 활동과 중요성 역시 주목받지 못했다. 아시아 영화제작자연맹의 존재와 마찬가지로, 연맹과 아시아재단 간의 긴밀한 네트워크가 최근 출판된 아시아 영화연구에서도 거의 생략되거나 잊힌 점도 부인할 수 없는 명백한 사실이다. 이런 배경과 사정을 고려할 때, 이 책은 아시아재단, 아시아영화제작자연맹, 아시아영화제의 기록을 토대로 아시아 영화사를 재구성하려는 새로운 시도라 하겠다. 내가 살펴보고자 하는 역사는 관련 국가의 영화적 유산에 대한 선형적 서술이나 선별된 주요 작품에 관한 면밀한 분석을 나열하려는 시도가 아니다. 그보다는 세계가 공유하는 전후의 경험, 미국의 냉전정책 및 문화정책, 새로운 경제상황, 아시아에서 강화된 문화흐름의 맥락에서 아시아 지역 영화문화

및 영화산업을 살펴보는 초국가적이고 지역적 접근방식을 취한다.[23]

이 책은 아시아 영화사에서 처음 시도되는 분석과 접근을 제1부 '첫 번째 네트워크'와 제2부 '두 번째 네트워크'로 엮는다. 각 부분은 밀접하게 연결되어 있지만 다른 수위에서의 논의를 목표로 한다. 우선 제1부 '첫 번째 네트워크'는 아시아재단에서 시작되고 끝난다. 이 비정부 민간단체는 아이젠하워 행정부 기간인 대략 1953년부터 1960년 초까지 은밀히 반공 영화산업인사를 지원했다. 이들이 지원한 인사의 폭은 일본, 홍콩, 버마미얀마, 실론스리랑카, 한국, 동남아시아의 화교 경제권에서 활동하는 영화제작자, 감독, 기술자에서부터 비평가와 작가에까지 이른다. 말레이시아와 태국에서 활동했던 미국과 영국의 영화제작자 또한 여기에 포함된다. 아시아재단의 영화산업이 실제로 목표한 것은 아시아에서 반공 영화제작자 간의 연대를 구축하고 그 네트워크를 반공세력으로 활용하여 소련 및 중국과의 심리전에서 승리하는 것이었다. 그러므로 이 책의 제1부는 아시아영화제작자연맹과 동남아시아영화제를 탄생시키고 변형시킨 문화적, 경제적, 정치적 논리를 규명한다. 나는 이 조직의 역사가 적어도 초기 몇 년 동안은 '자유아시아', 즉 미국이라는 새로운 헤게모니 체제가 관리하는 반공진영의 새로운 지형도를 그려낸 미국 주도 냉전정치의 산물이라고 주장한다.

구체적으로 아시아재단은 아카데미 외국어영화상을 수상한 영화 〈라쇼몽羅生門〉구로사와 아키라(黑澤 明) 감독, 1951년의 일본인 제작자 나가타 마사이치가 '자유아시아' 영화산업의 수장이 되도록 지원했다. 나가타는 아시아영화제작자연맹에 진출한 이후, 아시아영화제를 주최했고 회원국의 영화제작자와 기술자들이 최신 영화기술을 그들의 동료에게 교육하도록 도왔다. 이 기술에는 컬러촬영, 사운드디자인, 현대적 연기기술이 포함된다. 또한 다이에이스튜디오의 숙련기술자들은 아시아재단의 영화사업부가 선발한 할리우드 시나리오작가들에게 지도를 받았다. 뿐만 아니라 아시아재단은 버마어 반공영화 〈국민은 승리한다The People Win Through, ဧဠ၂အဓဝင်သံ〉조지 세이츠 주니어(George Seitz Jr.) 감독, 1953년를 제작했고, 1950년 내내 아시아픽처스Asia Pictures, 亞洲影業有限公司 스튜디오와 현지 언론인 장궈신張國興, 1916~2006년에게 미화를 쏟아 부으며 홍콩영화 9편을 간접적으로 지원했다. 한국은 또 다른 수혜자였다. 한국영화문화협회Korean Motion Picture Cultural Association, KMPCA는 사실상 협회 초기 운영예산의 거의 전액을 아시아재단으로부터 지원받았다.

아시아재단과 재단을 열정적으로 이끄는 요원들 — 찰스 M. 태너Charles M. Tanner, 1919~2006년, 존 밀러John Miller, 1915~?년, 노엘 F. 부쉬Noel F. Busch 1906~85년, 제임스 L. 스튜어트James L. Stewart, 1913~2006년 — 은 일본, 홍콩, 한국에서는 대형 프로젝트를 수행하고 버마, 실론, 필리핀에서는 소규모 임시프로젝트를 진행하면서 아시아 영화산업에 막대한 에너지를 투자했다. 그들은 종종 세실 B. 드밀Cecil B. DeMille, 1881~1959년, 프랭크 카프라Frank Capra, 1897~1991년, 프랭크 보제이기Frank Borzage, 1894~1962년, 루이지 루라시Luigi Luraschi, 1906~2002년와 같은 할리우드의 냉전 베테랑을 프로젝트 고문으로 초청했다. 아시아재단의 영화사업부는 할리우드의 작은 도움이 아시아 '토종'영화의 제작 수준을 엄청나게 개선시킬 것이라고 굳게 믿었다. 일단 영화 수준이 향상되면, 아시아 영화는 미국 영화시장으로 진출할 수 있고 이는 결과적으로 덜 발전된 아시아 영화산업에 이익이 될 것이라 생각했다. 아시아재단은 재단의 영향력 아래 있는 샌프란시스코 네트워크를 활용하여 선별된 몇 편의 아시아 영화를 샌프란시스코국제영화제San Francisco International Film Festival, SFIFF에서 선보였다. 대체로 재단이 지원한 영화가 뽑혔다. 샌프란시스코국제영화제는 지역의 영향력 있는 극장주 어빙 M. 레빈Irving M. Levin이

1957년 시작한 행사였는데, 아시아재단은 이 영화제를 할리우드 진출의 관문으로 바라보았다.

그러나 1950년대 말 아시아재단의 샌프란시스코 본부는 아시아영화제작자연맹과의 관계를 축소하고 아시아에서 진행하는 영화프로젝트 대부분의 예산을 대폭 삭감하기로 결정했다. 삭감의 이유는 아시아재단이 초기 목표를 성공적으로 달성하지는 못했기 때문으로 보인다. 이 실패에는 여러 이유가 있지만, 재단이 보유한 아시아의 핵심협력자들이 기실 지역조직을 이끌 실질적 능력이 없었다는 점이 가장 치명적이었다. 그들 중 상당수는 영화제작 경험이 부족했고, 그들이 제작한 영화는 현지관객에게도 그리고 할리우드의 수준 높은 외국영화배급사에게도 전혀 매력적이지 않았다. 더욱이 아시아 영화산업은 1950년대 후반 미국의 직접적인 도움 없이도 급성장하게 되었다. 예를 들어 한국과 대만과 홍콩은 1960년대 연간 200편 이상의 영화를 제작하면서 영화 '황금기'를 맞이했다. 이에 따라 아시아재단은 서서히 영화프로젝트 범위를 축소했고 1960년대 초, 프로젝트 운영을 완전히 종료했다.

그럼에도 아시아영화제작자연맹의 네트워크는 사라지지 않았다. 아시아재단이 맡은 냉전임무가 종료되었을 때, 새로운 네트워크가 등장했기 때문이다. 나는 이 네트워크를 '아시아스튜디오 네트워크'라고 칭한다. 이 네트워크는 기존의 연결망을 적극 활용했는데, 이는 아시아재단과 반공 영화제작자 단체가 지난 10년 동안 구축하고 또 유지하기 위해 힘들게 애써왔던 첫 번째 네트워크였다. '두 번째 네트워크'는 첫 번째 네트워크가 막을 내린 바로 이 중요한 시점에 시작된다. 따라서 이 책의 2부는 한국, 홍콩, 대만, 일본을 중심으로 발전한 동아시아에서의 새로운 영화스튜디오 네트워크가 아무런 맥락 없이 갑자기 등장한 것은 아니라고 주장한다.

1960년대 아시아영화제작자연맹은 점차 새로운 방향으로 나아갔다. 가장 눈에 띄는 변화는 국가개입형태로 나타났는데, 특히 한국과 대만을 주목할 필요가 있다. 지역 영화산업의 지도 또한 바뀌었다. 한때 강력했던 동남아시아 영화산업은 1960년대 아시아영화제의 상영작 목록에서 점점 사라져 갔다. 대신 동아시아 영화의 거물 런런쇼Run Run Shaw, 邵逸夫, 1907~2014년, 홍콩 및 말레이시아, 로크완토Loke Wan-tho, 陸運濤, 1915~1964년, 싱가포르 및 홍콩, 신상옥1926~2006년, 한국, 리한상李翰祥, 1926~1996년, 대만 및 홍콩 그리고 헨리 공 홍Henry Gong Hong, 龔弘, 1915~2004년, 대만이 아시아영화제작자연맹과 영화제를 지배하게 되었다. 그런데 매우 흥미롭게도 이들 중 런런쇼를 제외하면 그 누구도 아시아재단으로부터 재정적 혹은 행정적 지원을 받지 않았다. 이 기간 동안 연맹에 계속 남아 영향력 있게 활동한 동남아시아 영화제작자로는 필리핀의 마누엘 드 레온Manuel de Leon이 거의 유일했다.

제2부에 수록된 제6장과 제7장은 식민과 탈식민아시아 그리고 냉전의 맥락에서 아시아스튜디오 네트워크를 문화적이고 산업적인 현상으로서 분석한다. 제6장은 당시 한국에서 가장 큰 영화스튜디오였던 신필름을 탐구한다. 1952년부터 1975년까지 약 23년간 운영된 신필름은 신상옥이 소유하고 통제하고 관리했는데, 그는 영화사가 배급하는 모든 작품에 전적인 책임을 맡았다. 신상옥은 군사정권의 영화정책에 깊이 관여했던 감독이자 제작자였고 영화사 임원이었다. 제6장은 신필름의 사업 및 경영구조, 미적 스타일, 생산방식, 박정희 정부와의 정치적 관계, 아시아영화제작자연맹과의 초국가적 네트워크를 면밀히 살펴본다. 마지막 장인 제7장은 앞선 장이 끝나는 지점을 이어나가고, 시공간의 경계를 글로벌 영역으로 확장한다. 쇼브라더스Shaw Brothers, 邵氏電影公司가 중간 규모의 예산

을 투자해 제작한 영화 〈죽음의 다섯 손가락天下第一拳〉정창화 감독, 1972년, 일명 〈킹 복서King Boxer〉가 1973년 미국에서 예상치 못한 성공을 거두자 미국 미디어대기업들은 아시아에 관심을 보이기 시작했다. 이 기업들은 전 세계에 배급할 쿵푸영화를 확보하기 위해, 자본을 쏟아 부으며 이익 극대화 방안을 모색했다. 쿵푸영화의 문화생산국인 홍콩은 1971년 닉슨 대통령의 중국방문으로 대표되는 미국-중국 정상화의 정치적 맥락 안에서 이른바 '쿵푸열풍'을 일으켰다.

그 무렵 1960년대의 막강했던 스튜디오 신필름, 중앙전영공사Central Motion Picture Corporation, CMPC, 中影股份有限公司, 국련전영유한공사Grand Motion Picture Company, GMP, 國聯影業有限公司, MP&GIMotion Picture and General Investment, MP&GI, 國際電影懋業는 여러 가지 이유로 모두 쇠퇴의 길에 접어들었다. MP&GI는 1964년 타이베이에서 열린 아시아영화제 기간 중 로크완토 회장이 갑작스럽게 사망한 후, 영화사업을 축소해야만 했다. 리한샹은 1970년 국련전영유한공사를 떠났고, 신필름은 1975년 사업을 접을 수밖에 없었다. 반면 쿵푸영화의 세계적 성공에 힘입은 쇼브라더스와 새로 사업을 시작한 골든하베스트Golden Harvest studio, 嘉禾有限公司는 아시아를 넘어 세계로 진출하는 통로를 찾았다. 아시아재단의 영화사업부와 대부분의 아시아 영화 거물들은 이러한 기회가 오기를 몇십 년 동안이나 열망해 왔었다. 홍콩 영화산업의 열망 다시 말해, 쇼브라더스와 MP&GI가 1950년대 중반부터 장악해 온 전통시장동남아 화교커뮤니티을 넘어 글로벌 무대로 진출하려는 시도는 글로벌 정체성 구축의 가능성으로 이어졌다. 그리고 마침내 영화시장을 비아시아 지역, 즉 할리우드로 확장하려는 쇼브라더스의 열망은 충족된 것처럼 보였다. 그러나 그 기회는 그리 오래가지는 않았다.

홍콩 영화산업은 텔레비전과의 경쟁해야 했고, 글로벌 시장에서 쿵푸

열풍은 점차 시들어갔다. 여기에 이소룡^{1940~73년}의 예기치 못한 죽음이 더해지자, 홍콩 영화산업은 국제적인 협력과 진출을 상당 부분 축소하게 되었다. 한때 풍요롭고 강력한 영향력을 자랑했던 아시아 영화네트워크는 1970년대 후반 사실상 자취를 감춰버린다. 그리고 20년 넘게 지속된 아시아 최초의 범아시아 영화산업 네트워크의 풍부한 역사는 그때부터 오늘까지 거의 잊혀졌다.

그리고 지금 이곳에서 그 이야기가 다시 펼쳐진다.

주석

1   영화 〈SOS 홍콩〉은 1967년 8월 26일 홍콩에서 〈국제여간첩(國際女間諜)〉이란 제목으로 개봉했다.

2   Jin-kyung Lee, "Surrogate Military, Subimperialism, and Masculinity : South Korea in he Vietnam War, 1965~73", *Positions : Asia Critique* 17, no. 3, 2009, pp. 655~82.를 참조.

3   영화 〈SOS 홍콩〉에 대해서는 다음을 참조. Sangjoon Lee, "Destination Hong Kong : The Geopolitics of South Korean Espionage Films in the 1960s", *Journal of Korean Studies* 22, no. 1, 2017, pp. 346~64.

4   정종현, 「'大東亞'와 스파이 — 김내성 장편소설 『태풍』을 통해 본 '대동아'의 심상지리와 '조선'」, 『대중서사연구』 22호, 2009, pp. 211~47.

5   다음에서 인용. Zbigniew Brzezinski, "The Politics of Underdevelopment", *World Politics* 9, no. 1, 1956, p. 55.

6   브루스 커밍스에 따르면, "우리[미국인]는 영토적 제국을 운영한다. 세계 전역에 737 개에서 860개의 해외군사시설을 운영하고 있고, 153개국에서 미군인력이 활동하고 있다. 대부분의 미국인들은 이에 대해서 잘 알지 못하므로, 일종의 스텔스 제국(stealth empire)이다." 다음을 참조. Bruce Cumings, *Dominion from Sea to Sea : Pacific Ascendancy and American Power*, New Haven, CT : Yale University Press, 2010, p. 393.

7   일본의 제국적 모험 시기 (그리고 이후), 대동아시아 영화 영역과 그 영향에 대해서는 다음을 참조. Janine Hansen, "The New Earth : A German-Japanese Misalliance in Film", *In Praise of Film Studies : Essays in Honor of Makino Mamoru*, ed. Aron Gerow · Abé Mark Nornes, Yokohama · Ann Arbor, MI : A Kinema Club Publication, 2001, pp. 184~97; Brian Yecies · Ae-Gyung Shim, *Korea's Occupied Cinemas, 1893~1948*, London : Routledge, 2009; Hikari Hori, *Promiscuous Media : Film and Visual Culture in Imperial Japan, 1926~1945*, Ithaca, NY : Cornell University Press, 2017; Kate Taylor-Jones, *Divine Work, Japanese Colonial Cinema and Its Legacy*, New York : Bloomsbury, 2017; Dong Hoon Kim, *Eclipsed Cinema : The Film Culture of Colonial Korea*, Edinburgh : Edinburgh University Press, 2017.

8   Abé Mark Nornes, "The Creation and Construction of Asian Cinema Redux", *Film History* 25, no. 1~2, 2013, p. 181.

9   Sangjoon Lee, "Creating an Anti-Communist Motion Picture Producers' Network in Asia : The Asia Foundation, Asia Picture, and the Korean Motion Picture Cultural Association", *Historical Journal of Film, Radio and Television* 37, no. 3, 2017, pp. 517~38.

10 아시아영화제작자연맹(FPA)은 공식명칭을 두 번 변경했다. 연맹은 동남아시아영화제작자연맹으로 시작하여 1957년 아시아영화제작자연맹으로, 1987년 아시아·태평양영화제작자연맹으로 개칭했다.

11   Cindy Hing-Yuk Wong, "Film Festivals and the Global Projection of Hong Kong Cine-
      ma", *Hong Kong Film, Hollywood and the New Global Cinema : No Film Is an Island*, ed.
      Gina Marchetti · Tan See Kam, London : Routledge, 2007, p.181; Poshek Fu, "The Shaw
      Brothers' Diasporic Cinema", *China Forever : The Shaw Brothers and Diasporic Cinema*,
      ed. Poshek Fu, Urbana : University of Illinois Press, 2008, p.11.

12   김관수, 「아시아영화제」, 『경향신문』, 1956.6.19.

13   Kinnia Yau Shuk-ting, "Shaws' Japanese Collaboration and Competition as Seen Through
      the Asian Film Festival Evolution", *The Shaw Screen : A Preliminary Study*, ed. Wong
      Ain-ling, Hong Kong : Hong Kong Film Archive, 2003, pp.279~91; Sangjoon Lee,
      "The Emergence of the Asian Film Festival : Cold War Asia and Japan's Re-entrance to
      the Regional Market in the 1950s", *The Oxford Handbook of Japanese Cinema*, ed. Mi-
      yao Daisuke, Oxford : Oxford University Press, 2013, pp.232~50; Sangjoon Lee, "It's
      'Oscar' Time in Asia! : the Rise and Demise of the Asian Film Festival, 1954~1972",
      Coming Soon to a Festival Near You : Programming Film Festivals, ed. Jeffrey Ruoff, St. An-
      drews : St. Andrews University Press, 2012, pp.173~87.

14   *Asia-Pacific Film Festival 50th Anniversary Catalogue*, Kuala Lumpur, Malaysia : Ministry
      of Culture, 2005.

15   2003년 영화제 관련 논문을 쓴 줄리안 스트링거(Julian Stringer)는 폴 윌멘(Paul Wil-
      lemne)을 인용하며 서론을 시작한다. "영화문화에서 영화제 역할에 대한 연구는 거의
      나오지 않았기 때문에 영화제를 평가하는 기본적 기준에 대한 어떠한 지식조차 당연하
      게 받아들여질 수 없다. 전문영화저널의 독자들 사이에서도 그러하다."(Paul Willemen,
      "Pesaro : The Limitations and Strengths of a Cultural Policy", *Framework : A Film Journal*
      15~17, Summer 1981, p.96; Julian Stringer, "Regarding Film Festivals", PhD diss., Indiana
      University, 2003, p.1에서 인용.) 스트링거는 윌멘의 논문이 출판된 1981년과 자신이 학
      위논문을 완성한 시기 사이에 영화제에 관한 그 어떤 중요 연구도 나오지 않았다고 주장
      한다. 그 이후로 영화제연구가 활발해졌지만, 대부분의 문헌은 여전히 유럽영화제에 초
      점을 맞추고 있다. 영화연구 접근법을 취하여 아시아의 영화제를 분석하는 작업은 매우
      드물고 산발적이며, 아시아는 이 분야에서 가장 적게 연구된 분야 중 하나이다.

16   Kenneth Osgood, *Total Cold War : Eisenhower's Secret Propaganda Battle at Home and
      Abroad*, Lawrence : University Press of Kansas, 2006; Laura A. Belmonte, *Selling the Amer-
      ican Way : U.S. Propaganda and the Cold War*, Philadelphia : University of Pensylvania
      Press, 2008.

17   Frances Stonor Saunders, *The Cultural Cold War : The CIA and the World of Arts and Let-
      ters*, New York : The New Press, 2001. 이 책은 본래 『누가 선동가에게 돈을 지불하는
      가?-CIA와 문화냉전(*Who Paid the Pier? : The CIA and the Cultural Cold war*)』(Lon-
      don : Granta Books, 1999)이라는 제목으로 출판되었다.

18   Greg Barnhisel, *Cold War Modernists : Art, Literature, and American Cultural Diplomacy*,

New York : Columbia University Press, 2015.

19 Tony Shaw, *Hollywood's Cold War*, Amherst : University of Massachusetts Press, 2007;
    Tony Shaw, *British Cinema and the Cold War*, London : I.B. Tauris, 2006).

20 Andrew J. Falk, *Upstaging the Cold War : American Dissent and Cultural Diplomacy,
    1940~1960*, Amherst : University of Massachusetts Press, 2010; John Sbardellati, *J. Ed-
    gar Hoover Goes to the Movies : The FBI and the Origins of Hollywood's Cold War* , Ithaca,
    NY : Cornell University Press, 2012.

21 다음을 참조. Reinhold Wagnleitner, "American Cultural Diplomacy, Hollywood, and
    the Cold War in Central Europe", *Rethinking Marxism* 7, no.1, Spring 1994, pp.31~47;
    Nehzih Erdogan and Dilek Kaya, "Institutional Intervention in the Distribution and Ex-
    hibition of Hollywood Films in Turkey", *Historical Journal of Film, Radio and Television*
    22, no.1, 2002, pp.47~59; Pablo Leon Aguinaga, "State-Corporate Relations, Film
    Trade and the Cold War : The Failure of MPEAA's Strategy in Spain", *Historical Journal
    of Film,* Radio and Television 29, no.4, 2009, pp.483~504; Jindriska Blahova, "A Merry
    Twinkle in Stalin's Eye : Eric Johnston, Hollywood, and Eastern Europe", *Film History* 22,
    no.3, 2010, pp.347~59. 냉전기간 동안의 할리우드와 소련에 대해서는 다음을 참조.
    James H. Krukones, "The Unspooling of Artkino : Soviet Film Distribution in America,
    1940~1975", *Historical Journal of Film, Radio and Television* 29, no.1, 2009, pp.91~112;
    Sergei Zhuk, "Hollywood's Insidious Charms : The Impact of American Cinema and
    Television on the Soviet Union During the Cold War", *Cold War History* 14, no.4, 2014,
    pp.593~617.

22 Charles K. Armstrong, "The Cultural Cold War in Korea, 1945~1950", *Journal of Asian
    Studies* 62, no.1, 2003, pp.71~99.

23 '세계화'가 현대영화연구의 유행어가 되었지만, 아시아 영화사는 대체로 영화문화에서
    언어와 문화와 국가정체성을 살펴보는 표준접근 방식으로 남아있다. 몇몇 편저를 제외
    하면 아시아 영화의 초국가적 역사와 국경을 심도 있게 분석한 연구는 극히 드물다. 이
    에 대해서는 부록에 수록된 아시아 영화의 초국가적 역사를 참조 바람.

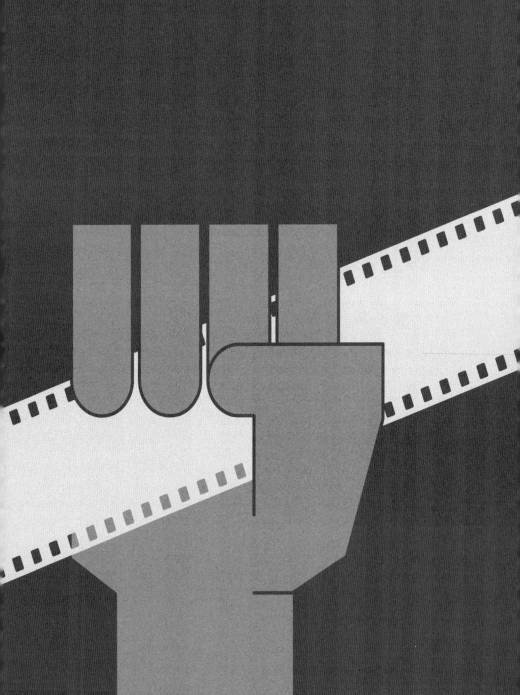

제1부
첫 번째 네트워크

제1장

아시아재단의 영화프로젝트

1953년 12월 17일 샌프란시스코에 기반을 둔 비정부 민간단체인 아시아재단의 할리우드 연락담당관 찰스 M. 태너는 두 명의 할리우드 거물과 점심식사를 가졌다. 식사에 함께한 사람은 할리우드 유명감독이자 제작자 프랭크 카프라와 루이지 루라시였다. 태너는 이 모임 전에 세실 B. 드밀과 허버트 J. 예이츠Herbert J. Yates와 같은 할리우드 거물 그리고 윈스턴 밀러Winston Miller, 레너드 스피겔가스Leonard Spigelgass, 앨런 리브킨Allen Rivkin, 모리스 리스킨드Morris Ryskind를 비롯한 할리우드 정상급 시나리오 작가들과 만남을 가졌다.[1] 전직 CIA 요원 칼튼 W. 알솝Carleton W. Alsop이 모임을 주선했고,[2] 이들은 파라마운트영화사에 있는 루라시의 사무실에서 만났다.[3]

초기에 자유아시아위원회로 알려졌던 아시아재단은 1951년 캘리포니아 주법에 따라 설립된 민간비영리조직이었다.[4] 재단강령에 따르면 재단의 주요 목표는 "아시아의 발전과 아시아계 미국인의 이해와 우정에 크게 기여하는 것"이었다.[5] 前 미공보원United States Information Service, USIS 영화담당관 태너는 샌프란시스코에 있는 아시아재단 본부에서 근무하고 있었는데, 이 모임이 도모한 일은 그가 1953년 5월 재단에 고용된 이후 할리우드에서 맡은 두 번째 임무였다. 아시아재단 본부는 태너에게 미국 영화산업에서 가장 재능 있고 영향력 있으며, 이념적으로 '적절한' 인력과 협의하는 임무를 맡겼다. 그리고 이 임무는 실상 할리우드가 아시아재단이 새로 시작한 프로젝트를 지원할 의사가 있는지 알아보기 위함이었다. 태너는 특히 1954년 5월 일본 도쿄에서 개최 예정인 동남아시아영화제를 염두에 두고 있었다. 동남아시아영화제는 일본 다이에이스튜디오 사장 나가타 마사이치가 최근 설립한 범아시아조직 아시아영화제작자연맹FPA의 연례 행사였다. 태너는 카프라와 루라시와 회동하는 한편, 다른 한편으로는 미국영화제작자협회Motion Picture Association of America, MPAA가 동남아시아영화제의 1등 부상인 35mm 미첼 무비카메라Mitchell movie camera를 기부하도록 설득하면서, 영화제 후원을 요청했다. 그런데 아시아재단은 태너의 설득 이전에 이미 카메라를 구입해 놓았고 도쿄로 배송할 준비까지 마친 상태였다. 이로 추정컨대 재단이 얻고자 한 것은 사실상 MPAA의 이름을 얻는 것뿐이었던 것으로 보인다.[6] 이외에도 태너는 업계유명인사 중 일부가 할리우드 대표로 영화제에 참석할 것도 요청했다. 태너의 최우선 선택은 의심할 여지 없이 카프라와 드밀이었고, 그들이 보인 열렬한 반공주의는 여러 자료에 잘 기록되어 있다.[7]

미공보원의 영화컨설턴트이자 자유유럽위원회National Committee for a Free Europe, CFE의 창립일원 중 한 명인 드밀은 냉전 보수주의자였다. 노라 세이어Nora Sayre에 따르면, 그는 "지구를 둘러싼 붉은 띠Red band가 있다"고 굳게 믿었다.[8] 불과 2년 전에는 드밀 특유의 엑스트라바간자 영화 중 하나인 〈지상 최대의 쇼Greatest Show on Earth〉가 1952년 1월 24일부터 2월 1일까지 열린 인도국제영화제International Film Festival of India, IFFI에서 상영됐다.[9] 영화제 기간 동안 다른 네 편의 미국영화 ─ 〈파리의 미국인An American in Paris〉빈센트 미넬리(Vincent Minnelli) 감독, 1951년, 〈이상한 나라의 앨리스Alice in Wonderland〉클라이드 제노니미(Clyde Gernonimi)·윌프레드 잭슨(Wilfred Jackson)·해밀턴 러스크(Hamilton Luske) 감독, 1951

년, 〈빛나는 승리Bright Victory〉마크 롭슨(Mark Robson) 감독, 1951년 그리고 장 르누아르 Jean Renoir 감독의 프랑스·인도·미국 공동제작 〈강The River〉1951년 ── 도 인도 관객에게 소개되었다.[10]

인도국제영화제는 아시아에서 열린 최초의 국제영화제로 이탈리아, 일본, 중국, 영국, 프랑스, 소련, 미국 등 23개국에서 출품된 약 50편의 장편영화와 75편의 다큐멘터리가 상영되었다.[11] 영화제에서 상영된 유명작품으로는 영화 〈자전거 도둑Bicycle Thieves〉비토리오 데 시카(Vittorio De Sica) 감독, 이탈리아, 1948년, 〈밀라노의 기적Miracle in Milano〉비토리오 데 시카 감독, 이탈리아, 1951년, 〈무방비도시Rome, Open City〉로베르토 로셀리니(Roberto Rossellini) 감독, 이탈리아, 1945년, 〈오르페우스Orpheus〉장 콕토(Jean Cocteau) 감독, 이탈리아, 1945년, 〈함정The Trap〉마르틴 프리치(Martin Frič) 감독, 체코슬로바키아, 1950년, 〈유키와리수雪割草〉마츠이 미노루(Minoru Matsui) 감독, 일본, 1939년, 〈백모녀白毛女〉왕빈(Wang Bin)·수화(Shui Hua) 감독, 중국, 1950년, 〈춤추는 플리스The Dancing Fleece〉프레데릭 윌슨(Frederick Wilson) 감독, 영국, 1950년, 〈무소르그스키Mussorgsky〉그리고리 로샬(Grigori Roshal) 감독, 소련, 1950년, 〈베를린 함락The Fall of Berlin〉미하일 치아우레리(Miheil Chiaureli) 감독, 소련, 1950년이 있다.[12] 인도영화부의 수석감독 K. L. 칸드푸르K. L. Khandpur는 이 행사를 역사적 사건으로 묘사하면서 "인도 영화산업이 이처럼 매우 폭넓고 우수한 전후시대의 영화에 노출된 적은 (…중략…) 실로 처음이었다"고 말했다.[13] 키쇼레 발리차Kishore Valicha는 이러한 '노출'이 비말 로이Bimal Roy 감독의 영화 〈두 개의 큰 땅Do Bigha Zamin〉1953년과 영화 〈데브다스Devdas〉1955년 그리고 구르 두트Guru Dutt 감독의 영화 〈종이꽃Kaagaz Ke Phool〉1959년과 같은 결과로 이어졌다고 주장한다.[14]

한편 '반공 전사'로 알려진 프랑크 카프라는 인도국제영화제에서 미국 영화산업을 대변했다.[15] 그는 영화제 기간 동안 영화의 기술, 구성과 스토리의 가치에 대해 연설했다.[16] 당시 카프라는 대통령자문위원회의 위원이었는데, 이 위원회는 라디오와 텔레비전과 영화를 포함한 정보매체에서 미국의 이미지를 가장 잘 표현하는 방법에 대해 국무부에 조언했다. 카프라는 냉전을 "자유세계와 노예세계 사이에서 벌어지는 죽음의 투쟁 (…중략…) 인간정신을 위한 전투"로 이해했다.[17] 인도와 네팔주재 미국대사 체스터 보올스Chester Bowles는 카프라에게 인도국제영화제에 참석하여, 인도에 대한 소련과 중국의 영향력을 측정하는 데 도움을 보태라고 요청했다. 카프라 외에도 잉그리드 버그만Ingrid Bergman과 진 티어니Gene Tierney가 행사에 초대되었지만, 이들은 마지막 순간에 일정상 참석할 수 없었다. 이에 따라 카프라, 케네스 매켈도우니Kenneth McEldowney, 영화 <강> 제작자, 해리 스톤Harry Stone, MPAA 담당자, 플로이드 E. 브루커Floyde E. Brooker, 상호안전 보장본부(Mutual Security Agency)의 시청각분야 수장가 미국 영화산업 대표로 행사에 참석했다.[18] 니틴 고빌Nitin Govil이 주장하듯이, 카프라의 영화제 참석은 "미국과 인도가 합동하여 두 국가의 지정학적 우호관계를 과시한 많은 일들 중 하나"였다.[19] 그런데 바로 이 점은 냉전이 최고조에 달했을 때, 미국이 아시아에서 펼친 문화외교정책에 대한 새로운 관점을 제시한다. 매우 놀랍게도, 카프라는 당시 공산주의자 혹은 공산주의자의 동조자라는 혐의 하에 블랙리스트에 올라 있었고, 미 하원 반미활동 조사위원회the House Un-American Activites Committee, HUAC의 감시를 받고 있었다.[20] 카프라가 이 모든 혐의에서 면제된 것은 인도국제영화제 개막 바로 직전이었다.

결과적으로 카프라에게 인도국제영화제 참석은 그가 가진 강한 반공주의를 증명할 애국심을 표출할 수 있는 기회였다. 또한 이 기회는 그가 할리우드로 다시 돌아갈 수 기회이기도 했다. 카프라는 행사에서 즉시 '빨갱이'의 존재를 알아차렸다.[21] 그는 자서전에서 "나는 영화제 관계자들에게 내가 빨갱이들의 음모에 휘말리기 위해 이곳에 와있는 것이 아니라

〈그림 1〉 1952년 제1회 인도국제영화제(IFFI)가 개최했고 미국감독 프랑크 카프라(앞줄 회색 모자를 쓴 남성)가 미국대표단의 일원으로 참석했다. 인도국제영화제는 1952년 1월 24일 인도총리 자와할랄 네루(Jawaharlal Nehru, 앞줄 중앙)에 의해 출범했다.

출처 : 『마치 오브 인디아(*March of India*)』 4호, 1952.3~4, 5쪽.

고 경고했다. 할 수만 있다면 그리고 다른 이유가 없더라도, 나는 그들의 골을 내려치기 위해 여기 있는 것이다"라고 회고했다.[22] 이후 카프라는 드밀에게 쓴 서신에서 "이곳에는 15명 정도의 큰 규모로 구성된 러시아 대표단과 10명 정도의 중국 대표단이 있습니다. 헝가리와 체코슬로바키아 대표단도 있습니다. 그들의 전장인 이곳에서, 우리는 우리 자신을 방어하기 위해 우리가 얻을 수 있는 모든 도움이 필요합니다"라고 전했다.[23] 카프라는 일본 방문에도 열정적이었다. 심지어 그는 할리우드가 일본 영화 산업에 미치는 영향력을 높이고 아시아에서 활동하는 공산주의영화에 맞서기 위해 "[일본에는] 한 사람이 아니라 단체로 가야 한다"고 제안하기까지 했다.[24] 이처럼 태너가 구상하고 씨앗을 뿌린 할리우드의 임무는 대체로 결실을 맺을 것처럼 보였다. 실제로 카프라와 드밀과 같은 할리우드 거물 몇몇은 아시아영화제작자연맹에 힘을 실어주기 위해 일본에 방문할 것이 확실해 보였다.

그럼에도 아시아재단이 할리우드에서 착수한 사업은 숱한 질문을 제기한다. 아시아영화제작자연맹은 일본 나가타 마사이치와 다른 지역 영화경영진에 의해 설립되었는데, 연맹의 공식서한에 따르면 연맹의 목적은 "동남아시아국가의 영화산업을 진흥하고, 영화의 예술 및 기술 수준을 향상시키며, 극동 지역 영화의 문화적 보급과 교류를 보장하는 것"이었다.[25] 아시아영화제작자연맹의 설립목적을 고려할 때, 이 연맹을 지원하기 위해 태너가 할리우드의 영화제작자와 감독, 작가, 경영진과 만난 이유는 정녕 무엇 때문인가? 마찬가지로 아시아재단은 도대체 어떤 목적으로 아시아영화제작자연맹과 이 연맹의 연례영화제 구성에 개입하게 되었는가? 대체 태너는 어떤 인물이며, 파라마운트영화사의 경영진 루라시 그리고 카프라와 드밀처럼 할리우드의 저명한 감독들이 아시아재단이 추진한 비밀활동에 가담한 이유는 무엇 때문인가? 아시아재단의 영화프로젝트는 어떤 결과를 불러왔으며, 이에 대한 아시아 영화산업의 반응은 무엇이었는가?

겉보기에 아시아재단은 비정부 민간단체였지만 사실상 미국정부와 CIA로부터 대부분, 어쩌면 거의 전액에 가까운 예산지원을 받은 곳이었다. 이 지원을 고려하면 아시아재단은 오히려 '준-비정부기구'라고 불러야 마땅하다.[26] 아시아재단과 CIA의 결속관계는 잡지 『램파츠*Ramparts*』가 'CIA는 여러 문화단체 및 교육기구에 자금을 지원한다'는 내용의 특별보도를 발표한 1967년까지 공식적으로 인정되지 않았다. 이와 동시에 『뉴욕타임스*New York Times*』는 일련의 특별기사를 통해 CIA가 "냉전 프로파간다 전장에 연루되어 있는 놀랍도록 다양한 미국시민단체를 공산주의 전선에서" 은밀히 후원하고 있다는 사실을 폭로했다.[27] 『뉴욕타임스』는 주로 문화자유회의Congress for Cultural Freedom, CCF를 겨냥했지만, 문화자유회의 보다 논란의 여지가 적다고 할지라도 아시아재단 역시 그 후원 목록에 포함되어 있었다.[28] 정신과 이념을 두고 벌인 전투의 장the battle for hearts and minds에서 활동한 또 다른 비정부 자선기관 — 예를 들어 비컨Beacon, 카플란Kaplan, 애팔라치안Appalachian, 보든 트러스트the Borden Trust와 마찬가지로 — 아시아재단은 미국정부의 대외 문화외교정책 방향을 따라 CIA의 주도하에 조직되고 임무를 수행한 위장협회였다. 전직 CIA 직원인 빅터 마르체티Victor Marchetti는 재단은 "아시아 전역에 중국 본토와 베트남과 북한에 대한 부정적 비전을 전파하는 목적을 갖고 있다. 이 목적을 달성하기 위해 학술연구를 후원하고, 학회 및 심포지엄을 지원하며 학술교류프로그램을 운영한다. 이에 대한 CIA의 연간 보조금은 미화 800만 달러에 달한다"고 지적하며 혐의를 제기했다.[29]

　제1장은 1950년대 미국정부 주도의 문화냉전정책이 아시아 지역의 영화산업에 어떤 영향을 미쳤는지 살펴보기 위해, 아시아재단과 현장요원들이 비밀리에 반공 영화제작자 간 연대를 구축한 방법과 정도를 살펴본다. 또한 아시아재단의 파견요원이 초기 프로젝트를 수행하면서 현지 영화경영진의 여러 요구에 대응하고, 끊임없이 변화하는 정치적·사회적·문화적 지역 환경과 협상한 방식을 상세히 조사한다. 따라서 이 장은 자연스럽게, 아시아재단의 기원인 자유아시아위원회를 살펴보는 데에서 출발한다.

자유아시아위원회

자유아시아위원회는 본래 미국의 아시아 외교정책 이익을 증진하기 위해 미국 행정부에서 창설한 조직이었다. 위원회는 1951년 3월 12일 트루먼의 2기 행정부[1949~53년] 기간 중 "아시아에 주목하는 미국 비정부기구가 아시아인이 그들 자신의 땅에서 공산주의에 저항할 수 있는 능력과 욕망을 향상시키는 데 도움이 될 수 있다고 믿는 캘리포니아 주민들"에 의해 설립되었다.[30] 위원회가 설립된 시기는 한국전쟁이 절정에 달한 시기와 맞물려 있다. 아시아재단은 샌프란시스코 본부와 워싱턴 및 뉴욕 지부 외에도 1950년대에 도쿄와 마닐라에서부터 카라치와 랑군[現 미얀마 양곤]에 이르는 주요 도시에 15개 이상의 지부를 운영했다. 자유아시아위원회의 초창기 이사회는 전문분야에서 뛰어난 경력을 갖춘 22명의 일원으로 구성되었는데, 그들 대부분은 샌프란시스코에 기반을 둔 기업가였다. 윌버-엘리스[Wilbur-Elis]의 창업주 브라이턴 윌버[Brayton Wilbur, 1896~1963년]가 초대 의장으로 위원회에 합류했다.[31] 샌프란시스코 기업변호사 터너 H. 맥베인[Turner H. McBaine]이 위원회의 이사회 서기를 맡았고, 블리스앤코[Blyth and Co.]의 찰스 블리스[Charles R. Blyth, 1883~1959년] 회장과 캐나다와 캘리포니아주 제지공장의 J. D. 젤러바흐[J. D. Zellerbach] 사장이 곧이어 합류했다. 그 외 주목할 만한 이사회 일원으로는 베텔그룹[Bechtel Corporation]의 S. D. 베텔[S. D. Bechtel] 회장, 캘리포니아 스탠다드오일컴패니[Standard Oil Company of California]의 T. S. 피터슨[T. S. Petersen] 회장, 콜롬비아 철강회사의 앨든 G. 로치[Alden G. Roach] 회장, 리바이스[Levi Strauss and Company]의 월터 A. 하스[Walter A. Hass] 회장, 아메리칸 트러스트컴퍼니 회장 제임스 K. 록헤드[James K. Lockhead], 스탠퍼드대학교 총장 월러스 스털링[Wallace Sterling]이 있다.[32] 이사회 일원 중 어느 누구도 정치권력과 연관되지 않았다는 점은 그리 놀라운 일이 아니다. 애초부터 자유아시아위원회는 워싱턴 정책입안자들과의 긴밀한 관계를 겉으로 드러내지 않으려고 신경 썼기 때문이다. 위원회는 공적으로도 그리고 사적으로도 비정부 민간자선단체로 비춰지길 희망했다.

자유아시아위원회의 이사회가 최우선으로 고려한 것은 단연 중국이었다. 이사회의 핵심 일원인 윌버, 블라이스, 젤러바흐가 기부자 모색을 위해 작성한 서한에는 자유아시아위원회의 목표가 매우 분명히 나타나있다.

> 본 조직[자유아시아위원회]은 C. D. 잭슨C. D. Jackson이 이끄는 자유유럽위원회 CFE와 루시어스 클레이Lucius Clay 장군이 지휘하는 자유의 십자군Crusade for Freedom 과 어느 정도 같은 노선을 따라 설립되었습니다. 우리는 현재 유럽에서 수행하고 있는 일, 즉 모든 수단을 동원하여 공산주의에 강경히 맞서는 일을 아시아에서도 추진할 것입니다. 우리는 공산주의를 피해 중국에서 빠져나와 미국과 세계의 다른 지역으로 탈출한 수많은 난민들을 통해, 중국에서 마오쩌둥과 그의 소련이 구상한 경찰국가에 맞서 대항하는 강력한 반발운동이 일어나고 있다는 점을 알고 있습니다. 우리는 본 위원회가 적절한 프로파간다 방법을 활용함으로써 특히 중국에서 태동하는 반공산주의 운동을 구체화하는 데 실질적인 효과를 거둘 수 있다고 생각합니다.[33]

서한에 분명히 드러나듯이, 자유아시아위원회는 자유유럽위원회에 상응하는 아시아적 대응이었다.[34] 자유유럽위원회는 뉴욕 주법에 따라 트루먼의 2기 행정부 초창기인 1949년 6월 2일에 설립되었다. 前 일본대사 조셉 그루Joseph Grew가 이사회 의장을 맡았고 베테랑 외교관인 드윗 클린턴 풀 주니어DeWitt Clinton Poole Jr.가 사무국장을 맡았다.[35]

〈그림 2〉 자유아시아위원회의 안내책자. 책자는 자유아시아위원회가 CIA의 유럽조직인 자유유럽위원회와 자매단체임을 분명히 밝히고 있다.

출처 : 후버연구소 기록보관소, 아시아재단

　자유유럽위원회의 지도층 구조는 자유아시아위원회와 거의 동일했다. 초기 이사회는 주로 기업가, 은행가, 교육자, 영화제작자, 퇴역 장군으로 구성되었다. 프랭크 앨철Frank Altschul, 제너럴아메리칸투자증권(General American Inverstors Company) 임원, 아돌프 A. 베를Adolf A. Berle, 변호사이자 외교관, 제임스 B. 캐리James B. Carey, 노동조합 지도자, 드와이트 D. 아이젠하워Dwight D. Eisenhower, 1953년 미국대통령에 당선된 퇴역장군, 찰스 P. 태프트Charles P. Taft, 변호사이자 정치가, 세실 B. 드밀, 헨리 루스 Henry Luce, 잡지발행인가 이사회 명단에 이름을 올렸다. 자유유럽위원회 초대 회장으로는 심리전 전문가 찰스 더글라스 잭슨Charles Douglas Jackson, 일명 C. D. 잭슨(C. D. Jackson)이 임명되었다.[36]

　자유유럽위원회는 존 포스터 덜레스John Foster Dulles, 1888~1959년, 1953~1959년 美

국무장관의 동생 앨런 W. 덜레스Allen W. Dulles, 1893~1969년가 고안한 아이디어에 착안하여, 유럽 내 미국의 영향력을 확산시키고 소련의 영향력에 대항하기 위해 노력했다. 자유유럽위원회가 미국과 유럽의 정치·문화 지식인들을 모아 구성한 국제협회가 바로 1950년 6월 서베를린에서 창립학술대회와 함께 발족한 문화자유회의CCF이다. 엘레나 아르노바Elena Aronova에 따르면, 회의의 목적은 "공산주의 이념에 맞서 싸우고, 문화 및 사상영역에서 마셜 플랜Marshall Plan의 이념적·문화적·지적 지원을 확보하는 것"이었다.[37] 문화자유회의는 여러 유럽국가에서 학술행사와 문화축제를 개최했고 『인카운터Encounter』, 『데어 모나트Der Monat』, 『미네르바Minerva』 같은 정기간행물을 직접 출간하거나 출간 자금을 지원했다.[38]

유럽 내에서 가장 중요한 (그리고 논쟁적인) 일부 사상가 및 공적 지식인 — 이를테면 아서 쾨슬러Arthur Koestler, 마이클 폴라니Michael Polanyi, 한나 아렌트Hannah Arendt, 다니엘 벨Daniel Bell, 시드니 훅Sidney Hook, 아서 슐레진저 주니어Arthur Schlesinger Jr. — 이 총회 초기 대표를 맡았다.[39] 휴 윌포드Hugh Wilford가 지적했듯이 CIA로부터 막대한 보조금 지원을 받은 문화자유회의는 미국이 참여한 '문화냉전에서 주요 무기'로 빠르게 진화했다.[40]

자유유럽위원회가 가장 많이 투자한 프로젝트 중 하나는 자유유럽라디오Radio Free Europe, RFE였다. 서독 뮌헨에 본부를 둔 자유유럽라디오는 새롭게 등장한 반공 방송국으로 1950년 여름부터 동유럽에 방송을 내보냈다. 정치학자 로버트 T. 홀트Robert T. Holt는 1958년 자유유럽라디오를 포괄적으로 분석한 연구를 내놓았다. 홀트는 이 방송국은 비정부 민간단체이고 "방송에서 흘러나오는 목소리는 망명자들이 그들의 동포에게 전하는 목소리"라고 분명히 밝혔다. 실제로 자유유럽라디오는 "망명자들의 목소리"였다.[41] 자유유럽라디오의 설립 직후, 기금모금을 위해 제2차 세계대전의 영웅 루시어스 클레이 장군이 의장직을 맡은 자유의 십자군이 창단되었다.[42] 클레이는 자유유럽위원회의 창립이사회 일원 중 한 명이었다. 자유유럽위원회가 자유유럽라디오의 초창기 2년간 조직운영비용을 자진해서 제공했다는 점은 확실하다. 여기에 더해, 자유의 십자군은 자유아시아위원회에 미화 140만 달러 기부를 약속했다.[43]

최근 기밀 해제된 자유아시아위원회 관련 CIA의 문서프로젝트명 DTPILLAR는 위원회 조직이 애초부터 CIA에 의해 착수되었음을 입증한다.[44] 정확히 말하면, 자유아시아위원회를 기획한 사람은 바로 CIA의 기획부국장 덜레스와 프랭크 위즈너Frank Wisner, 1909~65년였다.[45]

위즈너는 자유아시아위원회가 "아시아 단체와 개인이 자유세계와 같은 방식으로 그들 자신의 사회와 제도를 발전시키고 강화하도록 지원함으로써" 미국 외교정책을 증진하고 국제 공산주의에 맞서 싸우게 할 것이라며 창립을 옹호했다.[46] 위즈너와 덜레스의 목표는 소련과 중국이 주도하는 공산주의의 진격을 저지하기 위해 아시아인들에게 반공정서를 조성하는 것이었다. 위즈너는 이미 자유유럽위원회의 성공을 맛본 후였기 때문에, 아시아에서도 이와 유사한 성공을 바랐다. 1950년 11월에 공표된 자유아시아위원회의 초기 목표와 목적은 다음과 같다.

첫째, 위원회는 아시아 각국 국민들에게 라디오, 신문, 팸플릿 등의 매체를 직접 제공하고, 정부기관과 관련 없는 정보와 사상을 보급할 것이다. 이 점에서 위원회는 지역자체명칭을 사용하고, 프로그램 발전에 따라 개발되는 모든 지역자치위원회의 명칭을 사용할 것이다.

둘째, 위원회는 다른 반공단체에 대한 원조와 지도를 공공연히 제공하여, 정보와 사상을 간접적으로 보급하는 수단을 제공할 것이다.

셋째, 위원회는 자체명칭과 기존단체명을 활용한 활동을 통해 지역 곳곳에 반
공산주의가 만연해있다는 인식을 남길 것이다. 이는 반공산주의 표출에
주저했던 사람들에게 용기를 주고, 시간이 지나면서 '편승 효과bandwagon'
로 나타나 [반공]정서 자체를 확대할 것이다.

넷째, 위원회는 [CIA 내 비밀공작 전담기구인] 정책조정국Office of Policy, OPC과의 협
력 및 비밀임무를 통해 공산주의에 맞서 싸우는 새로운 단체 창설 역
할을 수행할 것이다.[47]

다섯째, 위원회는 다양한 단체에게 소집단의 특수한 이해관계와 그들 모두
가 연관된 '명분'을 초월하는 일체감을 제공할 것이다. 동시에 위원
회는 그러한 단결을 통해 더 큰 성공을 약속할 것이다.

여섯째, 위원회는 정책조정국이 해당 지역에서 이미 활동 중인 단체 혹은 잠
재적 단체와 손쉽게 접촉할 수 있도록 도울 것이다.

일곱째, 위원회는 목적과 활동이 우리의 방향과 일치하지 않을 수 있는 단체
일지라도 선택적으로 지원할 것이다.[48]

자유아시아위원회가 주로 겨냥한 곳은 중국이었다. 중국 이외 다른 지
역도 고려되었는데 동남아시아, 일본, 필리핀, 인도, 시베리아 순으로 중
요도가 매겨졌다.[49] 이와 함께, 아시아 주요 도시에 지부를 설립하는 계획
안도 검토되었으나, 초기에는 그리 적극적으로 논의되지 않았다. 그런데
프로젝트는 예상치 못한 난관에 봉착했다. 조직을 이끌 '적합한' 사람을
찾는 것이 상당히 어려웠기 때문이다. 자유아시아위원회의 회장 후보는
심리전 경험이 있으며 기업임원 혹은 조직수장으로서 명성을 쌓은 사람
이어야 했다. 더욱이 후보에게는 아시아문제에 대한 배경지식도 요구되
었는데, 1950년대 초에 이런 자격을 갖춘 인물은 극히 드물었다. 인데르

지트 파르마Inderjeet Parmar가 미국 내 아시아연구 프로그램의 초기개발에 관한 연구에서 언급했듯이, 1950년대 초 미국 엘리트들은 "아시아의 역사와 언어와 문화에 대한 자신들의 지식이 형편없다"는 점을 잘 알고 있었고, 그들은 미국이 지식부족으로 "아시아개발에 영향을 미칠 수 없으므로 결국 공산주의 지배의 길을 개방"할 것이라는 전망에 극도로 두려워했다.[50] 실제로 당시 미국에는 아시아 경험이 풍부한 정부 인력이 없었다. CIA는 유럽상황을 꿰뚫어보고 유럽무대에 보다 적합하고 유능한 인력을 보유하고 있었지만, 이 후보들 중 그 누구도 자유아시아위원회의 자리에 적합하지 않았다. 자유아시아위원회의 프로그램 담당이사 조지 H. 그린 주니어George H. Greene Jr.는 이사회 의장 브라이턴 월버에게 이렇게 설명했다. "이 임원 선발은 극히 제한적일 수밖에 없습니다. 심리전은 미국에서 비교적 새로운 연구주제이고, 미국 내 심리전 연구는 주로 유럽에 맞춰있습니다. 유럽 심리전에 자격을 갖춘 인사가 시간을 갖고 아시아 환경에 적응할 수도 있겠지만, 공산주의가 극동 지역의 모든 국가에 침투하는 속도를 감안한다면 시간[속도전]은 매우 중요합니다."[51]

그런데 그린은 그가 보인 통찰력 덕분에 1951년 8월 임시 회장으로 임명되었다.[52] 미시간대학교 졸업생인 그린은 1929년 상하이에 위치한 뉴욕은행National City Bank of New York에 입사한 후 1949년까지 근무했다.[53] 전쟁 중에는 전략사무국Office of Strategic Services, OSS에서 활동했다. 그린은 자유아시아위원회에 합류하기 전, 중국에 위치한 경제협력기구Economic Cooperation Agency, ECA의 산업재건국 국장이었다.[54] 임시회장직을 맡은 그린의 지휘 하에, 자유아시아위원회는 공격적인 직원채용을 시작했고 1951년 말까지 목표했던 160개의 채용직책 중 약 70개의 자리가 채워졌다. 자유아시아위원회와 CIA의 제휴관계는 채용과정 그리고 채용이 끝난 다음에도 철저히 비밀에 부쳐졌다.[55] 어려운 상황 속에서도 그린은 전략적으로 저명한 '중국 전문가'를 위원회에 고용했다. 이 전문가 명단에는 제임스 M. 헨리James M. Henry, 前 홍콩 링난대학교 총장, 레스터 K. 리틀Lester K. Little, 前 중국세관 감사관, 윌리엄 주 리앙 성William Zu Liang Sung, 沈嗣良, 前 상하이 세인트존스대학 총장이 이름을 올렸다.[56]

자유아시아라디오

자유아시아위원회의 핵심활동은 두 개의 프로젝트로 구분되었다. 하나는 자유아시아라디오를 방송하는 것이었고, 다른 하나는 언론인과 작가와 오피니언 리더opinion leaders를 지원하여 그들이 자국 내 공산주의에 대항하도록 독려하는 것이었다.[57] 자유아시아라디오는 자유유럽라디오의 거울 이미지였다. 자유아시아위원회의 가장 야심차고 가장 중요한 프로파간다 활동은 1951년 9월 4일부터 1953년 4월 15일까지 주간 생방송으로 송출된 자유아시아라디오였고, 이 라디오는 미국인이 아닌 아시아인의 관점을 제공한다는 점에서 보이스오브아메리카Voice of America, VOA와 차별화되었다.[58] 자유아시아라디오는 미국식 생활방식을 '극동 지역 사람들'에게 판매하는 대신, "자유로운 아시아인이 서로 이해할 수 있는 방향으로 자국민에게 말하는 플랫폼" 제공을 기본 목표로 삼았다.[59] 월버는 언론과의 인터뷰에서 "결국 자유아시아라디오는 아시아인을 돕고 용기를 북돋우며 공산주의에 직접 저항할 수 있도록 농업 및 보건, 기타 주제에 관한 프로그램을 확장해 나갈 것"이라고 말했다.[60]

은퇴한 샌프란시스코 라디오방송 경영인이자 前 KNBC방송국 매니저였던 존 W. 엘우드John W. Elwood는 자유아시아라디오의 초대 책임자로 임명되었다. 이에 대해 엘우드는 자신이 맡았던 일 중 "가장 어렵고 가장 도전적인 임무"라고 표현했다.[61] 자유아시아라디오는 주 6일간 하루에 4시간씩 중국 북경어와 광동어와 동남어 그리고 영어로 방송을 송출했다. 방송은 "아시아인이 가장 많이 라디오를 듣는 시간인" 중국시간 기준 저녁 7시 45분부터 11시 45분까지로 편성되었다.[62] 방송은 괌과 마닐라의 송신기를 통해 아시아로 전파되었다.[63] 1952년 3월 엘우드는 "모든 곳에서 자유인을 대변하는 비정부의 목소리는 억압당한 희생자에게 새롭고 자유로운 삶을 제공하는데 선봉이 될 수 있습니다. 이것은 어려운 작업입니다. 비용도 많이 듭니다. 그렇지만 다른 대안, 즉 전면전보다는 훨씬 쉽고 저렴한 것입니다"라고 말하며 자유아시아라디오에 대한 자신의 생각을 밝혔다.[64]

그러나 결과적으로 자유아시아라디오는 성공하지 못했다. 아시아의 정치상황은 그린이 애초 예상한 것보다 훨씬 더 복잡했기 때문이다. 라디오가 시작된 지 채 2년도 지나지 않았을 때, 방송은 아시아 각국은 물론이고 미국 내에서조차 끊이지 않는 비판에 시달렸다. 잡지『더 리포트The Report』의 편집자 필립 호튼Philip Horton은 덜레스에게 보낸 서신에서 자유아시아라디오에 대한 그린의 생각이 "너무도 순진하다"고 비난했다. 이어서 호튼은 "대부분의 아시아인은 우리[미국]가 얼마나 훌륭한지에 대해 듣는 것을 질려 합니다. 또한 미국을 대표하는 기관의 역사는 기실 그들[아시아]의 문제와 거의 관련이 없기 때문에, 미국기관이 발전해 온 주변 조건을 아시아에서 똑같이 재현할 수는 없습니다"라고 말했다.[65] 국내외 비판 여론을 인식한 CIA는 1953년 3월 자유아시아라디오의 운영상황을 검토했다. 자유의 십자군 회장 헤롤드 B. 밀러Harold B. Miller는 "자유아시아위원회는 [기존과] 다른 종류의 작전이다. 위원회는 아시아의 자유국가에 속한 단체와 개인을 위해 그리고 그들과 함께 일한다. 이들이 서방과 맺는 관계 특히, 최근 독립을 쟁취한 국가들과 맺는 신중한 관계를 고려한다면, 자유아시아위원회는 좀 덜 호전적인 반공주의 작전을 펼쳐야 한다"고 지적했다.[66] 밀러의 평가가 CIA의 판단에 유의미한 영향을 끼쳤는지는 확실하지 않지만, 프랭크 위즈너는 얼마 지나지 않아 자유아시아라디오의 중단을 결정했다. 위즈너는 그 이유를 이렇게 설명했다. "자유아시아위원회는 청소년과 학생, 교육자, 작가 및 지식인, 시민, 종교단체 및 여성단체와 협업할 때 가장 효과적인 업무수행이 가능하다는 점을 깨달았다. 이 단체들과 협업할 수 있는 위원회의 역량이 지난 1953년 4월 자유아시아라디오를 해체함으로써 강화되었다는 점에 주목할 필요가 있다. 자유아시아위원회는 방송으로 인해 오히려, 아시아인들에게 그들을 겨냥한 집단으로 각인되었다."[67]

앨런 발렌타인

1952년 1월 2일 자유아시아위원회는 초대 회장으로 앨런 발렌타인 Allen Valentine, 1901~80년을 맞이했다.[68] 올림픽 럭비 금메달리스트 선수 출신인 발렌타인은 1935년부터 1950년까지 약 15년간 로체스터대학 총장직을 수행했고, 이후 1950년부터 1951년까지 트루먼 행정부의 경제안정화기구Economic Stabilization Agency, ESA를 이끌었다.[69] 그러나 학계에서 정부기관으로의 보직전환은 그에게 잘 맞지 않는 듯했다. 그는 학계 밖에서의 경험이 전무했다. 자유아시아위원회의 기존 임원들은 발렌타인을 미적지근하게 환영했다. 특히 임시회장직을 맡고 있던 그린은 발렌타인의 임명에 큰 충격을 받았다. 그린은 자유아시아위원회가 그를 '공식'회장으로 임명할 것이라 기대했기 때문이다. 그러나 당시 이사회 의장이었던 윌버는 그린과 다른 의견을 갖고 있었다. 윌버는 애초부터 그린이 위원회를 이끌 능력이 충분하다고 생각하지 않았다. 1951년 6월 CIA에 보낸 보고서에서 윌버는 "조지 그린은 확실히 프로페셔널하게 잘 차려입는 사람이다. 그는 자신의 일에 열정적이고 사고력이 깊은 아주 성실한 자이다. 그렇지만 그는 명쾌하게 설명을 하지 못하고, 바로 이러한 결점 때문에 그는 기자회견과 라디오 혹은 텔레비전 출연에 적합하지 않은 사람이다"라고 피력했다.[70] 윌버는 꽤 괜찮은 경력을 가진 명목상의 지도자를 영입하고 싶어 했다. 그린은 자신을 내친 윌버의 선택에 극노한 나머지 발렌타인의 임명이 "시기에 맞지 않고, 부적절"하다고 공표했다. 그린은 자신의 분노를 숨길 생각이 없었다. 그는 "집행위원회는 전문급여를 받는 지역홍보담당자와 전문관리자로서 발렌타인을 고용했다. 발렌타인은 우리가 맡은 소명에 위원회가 부여한 대의명분이나 의무에 대한 헌신을 이해하지 못한다"[71]라고까지 표현했다. 사실 발렌타인은 그의 "완강하고 내향적인 경영스타일" 탓에 경제안정화기구를 이끄는 동안 부정적 평판을 얻은 실정이었다.[72] 그린의 서신만으로 발렌타인의 역량을 평가하는 것은 부당하지만, 그린이 가한 공격 중 적어도 한 가지는 타당했다. 바로 발렌타인이 아시아에 대한 지식이나 관련 경험이 전무할 뿐 아니라, 아시아의 지리와 언어 및 문화에 대한 그의 이해가 대단히 제한적이라는 지적이다. 이 지적은 정확했다. 그럼에도 윌버가 발렌타인을 공식적으로 임명하자, 그린은 곧바로 사표를 제출했고 그는 곧이어 동남아시아에서 경제학을 연구하는 펠로우십 제안을 수락했다.[73]

〈그림 3〉 로체스터대학 사무실에서 찍은 앨런 발렌타인의 모습. 사진은 1949년 11월에 찍은 것으로 총장직을 사임하기 전의 모습이다.

출처 : 로체스터대학 리버캠퍼스도서관 희귀 · 특별장서보존학과

발렌타인이 회장직을 맡을 무렵 자유아시아위원회는 이미 여러 프로젝트 — 아시아계 미국인 학생의 일본 YMCA 투어, 량 신부Father Liang의 미국대학 견학, 보이스카우트 매뉴얼 번역, 홍콩서점프로젝트Hong Kong Bookstore Project 기초연구, 자유아시아라디오 — 를 진행하고 있었다. 프로젝트 대부분은 그린과 그의 취임 준비단이 시작한 것이었다.[74] 그러나 그린의 기여 못지않게 발렌타인이 자유아시아위원회에 기여한 점 역시 분명하다. 그는 아시아 주요 도시에 해외지부 설립을 추진했다. 위원회는 샌프란시스코 본부와 뉴욕 지부 외에 1953년 2월까지 도쿄, 타이베이,

홍콩, 마닐라, 쿠알라룸푸르, 랑군, 콜롬보, 카라치에 8개 지부를 수립했다.[75] 1955년에는 서울과 방콕 그리고 카불에 새로운 지부가 문을 열 예정이었다. 다만 인도와 인도네시아는 예외였다. 발렌타인이 강조해서 말한 바에 따르면, 두 국가는 자유아시아위원회를 "신뢰할 수 없는 미국의 냉전조직"으로 바라보았기 때문이다.[76] 각 지부의 대표는 미국 주요 대학에서 아시아학을 연구하는 대학교수, 언론인, 전직 고위공무원들이었다.[77] 이에 대해 필리핀의 소설가인 프란시스코 시오닐 호세Francisco Sionil José는 "[해외지부에 발령받은] 재단대표 대부분은 각자 배정된 국가에 대한 폭넓은 지식을 갖춘 학자였다"고 말했다.[78] 특정국가의 대표로 파견된 이들은 지역 지식인의 의혹을 피하기 위해 스스로를 서점주인랑군, 대학교수타이베이, 대만국립대학교 교수, 베테랑 저널리스트도쿄라고 밝혔다.[79] 발렌타인의 재임기간 동안 자유아시아위원회의 연간 예산은 1951년 미화 15만 달러에서 1953년 390만 달러로 대폭 증액되었는데, 이는 공격적인 지부 확장 덕분이었다.

발렌타인은 자유아시아라디오 명칭을 보이스오브아시아Voice of Asia, VOA로 바꾸며 획기적으로 개편하기로 결심했다. 이제 방송은 아시아인이 아닌 미국 지식인과 교육받은 시민들을 겨냥했다. 前 도쿄지부 담당관 로버트 고랄스키Robert Goralski의 지휘 아래, 보이스오브아시아는 사전녹음 프로그램으로 바뀌었고 "아시아국가 전역에서 재단에 대한 호감도를 높이고 더 많은 미국인들이 아시아에 관심 갖도록" 기획되었다.[80] 자유아시아라디오와 달리, 보이스오브아시아는 아시아문제에 대한 미국인의 관심을 촉구하고 아시아와 미국 간 협력을 장려하는 데 목적이 있었다. 3시간에서 5시간 반에 걸친 패널토론이 녹음되었고, 각 토론에서 아시아 지도자는 그들 자국에서 최우선으로 놓인 문화적, 경제적, 교육적 문제에 대해 영어로 의견을 나누었다. 그러나 조직 내에서 신임을 얻지 못한 발렌타인이 1952년 9월 사임하자, 프로그램도 같이 막을 내리게 되었다.[81] 며칠 뒤, 발렌타인 편에 섰던 부회장 헨리 지그베르트Henry Siegbert와 레이 T. 매독스Ray T. Maddock도 사표를 제출했다. 이후 발렌타인은 공식적으로 은퇴를 선언했다.[82] 사실 발렌타인의 사임은 어느 정도 예견된 일이었다. 공식 사임 한 달 전, 발렌타인은 CIA와 정책조정국에 대한 깊은 좌절감을 표출했다. 그는 이렇게 썼다.

> 나는 자유아시아위원회가 정책조정국의 하위부서가 되어서는 안 된다고 강력하게, 그러나 감정을 조절하며 촉구했다. 정책조정국의 주요 일원 한 명은 자유아시아위원회가 그러한 하위부서이고 (…중략…) 엄밀히 말하자면 내가 그로부터 명령을 받는 사람이라고 말했다. 그는 극동極東과 과장인데 부서 조직도에서 정책조정국 부국장 아래 있다. 부국장은 국장 아래, 국장은 부실장 아래, 부실장은 차관 아래 있다. 따라서 이 집행위원회는 여섯 계급이나 떨어져 있는 사람에게서 명령을 받는 것이다. 이에 관해 내가 분명하게 펼치는 주장이 어떤 점에서는 공격적일 수 있다. 하지만 잘 모르겠다.[83]

발렌타인은 사직서에서 자신의 감정을 애써 숨기지 않았다. 그는 "위원회를 본래 의도에 맞게 성공적으로 이끄는 실질적 기회가 주어질 정도로 상황이 좋게 변할 리 없다"고 썼다. 또한 덜레스와 월터 B. 스미스Walter B. Smith 장군에게 보낸 서신에서 발렌타인은 월버가 자유아시아위원회의 회장직을 계속하는 걸 허용해선 안 된다고 역설하며, 그 이유를 "위원회를 이끄는 그[월버]의 지도력이 형편없는 것으로 드러났기 때문이다"라고 밝혔다.[84] 발렌타인과 월버 사이에 정확히 무슨 일이 일어났는지는 확실하지 않지만, 발렌타인이 윌베에 대한 신뢰를 잃은 것은 분명하다. 9월 15일에 발렌타인은 「자유아시아위원회의 미래분석」이란 제목의 중요한 문서를 제출했다. 이 문서는 위원회에 보내는 발렌타인의 마지막 기여였다. 그런데 역설적으로 이 마지막 기여는 발렌타인이 쌓은 가장 중요한 업적들 중 하나였다. 발렌타인은 (CIA임에 분명한) '후원사'가 자유아시아위원회의 미래발전을 위해 따를 수 있는 세 가지 계획을 제안했다. 첫 번째는 '자유아시아위원회의 제거'였다. 두 번째는 '자유아시아위원회와 후원사의 통합'이었다. 다시 말해 위원회는 민간위원회로 계속 존재하지만 어떠한 권위도 지니지 않은 채 '완전히 쇼윈도 장식으로서만' 존속하는 것이다. 세 번째 선택지는 자유아시아위원회가 '민간위원회 개념'에 맞춰 변해야 한다는 것이었다. 바로 이 세 가지가 발렌타인이 권고한 계획이었다. 발렌타인은 자유아시아위원회가 민간단체로 변화한다면, 반공산주의 프로파간다가 '더욱 효과적'으로 진행되고 "미국정부와의 공모에 두려움과 반감을 갖고 민감하게 반응하는 아시아인들에게 크게 호소할 수 있을 것"이라고 강조했다.[85] CIA는 발렌타인의 충고를 진지하게 받아들였다. 실제로 자유아시아위원회는 1954년에 아시아재단으로 명칭이 변경되었다. 명칭 개칭에 대한 위즈너의 논리는 주목할 만한데, 그는 "'자유아시아위원회'라는 이름이 위원회가 확립하고자 한 조직의 특성 수립에 오히려 장애가 된다는 점이 증명되었다. 이 명칭은 정치적 함의를 띄고 있고, 이미 자유를 누리고 있다는 사실을 자랑스러워 하는 아시아인들에게 반감을 일으킨다"고 설명했다.[86] 위즈너의 논리는 발렌타인이 2년 전에 지적한 이유와 정확히 같은 것이었다.

로버트 블룸의 등장과 아시아재단의 탄생

1953년 7월 로버트 블룸Robert Blum, 1911~65년이 자유아시아위원회 회장직을 맡게 되었다. 위즈너의 말을 빌리자면, 그들은 마침내 '처음으로' "CIA 그리고 자유아시아위원회의 집행위원회와 직원이 가장 신뢰하는" 사람을 찾았다.[87] 그해 초 자유유럽위원회의 창립일원 중 한 명인 드와이트 D. 아이젠하워1890~1969년가 미국의 제34대 대통령재임 1953~61년에 당선되었다. 군사경력 전반에 걸쳐 심리전을 옹호해 온 아이젠하워는 공개적인 정보활동과 비밀리에 진행하는 정보활동 모두를 강력하게 주장했다. 그는 효과적 프로파간다의 힘을 굳게 믿고 있었다. 케네스 오스굿Kenneth Osgood에 따르면, 아이젠하워는 심리전을 "가장 초기에 그리고 가장 꾸준히 지지한 자들 중 한 명"이었다.[88] 아이젠하워는 제2차 세계대전 발발기간 동안 프로파간다의 힘을 믿는 자신의 신념을 계속 발전시켰다. 전쟁 이후에도 그는 소련진영에 맞서는 심리작전을 계속 지원했다. 트루먼 행정부재임 1945~53년기간 동안, 아이젠하워는 트루먼을 위해 비밀심리작전을 개발했다. 개발을 위해 아이젠하워는 '심리전' 신봉자 — C. D. 잭슨, 월터 베델 스미스Walter Bedell Smith, 앨런 덜레스, 프랭크 위즈너 — 와 활발히 교류하고 협력했는데, 이들은 이후 아이젠하워가 자유의 십자군을 출범시키는 데 큰 도움을 주었다.[89] 대통령 선거에서 승리한 직후, 아이젠하워는 C. D. 잭슨을 심리전 특별보좌관으로 임명했다. 그는 앞서 언급한 몇몇 '심리전' 전사들과 함께 행정부를 구성했다. 아이젠하워 행정부는 블룸이 자유아시아위원회를 이끌 이상적 인사라고 생각했다. 블룸은 심리전의 논리를 잘 파악하고 있었고, 프로파간다가 중공Communist China에 도전하고 아시아에서 미국의 국제적 위신을 보존하는 데 도움이 된다고 주장했다. 무엇보다 블룸은 아시아에서 폭넓은 경험을 쌓고 아시아문제를 제대로 이해한 당시 미국에서 보기 드문 심리전 베테랑 중 한 명이었다.[90]

샌프란시스코에서 출생한 블룸은 일본에서 유년기를 보냈고, 1936년 캘리포니아주립대학교 버클리캠퍼스에서 국제관계학 박사학위를 받았다. 그 후 5년간 예일대학교 교수직을 유지했다.[91] 그는 제2차 세계대전 중 파리와 런던, 워싱턴에서 정보요원으로 활동하며 좋은 평판을 쌓았다. 이후 1946년 정식 해산 전까지 전략사무국[OSS]에서 근무했는데, 캄보디아와 라오스를 비롯한 다수의 아시아 전장에서 정부직책을 수행했다. 1950년과 1951년 블룸은 베트남에서 특별기술·경제임무의 책임자로 복무한 후, 1953년 8월 자유아시아위원회에 합류하기 전까지 파리에 배치된 유럽의 미국대표사무소에서 경제문제 담당차관을 역임했다.[92] 위즈너는 블룸을 돕기 위해 제임스 L. 스튜어트를 프로그램 담당이사로 승진시켰다. 스튜어트는 근본적으로 아시아 전문가였다. 일본 고베에서 감리교 선교사 부모 사이에서 태어난 스튜어트는 히로시마에서 성장기를 보냈고, 이후 듀크 대학교에서 언론학을 전공했다. 1939년부터 1944년까지는 중국 중경에서 AP통신 특파원으로, 진주만 공격 이후에는 중국·버마·인도 전장에서 CBS방송 종군기자로 근무했다. 스튜어트는 1947년 한국의 미군 정보담당 고문으로 새로운 보직을 맡았으며, 2년 후 주한미국대사관에서 제1서기관 및 공보장교를 역임했다. 1951년 스튜어트와 그의 가족은 샌프란시스코에 정착했고 그곳에서 자유아시아위원회에 소속되어 일하기 시작했다.[93]

블룸의 합류로부터 얼마 지나지 않아, 자유아시아위원회는 조직명을 아시아재단으로 개칭했다. 또한 블룸은 조직의 목표 설정에 큰 변화를 만들었다. 그는 미국 '전문가[expert]'들이 서구지식과 기술을 '채택[adopt]'하도록 아시아에게 압박을 가하는 것이 아니라 그들이 서구지식 및 기술에 '적응adapt'하도록 도와야 한다고 주장했다.[94] 이에 따라 블룸은 새로운 보직을 맡은 직후, 아시아재단의 문화적 활동방향을 새로이 설정했다. 그는 주로 홍콩, 일본, 대만 그리고 동남아시아의 중국 화교들에게 영향력 있는 단체인 비공 '좌파'와 '중도파'에 주목했는데, 미국의 공식기관이 이들에게 접근하는 것은 쉽지 않았다.[95] 블룸은 대중매체에도 깊은 관심을 보였다. 그는 영향력 있는 샌프란시스코 기업가들 외에 교육가, 작가, 미디어경영진, 영화산업관계자들을 초청하여 이사회를 확장했다. 레이몬드 B. 앨런Raymond B. Allen, UCLA 총장, 1952~59년, 로빈스 밀뱅크Robbins Milbank, 스미스칼리지 이사, 제임스 A. 미치너James A. Michener, 작가, 폴 G. 호프만Paul G. Hoffman, 포드재단 회장, 1950~53년, 배리 빙햄Barry Bingham, 『루이빌 쿠리어 저널(*Louisville Courier Journal*)』 회장, 에릭 존스톤Eric Johnston, MPAA 회장, 1946~63년이 초청되었다.[96] 블룸의 지침에 따라, 아시아재단은 이제 학술연구를 재정적으로 지원하고, 비공산주의 문학을 활발히 보급하고, 주요 학회 참석을 위한 여행경비를 보조하며, 다양한 미디어가 '자유세계'의 뉴스전파를 돕도록 만드는 데에 관심을 기울였다. 그리고 무엇보다 블룸은 장편영화제작에 관심을 가졌다. 아시아재단의 '영화프로젝트Motion Picture Project'는 적어도 초기 몇 년 동안 재단에서 진행한 가장 큰 투자사업 중 하나였다.

아시아재단의 영화프로젝트

블룸이 아시아재단에 오기 전, 재단은 이미 영화프로그램 착수를 준비하고 있었다.[97] 당시 프로그램 담당이사 존 글로버John Glover와 기획이사 리차드 P. 콜론Richard P. Conlon은 재단의 첫 번째 영화프로그램 기획초안을 각각 1952년 9월과 1953년 3월에 작성했다.[98] 이 시기는 재단의 첫 번째 영화인 단편 다큐멘터리 〈진실은 인간을 자유롭게 만든다The Truth Shall Make Men Free〉가 1951년 9월 완성된 후로부터 1년이 지난 시점이었다. 아시아에서 영화가 지닌 힘을 굳게 믿었던 글로버는 "현재 우리가 이용 가능한 매체 중 제대로 구상된 영화제작 및 배급프로그램만큼이나 저비용으로 단기간에 동남아시아 및 남아시아의 많은 사람들에게 영향을 미칠 수 있도록 개발되고 활용된 것은 없다"고 공언했다.[99] 글로벌이 작성한 초안을 보면, 자유아시아위원회가 후원한 단편영화 3편이 당시 제작 중이었다는 사실을 알 수 있다. 해외 화교를 대상으로 한 짧은 뉴스릴, 필리핀 관객을 겨냥한 영화 〈친절한 필리핀 사람들The Friendly Philippines〉, 도쿄에서 열린 제2회 세계불교도우의회World Fellowship of Buddhists, WFB를 담은 다큐멘터리 〈현존의 석가모니The Living Buddha〉가 그것이었다.[100] 아시아재단은 친미 불교단체를 전략적으로 지원했고, 그 일환으로 제작된 〈현존의 석가모니〉의 목적은 기실 버마와 실론, 태국, 말레이시아에서 벌어지고 반공운동을 불교와 결합하여 육성하는 것이었다.[101]

글로버는 아시아재단이 필요에 따라 영화를 제작하는 대신 정기적 제작일정을 준수하고 체계적 배급시스템을 갖추며, 일반대중에게 호소할 수 있는 통합프로그램을 수립해야 한다고 제안했다. 그는 특히 버마와 홍콩에서부터 일본에 이르기까지 아시아 전체 지역에서 공산주의가 널리 확산되고 있는 정황을 명확히 인지하고 있었다. 그는 재단이 아시아 내 공산주의를 저지시킬 새로운 전략을 영화분야에서 개발해야 한다고 생각했다. 아시아재단은 아시아가 자랑하는 높은 식자율literacy rates 덕분에 아시아에서 영화가 이미 대중적 소통매체이자 오락물이라는 점을 익히 알고 있었다. 따라서 영화는 자유세계의 메시지를 아시아에 전달하는 수단으로서 풍부한 잠재력을 갖고 있었지만 "아직 충분히 실현되지 못한" 상태였다.[102] 글로버는 재단에 1953년과 1954년 영화사업 예산 명목으로 미화 50만 달러를 요구했다. 30분 분량의 단편영화 예산에는 편당 평균 미화 1만 달러의 제작비와 5만 달러의 예비비, 그리고 15만 달러의 배급시스템 구축비가 책정되었다.[103] 글로버가 요청한 예산은 아시아재단의 여타 주요 사업 예산에 비해 상대적으로 매우 큰 액수였다. 무려 재단 연간예산의 약 8분의 1에 해당하는 규모였다. 글로버의 요청은 몇 차례의 검토 끝에 1952년 말 승인되었고, 1953·54년 회계연도에 맞춰 새로운 영화프로그램 착수에 집행되었다.

그러나 콘론이 1953년 3월에 제출한 보고서가 시사하듯, 단편프로파간다 영화로는 아시아 영화계의 주목을 끌기에 충분하지 않았다. 콘론은 점차 영향력이 강해지는 '대중 공산주의mass communism'를 저지하기 위해, 아시아재단이 공산주의자들과 완전히 구별되는 새로운 접근법을 채택해야 한다고 주장했다.[104] 이 접근법은 영화산업의 세 가지 측면—영화산업인력과 제작과 배급—에 주목한다. 제작과 배급에 초점을 맞춘 것은 그리 새로운 접근법이 아니었지만, 아시아 영화산업인력에 초점이 맞춰진 점은 주의 깊게 살펴볼 만하다. 그는 아시아재단이 "비공산주의 영화작가에게 영감을 주고 재정적으로 지원하여, 우리의 광범위한 목적에 부합하는 현지영화를 제작할 수 있도록 격려해야 한다"고 주장했다. 콘론은 나아가 "아시아 영화계가 서로 만나고, 미국영화계와도 함께하는 교류프로그램을 구상하여 영화의 공동제작을 장려할 필요가 있다"고 말했다.[105] 그는 미국 내 영화제작사가 프로파간다용 단편제작을 담당하고 아시아에 배급하는 방안 대신, 아시아재단이 자체적으로 보유한 네트워크와 강점을 활용하자고 제안했다. 즉, 젊은 작가를 후원하고 아시아 간 학회와 워크숍을 지원하며, 미국학자와 기술자와 전문가를 아시아에 파견하는 것이다. 콘론은 앞서 제안한 방안을 실현시키기 위해서는 아시아 경험이 풍부하고 자격이 검증된 영화전문가를 고용해야 한다고 재단에 제안했다.[106]

그 전문가가 바로 찰스 M. 태너였다. 태너는 1953년 할리우드 연락담당관이자 영화프로그램 책임자로 아시아재단에 합류했다. 뉴욕 주 살라망카 시에서 태어난 태너는 1940년 미 공군에 입대하여 1949년 제대할 때까지 중사와 소위, 중위로 복무했다. 그는 미국무부와 함께 영화산업재건 임무를 맡은 경험이 있다. 처음에는 한국 영화산업에 투입되었고 이후 일본 영화산업을 담당했다. 전쟁 이후 그는 한국의 미공보원USIS 영화와 미디어 담당관이 되었다.[107] 블룸은 태너가 한국과 필리핀, 일본에서 쌓은 방대한 인적 네트워크와 영화산업경험을 높게 평가하여 그를 영입했다. 이를 수락한 태너는 자유아시아위원회의 샌프란시스코 본부에서 근무하기로 했다.

도쿄의 특별영화담당관이었던 존 밀러가 태너와 도쿄지부의 새로운 대표로 임명된 노엘 부쉬를 돕기로 했다. 오하이오 주립대학교에서 학업을 마친 밀러는 태평양전쟁이 발발하기 전 라디오분야에서 다양한 경험을 쌓았다. 그는 1941년부터 1946년까지 미국 육군대위로 복무하며 일본과 필리핀 한국에서 진행한 라디오프로그램에 참여했다. 밀러는 일본인들에게 '민주주의 원칙'을 교육하는 프로그램을 제작했을 뿐 아니라, 아시아 전역의 군용라디오방송국Armed Forces Radio Service Stations을 담당하는 현장 감독관으로 활동한 이력이 있었다. 아시아재단에 합류하기 직전, 밀러는 샌프란시스코에 기반을 둔 교육 및 홍보 영화제작사 파머픽처스Palmer Pictures와 협업하며 작가이자 내레이터, 감독으로 활동했다.[108] 밀러가 숙련된 영화전문가였다면, 노엘 부쉬는 아주 노련한 저널리스트였다. 아시아재단에 도쿄지부 대표로 합류하기 전, 그는 20년이 넘는 기간 동

〈그림 4〉1940년대 후반의 찰스 M. 태너. 한국 영화산업 재건을 위해 영화담당관으로 복무하고 있을 때의 모습이다.

출처 : 보비 존슨-테너(Bobbi Johnson-Tanner)

안 미국 출판업자이자 대중매체출판기업 (주)타임Time Incorporation의 창업자 헨리 루스 아래에서 일했다. 부쉬는 영화비평가이자 극장비평가, 스포츠편집자,『타임Time』의 편집부장 등 여러 타이틀을 가진 저널리스트로서, 잡지에서 다루는 거의 모든 분야에 간헐적으로 글을 실었다. 전쟁기간 특파원으로 활동할 때에는 자신의 경험과 관련하여 다수의 특집기사를 썼다. 특히, 그는 일본전문가로도 유명했는데, 점령지 일본에서 직접 겪은 경험을 바탕으로『지는 해─일본에 대한 보고서Fallen Sun : A Report on Japan 』를 집필하기도 했다.[109] 1952년 사임하던 당시에는 잡지『라이프』의 편집차장을 맡고 있었다.[110]

영화 〈국민은 승리한다〉

태너와 밀러는 아시아재단에서 새로운 직책을 맡은 직후 첫 번째 임무에 착수했다. 재단이 처음으로 제작지원한 장편영화 〈국민은 승리한다〉를 완성시키는 것이었다. 임무를 맡았을 당시는 영화제작이 시작된 지 벌써 1년이 지난 시점이었다. 〈국민은 승리한다〉는 버마의 초대 수상 우 누U Nu, 1907~95년, 재임 1948~56년가 쓴 창작희곡을 바탕으로 제작한 영상작품으로, 1950년의 버마 이야기를 그린다. 버마는 1947년 총선에서 반파시스트인민자유연맹the Anti-Fascist People's Freedom League, AFPFL이 승리한 후, 1948년 1월 영국으로부터 독립을 선언했다. 국부國父로 알려진 아웅 산Aung San이 수상에 오를 예정이었지만 그는 같은 해 7월 암살당했다. 결국 아웅 산을 대신하여 우 누가 반파시스트인민자유연맹의 지도자이자 수상이 되었다. 이렇게 탄생한 신생국은 곧이어 반파시스트인민자유연맹과 공산당의 버마혁명군 사이에 벌어진 전면전에 휘말리게 되었다. 연극 〈국민은 승리한다〉는 당대 버마가 겪은 정치적 격동과 혼란 속에서 쓰인 작품이다. 우 누는 서문에서 자신이 극을 쓰게 된 이유를 이렇게 설명한다.

우리 버마연합은 현재 선택의 기로에 서 있습니다. 한 가지 방법은 무력으로 권력을 장악하는 것입니다. 다른 하나는 공정하고 민주적 방법으로 선출된 대표자들에게 대중이 자발적으로 권력을 이양하는 것입니다. 첫 번째 방법은 버마에게 결코 새로운 길이 아닙니다. 버마에서 무력으로 권력을 탈취하려는 악한 습관은 그 추악한 머리를 들어 올리고 있습니다. 만약 이 사악함이 우리의 공정한 나라를 사로잡는다면, 국가는 비참한 상태로 전락하고 형용할 수 없는 폭정에 굴복하게 될 것입니다. 그래서 이 연극을 상연하는 것입니다. 저는 이

연극이 두 가지 중 어떤 것을 선택할지 결정하는 데 도움이 되기를 바랍니다.[111]

연극 〈국민은 승리한다〉는 공산주의 혁명에 가담한 이상주의 혁명가 아웅 윈Aung Yin이 점진적으로 환멸을 느끼는 과정을 그려낸 도덕극이다. 연극은 공산주의자가 펼치는 사악한 전체주의 방식보다 민주주의가 훨씬 우월하다는 메시지를 전한다.[112] 연극에는 여러 등장인물이 나온다. 군인과 마을주민, 정치가와 어린 아이, 교사 등 50명이 넘는 캐릭터가 극 전반에 걸쳐 등장한다. 이들 중 주요 인물은 아웅 윈 그리고 그의 어린 시절 친구인 아이 마웅Aye Maung이고, 아이 마웅은 현재 반파시스트인민자유연맹의 편에 서 있는 정치가로 활동 중이다. 우 누는 작품 속 아웅 윈과 아이 마웅의 목소리를 통해 버마정부가 민주선거로 결정되어야 한다고 거듭 강조한다. 극의 초반부에서 아웅 윈은 '자유'는 투쟁 없이 얻을 수 없고 반파시스트인민자유연맹 정부가 제국주의자의 권력 아래 짓눌려 있다고 주장한다. 그러나 마지막 장면에서 공산주의 지도자들이 혁명을 이끌지 못하는 무능력을 목격한 후, 자신의 선택을 후회한다. 아웅 윈은 "적절한 준비 없이 반란을 일으킨 것은 큰 실수였다. 반란은 아이들의 장난이 아니다. 내가 이 점을 애초에 깨닫지 못했다는 사실을 인정하는 것은 결코 부끄럽지 않다. 나는 이제야 깨달았다. 그리고 날이 갈수록 점점 더 절실히 깨닫는다"[113]고 말한다. 극은 아웅 윈이 잔인하고 난폭한 공산주의 지도자 보 타욱 툰Boh Tauk Tun에게 살해당하며 끝난다.

이 연극은 1951년 10월 캘리포니아 주 패서디나Pasadena의 패서디나 플레이하우스Pasedena Playhouse에서 미국 초연을 가졌다. 초연 이후, 캘리포니아에 사업기반을 둔 캐스케이드영화사Cascade Pictures of California가 영화 판권을 구입했다.[114] 캐스케이드영화사는 1949년 4월 설립된 소규모 독립 영

〈그림 5〉영화 〈국민은 승리한다〉의 신문홍보물. 영화는 랑군의 뉴 엑셀시어(New Excelsior) 극장과 칼턴(Carlton) 극장에서 상영되었다.

출처 : 후버연구소 기록보관소, 아시아재단

화제작사로 미국에서 교육영화, 군사훈련영화, 상업광고와 '메시지' 전달용 영화를 제작한 폭넓은 경험이 있고, 미 국무부의 홍보영화제작을 담당한 이력도 있었다. 하지만 서사가 있는 장편영화를 제작한 경험은 전무했다. 캐스케이드영화사 창업자이자 사장인 버나드 J. 카Bernard J. Carr는 샌프란시스코 토박이로 샌프란시스코대학을 졸업했다. 그는 20세기폭스20th Century Fox와 할로치스튜디오Hal Roach Studio에서 감독으로 활동한 바 있으며, 전쟁기간 동안에는 미 해군으로 복무했다.[115] 캐스케이드영화사가 〈국민은 승리한다〉의 제작에 들어갔을 때, 스튜디오는 이미 단편다큐멘터리 〈현존의 석가모니〉를 완성한 후였다.

버머사 학자 마이클 차니Michael Charney는 캐스케이드영화사가 "어디선가 어떤 식으로든 영화제작 자금을 지원받았다. 그래서 영화사는 아무 것도 요구하지 않았다. 심지어 촬영비용도 청구하지 않았다"고 지적한다.[116] 차니는 영화 〈국민은 승리한다〉의 제작비용을 댄 배후가 누구인지 구체적으로 밝히지 않았지만, 사실 아시아재단이 비밀리에 그 자금을 지원했다.[117] 공식적으로 기록된 영화의 전체 예산은 미화 203,029달러였고, 아시아재단의 랑군 지부가 제작비 전액을 부담했다.[118] 다시 말해, 영화 〈국민은 승리한다〉는 그 시작부터 아시아재단의 프로젝트였던 것이다. 아시아재단과 캐스케이드영화사는 1952년 11월 극의 영화제작 계약을 체결했다.[119] 재단의 목표는 5억 명의 불교도가 인구 대부분을 구성하는 버마, 태국, 인도, 홍콩, 일본, 대만에 영화를 배급하는 것이었다. 그뿐만 아니라, 재단은 미국 관객에게 배급하는 방안 역시 진지하게 고려했다.

할리우드 시나리오작가 폴 강겔린Paul Gangelin이 영화각색을 위해 캐스케이드영화사에 고용되었고, 이에 대한 우 누의 허가를 얻기 위해 버마로 보내졌다. 강겔린은 후기 무성영화시대에 할리우드에서 경력을 시작한 작가이다. 그의 첫 각본은 파테 영화사Pathe Production의 〈더 로켓티어The Rocketeer〉하워드 히긴(Howard Higgin) 감독, 1929년였다. 강겔린은 이후 〈스칼렛 크라우The Scarlet Claw〉로이 윌리엄 닐(Roy William Neill) 감독, 1944년와 〈마이 팔 트리거My Pal Trigger〉프랭크 맥도널드(Frank McDonald) 감독, 1946년 같은 비교적 성공한 각본을 여러 편 집필했다. 하지만 캐스케이드영화사의 버너드 카가 1953년 1월 그에게 각색을 의뢰했을 때, 그는 지난 몇 년간 단 한 편의 각본도 영화 스크린에 올리지 못한 상태였다. 캐스케이드영화사는 미국의 영화제작팀과 촬영장비를 랑군으로 파견하고 버마 현지에서 출연진을 캐스팅 한 후, 1953년 2월 버마어로 영화촬영을 시작했다.[120] 버마 현지의 영자신문은 영화제작과정을 보도했다. 보도에 따르면 "몇 주간의 스크린 테스트와 캐스팅 과정을 거쳐" 前 육군대위 마웅 마웅 따Maung Maung Ta가 영화주연으로 결정되었고, '할리우드'는 그가 선보인 '감성적 연기'에 깊은 인상을 받았다고 전했다. 前 육군장교 바 코^{Ba Kho}도 버마의 전문배우들과 함께 조연을 맡았다. 영화는 랑군의 빅토리아호수^{Victoria Lake; Inya Lake} 인근 옛 군대야영지에서 촬영되었다.[121]

〈국민은 승리한다〉의 촬영 종류 후, 일차 기술시사가 캐스케이드영화사에서 실시되었다. 영화사 사장 버나드 카와 영화를 감독한 조지 세이츠 주니어가 아시아재단 임원들에게 영화를 소개했다. 결과는 처참했다. 태너가 쓴 편지에는 영화를 보고 느낀 당혹감이 가감 없이 나타나 있다. 태너는 "우리는 영화가 실망스럽다는 데 동의합니다. 지나치게 높은 제작비에 비해 영화수준은 형편없었습니다. 과연 버마 밖 해외에서 영화를 상영할 수 있을지 조차 확신할 수 없습니다"라고 썼다. 그는 심지어 "우리가 본래 제작해야 했던 종류의 영화를 만들기 위해 지금 현 단계에서 우리가 할 수 있는 일은 별로 없습니다"라고까지 기록했다. 그는 차라리 가능한 빨리 영화를 완성하여 제작비용을 낮추자고 주장하기에 이른다.[122] 콘론 역시 영화수준에 크게 실망했고 이런 수준 낮은 영화를 만드는 데 그렇게 많은 비용이 들어갔다는 사실을 믿을 수 없었다.

높은 출연료를 받는 스타도 없었고, 비용이 많이 드는 정교한 세트도 없었습니다. 영화에는 막대한 지출을 필요로 하는 장면도 없었습니다. 비싼 의상도 없었습니다. (…중략…) 미국관객의 수준과 보다 지적인 아시아관객의 기준에서 본다면, 이 영화는 오락용으로조차 분류될 수 없습니다. 지금 이 상태로 영화가 개봉한다면, 영화를 틀어줄 상영관도 거의 없을 것입니다. (…중략…) 캐스케이드영화사가 [이렇게 형편없는 영화로] 어떻게 25만 달러의 지출을 정당화할지 모르겠습니다.[123]

당연한 결과로 캐스케이드영화사는 재편집을 요청받았다. 영화사 사장 버나드 카는 이 소식에 언짢아했다. 태너에 따르면, 카는 "그저 아시아재단을 도우려 했던 캐스케이드를 향해, 재단이 비판과 불만족을 표출하는 것은 참으로 유감이다"라고 발언했다. 나아가 카는 이 영화를 캐스케이드영화사만큼 빠른 시일 내에 제작할 수 있는 영화사는 어디에도 없을 것이라고 항변했다. 그는 "아시아재단이 다른 회사와 계약을 체결했다면, 재단은 올해 영화를 완성시키지도 못했을 것"이라고 말하며 불만을 토로했다.[124] 영화는 우여곡절 끝에 재편집되어 1953년 12월 26일 랑군의 뉴 엑셀시어 극장에서 처음으로 공식 시사회를 가졌다.[125] 이 시사회에서 버마 법무장관 우 찬 툰[U Chan Htoon]은 환영사를 건넸다.

이 영화는 오늘날의 버마를 생생히 보여주고 있습니다. 무책임한 반란자들에 의해 시민들이 고문당하고 고통 받는 모습을 담아낸 이 영화는 민주주의가 번영하는 세계 전역의 모든 국가에서 상영될 것입니다. 영화는 동시대 버마를 생생하게 그려낸 초상화로서 중요할 뿐 아니라, 버마역사의 중요한 순간을 진실하게 기록하기 때문에 중요합니다. 이 자료는 후손을 위해 보존되어야 할 역사적 자료가 될 것입니다. (…중략…) 영상은 훌륭하며 연기는 나무랄 데 없습니다. 언어는 순결하며 강한 버마어입니다. 영화는 최신기술만이 낼 수 있는 음향을 선보입니다. 따라서 영화 〈국민은 승리한다〉는 버마의 모든 관객이 즐길 것이며 세계 영화시장에서도 좋은 반응을 얻을 것입니다.[126]

확신에 찬 우 찬 툰의 환영사와는 대조적으로 아시아재단 임원들은 다른 국가의 반응을 염려했다. 특히 인도와 태국이 영화를 어떻게 수용할지 걱정했다. 그들은 인도 내 배급 가능성을 제고하기 위해 영화에 노래와 춤을 추가하는 것도 고려해 보았지만, 캐스케이드영화사가 영화용 노래를 작곡할 여력이 안 된다는 점을 깨닫고 포기할 수밖에 없었다. 아시아 재단은 이미 막대한 예산을 투자했기 때문에 어떻게 해서든 영화를 세계에 최대한 노출시킬 방법을 찾아야 했다. 미국(시장)의 관심을 사기 위해, 태너는 보수일간지 『크리스천 사이언스 모니터 Christian Science Monitor』만을 위한 전용상영회도 마련했다. 상영회에 참석한 리차드 다이어 맥켄 Richard Dyer McCann, 1920~2001은 이 영화가 극동 지역에서 공산주의의 프로파간다 영향이 갈수록 커지고 있는 것에 대항하는 강력한 '프로파간다 무기'로서 가치가 높다고 강조하며, 영화가 함의하는 전략적 중요성에 대한 호의적 기사를 썼다.[127] 캔자스대학교를 졸업하고 하버드에서 박사학위를 받은 맥켄은 1950년대 『크리스천 사이언스 모니터』의 편집위원이었다.[128]

또 다른 비공개 상영회는 1954년 4월 캘리포니아주 컬버 시티에 있는 미국영화협회 MPAA 건물에서 진행됐다. 영화는 〈국민은 승리한다〉라는 제목 대신 새로운 제목 〈반란 Rebellion〉으로 소개됐다. 태너는 루이지 루라시와 세시 B. 드밀, 할리우드의 유명감독 및 전문가들을 초대했는데, 이 초대는 그들이 미국 내 영화보급을 맡아줄지도 모른다는 기대에서 비롯된 것이었다. 그러나 드밀은 "이 영화를 다시 편집하고 영어 자막을 추가해도" 여전히 상업적 잠재력이 부족할 것이라는 판단을 내리며 영화의 가치를 묵살했다.[129] 파라마운트영화사의 검열 및 편집국장 앨버트 딘 Albert Deane은 두 가지 버전을 모두 본 후 새로 편집된 버전을 가차 없이 비판했다. 그는 "영화는 여전히 형편없다. [편집을 거쳐도] 여전히 같은 영화일 수밖에 없기 때문이다. 과하게 표현된 공산주의 인물, 아웅 윈 부인역할의 잘못된 캐스팅, 액션 대신 대화로 전개되는 길고 지루한 서사 등은 편집을 통해 지울 수 없다. 이것들은 영화의 서사를 전개하는 데 필수적이기에 결코 제거될 수 없는 것이다. 〈국민은 승리한다〉가 좋은 영화로 거듭 나려면, 아예 처음부터 다시 만들어야 한다"고 평가했다.[130] 딘은 영화가 미국에서 배급될 가능성은 전혀 없으며 심지어 '예술극장'에서도 배급이 불가하다고 강조했다.[131] 버마 언론은 〈국민은 승리한다〉가 버마에서 지금까지 제작한 영화 중 최고의 영화라는 찬사를 보냈지만, 영화에 대한 평가는 여전히 형편없었다. 결국 태너는 영화가 '아시아에서 저조한 성적을 보였다'고 보고했다.[132] 〈국민은 승리한다〉를 통해 값비싼 수업료를 치른 아시아재단 임원들은 이 영화를 미국에서 배급하겠다는 야심찬 계획을 끝내 접기로 결정했다. 그러나 아시아재단에게는 더 큰 영화프로젝트가 있었다. 잠정적으로 〈붓다의 삶Life of Buddha〉이라는 제목이 붙은 영화가 당시 사전제작단계에 있었다.

영화 〈붓다의 삶〉

샌프란시스코 평화 조약 발표 5개월 만인 1952년 10월, 세계불교도우회WFB로부터 후원을 받은 세계불교총회World Buddhist Congress, WBC가 도쿄에서 개최되었다. 첫 번째 세계총회는 이로부터 2년 전 실론에서 열렸다. 조셉 M. 기타가와Joseph M. Kitagawar가 지적했듯이, 세계불교총회는 불교 역사에서 "세계 전역의 모든 중요한 불교활동을 연합하고 조율하려고" 시도한 최초의 행사였다.[133] 일본에서 열린 총회에는 18개국에서 온 180명의 불교계 대표와 450명에 달하는 일본 대표단이 참석했다. 1952년 도쿄 총회는 이후 버마1954년, 네팔1956년, 태국1958년, 캄보디아1961년로 이어졌다.[134] 실론불교총회의 회장재임 1939~57년이자 세계불교도우회의 초대 회장

G. M. 말라라세케라G. P. Malalasekera는 "불자의 깃발은 이제 세계불교의 상징으로 세계 모든 나라에서 펄럭인다"고 선언했다.[135] 그런데 1952년 총회에 버마, 실론, 인도 불교의 핵심 인물이 한데 모일 수 있었던 것은 아시아재단의 지원 덕분이라는 점은 거의 알려지지 않았다. 뿐만 아니라 아시아재단이 고용한 캐스케이드영화사는 도쿄 세계불교의회에 관한 27분 분량의 흑백다큐멘터리를 제작하고 〈현존의 석가모니〉라는 제목을 붙였다. (이 작품은 〈불교세계형제단Buddhist World Brotherhood〉이란 제목으로도 알려져 있다.) 다큐멘터리는 영어로 제작되었지만 싱할라어 버전도 준비되어 있었다.[136]

도쿄 총회 직후, 붓다의 일생을 장편영화로 만들려는 노력이 시작됐다. 실제로 일본 다이에이스튜디오는 이 주제로 흑백영화 〈위대한 붓다의 헌신大仏開眼, 영어 제목 Dedication of the Great Buddha〉기누가사 테이노스케(Kinugasa Teinosuke) 감독, 1952년을 제작했고, 세계불교도우회를 기념하여 도쿄에서 개봉했다. 이 영화는 1953년 칸국제영화제 경쟁부문에 진출한 바 있다. 할리우드는 이때까지 고타마 붓다Gautama Buddha의 일생을 영화로 제작해 볼 생각조차 해보지 않았다. 이때 캐스케이드영화사가 붓다의 삶을 영화로 제작하는 프로젝트를 아시아재단에 제안했고, 몇 주간의 검토 끝에 재단의 승인을 얻었다. 아시아재단의 재정지원을 받게 된 캐스케이드영화사는 이후 그 자금으로 시카고 출생 소설가이자 시나리오작가 로버트 하디 앤드루스Robert Hardy Andrews를 고용했다.[137] 이들이 진행한 프로젝트에는 〈붓다의 삶〉이라는 가제가 붙었다.

〈국민은 승리한다〉와 마찬가지로 〈붓다의 삶〉 역시 발렌타인이 추진한 프로젝트였다. 따라서 태너가 — 블룸의 임기가 시작된 지 한 달 후인 — 1993년 8월 〈붓다의 삶〉의 각본을 받았을 때, 그는 이 프로젝트에 대해 아는 바가 전혀 없었다.[138] 태너는 앤드루스가 쓴 각본에 대해서는 칭찬했지만, 프로젝트의 기본계획 자체를 비판했다. 태너는 영화를 "어떤 목표를 가진 누가" 제작할 것인지가 명확해야 한다고 주장했다. 태너가 보기에 이 각본은 제작하는 데 수백만 달러가 투여되어야 하는 시나리오이자 그저 할리우드를 위한 시나리오였다. 높은 제작비에 고민한 태너는 인도와의 공동제작을 해결책으로 내놓았다. 태너는 스튜어트에게 보내는 편지에서 공동제작의 이유를 이렇게 설명했다.

> 〈붓다의 삶〉은 일반적으로 아시아 관객, 특히 불자를 위해 제작되어야 합니다. 그런 영화가 미국시장에서 잠재적 수익성을 가질 수도 있지만, 할리우드의 주요 제작사가 과연 가능성만 보고 높은 확률의 위험을 감수하려 할까요? (…중략…) 새로운 시나리오작가[앤드루스]는 등장인물을 최소화했다는 점에서 현명합니다. 만약 앤드루스가 인도제작자를 염두에 두고 각본을 썼다면, 이야기의 본질은 같겠지만 제작규모와 범위는 대폭 축소될 것입니다. 제가 제안하는 것은 [재단이] 할리우드에 접근할 때, 할리우드와 인도 일급영화사와의 공동제작을 요청하자는 것입니다.[139]

뉴욕 자유영화사Freedom Film Corporation의 제임스 W. 맥팔레인James W. Mc-Farlne 사장은 각본을 읽어본 후, 〈붓다의 삶〉 제작 프로젝트에 열정적으로 반응했다. 그는 이 영화가 "공산주의 프로파간다에 맞서 싸우고 동남아시아에 평화와 안보를 가져오는 데 있어, 지금까지 어떤 단체나 개인이 달성해 온 그 어떤 노력보다도 더 큰 도움을 줄 것"이라고 강조했다.[140] 인도에서 영화배급을 다수 진행해 본 경험자로서 맥팔레인은 이 영화의 잠재적 시장 규모를 예측할 수 있었다. 그는 전 세계 6억 명의 불교 신자들 중

25퍼센트가 영화를 본다면, 아주 '짭짤한' 수익을 창출할 것이라고 예상했다. 맥팔레인은 프랭크 카프라가 이 영화를 감독해야 한다고 생각했다. 카프라가 불과 1년 전 인도에서 열린 인도국제영화제에서 미국 영화산업 대표로 참가했기 때문이었다.[141] 아시아재단의 영화사업부는 신속히 움직였다. 하지만 프로젝트 착수를 위해서는 인도, 버마, 실론에 있는 불교 단체의 지원이 필요했다.

아시아재단은 설립 초기부터 세계불교도우회의 회장 말라라세케라와 긴밀한 관계를 유지해 왔다. 냉전기 동남아시아 불교를 연구한 유진 포드 Eugene Ford의 말을 빌리자면, 세계불교도우회는 "전후 범불교의 새로운 연대를 제도적 형태로 보여준 중요한 단체였다."[142] 1950년대 초 미국 정책 입안자들은 불교를 국제관계가 펼쳐지고 냉전경쟁이 일어나는 신흥무대로 간주하기 시작했다. 포드가 주장하듯이, 통신 및 이동기술의 발전은 "다양한 국적의 불자들이 더 긴밀히 접촉하도록 만들면서 민족분열과 지리적 격차를 줄였다."[143] 말라라세케라 회장은 젊은 세대를 절로 모이게 하고 그곳에서 이탈하지 않도록 만드는 방안을 찾고 있었다. 그는 영국에서 스리랑카 문학을 연구한 학자로서, 서구세계에 불교가 보급되기를 열망했다.[144] 1953년 샌프란시스코와 뉴욕을 방문했을 때, 말라라세케라는 많은 미국인들이 붓다에 대해 들어본 적도 없고, 그 이름을 알지라도 그에 대해 혹은 그의 가르침에 대해 거의 아는 바가 없다는 사실을 알게 되었다. 미국 방문을 계기로, 말라라세케라는 영화와 텔레비전이 신념, 사상, 지식을 전파하는 데 강력한 힘이 된다는 점을 배웠다. 그는 이 경험을 바탕으로 『불자Buddhist』에 글을 기고했다. 그는 "오늘날 영화가 지성에 참여하는 가장 효율적인 수단이 되었다는 점을 전혀 의심하지 않는다"고 말했다. 이어서 "하지만 내가 염두에 둔 영화를 과연 누가 만들까? 필름,

특히 테크니컬러로 제작되는 영화제작에는 많은 비용이 필요한데 그 돈을 어디서 구할 수 있을까?"라고 토로했다.[145] 말랄라세케라는 이 일 즉, 붓다에 관한 영화를 제작하기에 가장 적합한 미국기관으로 아시아재단을 꼽았고, 캘리포니아주 컬버 시티에 위치한 영화제작사를 언급했다. 말라라세케라가 언급한 제작사가 캐스케이드라는 점은 쉽게 유추할 수 있다. 그곳은 "수년간 교육영화만 제작해 온" 곳이었다.[146]

말라라세케라는 실론 카투가스토타Katugastota의 트리신할라라마Trisinhalarama에서 열린 회의에서 영화 〈붓다의 삶〉이 "불교확산에 큰 가치가 있을 것"이라고 전망했다.[147] 말라라세케라는 당초 붓다의 삶에 관한 교육영화를 다큐멘터리 형식으로 제작하고 싶었지만, 안타깝게도 그의 바람은 아시아재단의 영화사업과 잘 맞지 않았다. 재단은 영화에서 반공 주제를 강조함으로써 이 주제가 5억 명의 아시아 불자에게 영향을 미치길 희망했다. 적어도 세계불교도우회의 영향력이 여타의 보수적 단체를 압도하는 아시아에서만큼은 그러기를 희망했다.[148] 그 사이 아시아재단 경영진은 영화 〈붓다의 삶〉에 대한 재단의 후원으로 인해, 혹여 다른 아시아 종교단체가 재단이 다른 종교에 비해 불교를 선호한다고 느끼지는 않을지 우려를 표했다. 이외에도 지나치게 높게 책정된 예산이 그들의 발목을 잡았다. 예산 문제를 염려한 태너는 인도 영화제작사와 공동제작을 추진할 경우, 제작비용이 약 150만 달러까지 낮아 질 것이라 예측했다. 인도의 영화제작사 없이 할리우드 스튜디오와만 손잡을 경우, 재단이 부담해야 할 제작비는 미화 400만 달러에 가까웠다.[149] 처음부터 〈붓다의 삶〉 프로젝트를 비관적으로 전망한 태너는 할리우드 영화사에 영화제작을 맡기고 재단은 컨설팅 정도만 맡아야 한다고 피력했다. 그 당시 태너는 캐스케이드영화사의 장편영화제작 능력을 더 이상 신뢰하지 않았다. 태너는 스튜어트에게 쓴 편지에서 "캐스케이드영화사는 당연히 자신들이 이 영화의 제작사로 선발되리라 예상하는 듯했다"고 언급하면서, 이에 대한 불편함을 드러냈다.[150] 태너는 아시아재단이 "캐스케이드영화사보다 훨씬 더 높은 권위"를 지닌 스튜디오와 일해야 한다고 매우 구체적으로 주장했다.[151]

하지만 이로부터 1년 후, 재단은 결국 제작을 포기했다. 그리고 〈붓다의 삶〉 각본에 대한 권리를 원작 작가 앤드류스에게 미화 2만 달러에 양도했다.[152] MGM영화사는 세실 B. 드밀의 도움을 받아 〈붓다의 삶〉 판권을 사들이고 〈구도자The Wayfarer〉라는 새로운 제목을 붙였다. 말라라세케라는 〈구도자〉의 시나리오 초안을 잡는 데 기술자문을 자처했다. MGM영화사의 〈대죄인The Great Sinner〉로버트 시오드맥(Robert Siodmak) 감독, 1949년과 영국영화 〈나는 카메라이다 Am a Camera〉헨리 코넬리우스(Henry Cornelius) 감독, 1954년의 각본을 쓴 영국의 유명소설가 크리스토퍼 이셔우드Christopher Isherwood가 팀에 합류하여 촬영대본을 다듬었다.[153]

그런데 일주일 뒤 〈구도자〉는 버마의 불교단체로부터 예상치 못한 공격을 받았다. 당시 버마의 신문 『더 버만The Burman』은 '기독교 회사'인 MGM이 '오락용' 영화로 〈구도자〉를 제작한다는 사실에 매우 적대적인 반응을 보였다.[154] 기자 중 한 명은 "지금은 모든 불자가 할리우드 영화제작자에 맞서 목소리를 높여야 할 때이다. 이들은 붓다의 삶을 자신의 주머니를 채울 장난감으로 만들려고 시도하고 있다"며 거세게 몰아붙였다.[155] 또한 할리우드의 〈구도자〉 제작 소식을 언론에 공표한 말라라세케라에게도 비난의 화살을 돌렸다. 기자는 계속해서 "말라라세케라 교수가 세계불교도우회의 회장임에도 이 영화로 인해 발생할 수 있는 위험한 상황을 깨닫지 못했다는 점이 무척 놀랍다"고 비판했다.[156] 『더 버만』

의 기자 몬 서 민Mon Seo Min은 아시아재단이 붓다의 신성한 가르침을 '반공무기'로 사용하려 한다고 지적하고, 그 숨은 의도를 구체적으로 공격했다.[157] 궁지에 몰린 말라라세케라는 자신이 MGM의 〈구도자〉 제작 관련 자문위원을 맡았다는 사실을 부인했다. 그뿐만 아니라, 그는 세계불교도 우회 회장 자격으로 자신은 영화제작을 승인하지 않았다고 주장했다.[158]

앤드류스는 버마에서 한바탕 벌어진 〈구도자〉에 관한 반발소식을 들은 후, 아시아재단에 서신을 썼다. "나는 영화 준비단계에서 켜진 불에 기름 붓지 않기 위해, 『더 버만』은 물론 아시아 내 다른 지역의 보다 우호적인 언론사와도 접촉을 삼가고 있습니다."[159] 버마와 아시아의 적대적 반응이 실제로 MCM의 의사결정에 영향을 미쳤는지 여부는 분명하지 않지만, 얼마 지나지 않아 〈구도자〉 제작은 영구적으로 중단되었다.[160] 이후 아시아재단도 앤드류스와의 계약을 종료했다.

영화프로젝트의 새로운 방향

아시아재단이 포부를 갖고 착수한 〈국민은 승리한다〉와 〈붓다의 삶〉은 처참히 실패했다. 그 실패를 전방에서 목도한 블룸은 크게 실망하며 전체 임원에게 서신을 썼다. 그는 "재단은 영화제작 후원을 아주 신중히 고려하고 실행해야 합니다. 그래서 우리는 [해외지부] 대표들에게 이렇게 말했습니다. 우리가 영화분야에서 벌이는 활동은 아시아 단체를 돕고 아시아 상업 영화제작사 및 배급사를 선별적으로 지원하는 관점에서 숙고되어야 한다고 말입니다. 이때 영화는 아시아단체를 조직하는 장치로서 기능합니다".[161] 이제 아시아재단의 영화사업부는 미국에 기반을 둔 영화사에 영화제작을 맡기는 대신, 완전히 새로운 접근법을 취했다. 실제로 블룸은 임원회의에서 "공산주의자들은 주요 영화제작사 및 배급사, 상영 기구를 장악하여 영화산업을 통제하려 시도합니다. 공산주의자들의 영화산업 통제를 막기 위해, 그리고 우리 재단이 설립시기부터 꾸준히 지켜온 조직목적의 연장선에서 본다면, 우리는 아시아 영화산업 내부에 건전하고 건강한 조직을 만들어야 합니다"라고 주장했다.[162] 이에 따라 버마, 인도, 실론에 맞춰있던 재단의 영화사업부 전략은 이제 일본과 홍콩, 한국의 영화산업으로 옮겨갔다.

당시 블룸에게 가장 중요한 목표대상은 일본이었다. 오드 아르네 베스타이Odd Arne Westad에 따르면, 공산주의가 중국에서 승리를 거두고 1950년 6월 한국전쟁이 발발하자 사실상 일본은 "1950년대 이 지역[아시아]에서 미국이 가진 전부였다".[163] 존 W. 다우어John W. Dower의 말을 빌리자면, 트루먼 행정부는 일본을 "아시아에서 힘의 균형을 맞추는 핵심 열쇠"로 규정했다. 일본의 정치적 중요성을 인식한 트루먼 행정부는 일본이 공산주의에 함락되지 않도록 일본경제 재건을 목표로 삼았다.[164] 브루스 커밍스의 주장처럼 전후 미국정치의 핵심인사들, 특히 딘 애치슨Dean Acheson, 조지 케넌George Kennan, 존 포스터 덜레스는 "미국이 형성한 세계체제 안에" 일본이 자리 잡길 원했다.[165] 이들은 일본을 기점으로 아시아에서 반공 봉쇄 지역인 '거대한 초승달great crescent', 즉 '자유아시아' 진영을 구축할 계획이었다. 따지고 보면 이곳은 이후 지배적인 미국의 비영토화된 식민지가 될 곳이었다. 1951년 미국의 일본 점령 이후, 일본은 드디어 국제정치체제에 재진출하게 되었다. 그런데 이와 같은 미국의 대일정책 전환의 이면에는 요시미 슌야Shungya Yoshimi가 강조했듯이, 중국혁명이 자리 잡고 있었다. 요시미는 '소련세력의 남하를 방어하는 친미정부가 중국에서 계속 활동했다면, 어쩌면 일본은 미국 외교정책에서 [지금만큼] 중요하지는 않았을 것"이라고 지적했다.[166] 실제로 아이젠하워의 경제 및 외교정책 고문을 맡은 월트 휘트먼 로스토Walt Whitman Rostow는 아이젠하워 행정부에게 미국이 이전에 펼친 아시아 정책을 바로 잡아야 한다고 강력히 촉구했다. 로스토가 보기에, 아시아의 상황은 유럽의 상황보다 훨씬 복잡했기 때문이다. 유럽의 경우, 소련이 펼치는 공산주의 확산을 막기 위해 미국은 서독 방어에만 집중하면 됐다. 하지만 아시아의 상황은 완전히 달랐다. 로스토는 아시아의 경우, "한쪽에는 일본이 있고 다른 쪽에는 동남아시아 전체가 있다. 아시아에서의 [공산주의] 위협은 실제로 현실화될 위협이 있다. 이는 일본이나 동남아시아가 '자유세계'를 잃을 수도 있다는 말이다"라고 거듭 강조했다.[167] 아이젠하워 행정부는 일본이 동남아시아에서 맡은 역할을 지지했다. 마침내 미국은 새로운 국가안보정책을 펼치기 시작했다. 바로 '뉴 룩 정책New Look'이다. 이 정책은 "공산진영 주변 방어선 유지에 드는 미국의 비용과 인력부담을 줄이기 위해" 1953년부터 1956년 사이에 시행된 정책으로, 주로 아시아와 중동을 대상으로 삼고 있다.[168] 새로운 정책 시행에 따라 일본은 동남아시아와의 경제적 동맹관계를 회복해야 했다.[169] 그리고 블룸은 이 필요성을 정확히 꿰뚫고 있었다.

이러한 상황에 맞춰 아시아재단의 영화전문가 부쉬, 태너, 밀러가 프로그램 담당이사 제임스 스튜어트의 지도하에 새로운 아시아 프로젝트를 개시했다. 프로젝트의 첫 번째 단계는 아시아영화제작자연맹FPA과 이 조직을 이끌고 있는 나가타 마사이치를 재정적으로 그리고 행정적으로 지원하는 것이었다. 물론 지원의 진짜 목적은 반공 영화제작자 네트워크의 형성이었다. 두 번째 단계는 할리우드 시나리오작가를 일본에 파견하여 할리우드 스타일의 시나리오 작법을 일본작가에게 가르치는 것이었다.

서사 구조와 등장인물의 성격묘사, 현대적 편집기술 교육이 이에 해당한다. 셋째, 이들은 반공영화 종사자들이 눈에 잘 띌 수 있도록 홍콩과 한국의 영화경영진 및 창작인력과 협력했다. 마지막으로 이들은 영화제와 상업·예술 영화배급사를 통해 재단이 지원한 작품과 반공 영화제작자들의 작품을 미국시장에 소개하고 배급했다. 아시아재단 영화사업부는 세 단계를 염두에 두고 첫 번째 프로젝트에 본격적으로 착수한다. 시작은 아시아영화제작자연맹이었다.

주석

1 Charles M. Tanner, "Trip to Hollywood", Japan Tokyo-Movies 1953, Box 9, Asia Foun-
dation Records, Hoover Institution Archive, Stanford University(이하 AFR).

2 알솝(1900~1979)은 광고 에이전트이자 스타 에이전트였다. 그는 1940년대와 1950
년대에 주디 갈런드(Judy Garland)의 매니저였다. 또한 알솝은 CIA의 심리전워크숍
의 회원이었는데, CIA는 그를 조지 오웰(George Orwell)의 미망인에게 보내 『동물농장
(Animal Farm)』의 영화판권 확보를 도모했다. 이에 대해서는 다음을 참조. Tony Shaw,
British Cinema and the Cold War, London : I.B. Tauris, 2006, p.94.

3 프랜시스 스토너 손더스(Frances Stonor Saunders)는 알솝이 전직 CIA 요원이었으며
1950년대 파라마운트영화사에서 '비밀요원'으로 일했다고 주장했다. 그러나 데이비
드 N. 엘드리지(David N. Eldridge)는 손더스가 영화산업에 끼친 알솝의 역할과 지
위를 잘못 해석했다고 비판했다. 엘드리지는 오히려 파라마운트영화사에서 활동한
루이지 루라시의 역할과 영향력이 "CIA의 이익과 완벽하게 일치"한다는 점을 발견
했다. Frances Stonor Saunders, The Cultural Cold War : The CIA and the World of Arts
and Lettersr, New York : The New Press, 2001, pp.290~91; David N. Eldridge, "'Dear
Owen' : The CIA, Luigi Luraschi and Hollywood, 1953", Historical Journal of Film, Ra-
dio and Television 20, no.2, 2000, pp.149~96.

4 불필요한 혼선을 피하기 위해, 이 책은 자유아시아위원회를 직접적인 주제로 언급할
때가 아니라면 아시아재단을 가리키고 있음을 밝힌다.

5 Cho Tong-jae · Park Tae-jin, Partner for Change : 50 Years of The Asia Foundation in
Korea, 1954~2004 , Seoul, Korea : The Asia Foundation, 2004, p.13.

6 미국영화제작자협회(MPAA) 회장이자 파라마운트영화사의 부사장 Y. 프랭크 프리먼
(Y. Frank Freeman)은 나가타에게 보낸 편지에 "미국영화제작자협회는 귀하의 연맹이
귀하의 축제에서 수여하는 특별상에 대한 제안을 드리며, 이를 고려해주신다면 무척
영광스러울 것입니다. 본 협회는 귀하가 아시아문화를 가장 잘 전파하고 서구 국가들
에게 아시아에 대한 이해를 높인 작품으로 선정한 영화에 이 상을 수여하게 되어 매우
기쁩니다"라고 적었다. A Letter to Nagata from Freeman, April 8, 1954, Film Festivals
General 1951 · 54, Box 14, AFR.

7 드밀의 반공주의 활동에 대해서는 다음을 참조. Frances Stonor Saunders, 앞의 책,
pp.288~90; Andrew J. Falk, Upstaging the Cold War : American Dissent and Cultural
Diplomacy, 1940~1960, Amherst : University of Massachusetts Press, 2010, pp.116~67;
Hugh Wilford, The Mighty Wurlitzer : How the CIA Played America, Cambridge,
MA : Harvard University Press, 2008, pp.116~17; David Caute, The Dancer De-
fects : The Struggle for Cultural Supremacy During the Cold War, Oxford : Oxford Uni-

versity Press, 2003, pp.177~81.

8   David Caute, 위의 책, p.180에서 인용.

9   "Cecil B. DeMille 1940~1959", February 5, 1952, Hedda Hopper Papers, Folder 1107, Box 46, Special Collections, Academy of Motion Pictures Arts and Sciences, Margaret Herrick Library, Los Angeles, California(이하 AMPAS).

10 "Films and Shows of the First Festival", *Indian Review* 53, April 1952, p.151.

11 Enakshi Bhavnani, "The International Film Festival", *March of India* 4, no.4, March~ April 1952, pp.5~7.

12 판나 라이지(Panna Raiji)는 영화제 기간 동안 상영된 영화 중 〈유키와리수〉가 가장 훌륭한 영화 중 하나라고 높게 평가했다. 그는 "이 영화는 일본 출품작이 일본영화의 일반적 제작기준을 파악할 만큼 많지 않다는 사실에 유감스러울 정도로 매우 뛰어난 영화이다. 그러나 만약 이 작품이 하나의 기준이라면, 일본의 영화예술은 정말 완성도가 높다"고 말했다. Panna Raiji, "Some Outstanding Films", *March of India* 4, no.4, March~April 1952, p.8.

13 K. L. Khandpur, "First International Film Festival of India", *70 Years of Indian Cinema(1913~1983)*, ed. T. M. Ramachandran, Bombay : CINEMA India-International, 1984, p.581.

14 Kishore Valicha, *The Moving Image : A Study of Indian Cinema*, Hyderabad, India : Orient Longman, 1988, p.127. 예를 들어 비말 로이는 영화제 기간 동안 "나는 비토리오 데 시카 감독의 영화 〈자전거도둑〉을 보았고 계속 그것에 대해 생각했다. 왜 우리는 그런 영화를 만들지 못하는가?"라고 기록했다. 다음에서 인용. Manoj Srivastava, *Wide Angle : History of Indian Cinema*, Chennai, India : Norton Press, 2016, p.21.

15 Charles M. Tanner, 앞의 글. 라지 카푸르(Raj Kappor)는 "세 명의 이탈리아인이 1952년 붐베이에서 열린 영화제를 방문했다. 그들은 로베르트 로셀리니, 비토리오 데 시카, 세자르 자바티니(Cesare Zavatini)였다 (…중략…) 프랭크 카프라는 영화제를 위해 인도에 머물렀고 나는 그와 한참동안 이야기 나눴다"고 회상했다. Ritu Nanda, *Raj Kapoor : Speaks, New Delhi*, India : Viking Penguin Books India, 2002, p.122.

16 Enakshi Bhavnani, 앞의 글, p.7.

17 Joseph McBride, *Frank Capra : The Catastrophe of Success*, Jackson : University Press of Mississippi, 2011, p.591.

18 K. L. Khandpur, 앞의 글, p.581.

19 Nitin Govil, *Orienting Hollywood : A Century of Film Culture Between Los Angeles and Bombay*, New York : NYU Press, 2015, p.162.

20 Laura E. Ruberto · Kristi M. Wilson, "Introduction", *Italian Neorealism and Global Cinema,* ed. Laura E. Ruberto · Kristi M. Wilson, Detroit, MI : Wayne State University Press, 2007, p.22.

21 2년 후인 1954년 9월 모스크바에서 최초의 인도영화제가 열렸다. 영화제에 대한 자

세한 사항은 다음을 참조. Sudha Rajagopalan, "Emblematic of the Thaw : Early Indian Films in Soviet Cinemas", *South Asian Popular Culture* 4, no.2, 2006, pp.83~100.

22 Frank Capra, *The Name above the Title : An Autobiography*, New York : Macmillan Company, 1971, p.432.

23 "Cecil B. DeMille 1940~1959".

24 Charles M. Tanner, 앞의 글.

25 다음의 전사(轉寫) 보고서. "Federation of Motion Picture Producers of Southeast Asia : Organization and Preparation Conference", November 17~19, 1953, Film Festivals General 1951・54, Box 14, AFR.

26 Foreign Affairs and National Defense, *The Asia Foundation : Past, Present, and Future*, Official Report Prepared for the Committee on Foreign Relations United States Senate, Washington, DC, 1983, p.1.

27 Hugh Wilford, 앞의 책, pp.3~4.

28 Wallace Turner, "Asia Foundation got CIA Funds", *New York Times,* March 22, 1967, p.1. 또한 다음을 참조하라. Sol Stern, "A Short Account of International Student Politics and the Cold War with Particular Reference to the NSA, CIA, etc. ", *Ramparts* 5, no.9, March 1967, pp.29~39.

29 Victor Marchetti・John D. Marks, *The CIA and the Cult of Intelligence*, New York : Knops, 1974, p.172.

30 Robert Blum, "The Work of The Asia Foundation", *Public Affairs* 29, no.1, 1956, p.47.

31 브라이턴 윌버는 샌프란시스코에 기반을 둔 윌버-앨리스의 창업주였고 1988년 그의 아들 브라이턴 윌버 주니어(Brayton Wilbur Jr.)가 인수하기 전까지 회장직을 역임했다. 윌버 주니어 역시 1970년대 아시아재단 이사회 의장, 샌프란시스코 오페라 관장, 아시아미술관 이사, 샌프란시스코 심포니 5대 회장직을 수행했다. 다음을 참조. "Brayton Wilbur, Sr. ", The Asia Foundation website. https://asiafoundation.org/people/brayton-wilbur-sr/, accessed April 26, 2018.

32 "Background Memorandum", Committee for a Free Asia Newsletter, September 28, 1951, Committee for a Free Asia, Box 37, C.

33 Central Intelligence Agency, "Project DTPILLAR", November 9, 1950. available online via the CIA library at https://www.cia.gov/library/readingroom/docs/DTPILLAR%20%20%20VOL.%202_0052.pdf, accessed February 8, 2020.

34 "Background Information : Committee for a Free Asia", February 19, 1953, Committee for a Free Asia, Box 37, Alfred Kohlberg Collection, Hoover Institution Archive, Stanford University(이하 AKC).

35 드윗 클린턴 풀 주니어는 1971년 러시아 볼셰비키 혁명 당시 스파이단의 단장으로 활동한 미국외교관이다. 그는 반공산주의 프로파간다와 심리전 및 정치전의 전문가로 유명하다. 1885년 10월 28일 워싱턴 주 밴쿠버 인근 미군 주둔지에서 태어난 풀은 혁

명 당시 모스크바 주재 총영사관이었다. 오랜 기간 정치경력을 쌓은 폴은 공공·국제문제학교(School of Public and International Affairs) 자문위원회 의장, 해외국가지부(the Foreign Nationalities Branch, FNB) 책임자, 독일 주재 미국 국무장관의 특별대표를 역임했으며, 자유유럽위원회 일원이었다. 그는 1951년부터 1952년 4월 은퇴할 때까지, 자유유럽망명대학(the Free Europe University in Exile)의 총장직을 맡았다. 다음을 참조. "DeWitt Poole Dies : Retired Diplomat", *New York Times*, September 4, 1952.

36 Robert T. Holt, *Radio Free Europe,* Minneapolis, MN : University of Minnesota Press, 1958, p.11.

37 Elena Aronova, "The Congress for Cultural Freedom, Minerva, and the Quest for Instituting 'Science Studies' in the Age of Cold War", *Minerva* 50, 2012, p.308.

38 그러나 마이클 호흐게슈벤더(Michael Hochgeschwender)는 『데어 모나트』가 문화자유회의가 운영한 다른 잡지와는 다르다고 주장한다. 그에 따르면, 『데어 모나트』는 문화자유회의가 창간한 것도 아니고 총회(혹은 CIA)로부터 직간접적 후원을 받지도 않았다. 다음을 참조. Michael Hochgeschwender, "Der Monat and the Congress for Cultural Freedom : The High Tide of the Intellectual Cold War, 1948~1971", *Campaigning Culture and the Global Cold War : The Journals of the Congress for Cultural Freedom*, ed. Giles Scott-Smith · Charlotte A. Lerg, London : Palgrave MacMillan, 2017, pp.71~89.

39 Elena Aronova, 앞의 글, p.308.

40 Hugh Wilford, "'Unwitting Asset?' : British Intellectuals and the Congress for Cultural Freedom", *Twentieth Century British History* 11, no.1, 2000, p.43.

41 Robert T. Holt, 앞의 책, pp.3~4.

42 Arch Puddington, *Broadcasting Freedom : The Cold War Triumph of Radio Free Europe and Radio Liberty*, Lexington : University Press of Kentucky, 2000, pp.20~32.

43 "Questions and Answers", March 13, 1951, Committee for a Free Asia, Box 37, AKC.

44 DTPILLAR 문서의 존재사실을 친절히 알려준 크리스티나 클라인(Christina Klein)에게 진심으로 감사한 마음을 전한다.

45 프랭크 G. 위즈너는 "전쟁 후반부 전략사무국(Office of Strategic Services, OSS)의 작전 수장이었고 CIA의 초기 비밀작전 수행을 책임지는 자"였다. Hugh Wilford, *The Mighty Wurlitzer : How the CIA Played America*, p.19.

46 Central Intelligence Agency, 앞의 글.

47 정책조정국(OPC)은 1948년에 창설된 미국의 비밀심리작전조직으로, 1951년 CIA에 합병되었다.

48 Central Intelligence Agency, 앞의 글.

49 "Committee for a Free Asia, Programs and Planning", September 26, 1951. 다음을 통해 접근 가능. Archive.org at https://archive.org/details/DTPILLARVOL.10040, accessed 2020.2.8.

50 Inderjeet Parmar, *Foundations of the American Century : The Ford, Carnegie, and Rocke-*

feller Foundations in the Rise of American Power, New York : Columbia University Press, 2012, p.124.

51 "A Personal Statement on Your Memorandum of July 12th, concerning Appointment of a resident for Committee for a Free Asia", July 20, 1951, Committee for a Free Asia, Box 37, AKC.

52 "Committee for a Free Asia, Programs and Planning".

53 "제1차 세계대전의 발발 이후 런던 금융시장의 일시적인 폐쇄는 뉴욕을 국제금융의 중심지로 만들었다. 유럽의 돈이 뉴욕 시장으로 흘러들어갔고, 미국은 점차 영국을 대신하여 세계 최대의 금융 강국이 되었다. 뉴욕 국립도시은행은 1915년에 설립되었는데, 국제금융기업의 대다수 주식을 확보한 이후 순식간에 상하이에서 가장 큰 은행 중 하나가 되었다." Zhaojin Li, *A History of Modern Shanghai Banking : The Rise and Decline of China's Finance Capitalism*, London : Routledge, 2003, pp.152~53. 리 자오진의 책은 20세기 초부터 1949년 공화국 수립까지 상하이 현대 은행업의 대단히 흥미로운 역사를 담고 있다.

54 "Background Memorandum".

55 정책조정국의 부국장 ─ 기밀해제문서에서 그의 이름은 지워졌다 ─ 을 위해 쓰인 메모에서 그린의 비서 릴리아 화이트(Lelia White)는 신입 사무관 채용에 관한 보안지침을 제공했다. "본 기관이 CIA의 후원을 받는 단체이자 CIA의 자금이 기관운영비로 사용되고 있다는 사실을 알게 될 DTPILLAR[자유아시아위원회]의 사무관과 직원은 채용 전에, 그리고 이 정보를 알기 전에 I&SS로부터 기밀정보취급허가를 받아야 한다." "Recommended Financial Plan for OPC Proprietary Project DTPILLAR", March 1, 1951. 다음을 통해 접근 가능. CIA library at https://www.cia.gov/library/readingroom/docs/DTPILLAR%20%20%20 VOL.%201_0097.pdf, accessed 2020.2.8.

56 매우 흥미롭게도 브라이턴 윌버는 1951년부터 1954년까지 광저우 링난대학교의 이사직을 수행했다. 링난대학교에 대해서는 다음을 참조. Steve Tung Au, *Lingnan Spirit Forever-A Mission in Transition, 1951~1990 : From the Trustees of Lingnan University to the Lingnan Foundation*, New Haven, CT : Lingnan Foundation, 2002, 온라인에서 접근 가능. http://commons.ln.edu.hk/ cgi/viewcontent.cgi?article=1029&context=lingnan_history_bks. "Committee For A Free Asia", 날짜 미상. 다음을 통해 접근 가능. the CIA library, https://www.cia.gov/library/readingroom/ docs/DTPILLAR%20%20%20 VOL.%201_0001.pdf, accessed 2020.2.8.

57 Richard H. Cummings, *Radio Free Europe's "Crusade for Freedom" : Rallying Americans Behind Cold War Broadcasting, 1950~1960*, Jefferson, NC : McFarland and Company, 2010, p.52.

58 그렉 반히셀은 보이스오브아메리카(VOA)가 "방송시간 대부분을 뉴스, 미국정치와 미국사회에 대한 설명, 반공산주의 프로파간다로 채우며" 예술과 문화에는 거의 주목하지 않았다고 지적한다. 다음을 참조. Greg Barnhisel, *Cold War Modernists : Art, Liter-*

ature, and American Cultural Diplomacy, New York : Columbia University Press, 2015, p.217.

59 "Questions and Answers"; "Radio Free Asia", November 20, 1951, Committee for a Free Asia, Box 37, AKC.

60 Richard H. Cummings, 앞의 책, p.52.

61 "Elwood Made Director of Radio Free Asia", *Palo Alto Times,* July 20, 1951.

62 "News From Radio Free Asia", September 2, 1951, Committee for a Free Asia, Box 37, AKC.

63 "Background Information : Committee for a Free Asia".

64 "John W. Elwood Tells : How Crusade for Freedom Monies Aid Europe, Asia", *Palo Alto Times,* March 1, 1952.

65 A Letter from Philip Horton to Allen Dulles, June 6, 1951. 다음에서 접근 가능. Archive. org, https://archive.org/stream/DTPILLAR/DTPILLAR%20%20%20VOL.%20 1_0069#page/ n0/mode/2up, accessed 2020.2.8.

66 Richard H. Cummings, 앞의 책, p.98.

67 "CFA Budget for FY 1955", June 25, 1954. 다음에서 접근 가능. CIA library, https:// www.cia.gov/library/readingroom/docs/DTPILLAR%20%20%20VOL.%202_0034. pdf, accessed 2020.2.8.

68 "The Committee for a Free Asia", January 2, 1952. 다음에서 접근 가능. Archive. org, https://archive.org/stream/DTPILLAR/DTPILLAR%20%20%20VOL.%20 1_0017#page/n0/mode/2up, accessed 2020.2.8.

69 1921년 스와스모어 칼리지(Swarthmore College)를 졸업한 후, 발렌타인은 1922년 펜실베니아대학(University of Pennsylvania)에서 석사학위를 받았다. 그는 1935년 시라큐스(Syracuse), 에머스트(Amherst), 유니온(Union)대학, 1936년 럿거스(Rutgers)대학, 1937년 스와스모어, 1940년 데니슨(Denison)대학, 1942년 레이크포리스트칼리지(Lake Forrest College), 1943년 앨리게니칼리지(Allegheny College), 1944년 콜게이트(Colgate)에서 명예법학박사학위를 수여받았다. 그는 1936년 허버드칼리지(Hubbard College)에서 명예인문학박사를, 1937년 알프레드(Alfred)대학에서 명예문학박사를 받았다. 로체스터로 오기 전, 발렌타인은 1932년부터 1935년까지 예일대학(Yale University)의 역사·예술·문학부의 교수로 재직했다. "Background Data : Alan Valentine", Information from the Committee for a Free Asia, December 11, 1951, Committee for a Free Asia, Box 37, AKC

70 A Letter From Wilbur to Allen Dulles, June 13, 1951, Committee for a Free Asia, Box 37, AKC.

71 George Greene, "Dear Dick", November 29, 1951. 다음에서 접근 가능. CIA library, https://www.cia.gov/library/readingroom/docs/DTPILLAR%20%20%20VOL.%20 1_0029.pdf, accessed 2020.2.8.

72   Paul G. Pierpaoli, Jr., *Truman and Korea : The Political Culture of the Early Cold War*, Columbia : University of Missouri Press, 1999, p.73.

73   "News from The Committee for a Free Asia", December 11, 1951, Committee for a Free Asia(1951~1953), Box 4, Inez G. Richardson Collection, Hoover Institution Archive, Stanford University.

74   "Comparison Progress as of January 1, 1952 and August 1, 1952", August 1, 1952, Committee for a Free Asia, Box 37, AKC.

75   다음 인물들이 각 지부의 대표를 맡았다. 홍콩에는 델머 M. 브라운(Delmer M. Brown), 쿠알라룸푸르에는 로버트 B. 쉬크스(Robert B. Sheeks), 랑군에는 마빈 A. 맥앨리스터(Marvin A. McAlister), 마닐라에는 프레드 A. 슈크맨(Fred A. Schuckman), 도쿄에는 노엘 F. 부쉬(Noel F. Busch), 카라치에는 사무엘 H. 리카드(Samuel H. Rickard), 콜롬보에는 존 글로버(John Glover), 타이베이에는 워드 D. 스미스(Ward D. Smith)가 자리를 맡았다. "Administrative Memorandum No.1 : Reorganization", Committee for a Free Asia, February 19, 1953, Committee for a Free Asia folder, Box 37, AKC.

76   "CFA Budget for FY 1955".

77   예를 들어, 캘리포니아주립대학교(버클리캠퍼스)의 일본학 교수 델머 브라운은 1954년부터 1955년까지 도쿄지사 대표를 역임했다. 그의 후임자 로버트 홀(Robert Hall) 역시 미시간대학교(앤아버 캠퍼스) 소속 일본학 연구자였다. 브라운의 전임자 노엘 부쉬는 잡지 『타임-라이프(*Time-Life*)』의 베테랑 저널리스트였다.

78   F. Sionil Jose, "50 Years of the Asia Foundation", *Philippines Daily Inquirer,* October 20, 2003, F2.

79   "CFA Budget for FY 1955".

80   "Asia Foundation Monthly Report", October 24, 1953, Box 1, Robert Blum Papers, Manuscripts and Archives, Yale University Library(이하 RBP).

81   "Press Release", September 15, 1952, Committee for a Free Asia, Box 37, AKC.

82   1956년 발렌타인은 『트라이얼 밸런스(*Trial Balance*)』라는 제목이 붙은 회고록을 썼다. 그는 1960년대와 1970년대에 다수의 학술서와 문학작품 —『노스경(*Lord North*)』 (1967), 『1760~1784, 영국 기득권층—18세기 인명사전(*The British Establishment, 1760~1784 : An Eighteenth-Century Biographical Dictionary*)』(1970) 등 — 을 집필했다. 그는 1980년 7월 14일에 영면했다.

83   Alan Valentine, untitled, August 12, 1952. 다음에서 접근 가능. CIA library, https://www.cia.gov/library/readingroom/docs/DTPILLAR%20%20%20VOL.%201_0071. pdf, accessed 2020.2.8.

84   A Letter from Alan Valentine to General Walter B. Smith, September 15, 1952, John M. and Barbara Keil University Archivist and Rochester Collections, University of Rochester.

85   Alan Valentine, "Analysis of CFA Future", September 15, 1952, John M. and Barbara Keil University Archivist and Rochester Collections, University of Rochester.

86 "CFA Budget for FY 1955".

87 위의 글.

88 Kenneth Osgood, *Total Cold War : Eisenhower's Secret Propaganda Battle at Home and Abroad*, p.48.

89 위의 책, p.50.

90 매우 이상하게도, 아시아재단의 웹사이트는 자유아시아위원회 혹은 재단의 공식 역사에서 초대회장 앨런 발렌타인을 포함시키지 않는다. 웹사이트에 따르면 "1954년 아시아에 대한 강한 관심과 뛰어난 업적, 헌신적인 공공서비스를 공유한 진보적 시민단체가 전후 아시아에서 민주주의와 법치, 시장기반 개발모델을 증진하는 데 헌신하는 비정부 민간단체, 즉 아시아재단을 설립했다." "History", The Asia Foundation website, https://asiafoundation.org/about/history/, accessed 2019.6.21.

91 "Foundation Officers : Robert Blum", The Asia Foundation Program Bulletin, December 1958, Box 2, RBP.

92 Steve Weissman · John Shock, "CIAsia Foundation", *Pacific Research and World Empire Telegram* 3, no.6, September~October 1972, pp.3~4.

93 Charles Burress, "James L. Stewart-Longtime Liaison to Asia", *San Francisco Chronicle*, January 29, 2006.

94 Robert Blum, 앞의 글, p.46.

95 "Second Revised Administrative Plan. Covert Action Staff Proprietary DTPILLAR", August 29, 1963. 다음에서 접근 가능. Archive.org, https://archive.org/stream/DT-PILLAR/DTPIL LAR%20%20%20VOL.%203_0022#page/n0/mode/2up, accessed 2020.2.8.

96 프란시스 스토너 손더스는 제임스 미치너가 오랜 기간 "폴란드, 알래스카, 텍사스, 스페이스와 같이 평범한 제목이 붙은 블록버스터를 집필해 온 [작가]경력은 정부기관의 요청으로 중단되었다. 1950년대 중반 미치너는 자신의 경력을 CIA가 벌인 일을 은폐하는 데 활용했다. 그 일은 CIA의 아시아 작전 중 하나에 침투한 급진주의자를 제거한 것이었다"고 지적한다. Frances Stonor Saunders, 앞의 책, p.207. 미치너의 냉전활동에 대해서는 다음을 참조. Christina Klein, "How to Be an American Abroad : James Michener's The Voice of Asia and Postwar Mass Tourism", *Cold War Orientalism : Asia in the Middlebrow Imagination, 1945~1961*, Berkeley : University of California Press, 2003, pp.100~142.

97 아시아재단이 전액 출자한 첫 번째 영화는 상영시간 30분 길이의 16mm 컬러다큐멘터리 〈진실은 인간을 자유롭게 만든다〉였다. 샌프란시스코에 본사를 둔 알프레드 T. 파머 제작사(Alfred T. Palmer Production)가 1952년 영화를 제작했다. "Scenario for : Truth Will Make Men Free", Radio RFA First Program Data, dates unknown, Box 13, AFR.

98 리차드 P. 콘론은 중국과 한국, 워싱턴 주재 미국외무부 행정관이었다. 그는 아시아재

단의 기획이사직을 맡기 위해 1952년 기존 보직을 떠났고, 이어 1955년 자신의 회사 콘론 어소시에이트(Conlon Associates)를 설립하기 위해 떠났다. 이 회사는 아시아의 국제무역 및 투자에 대해 정부 및 산업체에 컨설팅서비스를 제공했다.

99 John Glover, "Long Range Motion Picture Project", September 18, 1952, C-51.4 Plans Motion Pictures, Box 9, AFR.

100 영화〈현존의 석가모니〉는〈불교세계형제단(Buddhist World Brotherhood)〉으로도 알려져 있다.

101 John Glover, 앞의 글.

102 "Background Information : Committee for a Free Asia".

103 위의 글.

104 콘론은 공산주의자가 사용하는 세 가지 접근법을 다음과 같이 기술했다. 첫째, 러시아 및 그 외 공산주의, 혹은 친공산주의 영화를 배급하는 것, 둘째, 지역영화제작산업에 침투하는 것, 셋째, 지역영화배급장치에 침투하거나 통제하는 것이다. Richard P. Conlon, "Basic Position Paper CFA-Motion Picture Program", March 24, 1953, C-51.4 Plans Motion Pictures, Box 9, AFR.

105 위의 글.

106 위의 글.

107 한국영화역사가 이순진은 찰스 태너가 한국의 독립 이후 한국 영화산업에 기여한 바를 상세히 설명한 바 있다. 다음을 참조. 이순진, 「1950년대 한국 영화산업과 미국의 원조 ―아시아재단의 정릉촬영소 조성을 중심으로」, 『한국학연구』 43, 2016, 173~204쪽. 태너의 딸 로빈 존슨-태너(Robin Johnson-Tanner)에 따르면, 태너는 "육군에서 국방부로 이동하면서, 그가 입고 있던 제복을 사업복으로 갈아입는 것뿐이었다. 그가 맡은 일은 여전히 고된 일이었다." 저자와 로빈 존슨-태너의 이메일 인터뷰, 2013.3.26. 한국전쟁이 발발했을 때, 태너는 마닐라로 이동했고 이후 미공보원으로 도쿄에서 2년간 복무했다. 태너와 그의 아내 도리(Dore), 그리고 어린 딸은 1953년 샌프란시스코로 이주했고, 그는 아시아재단에서 맡을 보직을 기다리고 있었다. 다음을 참조. See "Charles M. Tanner Timeline", Covenant Players, https://www.covenantplayers.org/charles-m-tanner-timeline, accessed March 11, 2020.

108 "Staff Biography : John Miller", July 8, 1952, John Miller, Box 39, AFR.

109 Noel F. Busch, *Fallen Sun : A Report on Japan*, New York : Appleton Century Crofts, Inc., 1948.

110 Thomas W. Ennis, "Noel Busch, Author and Correspondent for Life Magazine", *New York Times,* September 11, 1985.

111 U Nu, *The People Win Through*, Rangoon : Society for Extension of Democratic Ideals, 1952, p.1.

112 Richard Butwell, *U Nu of Burma*, Stanford, CA : Stanford University Press, 1963, p.81.

113 U Nu, 앞의 책, p.56.

114 Memorandum to Ray T. Maddocks from Glover, July 30, 1952, Movies General, Box 9, AFR.

115 "Cascade Pictures of California, Inc.", May 22, 1953, Cascade Pictures, Box 9, AFR.

116 Michael Charney, "U Nu, China and the 'Burmese' Cold War : Propaganda in Burma in the 1950s", *The Cold War in Asia : The Battle for Hearts and Minds*, ed. Zheng Yangwen · Hong Liu · Michael Szonyi, Leiden : Brill 2010, pp. 50~53.

117 A letter to Eric Johnston, March 16, 1954, Japan Writer Project H-7 1953~54, Box 9, AFR.

118 Richard P. Conlon, "Basic Position Paper TAF-Motion Picture Program", March 24, 1953, Japan Writer Project H-7 1953~54, Box 9, AFR.

119 Blum's letter to Kenneth Clark(Vice President of MPAA), January 25, 1955, Gangeli Paul-Correspondences, Box 9, AFR.

120 마웅 마웅 따(1926~2015)는 영화 〈국민은 승리한다〉로 데뷔했다. 이후 그는 1955년부터 1980년대까지 40편이 넘는 장편영화에 출연하며 출세한 배우로 거듭난다.

121 "Premiere's Play Being Filmed-Hollywood Enthusiastic", March 23, 1953, Rebellion, Box 10, AFR.

122 Charles M. Tanner, "Screening of Cascade's Rebellion", July 29, 1953, Media Audio-Visual Movies Rebellion(General 1952~1953), Box 10, AFR.

123 Richard P. Conlon, "Rebellion or People Win Through Showing," July 29, 1953, Rebellion, Box 10, AFR.

124 Tanner's Letter to Stewart, September 28, 1953, Media Audio-Visual Movies Rebellion (General 1954), Box 10, AFR.

125 Michael Charney, 앞의 책, p.49.

126 "The People Win Through", *Burma Weekly Bulletin* 2, no.39, December 30, 1953, p.1.

127 Richard Dyer MacCann, "To Counter Communist Propaganda", *Christian Science Monitor*, December 24, 1953.

128 리처드 다이어 맥캔은 1920년 캔자스(Kansas) 주 위치타(Wichita)에서 태어나 캔자스대학교에 다녔고 1940년 정치학 학사를 받았다. 1942년 스탠퍼드대학교에서 석사학위를 받은 후, 제2차 세계대전 동안 미국과 유럽에서 3년간 복무했다. 이후 1951년 하버드대학교에서 행정학 박사학위를 취득했다. 그는 학위논문『다큐멘터리 영화와 민주정부』를 준비하고 작성하면서 민주화과정에서의 소통과 여론 문제 더 큰 관심을 갖게 되었다. 특히 영화에 관심을 보였고 이후 1951년『크리스천 사이언스 모니터』의 영화 및 텔레비전 보도전문 편집위원직을 수락했다. 맥캔은 아이오와대학교 언어연극예술학과에서 영화학 박사과정을 담당하는 교수로도 활동했다. 그는『시네마저널(*Cinema Journal*)』의 초기 편집자들 중 한명이었다. 저서로는『전환기의 할리우드(*Hollywood in Transition, Boston : Houghton Mifflin*)』(1962),『영화와 사회(*Film and Society*)』(New York : Scribner, 1964),『시민의 영화－미국 정부영화의 정치적 역사(*Peo-*

ple's Films : A Political History of U. S. Government Motion Pictures)』(New York : Hastings House, 1973)가 있다.

129 A memorandum to Stewart, May 3, 1954, Movies General/Hollywood "For the Record," Box 9, AFR.

130 Luigi Luraschi's letter to Stewart, March 10, 1955, Tradition/Asia Pictures/HK, Box 9, AFR.

131 위의 글.

132 A memorandum to Stewart.

133 Joseph M. Kitagawa, "Buddhism and Asian Politics", *Asian Survey* 2, no. 5, July 1962, p. 6.

134 Joseph M. Kitagawa, *Religion in Japanese History*, New York : Columbia University Press, 1966, p. 295.

135 Joseph M. Kitagawa, "Buddhism and Asian Politics", p. 6.

136 Marvin G. McAlister's Letter to John Grover, December 30, 1952, MEDIA Audio-Visual Cascade Pictures Burma Program, Box 9, AFR.

137 자유아시아위원회가 캐스케이드영화사에 각본명목으로 지불한 총 금액은 미화 45,551.02달러이다.

138 Tanner's letter to Stewart, "Tathagata the Wayfarer : The Story of Gautama Buddha", August 17, 1953, Media Audio-Visual Movies Tathagata the Wayfarer(Life of Buddha), Box 10, AFR.

139 위의 글.

140 James W. McFarlane's letter to CFA, September 23, 1953, Media Audio-Visual Movies Tathagata the Wayfarer(Life of Buddha), Box 10, AFR.

141 Charles M. Tanner, "Discussion with James McFarlane on the Buddha Script", September 28, 1953, Media Audio-Visual Movies Tathagata the Wayfarer(Life of Buddha), Box 10, AFR.

142 Eugene Ford, *Cold War Monks : Buddhism and America's Secret Strategy in Southeast Asia*, New Haven : Yale University Press, 2017, p. 32.

143 위의 책, p. 29.

144 말라라세케라는 런던 동양학 연구대학(London School of Oriental Studies)에서 박사학위를 받았다. 이곳의 이전 명칭은 런던 동양아프리카대학(School of Oriental and African Studies, SOAS)이다.

145 G. P. Malalasekera, "The Buddha Film-The Truth About It", *Buddhist* 24, no. 8, December 1953, p. 113.

146 위의 글.

147 "Not Bought Over by American Film Co", *Ceylon Daily News,* September 25, 1953.

148 "Preliminary Discussion on Film The Life of Buddha", October 2, 1953, Media Audio-Visual Movies Tathagata the Wayfarer(Life of Buddha), Box 10, AFR.

149 위의 글.

150 Tanner's Letter to James Stewart, September 28, 1953, Media Audio-Visual Movies Rebellion(General 1952~1953), Box 10, AFR

151 Charles M. Tanner, "C-112(Ceylon-Buddha Film)", November 3, 1953, Media Audio-Visual Movies Tathagata the Wayfarer(Life of Buddha), Box 10, AFR.

152 Robert Hardy Andrews' letter to Robert R. McBride of CFA, September 4, 1954, Media Audio-Visual Movies Tathagata the Wayfarer(Life of Buddha), Box 10, AFR.

153 "이셔우드는 할리우드에서 시나리오작가로 오랫동안 활동했지만 그다지 주목받지 못했다. 자서전적 성격이 묻어나는 그의 전작(全作)도 이를 다루지 않았고, 비평가 및 전기 작가들도 이 점에 대해 거의 논의하지 않았다. 그의 재능과 에너지는 점차 소진되어 갔으며, 이를 보상할 작품을 남기지도 않았다. 그러나 이셔우드가 『크리스토퍼 앤 히스 카인드(*Christopher and His Kind*)』(1976)에서 말했듯이, 그가 이 일〈붓다의 삶〉을 맡은 것은 돈 때문이 아니었다. 잘 풀리지 않는 소설을 향해 그가 느끼는 '성질을 일시적으로 달래기 위해' 연습 삼아 맡은 것도 아니었다. 이셔우드는 진심으로 영화제작자가 되고 싶었다. 그렇지만 그가 말년에 길버트 아데어(Gilbert Adair)에게 이야기한 것처럼 '늘 뭔가 잘못되어 갔다.'" Henry K. Miller, "Other Town to Tinseltown," *Times Literary Supplement,* March 22, 2017. https://www.the-tls.co.uk/articles/public/christopher-isherwood-cinema.

154 Mon Soe Min, "A Christian Company and the Buddha Film", *Burman*, March 3, 1955.

155 Ven. G. Anoma, "Buddhists, Awake Against Buddha Film", *Burman*, March 1, 1955. 이와 관련하여, 어느 독자는 『뉴 타임즈 오브 버만(*New Times of Burman*)』으로 보낸 편지에서 이렇게 썼다. "축복받은 자, 성스러운 자, 깨우친 자는 고사하더라도, 한낱 푸투진(Pu-htu-zin)에 불과한 영화배우가 어떻게 감히 아라한(Arhat)의 외형과 움직임을 따라할 수 있습니까? 덕성을 갖추고 명상에 열중할지라도 100퍼센트 물질주의적 세계관을 지닌 그는 고귀한 자가 될 수 없습니다. 동시에, 불교질서를 따르는 승가(Sangna)의 불자가 MGM영화사와 그들이 돈을 벌기 위해 벌이는 사업을 방해하거나 공격할 수 있습니까?" U Pu, "Filming of The Life of Lord Buddha", *New Times of Burma*, March 19, 1955.

156 Ven. G. Anoma, 위의 글.

157 Mon Soe Min, 앞의 글.

158 "Controversy Over Filming of Lord Buddha", *New Times of Burma,* April 10, 1955.

159 Robert Hardy Andrews' letter to Margaret E. Pollard of The Asia Foundation, November 29, 1955, Media Audio-Visual Movies Tathagata the Wayfarer(Life of Buddha), Box 10, AFR.

160 붓다의 삶을 다룬 최초의 할리우드 영화는 1972년에 이르러서야 나왔다. 콘래드 룩스(Conrad Rooks) 감독이 제작한 〈싯다르타(Siddhartha)〉는 인도와 미국이 공동제작한 작품이다. 이로부터 20년 후인 1993년 이탈리아 거장 베르나르도 베르톨루치(Bernar-

do Bertolucci) 감독은 이탈리아, 프랑스, 영국, 미국이 대규모 예산으로 공동제작한 〈리틀 붓다(Little Buddha)〉를 만들었다. 영화에서 키누아 리브스(Keanu Reeves)가 싯다르타 역을 연기했다.

161 "Asia Foundation Monthly Report", April 9, 1954, Box 1, RBP.

162 "Executive Committee Report", May 5, 1954, Box 1, RBP.

163 Odd Arne Westad, *The Cold War : A World History*, London : Penguin Books, 2017, p.138.

164 John W. Dower, *Japan in War and Peace : Selected Essays*, New York : New Press, 1993, p.155.

165 Bruce Cumings, "Japan's Position in the World System", *Postwar Japan as History*, ed. Andrew Gordon, Berkeley : University of California Press, 1993, p.34.

166 Shunya Yoshimi · David Buist, "America as Desire and Violence : Americanization in Postwar Japan and Asia during the Cold War", *Inter-Asian Cultural Studies* 4, no.3, 2003, p.442.

167 W. W. Rostow, *An American Policy in Asia*, New York : John Wiley & Sons, 1955, p.5.

168 W. W. Rostow, *Eisenhower, Kennedy, and Foreign Aid*, Austin : University of Texas Press, 1985, pp.85~98.

169 Akira Suehiro, "The Road to Economic Re-entry : Japan's Policy toward Southeast Asian Development in the 1950s and 1960s", *Social Science Japan Journal* 2, no.1, 1999, p.87.

제2장

아시아영화제작자연맹, 미국의 프로파간다와 전후 일본영화

1953년 5월의 어느 날, 일본 다이에이스튜디오 사장 나가타 마사이치와 그의 오른팔이자 비서실장 키무라 다케치요Kimura Takechiyo가 도쿄 긴자의 한 식당에서 아시아재단의 도쿄지부 대표 노엘 부쉬 그리고 영화담당관 존 밀러와 자리를 함께했다.[1] 나가타는 아시아영화제작자연맹 설립과 연맹 주도의 연례행사 아시아영화제에 대한 아이디어를 선보였고, 부쉬와 밀러는 나가타의 아이디어에 바로 이끌렸다. 나가타가 제안한 것은 정확히 그들이 찾고 있던 것과 일치했다. 바로 아시아 지역에서 빠르게 확산되고 있는 반미정서와 공산주의 동조자들에 대항하기 위해 "아시아 영화계 내부에 건강하고 건전한healthy and sound 조직"을 만드는 것이었다.[2] 아시아재단의 입장에서, 당시 아시아에서 가장 선진적인 영화제작 기술을 보유한 일본이 아시아 간 영화조직을 뒤에서 받쳐주는 그림은 시기적절하고 적절한 조치로 보였다.

아시아 주재 미국 외무부 장교들은 1952년 4월 미국의 일본 점령이 끝난 이후, 일본 영화산업에 공산주의자들이 침투했다는 데 의견일치를 보였다.[3] 장교 다수는 일본영화계에서 활동하는 '빨갱이'의 활동을 미국이 아시아·태평양 지역에서 기획하는 냉전 이해관계에 상당한 '위협'으로 파악했다.[4] 당시 미국노동연맹American Federation of Labor, AFL의 아시아 지역 노조위원회 대표를 맡은 리차드 L-G. 데버렐Richard L-G. Deverall은 일련의 적색 프로파간다 영화가 "인종적 증오를 부채질하고 지능적으로 미국에 대한 부정적 그림을 제공"한다고 강조했다.[5] 데버렐은 이 현상을 간략히 설명하면서 특히 일본영화 세 편이 '대단히 선전적이고', '사악하며', '인종차별적'이라고 서술했다. 데버렐이 언급한 영화는 신도 카네토新藤兼人 감독의 1952년 작 〈원폭의 아이原爆の子〉, 일명 〈히로시마의 아이들Children of Hiroshima〉과 사에키 키요시佐伯清 감독의 1953년 작 〈비극의 장군 야마시타 토모유키悲劇の将軍 山下奉文〉 그리고 세키가와 히데오関川秀雄 감독의 1953년 작 〈혼혈아混血児〉였다.[6] 데버렐의 의견은 한국전쟁 당시 유엔한국재건단 the United Nations Korean Reconstruction Agency, UNKRA의 영화부를 총괄한 테오도르 리차드 코넌트Theodore Richard Conant에게서도 반복된다. 코넌트는 홍콩, 인도네시아, 말레이시아 그리고 특히 일본에서 다수 제작된 공산주의 지향형 영화에는 일관된 패턴이 있다고 지적했다.[7] 그 패턴은 다름 아닌 "미국인을 전쟁을 도발하는 제국주의적 야만인으로 묘사"하는 것이었다.[8] 아시아재단 샌프란시스코 본부 관계자와 로버트 블룸은 아시아 지역 영화사업 운영을 위해서는 일본영화계가 매우 중요하다는 점을 잘 알고 있었다. 밀러는 일본의 주요 영화사가 강력한 흥행력을 자랑하는 반미영화에 '저항할 수 없을 것'이라 생각했다.[9] 실제로 주간지 『오크랜드 트리뷴Oakland Tribune』에 따르면, 1953년 일본 영화평론가들이 최고의 국내영화로 선정한 10편 중 무려 4편이 철저히 반미 정서를 가진 영화이거나 공산주의 소설에 기반한 작품이었다.[10]

따라서 나가타가 아시아영화제작자연맹 아이디어를 제안했을 때, 마침 아시아재단도 일본에서 반공 전사가 될 장기적인 파트너를 찾고 있었기에 이들의 이해관계는 딱 들어맞았다. 이들이 긴자에서 모이기 몇 달

전 영화제작자이자 작가, 그리고 미 점령국 시민정보교육과Civil Information and Education Section, CIE 직원이었던 무라오 카오루Murao Kaoru는 일본 내 공산주의 지도자 명단작성 업무를 지시받았다.[11] 무라오는 이토 다케오Ito Takeo, 미야지메 요시이제Miyajime Yoshiise, 사가 젠베이Saga Zenbei, 이와사키 아키라Iwasaki Akira, 카메이 후미오Kamei Fumio, 야마모토 사츠오Yamamoto Satsuo, 야마가타 유사쿠Yamagata Yusaku를 명단에 올렸다. 무라오는 일본 내 많은 좌파들이 상기 7명의 지도자들과 함께 일하고 있으며, 일본 토에이스튜디오東映株式会社 그리고 쇼치쿠스튜디오松竹株式会社가 "좌파영화제작에 활용되었다"고 강조했다.[12] 당시 작성된 보고서에 따르면, 나가타의 다이에이스튜디오는 일본에서 반미영화 혹은 친공산주의 영화를 단 한 편도 제작하지 않은 유일한 영화사였다.[13] 밀러의 말을 빌리자면, 나가타는 일본 영화 산업에서 "유일한, 노골적인 반공산주의 지도자"였다.[14] 더욱이 나가타는 영화 〈라쇼몽〉구로사와 아키라 감독, 1951년의 제작자였고, 당시 아시아에서 가장 영향력 있는 영화경영진 중 한 명이었다.

나가타의 동남아시아 순회

나가타는 아시아재단과의 회동 직후, 자신이 제안한 아이디어 실행을 위해 곧바로 동남아시아로 떠났다. 나가타와 동남아 지역 영화경영진과의 모임은 아시아재단이 운영하는 마닐라, 쿠알라룸푸르, 싱가포르, 자카르타의 지부 대표들에 의해 주선되었다. 나가타는 런런쇼말레이시아 및 싱가포르, 마누엘 드 레온1915~2005년, 필리핀, 자말루딘 말릭Djamaludin Malik, 1917~70년, 인도네시아과 만났다. 순회기간 내내 서로 주고받은 호의적 반응에 힘입어, 첫 번째 공식회담이 1953년 11월 17일부터 19일까지 마닐라에서 개최되었다. 아시아재단은 7개국에서 파견된 24명의 대표단 여행경비를 후원했고 이중 일본은 무려 6명의 대표단을 파견했다. 이와 같은 대규모 파견은 일본이 유일했다. 나가타는 회담에서 이렇게 선언했다.

> 이 프로젝트[아시아영화제작자연맹]의 주요 목적은 동남아시아 국가의 영화산업을 진흥하고, 영화의 예술 및 기술수준을 높이며, 극동 지역에서 영화의 문화보급과 교류를 보장하는 것입니다. 이는 동남아시아 각국에서 제작되는 영화수준을 세계적 수준으로 끌어올릴 뿐 아니라, 이보다 더 높은 수준으로 상향시키는 것을 의미합니다. (…중략…) 저는 근미래에 우리가 세계시장을 확보하고, 다른 나라가 동남아시아에서 제작된 영화의 [높은] 수준과 품질을 인정하게 되어 세계시장에서 선두자리를 차지하리라 믿습니다.[15]

나가타는 만장일치로 아시아영화제작자연맹의 초대 회장으로 선출되었고, 이에 따라 연맹 본부는 도쿄가 되었다. 싱가포르의 말레이 영화사 Malay Film Production 사장 런런쇼가 부회장을 맡았고, 나가타는 자신과 런런쇼 이외에 여섯 명을 이사로 임명했다. 인도네시아의 말릭, 말레이시아의 호아로크Ho Ah Loke, 1901~1982년, 태국의 바두반누 유갈라 왕자Bhanubandhu Yugala, 1910~1995년, 필리핀의 드 레온, 일본의 야마자키 슈이치Yamazaki Shuichi 그리고 홍콩에서 활동하는 런런쇼의 형제 런데쇼Runde Shaw, 1898~1973년가 이사로 선출되었다.[16]

이사회 명단에 쇼 형제가 이름을 올린 점은 주목할 만하다. 1939년 설립된 쇼의 말레이 영화사는 1955년까지 100편 이상의 영화를 제작했으며, 대부분 현지 언어로 제작되었다. 쇼 가문의 네 형제 — 런제Runje, 런데,

런메Runme, 런런 — 중 막내인 런런쇼는 형 런메쇼가 홍콩에서 운영한 쇼앤손즈Shaw&Sons를 1950년대 후반 인수하기 전까지 말레이 회사를 경영했다. 따라서 1953년에 런런은 말레이시아 및 싱가포르를 대표했고 형 런데는 홍콩을 대표했다고 볼 수 있다. 필리핀의 경우, 일명 '빅 포'라고 불리는 네 개의 수직통합형 스튜디오 — LVN, 프리미아Premier, 삼파기타Sampaguita, 레브란무비텍Lebran-Movietec — 가 있었고, 이곳은 1950년대 초반부터 연간 약 100편의 영화를 제작해 왔다. 이처럼 매년 영화제작 편수가 급증하자, 필리핀 영화사는 포화상태에 이른 내수시장을 넘어 해외시장에 수출할 방안을 찾고 있었다. LVN의 마누엘 드 레온은 공동제작에 많은 관심을 가지고 있었다. 그는 미국정부와 공동제작한 프로파간다 영화 〈새로운 삶의 후크단Huk in a New Life〉람베르토 V. 아벨라나(Lamberto V. Avellana) 감독, 1953년을 벌써 마무리한 상황이었다. 이 영화는 필리핀 좌파세력 후크단에서 활동하는 독립운동가의 이야기와 이 세력을 물리치려는 미국정부의 시도를 담고 있다.[17] 인도네시아의 경우, 극도로 불안한 정치상황 속에서 영화 거장 말릭과 우스마 이스마일Usmar Isamail이 국가공산당과 정부 모두로부터 심한 압력을 받고 있었다. 한편 케세이픽처스Cathay Pictures라고도 알려진 로크완토1915~1964년의 MP&GI사는 말레이시아와 싱가포르 영화산업의 주도권을 잡은 상태였고, 방대한 극장체인 관객 확보를 위해 최신기술, 특히 시네마스코프와 컬러프로세싱 기술 습득을 열망하는 상황이었다. 이처럼 각국 영화사 및 경영진이 아시아영화제작자연맹에 참여하는 목적은 모두 달랐지만, 이들은 적어도 세 가지의 공통 목표를 공유하고 있었다. 영화를 공동제작하고, 최신기술을 습득하며 자국영화를 인접시장에 판매하는 것이었다. 이 목표 하에 이들은 1954년 4월 제1회 아시아영화제 개최를 결정했다. 첫 번째 개최지는 단연 일본 도쿄였다.

EXECUTIVES OF THE FEDERATION
OF MOTION PICTURE PRODUCERS IN SOUTHEAST ASIA
AND THE FPA'S FILM FESTIVAL

Mr. RUN RUN SHAW
Vice-President of FPA

Mr. MASAICHI NAGATA
President of FPA

Mr. TAKEJIRO OHTANI
*Chairman of the First
Film Festival*

Mr. MANUEL DE LEON
*Director of FPA
representing
PHILIPPINES*

Mr. BHANU YUGALA
*Director of FPA
representing
THAILAND*

Mr. RUNDE SHAW
*Director of FPA
representing
HONGKONG*

Mr. DJAMALUDIN MALIK
*Director of FPA
representing
INDONESIA*

Mr. SHUICHI YAMAZAKI
*Director of FPA
representing
JAPAN*

Mr. HO AH LOKE
*Director of FPA
representing
MALAYA*

Mr. IWAO MORI
Auditor of FPA

Mr. R. O. PESTONJI
Auditor of FPA

〈그림 1〉 아시아영화제작자연맹 경영진과 1954년 5월 아시아영화제.

출처 : 아시아영화제작자연맹

모든 것은 〈라쇼몽〉과 함께 시작되었다

일본의 유명한 영화평론가 요모타 이누히코四方田 犬彦는 나가타 마사이치를 '아이디어맨'이라고 불렀고, 도널드 리치Donald Richie와 조셉 앤더슨Joseph Anderson은 그를 '비지니스맨의 비즈니스맨'이라고 칭했다. 쇼치쿠스튜디오의 수장 키도 시로城戸四郎는 나가타를 보고 번번이 '말만 번지르르한 기회주의자'라고 부르며 불편한 감정을 드러냈다. 싱가포르 MP&GI사의 회장 로크완토는 홍콩에서 열린 제3회 아시아영화제 공식 리셉션에서 나가타를 동남아시아의 '미스터 모션 픽처'라고 호명했다.[18] 교토에서 태어난 나가타는 1926년 니카츠스튜디오日活株式会社에서 스튜디오가이드로서 처음 영화산업에 뛰어들었고 10년 후 프로덕션 매니저로 승진했다.[19] 그는 권력을 향한 야망을 수시로 내뿜었다. 일본의 정보국장 가와즈라 류조Kawazura Ryuzo의 편에 선 이후, 실제로 나가타는 그가 보여준 마키아벨리적 본능으로 유명해졌다. 1941년 태평양전쟁이 발발하자 일본정부는 영화필름 부족 사태에 시달렸고, 이때 나가타는 일본 정부에게 자국 영화산업을 세 개의 대기업 — 쇼치쿠와 코아, 도호와 다이호, 다이에이와 니카츠 — 으로 통합운영하자고 제안했다. 이로써 다이에이스튜디오 사장이었던 나가타는 자신이 이전에 근무했던 니카츠스튜디오를 영입하여 다이에이 산하에 두게 되었다.[20]

나가타의 권력운은 수완이 좋은 편이었지만 그의 행운도 1945년 8월 일본이 맞은 패배와 함께 힘을 잃어갔다. 맥아더 장군General Douglas MacArthur, 1880~1964년이 지휘하는 점령군은 전범을 추적하고 있었고, 이 수색활동은 영화산업에도 예외가 아니었다. 나가타는 전범 명단에 올랐고 결국 영화산업에서 방출되었다. 그러나 '아이디어맨'인 나가타는 이에 굴하지 않고 새로운 프로젝트와 아이디어를 구상하며 바쁘게 지냈다. 그는 1949년부터 1952년까지 일본에서 트루먼 행정부의 전후경제안정프로그램의 경제고문을 지낸 조지프 닷지Joseph Dodge와 친밀히 지낸 덕에, 1949년 미국을 방문하게 되었다. 크리스토퍼 하워드의 말을 빌리자면, 나가타는 "군인이나 공무원이 아닌 신분으로 점령기에 미국을 여행한 최초의 시민"이었다.[21] 나가타는 여행 중 월트 디즈니Walt Disney와 새뮤얼 골드윈Samuel Goldwyn 스튜디오 경영진을 만났고, 뉴욕 로체스터에 위치한 이스트만 코닥Eastman Kodak을 방문하는 기회를 누렸다. 이후 다이에이스튜디오는 코닥사의 이스트만컬러를 영화제작에 활용하는 상권을 등록했고, 이를 기반으로 스튜디오 최초의 이스트만컬러영화 〈지옥문地獄門〉기누가사 데이노스케(衣笠貞之助) 감독, 1953년을 제작하는 데 성공한다. 이 영화는 1954년 칸국제영화제에서 황금종려상을 수상했다.[22]

뿐만 아니라 다이에이스튜디오가 중간규모의 예산을 투자하여 만든 시대극 〈라쇼몽〉은 1951년 베니스국제영화제에서 최고상인 황금사자상을 수상했다.[23] 수상의 영예는 예상치 못한 것이었고, 수상의 파급력은 지금 우리가 생각하는 것 그 이상이었다. 센세이션에 가까웠다. 영화비평가 커티스 해링턴Curtis Harrington은 베니스영화제와 뜻밖의 수상작에 대해 이렇게 평가했다. "이 발견은 작년 베니스영화제에서 과연 기억될 만한 사건이다. 지난 수년간 서구세계가 거들떠보지 않은 일본 영화계에서 이토록 엄청난 작품 〈라쇼몽〉이 나왔다. 이 영화가 세계 최고 수준인 미국, 프랑스, 이탈리아 영화와 경쟁하여 최우수상을 거머쥐었다는 사실이 세계의 이목을 끌었고, 이제 〈라쇼몽〉은 모든 국가의 수도에서 매우 성공적으로 상영되고 있다."[24]

그로부터 1년 후인 1952년 3월, 〈라쇼몽〉은 아카데미영화제에서 최

〈그림 2〉 1951년 다이에이스튜디오의 수장 나가타 마사이치(중앙)와 음향녹음기사 타츠오 히라바야시(Tastsuo Hirabayashi, 왼쪽)의 만남.

출처 : 일본국립영화아카이브

우수외국어영화상을 수상하며, 다른 국가들로부터 존경과 질투를 한 몸에 받게 되었다.[25] 〈라쇼몽〉의 전례 없는 성공과 함께 나가타는 일본 영화산업계에서 빠르게 다시 자리 잡았다. 〈라쇼몽〉의 성공에 더해, 나가타가 제작한 화려한 대작 서사극 〈위대한 붓다의 헌신〉이 1953년 칸영화제에 초청되었다. 이러한 활발한 활동의 결과로 나가타는 새로 창설된 일본영화산업진흥협회 회장으로 선출되었다. 이때 그가 맡은 주요 임무는 일본 영화의 해외판매를 신장시키는 것이었다. 이 목적을 품고 나가타는 곧바로 동남아시아 순회를 시작했다.

나가타의 동남아시아를 순회를 더 자세히 살펴보기 전에, 다음 두 가지 점을 신중히 고려할 필요가 있다. 첫째, 그는 일본 영화산업에서 중요한 두 인물 모리 이와오森岩雄, 1899~1979년와 가와키타 나가마사川喜多長政, 1903~81년와 상당한 친분을 가지고 있었다는 점이다. 모리는 PCL스튜디오, JO스튜디오, 도호영화배급사의 3사 합병을 통해 1937년 설립된 도호영화사東宝株社의 스튜디오 수장이 되었다. 모리는 베이징 태생의 일본시민권자 가와키타와 긴밀한 관계를 맺었는데, 가와키타는 모리의 도호영화사를 통해 유럽영화를 일본에 수입하고 배급했다.[26] 가와키타는 일본영화계에서 진정한 코스모폴리탄이었다. 그는 일본과 독일이 최초로 합작하여 만든 영화 〈새로운 지구The New Earth〉아르놀트 팡크(Arnold Fanck)·이타미 만사쿠(伊丹万作) 감독, 1937년의 제작자였으며, 1941년에는 상하이로 이동해 중화영화공사中聯影業公司를 설립했다. 상하이에서 가와키타는 중국영화의 왕이라 불리는 장샹쿤張善琨, 1905~57년과 전쟁이 끝날 때까지 협력했다.[27] 구체적으로 가와키타는 장샹쿤의 신화영업공사新華影業公司와 영화를 공동제작했고, 이러한 활동에 힘입어 전후 일본에서 중국영화 전문가로 알려졌다. 1948년 영화계에서 다시 자신의 자리를 되찾은 나가타는 모리를 다이에이의 배급파트너로 합류시켰다.

두 번째로 살펴볼 점은 나가타와 모리, 가와키타 모두 일본영화의 세계시장 진출에 큰 관심을 가졌다는 점이다. 나가타가 1949년 잠재적 사업 파트너를 찾으러 할리우드로 이동했다면, 모리는 1951년 3월과 5월 사이 할리우드와 유럽에서 시간을 보냈다. 모리는 가와키타가 추진하는 미·일 공동제작 영화 〈아나타한Anatahan〉을 위해 뉴욕에서 조셉 폰 스턴버그Jospeh von Sternberg 감독을 만났다. (영화는 〈아나타한 이야기Saga of Anatahan〉 제목으로도 알려져 있다.)[28] 나가타, 모리, 가와키타가 보인 각고의 해외진출 노력은 이들을 아시아영화제작자연맹의 창립멤버로 만들었다. 비록 가와키타가 마지막 순간에 떠나갔지만 이들은 함께 출발했다.

미국 점령의 종식

영화역사학자 기타무라 히로시Kitamura Hiroshi는 1950년대 초 일본 영화산업이 "드디어 그 추진력을 되찾고 있다"고 말했다.[29] 1945년 9월 일본이 연합군에 항복한 후, 연합군최고사령부 하위조직 시민정보교육과CIE는 영화제작 및 배급 담당조직인 중앙영화배급사Central Motion Picture Exchange, CMPE를 두고 일본 영화산업 전반을 통제했다. 모든 일본영화는 제작에 들어가기 전, 영어로 번역된 대본과 시놉시스를 제출해야 했고 제출된 자료는 시민정보교육과와 민간통신파견단이 검열했다. 시민정보교육과 고위관리 데이빗 콘데David Conde는 점령당국은 "일본 영화산업이 포츠담 선언의 원칙을 추구하고, 일본을 적극적으로 재건하기를" 원했다고 진술했다. 이어서 그는 "일본은 개인의 자유와 인권을 발전시키기 위해 민족주의적

군사주의를 포기함으로써 다시는 세계평화를 위협하지 않을 것"이라고 덧붙였다.[30] 이에 대해, 저명한 일본사학자인 피터 듀스Peter Duus는 미국인들은 "이전의 적[일본]을 이웃국가와 국제평화를 더 이상 위협하지 않는 '민주적이고' '평화를 수호하는' 국가로 변모시키기로" 결심했다고 지적했다. 다시 말해 맥아더 장군이 말한 것처럼 일본을 "아시아의 스위스"로 만들려한 것이다.[31]

1945년 시민정보교육과는 상영 및 제작금지 주제목록 13종을 배포하면서, 영화가 마땅히 다뤄야 할 바람직한 주제도 함께 제시했다. 군국주의, 보복, 민족주의, 역사왜곡, 인종차별, 봉건적 충성 및 자살승인, 반민주주의 입장과 관련된 모든 것이 금지되었다. 동시에 전쟁 이전에 제작된 혹은 전시 중 제작된 236편의 영화가 '초민족주의적', '군국주의적', '봉건주의 선전' 영화로 분류되어 상영금지 처분을 받았다.[32] 제작금지 주제목록에 따라, 대중적 시대극時代劇, jidaigeki 제작은 거의 불가능한 일이 되어버렸다. 반면 현대생활을 담은 현대극現代劇, gendaigeki은 시민정보교육과가 권장하는 주제에 해당했기 때문에, 제작도 훨씬 용이했다. 이러한 환경 속에서 영화 〈우리 청춘 후회없다わが青春に悔なし〉구로사와 아키라 감독, 1946년와 〈여성의 승리女性の勝利〉미조구치 겐지(溝口 健二) 감독, 1946년 등이 제작되었다. 시민정보교육과 관계자, 특히 콘데가 이런 부류의 영화제작을 환영했다.[33]

구로사와 감독의 〈우리 청춘 후회없다〉는 아버지는 직장을 잃고, 약혼자는 좌파라는 이유로 감옥에 구금되어 사망한 어느 여성의 이야기를 다룬 작품이다. 영화에서 그녀는 여러 시련을 겪었지만 마침내 전후 일본사회의 새로운 지도자로 거듭난다.[34] 요시모토 미츠히로Yoshimoto Mitshiro는 이 영화가 "이념적 공허함"으로 점철된 작품이며 "군국주의의 발흥으로 시작하여 민주주의 승리로 끝나는 이야기"에 불과하다고 주장한다.[35]

마찬가지로 [일본 가마쿠라시에 위치한] 쇼치쿠 오후나^{Ofuna} 스튜디오에서 제작된 영화 〈여성의 승리〉는 법정에서 근무하는 전문직 여성의 이야기를 담는다. 미조구치 겐지 감독이 전쟁 이전에 만든 작품들은 대부분 일반적 구도를 취하고 있다. "남성지배적이고 자본지향적 사회에 맞닥뜨리는 여성의 대결" 구도가 바로 그것이다. 그러나 전쟁 이후 미조구치는 기존 구도에서 벗어나 일본의 '변화하는 사회'에 초점을 맞췄다.[36] 그의 영화는 이제 일본사회에서 여성이 처한 불평등한 위치와 참을 수 없는 조건에서 살아남고자 고군분투하는 투쟁을 주제로 삼는다. 미조구치 감독은 〈여성의 승리〉 외에도 '여성의 민주화 영화'를 다룬 영화들 ― 〈여배우 수마코의 사랑女優須磨子の恋〉1947년, 〈밤의 여인들夜の女たち〉1948년, 〈내 사랑은 불탄다わが恋は燃えぬ〉1949년 ― 을 제작했다. 하지만 이 영화들은 상업적으로도 그리고 비평적으로도 실패했다. 그가 전쟁기간 중 제작한 사무라이 영화 ― 〈겐로쿠 추신구라元禄忠臣蔵〉1941년 등 ― 는 흥행에 성공했던 반면, 당국의 지침을 준수하여 제작한 영화는 대중에게서 외면당한 것이다. 그러나 얼마 지나지 않아 미조구치는 자신의 트레이드마크인 시대극 〈오하루의 일생西鶴一代女〉1952년과 〈우게쓰 이야기雨月物語〉1953년로 전후 이후에 겪은 부진을 극복했다. 두 영화는 그에게 국제적 명성까지 얻다 주었다.

한편 1951년 9월 미국과 일본의 평화조약이 샌프란시스코에서 체결되었다. 이 조약은 일본에게 배상금, 가혹한 경제규제, 대규모 재무장에 관한 어떤 제제도 없는 완전한 독립을 승인했다. 동시에 일본 총리 요시다 시게루吉田 茂, 1879~1967년는 미일안전보장조약을 맺었다. 이 조약은 일본을 "동아시아에서 미국 방어선의 최전선"에 위치시켰고, 일본전역에 미군기지 주둔과 항구 이용을 허용했다. 두 조약을 통해 일본이 얻은 것은 경제적 이익이었는데, 구체적으로 미국정부는 "일본 생산자들에게 미국

내수시장에 대한 완전한 접근권"을 부여했다.[37]

기타무라 히로시가 모든 상황을 종합하여 설명하듯이, 거의 7년 동안 점령지[일본]의 영화제작과 배급을 통제하고 감독했던 중앙영화배급사는 1951년 12월 31일 운영 종료되었고, "그다음 날 새로운 비즈니스의 날이 밝았다."[38] 일본영화는 더 이상 미국 점령당국의 문화정책이나 검열에 얽매이지 않아도 되었기에, 점차 콘텐츠가 다양해졌다. 시대극과 전쟁영화처럼 미국 점령하에서 금기시되었던 영화장르가 다시 제작되며 새로운 관객세대로부터 열광적인 환영을 받았다. 이와 더불어 오랜 공백기를 가졌던 니카츠스튜디오가 1953년 3월 영화시장에 재진입했다. 이로 인해 일본 주요 스튜디오도호, 쇼치쿠, 다이에이, 도에이, 신도호, 니카츠 간의 경쟁은 더욱 치열해졌다.[39] 일본의 국내영화 연간 제작편수도 증가했다. 1950년대 내내 증가하다가 1960년에는 연간 제작편수 547편을 찍으며 정점에 달했다. 1950년대 초 일본 국내 영화시장은 이미 포화상태였다. 결과적으로 일본 영화산업은 자국영화를 수출할 해외시장에 관심을 돌리게 되었다.

일본의 동남아시아 재진출

〈라쇼몽〉의 예상치 못한 성공 이후 일본의 영화수출규모는 과거와 비교할 수 없을 만큼 증가했고, 영화는 이제 가장 주목받는 수출품목 중 하나가 되었다. 실제로 1953년 한 해에만 675편의 영화가 세계 각국으로 수출되었다. 1947년 해외수출 편수와 비교하면, 무려 30배 넘게 성장한 규모였다.[40] 대부분의 영화는 유럽시장으로 수출되었다. 이처럼 일본 영화산업은 제1회 아시아영화제가 시작될 무렵 "일본 수출산업의 떠오르는 별"이 되었다.[41] 영화학자 아론 제로Aaron Gerow의 주장대로, 1910~20년대 순수영화운동Pure Film Movement에서 비롯된 일본 영화산업의 '수출의 꿈'은 거의 실현되었다.[42] 일본 영화산업은 당시 일본이 직면한 무역적자를 줄이기 위해, 동남아시아 그리고 가능하다면 인도를 포함한 새로운 해외시장에 더 많은 영화 수출을 장려했다.

『니폰타임즈Nippon Times』는 칸영화제에서 그랑프리황금종려상를 수상한 〈지옥문〉의 소식과 함께 네 쪽에 달하는 분량의 아시아영화제 특집기사를 실었다. 이 특집기사를 기고한 기자는 "미국영화가 독점하다시피 점유한 동남아시아 대부분의 지역 영화산업은 여전히 후진적 단계에 머물러 있다. 따라서 지역 영화산업을 육성하는 것은 영화의 문화적 상호교류에 기여하고, 일본 영화의 해외수출을 증가시킬 것이다. 다른 아시아 지역에 비해 좀 더 발전한 일본 영화산업이 앞장서서 이쪽 세계[동남아시아]의 영화산업을 선도하도면, 이는 일본뿐 아니라 동남아시아 영화산업 전반에 큰 도움이 될 것이다"라고 썼다.[43]

나가타의 1953년 동남아시아 순회는 두 가지 맥락 속에서 같이 논의되어야 한다. 첫째, 일본 영화산업은 전쟁 전의 영향력을 회복하려고 시도했다. 둘째, 나가타를 비롯하여 그 무렵 일본 영화산업의 우위를 점한 경영진들은 영화산업에 낙관적 비전을 제시했다.[44] 두 맥락을 고려해 보면, 아시아영화제작자연맹의 설립은 문화행사를 통해 아시아 해외시장을 창출하려는 일본 영화산업의 집단적 열망을 실현시킨 것이라고 볼 수 있다. 즉, 일본 영화산업은 자국영화를 수출할 시장을 확보하고 확장하는 것이 목적이었다. 나가타를 비롯한 영화경영진들은 일본영화를 해외에 수출하는 것은 "외화를 벌어오는 애국행위"라고 생각했다.[45] 이처럼 일본 영화산업은 아시아영화제를 주최하고 아시아영화제작자연맹을 주도함

으로써 시장 확대 및 다양화를 시도했다.[46]

일본 영화산업이 동남아시아 시장에 재진출한 데에는 네 가지 측면이 주목된다. 첫째, 일본의 미처 실현되지 못한 제국주의적 모험이 지속됨을 보여준다. 나가타의 동남아시아 순회와 그에 뒤이은 아시아영화제작자연맹의 출범은 태평양전쟁이 종식된 지 불과 8년 후인 1953년에 이뤄졌다. 홍콩, 말레이시아, 대만, 홍콩을 포함한 대부분의 아시아국가들은 여전히 일본에 적대적이었고, '일본의 두 번째 침략'을 극도로 경계했다. 아시아 지역 지식인들은 1940년대 총력전 당시 대동아공영권이라는 기치 아래 식민지 간 연결을 꾀한 일본 제국의 대동아영화를 여전히 생생히 기억하고 있었다. 따라서 지역 영화제작자들을 한데 통합하려는 나가타의 아이디어는 결코 새로운 것이 아니었다.

키니아 야우 슉팅邱淑婷이 표명한 바와 같이, 1940년 일본 영화산업은 일본 내각의 정보국과 육군 및 해군의 지원을 받아 남아시아 영화협회the Association of South Asian Motion Pictures를 설립했다. 다이에이스튜디오 대신 쇼치쿠와 도호스튜디오가 이 협회에 투자했는데, 이들의 목적은 동남아시아에서 일본영화를 제작하고 개봉하는 것이었다.[47] 키도 시로가 초대 회장으로, 가와키타 나가마사가 매니저로 임명되었다.[48] 야우에 따르면, 대동아영화권 구축에는 세 가지 주요 목표가 있었다. 첫째, 일본영화가 진출할 아시아시장을 개방하고 둘째, 아시아 전역에 일본영화의 가치를 진흥하고 셋째, 할리우드와 경쟁하기 위해 아시아 영화의 품질을 높이는 것이었다.[49] 야우는 대동아영화권 및 일본 영화산업과 동남아시아 영화 사이의 네트워크를 아시아영화제작자연맹의 역사적 전례로서 파악하며, "일본이 개시한 아시아 영화네트워크는 사실상 미국 영화산업이 구축한 강력한 네트워크에 맞서기 위해 고안된 것이 분명하다"고 주장한다.[50]

둘째, 일본 영화산업이 동남아시아 시장에 다시 진출한 것은 어느 정도 나가타 개인의 목적을 달성하기 위함이었다. 1944년 나가타는 남아시아 영화협회와 유사한 조직을 설립하려 했지만 1945년 8월 일본의 항복으로 인해 계획을 접어야 했다.[51] 그러나 이제 나가타는 아시아영화제작자연맹을 이끄는 지도자였다. 그는 일본 영화시장에서 아시아와 서구를 잇는 지위에 있었으므로 이에 상응하는 여러 혜택을 누릴 수 있었다. 나가타와 다이에이는 당시 기술적으로 우위에 있는 영화를 제작함으로써 아시아에서 가장 근대화된 스튜디오로서의 입지를 공고히 다졌다. 다이에이는 최신 영화장비와 최신기술 ― 이스트만 컬러촬영 및 현상과 인화, 동시녹음 및 촬영, 특수효과 ― 을 해외에 수출하여 이익을 창출했다. 이러한 최신장비와 기술은 아시아영화제작자들이 영화 후반작업을 일본의 현상소에서 진행하도록 유인했다.[52] 더욱이 다이에이는 아시아영화제작자연맹의 광범위한 네트워크를 활용하여, 스튜디오에서 제작한 장르영화를 다른 아시아국가에 수출할 수 있었다. 싱가포르에서 열린 아시아영화제 기간 동안 제2회 영화기술 및 장비전시회가 동시에 열린 점은 이를 예증하는 대표적 사례이다. 전시회에는 포럼과 강연, 테스트 촬영세션과 이외 많은 특별행사가 진행되었다.[53] 결과적으로 다이에이의 해외 판매 실적은 빠른 속도로 증가했는데, 특히 홍콩과 대만에서 얻은 판매실적은 1954년 40편에서 1956년 74편으로 급성장했다.[54]

셋째, 앞서 논의한 바와 같이 일본 영화산업의 동남아시아 진출은 아시아에서 반공 영화경영진 간의 '건전한' 네트워크를 만들려는 아시아재단의 비밀프로젝트의 소산이었다. 나가타는 아시아재단이 자신에게 기대하는 바를 정확히 파악하고 있었다. 아시아영화제작자연맹 회장으로서 나가타는 1956년 "우리가 어떠한 정치적·이념적 배경의 속셈 없이, 오직 자립만으로 난관을 극복했다고 자랑스럽게 말할 수 있습니다"라고 공언했다.[55] 나가타가 '정치적·이념적 배경'이라는 단어를 통해 함의한 것은 자본주의와 공산주의 사이의 갈등이었다. 나가타는 아시아영화제 출품 영화가 '자유아시아'에서만 온다면, 영화제는 정치와 무관한 행사로 남을 것이라는 점도 슬쩍 내비쳤다.

마지막으로 일본정부는 1947년 발족한 지역경제단체 아시아극동경제위원회Economic Commission of Asia and the Far East, ECAFE를 통해 워싱턴 정책입안자들에게서 압력을 받고 있었다. 미국은 일본이 동남아 지역에서 원자재 및 식량을 확보하고 [중국을 대신해] 경공업제품을 수출해야 한다고 압박했다. 일본은 동남아시아 진출을 위해 '선의'의 메시지를 보낼 필요가 있었다. 일본은 기존 식민지배자의 이미지를 벗어던진 '탈바꿈한' 이미지를 퍼트리는 데 영화를 이용했다. 『파이스트필름뉴스*Far East Film News*』의 도쿄 특파원 글렌 이어튼Glenn Ireton은 1954년 "일본의 동남아시아 영화산업은 일본정부가 실패한 곳에서 성공했다. 동시에, 이 사실은 민주정부에 관한 가장 강력한 논쟁 중 하나를 분명히 보여준다. 동남아시아 6개국에서 상업 활동이 어떻게 구성되었는지 떠올려 보라. 상업 활동은 정상적인 외교관계나 호혜적 외교관계의 성격을 띠지 않는다. 다만 자유기업이라는 경제 및 사회체제 아래, 공통의 목적을 위해서만 한데 묶일 수 있다"고 상황을 진단했다.[56]

아시아재단은 유엔경제사회이사회Unites Nations Economic and Social Council, ECOSOC의 지역위원회인 아시아극동경제위원회ECAFE와 이념적으로 함께했다. 정치학자 오바 미에Oba Mie는 유엔경제사회이사회를 "회원국이 지역경제 및 사회문제에 대해 의견을 교환하고 아시아의 경제재건과 경제발전을 지원하기 위해 정기적으로 만날 수 있는 장"[57]이라고 특징지었다.

보다 구체적으로, 1951년에 수립된 아시아극동경제위원회의 공식 규정에 주목할 필요가 있다. 규정에 따르면, 위원회는 "아시아 및 극동 지역의 경제재건과 발전을 위해 공동의 행동을 진흥하고, 경제활동 수준을 높이며, 자국 및 세계의 다른 국가들과의 경제관계를 유지하고 강화하는 조치를 개시하며 이에 참여한다." 아시아극동경제위원회는 미국에 의해 발족했다. 그리고 그 이면에는 미국의 강한 의지가 있었다. 미국은 '새로운' 지역 즉, 이전의 식민국과 신생 독립국을 비롯해 각국의 이해관계가 충돌하는 이곳[동남아시아]에서 헤게모니를 장악하고자 했다. 따라서 동남아시아는 세계에서 미국의 새로운 역할을 만들어보려는 '실험실'이었다. 아시아극동경제위원회의 세 번째 분과회의 및 후속회의가 다룬 가장 시급한 의제 중 하나는 위원회의 회원국과 일본 사이의 무역문제였다. E. E. 워드E. E. Ward는 『파 이스턴 서베이Far Eastern Survey』에서 "아시아극동경제위원회 회원국은 위원회의 기능을 침해하지 않는 선에서 각국이 직면한 긴급한 요구를 충족하기 위해 일본의 역량을 이용해야 한다. 특히 회원국이 공급할 수 있는 원자재를 일본에 제공하고, 그 대가로 일본을 이용할 수 있다"고 주장했다.[58] 마찬가지로 인도 경제학자이자 아시아극동경제위원회의 사무국장인 P. S. 로카나탄P. S. Lokanathan은 1949년 6월 일본 도쿄를 방문하여, 일본이 다른 아시아 지역과의 무역을 확대해야 한다는 입장을 표명했다. 로카나탄의 주장에 따르면 일본은 아시아와의 무역교류를 통해 "비-달러 지역에서의 구매능력을 상향하고, 아시아의 회복과 발전을 가속화하도록 기여해야 한다."[59]

일본·미국·영국

1950년 6월 한국전쟁이 발발하면서 일본은 유례없는 경제성장을 이뤘다. 요시다 시게루 총리재임 1948~54년가 말했듯이, 일본에게 "한국에서의 전쟁은 신이 내린 뜻밖의 선물이었다."[60] 미국의 원조와 환율정책으로 내수경제가 살아난 일본은 1951년 미일평화조약을 체결할 당시, 아시아를 대표하는 경제대국으로 떠올랐다. 그러나 일본 정치경제학자 아키라 스에히로Akira Suehiro가 지적한 것처럼, 중국시장을 상실한 일본은 중국을 대신하여 일본 공산품을 수출하고 원자재와 식량을 수입할 대체시장이 절실해졌다.

이 새로운 지형 속에서 일본은 잃어버린 영토를 다시 얻기 위해, 해당 지역을 지배했던 前 제국주의 세력인 영국과 신중히 협상해야 했다. 게다가 일본은 지역기반 경제조직인 동남아시아조약기구Southeast Asia Treaty Organization, SEATO와 유엔United Nations, UN에 합류하면서 식민지 국가에서 독립국가가 된 주변국의 눈치를 봐야 했다. 이 국가들은 일본이 아시아로 재진출하고 혹여 또다시 군국주의를 지향하지 않을까 두려워 했다. 영국이 전후 동남아시아에서 취한 외교정책의 목적은 말레이시아, 싱가포르, 버마, 홍콩의 식민지배권을 다시 얻는 것이었다. 그러나 이러한 시도는 수많은 난관에 봉착했다. 우선 동남아시아에서 세를 확장해 나가는 반식민적 민족주의가 영국의 힘을 쇠퇴시켰다. 이에 더해 1947년 인도와 파키스탄의 독립은 영국이 누린 제국주의적 지위를 실질적으로 종식시켰다. 둘째, 소련의 힘과 함께 점진적으로 확장되는 공산주의 진영은 동남아 지역을 위협했다. 특히 1949년 중화인민공화국이 수립되고 말레이이사에서 공산주의 반란이 일어나자 영국은 비상사태에 직면했다. 셋째, 영국의 전후 재정난이 심화되었다. 이 위기로 인해 영국이 새로운 지역강국인 미국의 상대가 되지 못한다는 점이 여실히 드러났다. 홍콩사학자 제임스 T. H. 탕James T. H. Tang의 주장처럼 "전후 영국정부는 세계정치에서 '제3의 세력' 을 만들기를 열망했다."[61] 하지만 냉전 대립구도 속에서 영국은 미국과의 긴밀한 동맹관계를 모색할 수밖에 없었다.

1948년부터 1955년까지 동남아시아 치안총감을 역임한 말콤 맥도널 드Malcolm MacDonald를 비롯해 동남아 지역 영국대표들은 일본을 "영국이 해당 지역의 의무를 짊어지도록 돕는 경제 대리인"으로 활용하고자 했다. 맥도널드는 "일본의 동남아 '복귀'는 우호적으로 검토되어야 한다. (…중략…) 일본의 기술능력, 소비재 및 자본재, 영향력은 동남아시아의 발전과 미래안정에 가장 중요한 요소임이 입증될 것이다"라고 말했다.[62] 전후 영국의 대아시아 외교를 연구한 외교사학자 토마루 준코Tomaru Junko는 영국과 일본이 '[동남아]지역에 관한 협력관계'에 접어들었다고 판단한다.[63] 그럼에도 일본은 경제적 민족주의와 일본의 '2차 침략'에 대한 공포가 여전히 선명하게 남아있는 국가들을 상대해야 했다. 경제학자 아키라 수에히로는 일본이 이 문제를 다루며, 그 해결책으로 "배상금" 및 "해당 지역에 대한 미국의 경제적 원조" 전략을 이용했다고 기술한다.[64] 요시다 총리는 존 포스터 덜레스와의 회동에서 "배상금은 투자의 한 종류입니다. 배상금 지불이라는 명분으로 동남아시아 경제개발에 기여할 수 있다면, 공산주의 전파를 막을 수 있습니다. 배상금으로 일석이조를 누리는 것이지요"라고 말했다.[65]

요시다 내각은 일본과 미국 양국의 경제제휴를 통해 '동남아 발전방안'을 내놓았다. 일본은 큰 기대감을 내비쳤다. 실제로 일본은 미국의 막대한 원조정책과 이미 운영 중인 콜롬보 계획Colombo Plan — 남아시아 및 동남아시아에 대한 미국과 영연방의 협동적 경제개발계획 — 을 등에 업고 마침내 1953년 동남아시아에 재진출하게 된다. 그 결과, 일본경제 관련 정부관계자, 국회의원, 기업가들이 정부 도움을 받아 동남아시아 친선방 문을 조직하기 시작했다.[66] 예컨대 1952년 8월 한 국회의원은 동남아시 아 경제사절단으로서 인도, 파키스탄, 실론, 태국, 홍콩, 대만을 방문했다. 방문목적은 단연 이들 국가와 일본 간의 경제유대 강화를 위해서였다.[67] 이 모든 경제사절단을 따라 아시아문제연구학회Asian Affairs Research Society가 출범했고, 학회의 월간저널 『아시안 어페어스*Asian Affairs*』가 1953년 처음 으로 발간되었다. 나가타는 일본정부와 경제·문화·정치 부문의 여러 관 계자들과 마찬가지로, 영화가 '일본의 문화사절단'이 될 것이라고 믿었 다. 도날드 리치와 조셉 앤더슨이 각각 지적한 것처럼, 영화산업은 "진정 한 선교로서 열정적으로 전도한다는 개념에 빠져 있었다."[68]

　나가타는 외신과의 인터뷰에서 영화산업에서 "공동제작, 로케이션 시 설, 기술적 노하우 및 장비를 서로 공유하고 도우면서 가져다준 실질적 인 성과는 이루 말할 것도 없고, 국제적인 어메니티와 선의의 풍부한 흐 름이 있었다"고 자랑스럽게 표명했다.[69] 나가타가 말한 것은 사실 아시아 영화제의 목적과 의의를 다시 확증하는 것이었고, 이 영화제가 전형적인 '기러기 편대' 모델임을 밝히는 것이었다. '기러기 편대'는 1930년대 일 본 경제학자 카나메 아카마츠Kaname Akamatsu가 아시아 산업개발의 경제적 후발주자를 이론화하기 위해 고안한 용어이다.[70] 기러기 편대를 다룬 아 카미츠의 일본어 논문은 1962년 영어로 번역되었다.[71] 한편 나가타는 아 시아영화제작자연맹을 기획한 핵심 인물인 그 자신이 '자유아시아'의 영 화산업을 이끌기를 희망했다. 그는 일본영화를 아시아 지역에서 예술적 으로 그리고 기술적으로 우수한 '큰 형'의 위상에 맞춰 드높이고, 일본 장르영화를 해외에 수출하여 일본경제에 기여하고자 했다. 일석이조의 효과를 얻고 싶었던 것이다. 하지만 다음 부분에서 더욱 자세히 살펴보겠지만, 나가타가 꿈꾼 상황은 그리 간단치 않은 것이었다. 나가타와 아시아재단은 복잡하게 얽힌 아시아 지역의 정치를 읽어내는 데 실패함으로써 결과적으로 그 목표를 달성할 수 없었다.

통제권 장악을 위한 전투 아시아재단의 첫 번째 회담

앞서 살펴본 것처럼, 아시아영화제작자연맹의 첫 번째 회담은 1953년 11월 17일부터 19일까지 마닐라에서 열렸다. 나가타 마사이치일본, 런런 쇼말레이시아 및 싱가포르, 마누엘 드 레온필리핀, 자말루딘 말릭인도네시아을 포함하여 5개국 대표가 회담에 참석했다. 아시아영화제작자연맹에 참여한 반공산주의 영화경영진의 수를 헤아려 보면, 아시아에서 반공산주의 영화제작자 간의 연합체를 출범하려 한 아시아재단의 노력은 거의 완수된 것처럼 보였다. 그러나 회담이 끝난 후, 아시아재단의 마닐라지부 대표 윌리엄 T. 플레밍William T. Fleming이 재단의 프로그램 담당이사 제임스 L. 스튜어트에게 패배를 알리는 쓰라린 서신을 써서 보냈다. 플레밍은 "이 회담에서 아시아재단과 마닐라지부는 아시아 영화계에 영향을 미친 공산주의자들의 손에 의해 막대한 패배를 입었습니다"라고 개탄했다.[72] 도대체 이 회담에 무슨 일이 벌어졌단 말인가? 회담은 왜 그리고 어느 정도까지 '패배'로 간주되었단 말인가?[73]

논쟁을 불러일으킨 건 인도네시아 대표단이자 페르세로안 영화사Perseroan Film; Persari 사장 자말루딘 말릭이었다. 그는 아시아영화제작자연맹의 규정 초안에 격렬히 반대하여, 그 누구도 예상치 못했던 언쟁을 야기했다.[74] 그는 특히 중국, 북한, 버마, 베트남, 인도, 파키스탄을 배제한 지역 범위에 대해 날카로운 이의를 제기했다. 말릭은 회담이 시작되자마다 '동남아시아' 정의에 대한 의문을 제기했다. 이에 나가타는 동남아시아 국가란 태평양과 국경을 접하고 있는 국가들, 즉 버마, 말레이시아, 베트남, 대만, 인도네시아, 필리핀, 홍콩, 일본, 대만이라고 답했다. 이때 나가타는 "우리는 공산주의자가 점령한 중국을 배제했습니다. 다시 말해 중공Communist China을 배제한 것입니다"라고 말했다. 나가타는 이어서 버마와 베트남은 작년에 장편영화를 충분히 많은 수만큼 제작하지 않았기 때문에 초청되지 않은 것뿐이라고 덧붙였다. 말릭은 나가타의 말을 즉시 반박했다. "저는 이 회담의 절차가 적절치 않다는 점에 유감을 표합니다. 다시 말해, 저는 지금 당신이 말한 이유 때문에 일부 국가 배제되었다는 점에 유감을 표하는 것입니다. 우리는 적어도 그 국가들에 초대장을 보낼 수 있었습니다." 말릭은 차라리 "중화민국Free Chine, 대만이든 중공중화인민공화국이든 간에 차별 없이" 두 중국 모두 배제하자고 제안했다. 말릭은 전쟁기간 극장 사업에 투자한 수마트라 사업가였다. 어쩌면 아시아재단 사무관이 말릭에 대한 정보를 제대로 알지 못했고 그리하여 그를 상대할 충분한 준비를 마치지 못했기 때문에, 이러한 언쟁이 벌어진 것으로 보인다. 실제로 말릭은 인도네시아인은 물론 외국인 등 다양한 중국사업 이해관계자들과 일하고 있었다.[75] 말릭이 쏘아올린 논쟁은 불이 붙었고 필리핀 대표 라파엘 안톤Rafael Anton이 나서서 이를 중재했다. 그는 이사회 투표를 통해 이를 결정하자고 제안했다. 안톤의 제안은 나가타가 차마 반대하기 어려운 것이었다. 이에 만장일치로 투표가 수락되었다. 공산주의 영토를 포함하여 위에서 언급한 국가의 영화제작자 단체로부터 회원가입 신청서를 받을지 말지의 여부가 투표에 부쳐졌다.

투표 결과를 통해, 의결권을 가진 회원들은 해당 지역에서의 가입신청서를 받아야 한다고 옹호했다. 아시아영화제작자연맹은 더 이상 중국과 북한을 제외할 수 없었다. 놀랍게도 나가타를 제외하면 일본 대표단이나 쇼 가문의 사람들 모두 어떤 이의도 제기하지 않았다. 따지고 보면 이들은 결국 사업가였다. 따라서 이들에게는 이념적 입장보다 경제적 이익이 훨씬 중요했다. 그들은 자신들이 만든 영화를 정치진영에 상관없이 중국, 인도 그리고 어쩌면 북한에게까지 판매하길 원했다. 바로 이것이 플레밍이 언급한 아무도 예상치 못했던 첫 번째 '패배'였다. 그리고 나가타가 영화제 관련 규정을 토의에 붙였을 때, 더 많은 논쟁이 뒤따랐다. 제3조 '출품작'이 가장 논쟁적이었는데, 이 문구는 영화제작자 각자의 이해관계와 두려움 그리고 욕구를 반영하고 있었기 때문이다. 제3조는 7항으로 구성되어 있었다.

1. 영화는 드라마극과 비드라마극으로 나누어 구분한다.
2. 비드라마극의 범주에는 교육영화, 과학영화, 다큐멘터리, 만화, 문화영화가 포함된다.
3. 영화는 영화제 개최연도의 전년도에 제작국에서 상영되어야 한다.
4. 영화는 타 국제영화제에 출품되지 않은 작품이어야 한다.
5. 국가별 출품작 수는 각 범주에서 다섯 편을 초과할 수 없다.
6. 영화제 집행위원회는 예술수준 혹은 기술수준이 전시회에서 상영할 만한 수준에 도달하지 않는 영화 혹은 다른 국가의 국가감정을 해치는 영화의 출품을 거부할 권리가 있다.
7. 영화의 대사는 개최국 언어로 더빙되어야 한다.

1항부터 5항까지, 그리고 7항은 영화제 영화에 대한 일반규정을 명문화하고 있어 만장일치로 통과되었다. 하지만 6항이 논란을 불러일으켰다. 논쟁이 붙은 6항을 수정하기 위해 안톤과 나가타가 추가로 새로운 호를 제안했다. "6-B. 민주주의 원칙에 위배되는 주제를 품은 영화는 영화제에 참가할 수 없다"가 제시되었다. 나가타는 "민주주의 원칙"을 이렇게 설명했다. "여러분 모두 아시다시피, 저는 세계가 두 부분으로 나뉘었다고 생각합니다. 하나는 민주적 집단이고 다른 하나는 공산주의자 집단입니다. 중립이란 없습니다. 그래야만 하는 일입니다. 우리의 회담이나 연맹은 민주적 집단에 있는 것입니다. 따라서 이 연맹이 영화제를 개최한다면, 이는 민주집단의 후원 아래 있는 것입니다. 또한 우리가 정치적이고 이념적이라 말할 때, 그것은 세계의 다른 분야 즉, 공산주의 집단을 의미합니다."

미국 영화제작자이자 태국 대표로 참석한 로버트 G. 노스Robert G. North, 1913~54년가 나가타의 개정안을 지지했고, 여기서 한 걸음 더 나아갔다. 노스는 "저는 필리핀 대표안톤과 드 레온와 이야기를 나눴는데, 우리 모두 공산주의를 소재로 삼거나 공산주의에 뿌리를 둔 영화는 영화제 참가 자격이 없다는 데 동의한 것 같습니다"라고 주장했다. 필리핀 대표 세 명안톤, 드 레온, 리카도 S. 발랏뱃(Ricardo S. Balatbat)이 노스의 의견을 재청했다. 예상대로 말릭은 그 동의에 대해 이의를 제기했다. 그는 "대표단 대다수가 이를 주장한다면, 우리가 그들을 막을 순 없습니다. 하지만 저는 우리의 입장을 명확히 하고 싶을 뿐입니다. 만약 저 조항이 규정문에 수록된다면, 우리는 이 조직에 대해 책임지지 않을 것입니다. (…중략…) 저는 우리가 그들이 공산주의자든 무엇이든 간에 그들 자신을 표현하는 것을 허용해야 한다고 생각합니다"라고 말하며 입장을 밝혔다. 홍콩 대표 채프먼 호Chapman Ho, 何澤民는 노스의 발의를 보다 균형 잡힌 표현으로 대체하자고 청원했다. 그의 대안은 "정치적이고 이념적 프로파간다 영화는 영화제에 참가할 수 없다"였다. 두 안이 표결에 부쳐졌다. 태국과 필리핀은 노스의 안을 지지했고 홍콩, 인도네시아, 일본, 말레이시아의 이사 다섯 명은 채프먼 호의 안에 찬성표를 던졌다. 그 결과 규정에는 제3조 6-B항이 새롭게 추가되었다. 이 하위 항을 통해, 출품된 영화의 이념적이고 정치적 기원을 결정하는 판단 권한은 위원회의 손에 넘겨졌다. 이것은 분명 아시아재단이 맛본 두 번째 '패배'였다.

부쉬와 밀러와 태너는 태국과 필리핀 대표단이 반공 전사이고 따라서 나가타의 편에 설 것이라 예상했다. 인도네시아는 아시아영화제작자연맹의 설립 초기부터 아시아재단의 골칫거리였다. 하지만 정작 아시아재단을 궁지에 몰아넣은 것은 인도네시아가 아니라 홍콩과 말레이시아 대표단이었고, 심지어 이념 및 정치관에서 양면성을 드러낸 일본 대표단이었다. 아시아재단은 생각지도 못한 차질에 대해 숙고했다. 숙고 끝에, 재단은 아시아 내 영화제작자 간 반공연맹을 구축하는 데 있어 의결권을 가진 회원을 충분히 확보하는 것이 진정한 시험대가 되리라는 점을 깨달았다. 이 깨달음을 반영이라도 하는 듯, 부쉬는 스튜어트에게 보낸 서신에서 "공산주의자들의 침투와 이들이 연맹을 접수하리라는 위협은 실재합니다. (…중략…) 연맹의 통제권을 두고 벌이는 전투는 이제 막 시작되었습니다"라는 말을 남겼다.[76]

여러 서신과 메모를 교환한 후, 그들[부쉬와 밀러와 밀러]이 내놓은 해결책은 아시아 지역에서 친미 영화사 내지 반공 영화사를 가능한 한 많이 물색하고 모집하여 아시아제작자연맹에 가입시키는 것이었다. 이 노력은 응당 자유세계의 표를 더 많이 얻기 위함이었다.[77] 불과 몇 달 뒤에 제

1회 아시아영화제가 예정되어 있었으므로, 아시아재단은 빠르게 움직였다. 스튜어트는 재단의 모든 현지지부 대표를 소집하고 아시아제작자연맹이 처한 위태로운 상황을 간추려 설명했다. 대만지부 대표 워드 D. 스미스Ward D. Smith는 아시아영화제작자연맹이 설립 초에 보낸 초대를 거절했지만, 이제 상황이 달라졌다. 그는 대만임시정부의 정보국장 피터 B. T. 창Peter B. T. Chang과의 만남을 주선했다.[78] 스미스는 "대만을 연맹에 가입시키기 위해 제가 생각할 수 있는 모든 각도에서 노력하고" 있다고 강조했다.[79] 쿠알라룸프르 대표 로버트 B. 쉬크스Robert B. Sheeks는 영국인 영화제작자이자, 영국이 쿠알라룸푸르에 설립한 다큐멘터리 영화제작사인 말레이필름유닛Malayan Film Unit의 수장인 토마스 호지Thomas Hodge와 접선했다. 쉬크스에 따르면 호지는 "유능하고 에너지가 넘치며 우리와 같은 원칙을 강하게 믿는" 사람이었다.[80] 호지는 1951년부터 1957년까지 말레이필름유닛을 이끌었다.[81] 그는 말레이시아에 오기 전, 1948년부터 1951년까지는 미국 주재 영국정보과의 영화출판국 국장으로 복무했다.[82] 호지는 아시아 지역에서 반공 영화제작자 네트워크를 구축하겠다는 아시아재단의 계획에 열정적으로 가담했다. 또한 호지 개인적으로는 말레이시아 영화계에 미치는 런런쇼의 영향력을 억제할 희망을 품고 아시아영화제작자연맹에 가입했다.[83] 한편 홍콩지부에서는 전직 언론인 장궈신이 아시아재단으로부터 자금을 지원받는 아시아픽처스를 운영하고 있었다. 당시 아시아픽처스는 첫 번째 만다린어 장편영화 〈전통傳統, Tradition〉탕 후앙(Tang Huang) 감독, 1955년 제작을 끝내고, 영화제 출품 준비를 마친 상태였다. (이에 대해서는 제4장에서 보다 상세히 살펴볼 예정이다.)

일본 시나리오작가 프로젝트

아시아재단은 아시아 지역 반공 영화제작자를 지원함으로써 아시아제작자연맹에 적극적으로 개입했다. 이와 동시에 재단 영화사업부는 나가타의 다이에이스튜디오를 위한 새로운 사업에 착수했다. 프로젝트명은 '일본 시나리오작가 프로젝트'였다. 블룸의 말을 빌리자면, 이 프로젝트는 "미국의 노하우를 활용하여, 일본인이 미국관객이 수용할 만한 영화를 만들도록 돕고 그 영화가 일명 아트 서킷art circuits, 예술영화 배급망을 통해 배급될 수 있도록 지원하고자 기획되었다."[84]

아시아재단이 나가타를 계속해서 지원한 것은 확실히 "일본에서 경제적으로 안정적인 비공산주의 영화산업" 조성을 돕기 위해서였고, "[일본] 영화산업에서 공산주의 제작자가 물러나야 할 필요성"을 실제로 목도했기 때문이었다.[85] 재단의 영화사업부는 일본영화의 약점이 각본에 있다고 보았다. 다시 말해 서구식 '좋은 스토리텔링'을 갖추지 못한 것이 문제였다. 재단은 할리우드 출신의 누군가가 "기존 [일본영화] 제작이 갖고 있는 문제를 연구해서" 해외수출이 가능한 영화로 만들어질 수 있는 좋은 이야기를 고안해야 한다고 믿었다.[86] 재단은 다이에이스튜디오의 계약작가들이 미국 작가들과 협력하여 '서구관객이 수용할 만한' 각본을 개발하길 염원했다.[87] 나가타는 미국시장을 겨냥한 영화를 제작한 경험이 있었다. 일례로 나가타는 〈두 사람의 눈동자二人の瞳〉시게오 나카키(仲木 繁夫) 감독, 1952년에 〈세인트루이스에서 만나요Meet Me in St. Louis〉빈센트 미넬리(Vincent Minnelli) 감독, 1944년에서 인상적인 연기를 선보인 미국 아역배우 출신 마가렛 오브라이언Margaret O'Brien을 캐스팅하여 출연시켰다. 〈두 사람의 눈동자〉는 미국소녀오브라이언가 점령지 일본에서 미국 외교관으로 근무하는 자신의 아버지

를 방문하는 이야기이다. 소녀는 전쟁고아로 나오는 히바리 미소라^{Hibari} ^{Misora}와 친구가 되고, 새로 사귄 친구들과 함께 고아원 건설기금 마련을 돕는다. 해외진출을 꾀한 나가타의 야망과는 달리 이 영화는 일본에서는 물론이고 해외에서도 흥행에 참패했다. 심지어 미국극장에서 개봉했다는 기록조차 남아있지 않다.

태너는 일본 시나리오작가를 가르칠 '선생님'을 선택하기 위해 할리우스의 일급작가들을 만났다. 1953년 11월 태너는 리챠드 잉글리시^{Richard} ^{English}, 윈스턴 밀러, 레너드 슈피겔글라스, 앨런 리브킨, 모리스 리스킨드를 비롯해 여러 작가들을 만나보았는데, 대다수가 파라마운트영화사에 소속된 계약작가들이었다. 이들을 모두 만난 후 태너는 도쿄지부 대표인 노엘 부쉬에게 이렇게 보고했다. "슈피겔글라스는 감정적으로 불안정하고, 동성애자로 알려져 있습니다. 리브킨은 믿을 수가 없어요. 마치 며칠 동안 길을 잃고 난폭하게 행동하는 술주정뱅이 같습니다. 리스킨드는 너무 제멋대로이고 정치적 색채가 너무 극명하여 과한 영향을 끼칩니다."[88] 또한 태너는 잉글리시가 "이 프로젝트에 지나치게 좋다"고 생각했다.[89] 이 모든 상황을 종합적으로 고려하여 태너의 선택은 부쉬의 처남인 윈스턴 밀러^{Winston Miller}에게 향했다. 가장 중요한 사실은 밀러가 반공 전사였다는 점이었다. 태너는 특히 밀러의 최근 극본 〈홍콩^{Hong Kong}〉루이스 R. 포스터 (Lewis R. Foster) 감독, 1952년을 좋아했다. 이 작품은 제2차 국공내전1945~49년 시기 홍콩을 배경으로 한 어드벤처 영화이다. 극중 로널드 레이건^{Ronald Reagan}은 중국인 소녀와 미국인 선교사 딸의 도시 탈출을 돕는 미국인 모험가를 연기했다. (잘 알려져 있듯이, 영화배우로 활동한 레이건은 이후 제40대 미국 대통령이 되었다.)

일본 시나리오작가 프로젝트는 나가타의 입맛에 맞게 맞춤 제작되었다. 아시아재단이 밀러의 여행경비를 지불했고 다이에이스튜디오가 그의 급여를 지불했다. 다이에이는 영화 수출수익의 10퍼센트를 성과급으로 약속했다.[90] 마침내 밀러가 1954년 3월 30일 도쿄에 도착했다.『할리우드 리포터*The Hollywood Reporter*』는 밀러의 역할을 "사절단"이라고 표현하면서 그가 "미국과 일본 영화산업 간 보다 긴밀한 협력의 길을 개방하는" 임무를 맡았다고 전했다.[91] 밀러가 이전에 쓴 작품들 ― 〈홈 인 인디아나Home in Indiana〉헨리 헤서웨이(Henry Hathaway) 감독, 1944년, 〈황야의 결투My Darling Clementine〉존 포드(John Ford) 감독, 1946년를 비롯해 ― 이 아시아에서 널리 알려져 있었다는 점을 감안해 보다면, 밀러가 일본 영화산업계로부터 환대받았음은 자명하다. 게다가 밀러의 최근작 중 하나인 〈록키 마운틴Rocky Mountain〉윌리엄 케일리(William Keighley) 감독, 1950년이 그가 일본에 도착하기 불과 일주일 전 일본에서 개봉되었다. 이로써 밀러는 할리우드 일류작가라는 지위를 더욱 공고히 할 수 있었다. 일류작가라는 외부의 시선을 한 몸에 받은 채, 그는 일본작가프로젝트에 투입되었다. 밀러는 일본에서 장기체류하면서, 〈라쇼몽〉과 〈우게쓰 이야기〉에서부터 이스트만컬러 최신작 〈금색야차金色夜叉〉시마 코지(島 耕二) 감독, 1953년에 이르기까지 다이에이스튜디오가 제작한 수많은 작품을 면밀히 검토했다.

밀러는 일본에 '가장 필요한 것'은 보다 현대적이고 독창적인 이야기라고 생각했다. 그는 자신이 편집대리인 역할을 수행할 수 있는 방안을 고안했다. 고민 끝에 밀러는 자신이 미국에서 시놉시스를 검토하고 선별하여 일본으로 보내는 방안을 구상했다. 나가타는 밀러의 계획에 대단히 열성적이었다.[92] 로스앤젤레스로 돌아온 밀러는 자신이 구상한 프로젝트에 대한 미국작가협회the Screen Writers Guild, SWG의 승인을 얻기 위해 협회와 회의를 잡았다. 미국작가협회는 회의 직후인 1954년 5월 10일 "주목! 미국

작가협회의 잠재시장"이라는 제목의 서한을 회원들에게 돌렸다. 이 서한에서 미국작가협회는 밀러가 모집하는 이야기의 길이와 내용을 구체화했는데, 그 조항은 다음과 같다. ① 일본은 시놉시스에 쓸 역사적으로 '전설적인' 소재를 무한정 갖고 있기 때문에, 플롯은 현대인과 현대인의 문제를 다룰 것. ② 시놉시스 형태로 제출하며 최대 5쪽을 넘기지 않을 것. ③ 다이에이스튜디오가 각본을 최종 승인하면, 편당 미화 500달러에서 2,000달러까지 지불될 것.[93] 한 달도 채 지나지 않아 밀러는 미국작가협회로부터 20개 이상의 각본을 받았다. 그는 그중에서 '괜찮은' 11개의 시놉시스를 선별하여 같은 해 6월 다이에이스튜디오로 보냈다. 밀러는 "몇 개는 꽤나 별로였지만", "두세 개 정도는 괜찮았다"고 인정했다. 밀러는 미국작가협회로부터 받은 이야기를 주로 '이념적 주제'에 맞게 수정하는 한편, 자신이 직접 쓴 각본도 함께 마무리했다. 모두 다이에이스튜디오를 위한 것이었다. 아시아재단의 입장에서 이 모든 것이 괜찮아 보였고 유망해 보였다. 블룸은 총회에서 "이것[시나리오작가 프로젝트]은 제작비 축소로 인해 스튜디오에서 나오게 된 할리우드 작가들에게 뜻하지 않은 횡재가 될 수 있습니다. 다이에이의 경우, 일본 영화산업계가 가장 필요로 했던 독창적이고 훌륭한 이야기 그리고 비공산주의자의 이야기소재를 보장받을 수 있습니다. 이 새로운 협력은 수익성이 좋은 미국시장에 적합한 영화를 제작하겠다는 일본인들의 소중한 목표를 달성하는 데 도움이 될 것입니다"라고 말했다.[94]

태너에게 밀러는 구세주였다. 태너는 "우리는 이 프로젝트에서 처음 기대했던 것보다 더 많은 것을 얻었습니다. 이 프로젝트는 미국인의 인정을 얻을 수 있습니다. 미국의 지원을 받은 일본영화 한 편 내지 그 이상이 아트 서킷에 나오고 달러를 벌어들이는 것은 결과적으로 일본정부와 일본

영화산업이 오랜 시간 아무런 수확 없이 바라온 바를 마침내 성취하게 만들어주는 것입니다"라고 설명했다.[95] 부쉬는 미국영화제작자협회[MPAA]의 지원 약속과 함께하는 시나리오작가 프로젝트가 "영화제를 유지하는 데 있어 우리가 가질 수 있는 가장 강력한 무기"라고 생각했다. 부쉬는 태너에게 쓴 편지에서, 일본 시나리오작가 프로젝트와 함께한다면 "반대세력은 결코 통제권 싸움에서 이길 수 없습니다"[96]라고 표현했다.

1   기무라 타케치요는 다이에이에 입사하기 전 영화계에서 일한 경력이 없었다. 1910년 4월 출생인 키무라는 도쿄제국대학 법합부를 1937년 졸업했고 곧바로 외무성에 입사하여 멕시코 주재 일본 공사관에 파견됐다. 그는 이후 추밀원 서기와 일본정부 내무장관 비서를 거쳐 다이에이 사장 나가타 마사이치의 비서실장직을 맡았다. 다음을 참조. The Federation of Motion Picture Producers in Southeast Asia, *Report on the 3rd Annual Film Festival of Southeast Asia*, Hong Kong, June 12~16, 1956, p. 19

2   Robert Blum, "Executive Committee Report", May 5, 1954, Box 1, RBP.

3   크리스토퍼 하워드(Christopher Howard)의 주장에 따르면, "일본 영화는 미국의 점령이 끝난 이후 이전까지 금기시되었던 주제를 다루었는데, 국제 언론비평가들은 일본영화계의 상당수가 그들이 새로이 누린 자유를 '반미' 정서홍보에 남용했다고 비판했다". Christopher Howard, "Re-Orienting Japanese Cinema : Cold War Criticism of 'Anti-American' Films", *Radio and Television* 36, no. 4, Historical Journal of Film, 2016, pp. 529~30.

4   A letter to Dave Penn, April 24, 1954, Japan Writer Project H-7, Box 9, AFR.

5   Richard L-G. Deverall, "Red Propaganda in Japan's Movies", *America : National Catholic Weekly Review* 88, November 1953, p. 174. 뉴욕 브로클린 출생인 리차드 L-G. 데버렐은 빌라노바대학(Villanova College)에서 사회학 학사학위를 받았다. 그는 디트로이트에서 노동조직과 함께 일한 후, 전쟁정보국에서 노동문제를 다루는 특별고문관으로 복무했다. 그는 전쟁기간 군사요직을 수행하며 일본에 1948년까지 주둔했다. 그는 1949년부터 1952년 중순까지 미국노동연맹(AFL)의 아시아 지역 노조위원회 대표로 활동했다. 이어서 1952년 중순부터 1955년까지는 아시아 지역 본부가 있는 일본 도쿄에서 대표직을 수행했다. 마지막으로 데버렐은 미국노동연맹-산별조직회의(American Federation of Labor and the Congress of Industrial Organizations, AFL-CIO)의 특별보좌관으로서, 벨기에 브뤼셀에 있는 국제자유노조연맹(the International Confederation of Free Trade Unions, ICFTU), 사무차장보직을 수행했다. 미국노동연맹이 일본에서 펼친 반공 캠페인 및 데버렌의 역할에 대해서는 다음을 참조. Christopher Gerteis, "Labor's Cold Warriors : The American Federation of Labor and 'Free Trade Unionism' in Cold War Japan", *Journal of American-East Asian Relations* 12, no. 3, 2003, pp. 207~24.

6   신도 가네토 감독은 미국점령이 종식된 지 채 한 달도 지나지 않았을 때, 영화 〈원폭의 아이〉 촬영을 시작했고 8월 6일 초연에 맞춰 영화를 완성했다. 아이러니하게도 일본의 좌파 교원노조는 이 영화에 반미정서가 충분히 나타나지 않는다고 비판했다. 〈원폭의 아이〉는 〈히로시마의 아이들〉이라는 제목으로 1953년 칸 국제영화제에 출품되었다. 다음을 참조. Jim Hoberman, "Surviving the Bomb in Children of Hiroshima", *The Village Voice*, April 20, 2011. https://www.villagevoice.com/2011/04/20/surviv-

ing-the-bomb-in-children-of-hiroshima/.

7   "테오도르 리차드 코넌트는 1951년 스와드모어대학 졸업 후, 뉴욕에서 영화기술자로
    잠시 근무했다. 이후 한국전쟁 당시 남한이 처한 곤경을 다룬 유엔기금 영화제작에 합
    류했다. 전쟁 마지막 국면 기간에는 BBC가 제작하는 '크리스마스 제국' 프로그램 및
    부상포로 교환업무에 차출되었다. 전쟁 이후에도 한국에 머물며, 한국재건을 다룬 유
    엔 및 BBC 라디오프로그램 시리즈 녹음을 도왔다. 이후 유엔한국재건단(UNKRA)의
    영화부 수석대리가 되었으며, 한국에 머무는 동안 한국문화의 여러 측면을 다룬 다큐
    멘터리를 제작하고 감독했다. 이후에는 미국 원조사절단과의 계약 하에 시라큐즈 대학
    교(Syracuse University)에서 근무하는 영화제작자 및 음향엔지니어 직책을 수락했다.
    1960년 학생시위가 일어났을 무렵, 그는 미 국회의사당에서 근무하고 있었으며, 이승
    만 체제의 몰락과 새로운 정권수립의 난항을 가까이서 목격했다." "Theodore R. Conant
    Biography", *The Conant Collection, Center for Korean Studies Collections*, The University
    of Hawai'i, http://ckslib.manoa.hawaii.edu/archives-and-manuscripts-collections/theo-
    dore-r-conant-collection/, accessed April 26, 2018.

8   Theodore R. Conant, "Anti-American Films in Japan : Since the Occupation's End the
    Leftists Have Exploited Japanese Resentment of Defeat", *Films in Review* 5, no.1, January
    1954, p.8.

9   A letter to Dave Penn, April 24, 1954.

10 Victor Riesel, "Pro-Red Movies Aim to Discredit US in Japan", *Oakland Tribune,* March
    24, 1954, p.26

11 시민정보교육과(CIE)는 총사령본부의 하위조직으로 미국의 일본점령기 동안 일본 영
    화산업 전반을 통제하는 업무를 담당했다.

12 A report to Noel Busch, November 24, 1952, Japan Writer Project H-7, Box 9, AFR.

13 Noel Busch, "Preliminary Notes on a Japan Moving Picture Program", June 5, 1953, Ja-
    pan Writer Project H-7, Box 9, AFR.

14 John Miller, "Report on First Film Festival in Southeast Asia", May 31, 1954, Film Festi-
    vals General 1951·54, Box 14, AFR.

15 "Transcript report of Federation of Motion Picture Producers of Southeast Asia : Orga-
    nization and Preparation Conference, November 17~19, 1953", Film Festivals General
    1951·54, Box 14, AFR.

16 말레이 영화사에 대해서는 다음을 참조. Raphaël Millet, *Singapore Cinema*, Singa-
    pore : Editions Didier Millet, 2006; Jan Uhde·Yvonne Ng Uhde, *Latent Image : Film in
    Singapore*, London : Oxford University Press, 2000.

17 영화 〈새로운 삶의 후크단〉의 람베르토 V. 아벨라나 감독은 1950년대에 〈아낙 달리
    타(Anak Dalita)〉(1953년)와 〈바자오(Badjao)〉(1957년)를 만들었다. 아벨라나 감독
    에 대해서는 다음을 참조. Francisco Benitez, "Filming Philippine Modernity during the
    Cold War : The Case of Lamberto Avellana", *Cultures at War*, pp.21~44. 영화 〈배드자오〉

에 대해서는 다음을 참조. Aileen Toohey, "Badjao : Cinematic Representations of Difference in the Philippines", *Journal of Southeast Asian Studies* 36, no.2, 2005, pp.281~312.

18 요모타 이누히코, 박전열 역, 『일본 영화의 이해』, 서울 : 현암사, 2001; Donald Richie ·Joseph Anderson, *The Japenese Film : Art and Industry*, expanded ed., Princeton, NJ : Princeton University Press, 1982; Peter B. High, *The Imperial Screen : Japanese Film Culture in the Fifteen Years' War, 1931~1945*, Madison : University of Wisconsin Press, 2003, p.320; FPA, 앞의 책, p.38

19 나가타 마사이치가 갑자기 성공가도를 달리게 된 흥미로운 이야기는 다음에 상세히 기록되어 있다. Peter B. High, *The Imperial Screen*, pp.314~21.

20 다음을 참조. Mitsuyo Wada-Marciano, *The Production of Modernity in Japanese Cinema : Shochiku Kamata Style in the 1920s and 1930s*, PhD diss., University of Iowa, 2000, pp.205~11.

21 Christopher Howard, "Beyond Jidai-geki : Daiei Studios and the Study of Transnational Japanese Cinema", *Journal of Japanese and Korean Cinema* 3, no.1, 2012, p.6.

22 위의 글, p.7.

23 영화 〈라쇼몽〉을 베니스국제영화제에 추천한 사람은 도쿄대학교 외국어대학 교수 이탈리아인 줄리아나 스트라미기올로(Giuliana Stramigiolo)였다. 사실 나가타는 〈라쇼몽〉을 그다지 좋아하지 않았다. 그는 〈라쇼몽〉에는 '어떤 가치도' 없다고 평가했다. 심지어 나가타는 "[일본어에서] 이해할 수 없다는 의미의 매우 무례한 표현인 와카란(wakaran)이란 표현을 쓰면서 극장을 빠져나오기까지 했다". Andrew Horvat, "Rashomon Perceived : The Challenge of Forging a Transnationally Shared View of Kurosawa's Legacy", *Rashomon Effects : Kurosawa, Rashomon and Their Legacies*, ed. Blair Davis · Robert Anderson · Jan Walls, New York : Routledge, 2016, p.46. 리치와 앤더슨의 저서 및 구로사와 아키라 감독의 자서전에는 더욱 자세한 이야기가 기술되어 있다. 이에 대해서는 다음을 참조. Donald Richie ·Joseph Anderson, *The Japanese Film*, pp.229~32; Akira Kurosawa, *Something Like an Autobiography*, trans. Audie Bock, New York : Vantage Books, 1982, pp.180~87.

24 Curtis Harrington, "Film Festival at Cannes", *Quarterly of Film, Radio and Television* 7, no.1, 1952, p.32

25 5장에서도 논의할 예정이나 간략히 살펴보면, 런런쇼는 서구가 주는 '명망 높은 이름표'를 얻기 위해 칸국제영화제와 샌프란시스코국제영화제에 도전했다. 이와 같은 맥락에서 한국의 저명한 영화평론가 호현찬은 한국영화는 "10년 전 일본이 그랬던 것처럼 베니스에 가서 상을 받아야 한다. (…중략…) [세계로부터] 인정받고 상을 타기 위해서 한국영화는 서구인들에게 어필 할 수 있는 아시아적 주제와 우리 고유의 색깔을 내세워야 한다"고 주장했다. 다음을 참조. 호현찬, 「베니스를 향한 길에 오른 한국영화」, 『실버스크린』, 1965.8, 65쪽. 다음도 함께 참조할 것. "The Colorful Cannes Film Festival", *Nan Guo Dian Ying*[Southern screen] 28, June 1960, pp.30~33; "Shaw Brothers into

World Market", *Nan Guo Dian Ying*[Southern screen] 65, July 1963, pp.3~4.

26 Kyoko Hirano, *Mr. Smith Goes to Tokyo : Japanese Cinema Under the American Occupation, 1945~1952*, Washington : Smithsonian Institution Press, 1992, pp.208~9.

27 가와키타와 장샹쿤의 전시기간 협업에 대해서는 다음을 참조. Poshek Fu, "The Ambiguity of Entertainment : Chinese Cinema in Japanese-Occupied Shanghai, 1941 to 1945", *Cinema Journal* 37, no.1, Autumn 1997.

28 영화 〈아나타한〉의 제작 히스토리에 대해서는 다음을 참조. Sachiko Mizuno, "The Saga of Anatahan and Japan", *Spectator* 29, no.2, Fall 2009, pp.9~24.

29 Hiroshi Kitamura, *Screening Enlightenment : Hollywood and the Cultural Reconstruction of Defeated Japan*, Ithaca, NY : Cornell University Press, 2010

30 Kyoko Hirano, 앞의 책, p.38

31 Peter Duus, *Modern Japan, Boston : Houghton Mifflin Company*, 1998, pp.253·275.

32 Kyoko Hirano, *"Japan", in World Cinema Since 1945,* ed. William Luhr, New York : Ungar, 1987, p.380

33 Yoshimoto Mitsuhiro, *Kurosawa : Film Studies and Japanese Cinema*, Durham, NC : Duke University Press, 2000, p.118

34 분명 영화는 어떠한 이념적 갈등도 보여주지 않는다. 다만 영화는 일본 군국주의에 맞서는 두 인물의 대결 그리고 이들이 일본정부의 전쟁을 막기 위해 펼치는 노력을 단순화하고 강조하여 보여준다. 영화는 이누히코(Inuhiko)가 주장하는 것처럼 흥미롭게도 '실제' 역사를 왜곡하여 새로운 '신화'를 창조한다. 그렇게 만들어진 신화는 일본이 군국주의에 속았다는 내용의 것이다. 다음을 참조. Yomota Inuhioko, *Ilbon yŏnghwaŭi ihae*, p.149

35 Yoshimoto Mitsuhiro, 앞의 책, p.118

36 Keiko I. MacDonald, *Mizoguchi*, Boston : Twayne Publishers, 1984, p.71

37 다음을 참조. Peter Duus, 앞의 책, pp.276~77.

38 Hiroshi Kitamura, 앞의 책, p.177

39 나카츠의 영화시장 재진입에 대해서는 다음을 참조. *Eiga Nenkan*, 1955, pp.313~15; Mark Schilling, *No Borders, No Limits : Nikkatsu Action Cinema*, Farleigh : FAB Press, 2007, pp.12~29.

40 "Success Abroad Bring[s] Boom to Movie Export", *Nippon Times,* May 16, 1954, pp.5~6.

41 위의 글, p.6.

42 다음을 참조. Aaron Gerow, "Narrating the Nationality of a Cinema : The Case of Japanese Prewar Film", *The Culture of Japanese Fascism,* ed. Alan Talisman, Durham, NC : Duke University Press, 2009, p.189; Aaron Gerow, *Visions of Japanese Modernity : Articulations of Cinema, Nation, and Spectatorship, 1895~1925*, Berkeley : University of California Press, 2010, pp.113~14.

43 "S. E. Asian Nations Take Part in Film Festival Here", *Nippon Times*, May 16, 1954, p.5.

44 다음을 참조. *Eiga Nenkan*, 1954, p.54

45 Shuk-ting Kinnia Yau, *Japanese and Hong Kong Film Industries : Understanding the Origins of East Asian Film Networks*, London : Routledge, 2009, p.64

46 일본 영화산업은 아시아관객에게 인기 장르영화를 선보였다. 예를 들어, 1956년 제3회 아시아영화제에서 가장 많이 홍보된 영화는 도호스튜디오의 괴수영화 〈라돈(Radon)〉(혼다 이시로(Honda Ishro) 감독, 1956년)이었고, 도호스튜디오는 영화제 중 최신 영화기술에 관한 워크숍도 주최했다. Donald Richie · Joseph Anderson, 앞의 책, pp.232~33.

47 일본의 범아시아 영화산업과 이치카와 사이(Ichikawa Sai)에서 발행한 『아시아 영화의 창조와 건설(アジア映画の創造及建設)』(1941)에 대해서는 다음을 참조. Abé Mark Nornes, "The Creation and Construction of Asian Cinema Redux", *Film History* 25, no.1 · 2, 2013. pp.175~87.

48 Kinnia Shuk-ting Yau, "The Early Development of East Asian Cinema in a Regional Context", *Asian Studies Review* 33, June 2009, p.163

49 위의 글, p.166

50 위의 글, p.169

51 위의 글, p.167

52 *Kinema Junpo* 89, May 1954, pp.63~64.

53 "The Second Exhibition of Film Technologies and Facilities", *Eiga Nenkan*, 1955, pp.257~58.

54 다음을 참조. *Eiga Nenkan*, 1955 · 1956 · 1957.

55 FPA, 앞의 책, p.11

56 "Bring Outlook for Movie Festival; Better Films, Wider Market Foreseen", *Nippon Times*, May 16, 1954, p.5.

57 Oba Mie, "Japan's Entry into ECAFE", *Japanese Diplomacy in the 1950s*, ed. Iokibe Makoto · Caroline Rose · Tomaru Junko · John Weste, New York and London : Routledge, 2008, p.99

58 E. E. Ward, "The Outlook for ECAFE", *Far Eastern Survey : American Institute of Pacific Relations* 18, no.7, April 6, 1949, p.75

59 *Nippon Times,* June 3, 1949.

60 다음에서 인용. John W. Dower, 앞의 책, p.193

61 James T. H. Tang, "From Empire Defense to Imperial Retreat : Britain's Postwar China Policy and the Decolonization of Hong Kong", *Modern Asian Studies* 28, no.2, 1994, pp.319~20.

62 다음에서 인용. Tomaru Junko, "Japan in British Regional Policy towards Southeast

Asia, 1945~1960", *Japanese Diplomacy in the 1950s*, ed. Iokibe Makoto · Caroline Rose · Tomaru Junko · John Weste, New York : Routledge, 2008, p.58

63 위의 책, p.70

64 Akira Suehiro, 앞의 책, p.88

65 위의 책, p.88

66 그러나 요시다의 목적은 달성되지 못했고, 그의 후임 기시(Kishi)도 1957년 동남아시아를 순회했지만 큰 성과를 거두지는 못했다. 일본 정부는 이 지역 국가들 특히, 인도네시아와 필리핀과 말레이시아가 처한 현실을 제대로 이해하지 못했다. 일본의 동남아시아 시장 재진출은 어쨌든 주로 일본과 미국정부의 이익을 위한 것이었기 때문이다. 그러므로 일본의 아시아시장 복귀에 따른 진전은 사실상 10년이나 지난 후의 일이라고 볼 수 있다. 다시 말해, 일본이 경제주도권을 잡은 1960년대에서야 아시아개발은행(ADB)이 설립되었다.

67 Akira Suehiro, 앞의 책, p.90

68 Donald Richie · Joseph Anderson, 앞의 책, pp.229~30.

69 다음에서 인용. *Asia-Pacific Film Festival 50th Anniversary Catalogue*, pp.11~12.

70 기러기 편대 모델에 대해서는 다음을 참조. Walter F. Hatch, *Asia's Flying Geese : How Regionalization Shapes Japan*, Ithaca, NY : Cornell University Press, 2010.

71 Kaname Akamatsu, "A Historical Pattern of Economic Growth in Developing Countries", *Developing Economies* 1, no.1, 1962, pp.3~25.

72 A letter to William T. Fleming, January 5, 1954, Film Festivals General 1951 · 54, Box 14, AFR.

73 "Transcript report of Federation of Motion Picture Producers of Southeast Asia". 이하 별도의 표기가 없는 한, 1953년 첫 번째 회담 관련 인용은 이 자료에서 인용되었음을 밝힌다.

74 말릭의 회사 페르세로안 영화사(1951년 설립)는 스티칭 히부란 마타람(Stichting Hibu-ran Mataram, 1948)과 우스마 이스마일(Usmar Ismail)의 페르피니(Perfini, 1950)에 이은 세 번째 토착회사로 여겨진다. 페르세로안 영화사는 인도네시아에서 가장 큰 영화제작사 중 하나로 성장했다. 다음을 참조. Krishna Sen, *Indonesian Cinema : Framing the New Order*, London and New Jersey : Zed Books, 1994, p.20

75 위의 책, p.21

76 Busch, "Southeast Asian Federation of Motion Picture Producers", December 22, 1953, Film Festivals General 1951 · 54, Box 14, AFR.

77 Busch, "Southeast Asian Federation of Motion Picture Producers," December 22, 1953.

78 A letter to Fleming, January 5, 1954, Film Festivals General 1951 · 54, Box 14, AFR.

79 A letter to Blum, February 10, 1954, Film Festivals General 1951 · 54, Box 14, AFR.

80 A letter to Stewart from Robert B. Sheeks, December 30, 1953, Film Festivals General 1951 · 54, Box 14, AFR.

81 말레이필름유닛에 대해서는 다음을 참조. Ian Aitken, *The British Official Film in South-East Asia : Malaya/Malaysia, Singapore and Hong Kong*, London : Palgrave Macmillan, 2016.

82 토마스 호지는 1957년 말레이필름유닛을 떠나, 싱가포르에 본사를 둔 케세이 픽처스 홍콩지사에 합류했다. 그는 이곳에서 영화서비스 책임자였다. 호지와 그가 홍콩 다큐멘터리영화에 기여한 바에 대해서는 다음을 참조. Ian Aitken · Michael Ingham, *Hong Kong Documentary Film*, Edinburgh : Edinburgh University Press, 2014, pp.71~100; 위의 책, pp.45~85.

83 A letter to Stewart from Robert B. Sheeks, April 9, 1954, Film Festivals General 1951 · 54, Box 14, AFR.

84 A letter to Eric Johnston(MPPA) from Blum, March 16, 1854, Hollywood-Correspondence, Box 9, AFR.

85 A letter to Dave Penn, April 24, 1954.

86 A letter to Blum from Busch, November 19, 1953, Writer Project(Japan), Box 9, AFR.

87 A letter to Busch from Tanner, 날짜 미상, Japan Writer Project H-7, Box 9, AFR.

88 위의 글.

89 "Writer's Project", dates unknown, Writer Project(Japan), Box 9, AFR.

90 A letter to Tanner, January 14, 1954, Japan Writer Project H-7, Box 9, AFR.

91 "Winston Miller to Japan in Ambassadorial Role", *Hollywood Reporter*, March 30, 1954, p.7.

92 밀러의 아이디어는 기본적으로 다음과 같았다. 원작 시놉시스를 그에게 제출하면, 그는 이것을 전반적으로 검토하여 [시놉시스 수준이] 괜찮은지 살펴본다. 여기서 통과하면, 밀러는 그가 승인한 원고를 다이에이스튜디오로 보내고, 그곳에서 원고는 일본어로 번역되어 다이에이 편집위원회의 세부검토를 받는다. 이를 통해 다이에이가 시놉시스를 최종 승인하면, 작가는 편당 미화 500달러에서 2,000달러에 상응하는 짭짤한 임금을 받게 되는 것이다. A letter to Stewart, May 4, 1954, The Japan Writer Project, Box 9, AFR.

93 "Attention! SWG Member", May 10, 1954, The Japan Writer Project, Box 9, AFR.

94 "Executive Committee Report", June 9, 1954, Box 1, RBP.

95 A letter to Stewart.

96 A letter to Tanner.

제3장

아시아의 오스카가 시작된다!

1954년 5월 18일 아카데미 감독상을 두 번 수상한 프랭크 보제이기가 제1회 아시아영화제에 참석하기 위해 아내 후아니타 스콧Juanita Scott과 함께 도쿄 국제공항에 도착했다. 그는 미국 영화산업 대표로서 일본에 당도했다.[1] 미국영화제작자협회MPAA 홍보이사 듀크 웨일스Duke Wales는 보제이기의 도착을 이렇게 설명했다. "일본은 보제이기를 위한 24시간 일정표를 갖추어 귀빈 환대를 준비했다. (…중략…) 일본은 [보제이기의 영화제 참석이 상징하는] 할리우드의 아시아영화제 인정에 열성적인 반응을 보였고, 그 반응은 보제이기가 공항에 도착한 순간부터 시작됐다. 공항에서 세관에 이르기까지 레드카펫이 깔렸다."[2] 보제이기의 영화제 참석은 아시아재단 도쿄지부가 주선한 것으로 알려져 있다.

사실 보제이기는 아시아재단이 처음부터 '가장 원했던' 참석자는 아니었다. 재단은 할리우드 거물을 원했다. 그러나 미국대표로 참가할 만한 할리우드 유명 인사를 섭외하는 것은 녹록치 않았다. 재단의 할리우드 영화담당관 찰스 태너는 프랭크 카프라, 세실 B. 드밀, 존 포드John Ford, 조지 스티븐스George Stevens, 머빈 르로이Mervyn LeRoy, 헨리 킹Henry King, 윌리엄 홀든William Holden을 원했지만, 이들 모두 영화제 참석이 어려웠다.[3] 카프라는 일본에서 열린 영화제에 큰 관심을 보였지만, 영화제작 일정을 변경할 수

〈그림 1〉 미국 영화산업 대표로 제1회 아시아영화제에 참석한 프랭크 보제이기와 아내 후아니타 스콧

출처 : 후버연구소 기록보관소, 아시아재단

없어 결국 참석하지 못했다. 보제이기가 일본에 홀로 외롭게 등장한 모습은 1955년 1월 우루과이에서 열린 제3회 푼타 델 에스테 국제영화제 International Film Festival in Punta del Este에 할리우드 대표단이 대거 파견된 모습과는 상당히 대조적이다.[4] 엄밀히 말하자면, 할리우드 영화사들은 극동지역에서 열린 이 영화제에 별로 관심을 보이지 않았다. 아시아는 유럽만큼 규모가 큰 시장도 아니었고, 할리우드 영화산업이 진출할 신흥 영토도 아

니었기 때문이다.

그 무렵 보제이기는 오랜 공백에서 벗어나고 있었다.[5] 보제이기가 어떤 연유로 아시아영화제작자연맹의 초대를 수락했는지는 명확히 알려져 있지 않다. 하지만 보제이기가 연출한 〈문라이즈Moonrise〉1948년의 개봉 이후, 그가 할리우드 블랙리스트에 올라 약 6년간 활동이 뜸했었다는 사실에 주목할 필요가 있다.[6] 아마도 보제이기는 할리우드의 연락을 간절히 바라였을 것이다. 보제이기는 1954년 5월 도쿄에 방문하기 전, 같은 해 3월 아르헨티나에서 열린 제1회 마르델플라타 국제영화제Mar del Plata International Film Festival에 미국 영화산업 대표로 합류했다. 그는 메리 픽포드Mary Pickford와 함께 영화제 심사위원으로 활동했다.[7]

1954년 5월 8일 개막식을 치른 제1회 동남아시아국제영화제는 보제이기가 도쿄에 도착했을 무렵, 5월 20일로 예정된 폐막식을 준비하고 있었다. 일본, 홍콩, 말레이시아, 필리핀, 태국, 중화민국대만, 총 6개국이 15편의 장편영화를 출품했다. 일본의 '빅 파이브' 스튜디오는 각자 최신작을 제출했다. 쇼치쿠는 〈여성의 정원女の園〉키노시타 케이스케(木下 惠介) 감독, 1954년, 다이에이는 〈금색야차〉, 신도호는 〈풀 베는 딸草を刈る娘〉나카가와 노부오(中川 信夫) 감독, 1954년, 도호는 〈산의 소리山の音〉나루세 미키오(成瀬 巳喜男) 감독, 1954년, 도에이는 〈방랑기放浪記〉세이지 히사마츠(久松 静児) 감독, 1954년를 선보였다. 일본 영화제작사 외에도 필리핀의 3대 영화사가 5편의 영화를 소개했다. LVN은 〈다고호이Dagohoy〉그레고리오 페르난데스(Gregorio Fernandez) 감독, 1953년, 삼파기타는 〈영감Inspirasiyon〉아르만도 가르세스(Arnmando Garces) 감독, 1953년과 〈나의 미국인 아내My American Wife〉에디 로메로(Eddie Romero) 감독, 1953년, 프리미아는 〈제세벨Dysebel〉제라도 드 레온(Gerardo de Leon) 감독, 1953년과 〈살라부삽Salabusab〉세자르 갈라르도(Cesar Gallardo) 감독, 1954년을 선보였다. 태국은 〈산티비나Santi-Vina〉라타나 페스톤지(Rattana Pestonji) 감독, 1954년

를 출품했다. 대만은 〈군대의 여인들Women in the Army〉쉰쉬후(Hsu Hsin-fu)·왕우(王羽)
감독, 1954년을, 홍콩과 말레이시아는 〈로맨스의 노래仲夏夜之戀〉왕윈(王引) 감독, 1953
년, 쇼앤손즈와 〈전통〉탕 후앙 감독, 1955년, 아시아픽처스, 〈이만man〉D.R.S 사스트리(D. R. S. Sastry)
감독, 1953년, 말레이영화사을 출품목록에 올렸다.[8] 인도네시아는 〈통행금지 이후
After the Cruefew〉우스마 이스마일 감독, 1954년를 출품하려 했지만 정치적인 이유로 마
지막 순간에 취소되었다. 자말루딘 말릭과 우스마 이스마일은 영화제에
참석하지 않았다.[9] 인도네시아 대표단은 "인도네시아 정부가 문화 분야
에서조차 인도네시아와 일본의 협력에 반대한다는 점을 고려하면, 양국
간 외교관계가 정상적으로 회복될 때까지 그들[말릭과 이스마일]은 아시아
영화제에 참가하지 않을 것"이라고 입장을 밝혔다.[10] 그러나 〈통행금지
이후〉는 그로부터 일 년 뒤 싱가포르에서 열린 제2회 아시아영화제에서
상영되었다. 이외에도 초대 영화제에는 일본, 말레이시아, 대만에서 출품
된 "문화적이고 교육적인" 단편 다큐멘터리 12편이 12일간의 행사기간
동안 상영되었다. 실론과 인도에서 출품된 '특별출품작'도 있었다.

영화제의 주요 행사장은 다니구치 요시로谷口 吉郎가 1921년에 설계한
웅장한 도쿄회관이었다. 이 호화로운 건물은 일본 서구화의 건축 상징물
중 하나였으며, 일본 황궁을 마주하고 있었다. 개회식은 회관 4층에 위치
한 기품 있는 장미관에서 열렸고, 나가타가 [내외귀빈 및 참관인들에게] 환영
사를 건넸다.

저는 아시아영화제작자연맹의 회장으로서, 아시아문화사의 한 획을 긋게
될 축제를 개최하게 되어 매우 기쁘게 생각합니다. 이곳에서 동남아시아국가
가 제작한 우수한 영화작품들은 가장 아름답고 조화롭고 우아한 작품에게 수
여되는 최고의 영예를 놓고 경쟁할 것입니다. 이 축제는 출품작 중 수상작을

선정하는 데에 그치지 않습니다. 이 축제는 참가자들에게 영화의 예술적 가치와 기술적 수준을 비교하고 연구하는 기회를 제공하기 위해 개최되었습니다. 또한 이 행사는 영화의 수준을 높이고, 동남아시아 각국의 문화적 성과교류를 진흥하며, 출품작에 대한 자유로운 의견 교류와 우수작품 심사를 통해 참가국 간 우호증진을 도모하기 위해 마련되었습니다.[11]

나가타 시대의 영화제는 오늘날 우리에게 익숙한 영화제와는 확연히 달랐다. 1960년대 중반까지 전후 국제영화제 대부분은 영화제위원회가 선정한 국가에 초청장을 보냈는데, 영화제에서 어떤 작품이 출품·상영되느냐는 전적으로 각국의 국가위원회가 내부 토의하는 선정과정에서 결정되었다. 따라서 토마스 엘세서Thomas Elsaesser가 "올림픽경기에서 경쟁하는 선수"라고 묘사한 모델을 따라서, 각 참가국은 자국의 국가위원회가 가장 우수하다고 생각한 작품을 영화제에 출품했다. 최대 4편의 작품이 주로 출품되었고, 영화제 심사위원들이 수상작을 최종 결정했다.[12] 그러나 1957년 영화비평가 프레드 루스Fred Roos가 베니스국제영화제에 대해 불평한 것처럼, 국가위원회가 선택한 출품작이 영화제에서 상영되는 시스템은 "각국의 가장 우수하고 가장 대표적인 작품이 영화제에서 상영되는" 결과로 이어지진 않았다. 루스는 영화제에는 "너무 많은 작품과 지나치게 많은 상"이 있다는 점도 지적했다.[13] 실제로 1950년대 동안 발행된 영화저널 대부분은 영화제 상영작을 제작자 개인의 예술작품이 아니라 해당국가의 상품으로서 평가했다.[14]

제1회 아시아영화제 기자회견에서 회장 나가타는 확신에 찬 자신감을 내보였다. 다이에이가 제작한 첫 번째 이스트만 컬러영화 〈지옥문〉이 불과 일주일 전 칸국제영화제에서 그랑프리를 수상했고, 이 수상으로 나가타는 영화경력에 정점을 찍었다. 나가타는 "일본영화의 가치가 이제 인정받기 시작했습니다. (…중략…) 유럽과 미국이 중요한 시장이더라도, 일본영화의 밝은 미래를 고려할 때, 아시아시장도 중요합니다"고 말했다.[15] 사실 영화제에서 그 누구도 일본출품작의 예술적 우월성과 기술적 탁월함을 부인할 수 없었다. 놀라울 것도 없이, 다이에이의 〈금색야차〉가 최우수영화상을 수상했고 나가타가 트로피를 차지했다.[16] 다이에이의 두 번째 이스트만 컬러영화인 〈금색야차〉는 『요미우리신문』에 1897년부터 1903년까지 연재물로 실린 연대기적 신소설新小說을 각색한 것이었다. 안타깝게도 원작가인 오자키 고요Ozaki Koyo, 尾崎 紅葉, 1868~1903년의 갑작스런 죽음으로 원작은 미완성으로 남겨졌다. 오자키 고요는 일본 근대문학의 선구자 중 한 명이었고, 〈금색야차〉는 메이지시대1868~1912년의 소설 중 가장 성공적이며 최고의 평가를 받은 작품 중 하나로 여겨진다. 다이에이는 원작을 각색하여, 가난한 학생신분의 애인을 버리고 부유한 은행가의 아들과 결혼한 한 여성의 이야기를 스크린에 올렸다. 영화에서 가난했던 남성은 몇 년 후 부유하고 냉혹한 고리대금업자가 되고, 여성의 남편은 여성을 난폭하게 대한다. 그녀의 입장에서 본다면, 그녀의 삶은 참으로 기구하다. 여성은 전 애인에게 용서를 구하러 가지만 [처음에] 그는 그녀를 내친다. 영화는 마지막 장면에 이르러서야 두 사람의 결합을 보여주고 이로써 관객에게 찰나의 희망을 선사한다.

영화제에서 미국영화제작자협회가 수여하는 특별상인 미첼카메라상은 이스트만 컬러영화 〈산티비나〉를 제작한 태국의 파이스트영화사Far East Film Company에게 돌아갔다.[17] 태너는 수상작 선정과정을 자세히 설명했다.

미첼상 선정은 잘 처리되었다. 그랑프리를 심사했던 동일한 심사위원단이 세 편의 영화 중 다음 기준에 가장 잘 부합하는 영화를 선택해달라고 요청받았다. 아시아 문화를 가장 잘 전파하며, 서구국가에게 아시아에 대한 이해를 가장 잘 증진하는 영화가 그 기준이었다. 그들은 요청받은 바를 다했다. 프랭크 보제이기도 세 편의 영화를 보고 각 영화에 대한 그의 의견을 표현했다. 심사위원단의 수상작 선택은 그 이후에 이뤄졌다. 프랭크는 영화에 대한 자신의 의견 표출이 심사단의 선택을 돕기 위한 것이었지만, 심사위원단의 선택에 영향을 미치지는 않았다고 분명히 밝혔다. 하지만 알고 보니, 그는 영화 한 편을 [후보에서] 바로 제거했고 〈금색야차〉가 최고의 작품이지만, 그가 보기엔 〈산티비나〉가 심사기준에 좀 더 부합한다고 말했다. 당연한 결과로 〈산티비나〉가 투표에서 최종 선정되었다.[18]

영화 〈산티비나〉는 파이스트영화사가 제작한 첫 번째 영화이다. 파이스트영화사는 독학으로 영화를 배운 라타나 페스톤지[1908~70년]와 그의 미국인 사업파트너 로버트 G. 노스[Robert G. North]가 1952년에 설립한 제작사이다. 페스톤지는 촬영감독으로 활동했고 노스는 각본을 집필했다. 〈산티비나〉는 출품작 중 제1회 아시아영화제를 위해 각본이 쓰이고 제작된 유일한 영화였다.[19] 이스트먼 컬러네거티브는 도쿄 나가세[Nagase & Co. Ltd] 현상소에서 진행되었고 프린팅 및 편집, 사운드프로세싱은 방콕에서 완성되었다. 〈산티비나〉는 미국영화제작자협회 미첼카메라상을 수상하여, 태국에서 최초로 국제 영화상을 받은 영화가 되었다.[20] 영화제에서는 태국왕실대사 루앙 피닛 악손[Luang Phinit Akson, 재임 1954~58년]이 페스톤지 감독을 대신하여 상을 받았다. 그는 "태국영화는 출발한지 30년밖에 안 되었지만 계속 발전하고 있습니다. 여러분이 보고 상을 수여한 〈산티비나〉는 국제영화제 경쟁부문에 처음으로 출품한 작품입니다. 또한 여러분들이 홍미로워 하실지 모르겠으나, 이 작품은 태국에서 35mm 컬러영화로 처음 만들어진 작품입니다. 이 점을 고려한다면, 최우수영화상을 수상한 페스 톤지 감독의 성취가 참으로 놀랍습니다"라고 소감을 밝혔다.[21]

〈산티비나〉를 제외하면, 일본 영화산업이 영화제의 주요 5대상을 휩쓸며 영화제를 압도했다. 쇼 형제는 〈로맨스의 노래〉에 출연한 리리후아李麗華의 "가장 아름다운 얼굴과 감미로운 목소리"로 특별상을 수상했다.[22] 루치아노 카를로스Luciano B. Carlos는 〈나의 미국인 아내〉로 최우수각본상을 수상했다. 일본 영화전문지『키네마 준포キネマ旬報』는 "일본영화의 우수함은 일본 영화산업의 아시아영화제 장악을 정당화한다. 단도직입적으로 말하면, 우리는 이 영화제에 아직도 경쟁부문이 필요한지에 대해 질문해야 한다"[23]라는 내용이 담긴 사설을 실었다. 시상식이 끝난 후 나가타는 "영화계의 제왕이 될 때까지 내가 선택한 이 길을 따라 가겠다"고 거들먹거렸다.[24]

밀러는 대부분의 영화를 본 후 이렇게 언명했다. "동남아시아 장편영화 제작자들에게 일본이 그들보다 앞서 있으며, 따라서 그들에게 예술적 우수성과 기술개선이 절실하다는 점은 분명했다. (…중략…) 영화제는 대단히 성공적이었다. 영화제가 서로 칭찬을 주고받을 목적으로 열린 것이 아니라 참가자들의 작품을 서로 비교하고 연구하는 유의미한 기회를 제공했다는 점을 보고하게 되어 고무적이다."[25] 또한 그는 아시아재단의 미첼카메라상이 아시아 지역에서 재단의 입지를 공고히 다지는 데 도움이 되었다고 강조했다.[26] 밀러는 재단이 아시아영화제작자연맹의 배후에서 연맹에 대한 적극적인 관심을 지속적으로 유지해야 한다고 제안했다. 다만 밀러는 아시아픽처스가 영화제에 출품한 〈전통〉이 수상목록에서 배제된 점에 대해서는 약간의 실망감을 내비쳤다. 〈전통〉은 일본장교를 다소 부정적으로 묘사했는데, 이는 영화제의 규정 제6항 — "다른 국가 혹은 영토의 국가감정을 해치는 영화" — 이 명시한 배제기준에 해당됐다. 대만의 다큐멘터리영화 〈자유로의 길Road to Freedom〉도 규정 6-B호 "정치적이고 이념적 프로파간다 영화"에 걸려 투표에서 배제되었다.[27] 이어서 밀러는 일본 쇼치쿠의 〈여인의 정원〉이 논란을 일으켰다고 언급했다. 밀러는 〈여인의 정원〉이 "최우수상으로 간주될 수 있었다"라고 말하며 제작품질의 우수성은 인정했지만, 영화 자체는 '밀고자'라고 칭했다. 그가 보기에, 이 영화는 "일본에서 제작된 가장 현명하고 효과적인 친공산주의 영화"였다. 나가타는 토마스 호지말레이필름유닛 수장와, 쿠크리트 프라모지Kukrit Pramoj, 태국 출신 작가이자 학자로 이후 총리가 됨의 강력한 지원 덕분에, 〈여인의 정원〉을 간신히 수상목록에서 제외할 수 있었다.[28]

밀러는 태너에게 보내는 보고서에서 영화제에 참여한 연맹의 주요 인사들을 평가했다. 이들은 밀러가 판단컨대, 싱가포르에서 열릴 제2회 아시아영화제에서 아시아재단과 협업할 수 있는 관계자들이었다.

나가타 마사이치 : 연맹 회장. 영화제에서 주도적 역할을 보였지만, 영화제 장악을 위한 노력은 별로 보이지 않음. 일본과 국제연맹 간의 화합을 위해 노력.

쿠크리트 프라모지 : 태국 태생의 옥스퍼드 졸업생. 출판업자, 작가, 컬럼니스트, 심사위원으로 활동. 공산주의 성향이 짙은 〈영원한 세대The Eternal Generation(여인의 정원)〉를 금지하는 데 주도적 역할.

*제임스 롤러*James Lawler : 영국 신민. 정치적인 색채가 없다고 알려져 있지만 도쿄에 머무는 동안 반공 활동에 참여할 의사를 보임.

토마스 호지 : 말레이필름유닛 수장. 직업장교. 영국 외무부 장교. 강력

한 반공주의자. 아시아 심사위원단의 핵심 구성원 중 한 명.

로버트 노스 : 방콕 파이스트영화사 前 부사장. 前 할리우드 20세기폭스 시나리오작가. 연맹의 핵심인물 중 한 명. 태국 대표단에게 큰 영향력 행사. 연방 내 적극적인 반공 운동가.

런런쇼 : 연맹 부회장. 아시아의 쇼 영화사 이해관계를 이끄는 대담하고 활력 있는 지도자. 사교적, 자기중심적, 연맹의 후생에 큰 관심. 스스로 비정치적 기회주의자라고 말함.[29]

나가타의 할리우드 순회

나가타는 1954년 6월 16일부터 7월 7일까지 샌프란시스코, 뉴욕, 로스앤젤레스를 방문했다. 이 방문은 제1회 아시아영화제 이후 불과 한 달도 지나지 않아 이뤄졌다. 나가타의 전체 여정에는 새뮤얼 골드윈, 루 슈레이버Lou Schreiber, 잭 워너Jack Warner, 월터 웽거Walter Wanger, 보제이기, 루이지 루라시와의 만남도 포함되어 있었다. 루라시는 나가타와 만나기 전, 태너로부터 한 통의 편지를 받았다. 태너는 편지에서 나가타가 미국에 방문하는 주요 목적을 밝혔다.

태너는 "그[나가타]는 돈이 필요합니다. 특히, 달러를 원합니다. 그는 아시아영화제작자연맹과 아시아영화제를 대표하여 활동하면서 상당한 현금을 지출했습니다. 이제 적자를 만회하고 싶은 것 이지요"라고 직설적으로 전달했다.[30] 구체적으로, 아시아재단은 나가타가 할리우드 독립제작자 월터 웽거와 로스앤젤레스에서 만나도록 자리를 주선했다. 그 자리에서 웽거는 자신이 구상중인 〈어머니, 장교Mother, Sir〉에 관한 사업이야기를 꺼냈다. 작품은 태평양전쟁 동안 일본주둔 미해군의 아내를 그린 블레인 M. D. Blain의 소설을 각색한 영화였고, 두 사람은 이에 대해 상의했다. 당시 웽거는 이 영화를 일본의 우수영화사 중 한 곳과 공동제작하길 희망했다. 예상할 수 있듯이, 아시아재단은 나가타의 다이에이를 추천했다. 웽거는 나가타와 만나 후 테너에게 이렇게 편지를 썼다. "나가타가 여기 있을 때 그와 이야기를 해 보았습니다. 하지만 그는 제 제안에는 전혀 관심이 없었습니다. (⋯중략⋯) 그래서 아무런 진전도 없었습니다."[31]

웽거는 일본 파트너를 찾을 수 없었고 결국 로스앤젤레스에 위치한 리 퍼블릭스튜디오Republic Studio에서 단독 제작을 진행해야만 했다. 게리 메릴Gary Merrill과 셜리 야마구치Shirley Yamaguchi, 1920~2014년가 주연을 맡았고, 제작을 마친 영화는 〈해군 아내Navy Wife〉라는 새로운 제목으로 1956년 개봉했다.[32] 셜리 야마구치는 야마구치 요시코山口 淑子, 리 샹란Li Xianglan, 리코란 李香蘭이란 이름으로도 알려진 유명 여배우이다. 사실 나가타가 할리우드 순회에서 의도한 것은 수상작 두 편 — 〈지옥문〉과 〈금색야차〉 — 의 배급을 놓고 거래를 하는 것이었다. 나가타는 아시아영화제작자연맹을 이끌면서 다이에이의 시장을 확장하고 다양화하길 원했다. 다시 말해, 그는 연맹의 네트워크를 활용해, 아시아시장에는 다이에이의 인기장르영화를 배급하고, 할리우드와 주요 유럽영화제에는 다이에이의 수준 높은 영화를 배급하길 바랐다.[33] 나가타는 서구가 "'인본주의적' 스타일, 구성의 섬세함, 몸짓의 세련됨으로 말해지는 옛 일본의 이야기들을 선뜻 받아들일" 것이라 믿었다.[34] 골드윈과 워너와의 점심식사 자리에서, 나가타는 이런 농담을 던졌다. "'스승에게 주어지는 가장 큰 찬사란 제자가 그를 가르친 스승을 능가하는 것이다'라는 일본속담이 있습니다. 이 찬사는 당신[워너]에게도 해당한다고 생각했습니다. 저는 〈지옥문〉에서 제자가 스승을 뛰

어넘었다고 느꼈으니까요."³⁵

　RKO영화사가 〈지옥문〉 배급을 고려했지만, 독립배급업자 에드워드 헤리슨Edward Harrison, 1903~67년이 〈지옥문〉과 〈금색야차〉의 배급권을 모두 가져갔다. 해리슨은 RKO영화사에서 前 언론담당자이자 〈라쇼몽〉의 홍보를 담당했던 사람으로, 미국에 아시아 영화를 배급한 선구자 중 한명이었다. 그는 1950년대와 60년대에 일본영화 그리고 인도 감독 사티야지트 레이Satyajit Ray의 초기작 대부분을 미국 내에 배급했다. 레이 감독의 아푸 삼부작The Apu Trilogy —〈길의 노래Pather Panchali〉,〈아파라지토Aparajito〉,〈아푸의 세계Apur Sansar〉— 도 해리슨이 배급을 맡았다.³⁶ 〈지옥문〉은 〈라쇼몽〉의 여주인공으로 일약 세계스타덤에 오른 여배우 쿄 마치코京 マチ子의 신작으로 유명해졌다.³⁷ 하지만 이내 나가타는 에드워드 해리슨이 〈지옥문〉과 〈금색야차〉를 뉴욕, 샌프란시스코, 로스앤젤레스의 몇몇 극장에서만 배급했기 때문에, 두 편 모두 미국의 주류시장을 뚫고 들어갈 수 없다는 점을 깨달았다. 이러한 배급규모는 나가타가 처음 예상했던 것보다 훨씬 작은 것이었다. 영화비평가 제임스 파워스James Powers는 『할리우드 리포터Hollywood Reporter』에 〈금색야차〉에 대한 논평을 썼다. "〈지옥문〉과 〈라쇼몽〉 등 일본 수입영화가 흥행한 소수의 극장을 제외하고는, 이 영화[금색야차]는 결코 일반상영관을 위한 것이 아니다. 영화[금색야차]는 앞선 두 편의 영화와 동일한 전통 그리고 동일하게 우수한 품질을 갖고 있다. 그저 상상할 수 있는 가장 아름다운 색상이 추가되었을 뿐이다."³⁸ 나가타의 간절한 염원에도 불구하고 미국에 영화를 판매하는 것은 그의 심각한 재정적자를 메울 수 없었다. 도널드 리치와 조셉 앤더슨이 지적했듯이, 〈지옥문〉을 중요하게 만든 것은 이 영화가 일본 영화산업에서 "스크린을 빛나게 만드는 가장 아름다운 컬러 촬영기법을 포함"했다는 점이었다.

나가타는 해외시장을 검토하면서, 그의 영화가 해외에서 성공한 데에 는 이국주의가 있다고 확신에 차 판단했다. 그래서 그는 더 큰 규모로 시 대극을 만들기로 결심했다. 하지만 시간이 지날수록 나가타가 잘못된 방 향으로 가고 있다는 점이 분명해졌다. 나가타는 해외 주요 영화제에서 더 이상 수상하지 못했다. 〈지옥문〉과 〈금색야차〉를 비롯해 제작비가 많 이 투입된 영화 중 상당수는 일본에서 중간 정도의 성공을 거두는 데 그 쳤다. 설상가상으로 일본 비평가들은 〈라쇼몽〉과 〈지옥문〉이 해외시장에 서 성공한 데에 대해 완전히 의아해 했다. '외국인에게 호소하는' 시대극 을 제작한다는 다이에이의 정책은 가장 기본적인 작품제작을 경시하는 결과를 초래했다. 그 결과, 다이에이의 작품 전반의 품질은 상당히 저하 되었다. 〈지옥문〉은 1953년 일본에서 어느 누구의 '베스트 10' 목록에 오 르지도 못했을 뿐 아니라, 일본 영화팬들에게도 철저히 외면받았다. 『아 사히석간신문』에 따르면, 일본 영화평론가 다수는 "〈라쇼몽〉과 〈지옥문〉 같은 부류의 제작물은 동양의 야만성을 강조하고 다른 특징은 배제하는 경향이 있다"고 느꼈다. 또한 이들은 "고대의 호전적인 야만성, 그리고 최 근 몇 년간 군국주의자들이 장려한 '전사의 정신'이 [작품 속에서] 여전히 해외의 관심을 끌기 위한 대상으로 남아있다"는 점에 수치스러워 했다. 기사는 일본이 "국제적 모욕"을 당하고 있다고까지 주장했다. 심지어 일 본의 한 평론가는 해외에서 흥행하는 일본영화를 '기념품 가게에 진열된 크고 화려하지만 본질적 가치가 없는 상품'이라고 혹평했다.[39]

나가타는 1955년 런런쇼와 함께, 일본과 홍콩이 처음으로 공동제작한 영화 〈양귀비楊貴妃〉에 착수했다. 영화는 미조구치 겐지의 유능한 손길 아 래 연출되었다.[40] 나가타는 국내시장 및 국제영화제에서 다시 명성을 얻 게 해 줄 영화가 필요했고, 이 이국적인 영화가 완벽한 기회처럼 보였다.

〈양귀비〉는 서구 영화평론가들에게는 이미 익숙해져 버린 일본의 이국주의를 중국의 멋으로 대체해 보았지만, 나가타의 바람과 달리 영화는 아무런 소득이 없었다. 영화는 상업적으로 예술적으로도 재앙에 가까웠다. 『모션픽처데일리*Motion Picture Daily*』는 영화플롯은 "미국 관객들에게 구식으로" 느껴지고, "장례식 속도마냥 매우 느리게 전개"된다고 혹평했다.[41] 미국영화배급사 중 누구도 〈양귀비〉를 원하지 않았고, 이 완전한 실패가 나가타에게 모욕감을 안겼다. 다이에이는 자국에서 최대 규모의 영화보다는 해외에서 성공한 "수준 높은 대작 영화"로 돈 벌 수 있는 기회가 더 많다고 확신했지만, 이 전략은 이제 현명하지 않은 것처럼 보였다.[42] 곧이어 일본 영화산업 내 나가타의 지위도 위기에 봉착했다. 설상가상으로 그는 아시아재단의 후원에도 불구하고 할리우드에서 좋은 평판을 얻는 데 실패했다. 미국영화제작자협회 부회장 어빙 마스Irving Mass는 나가타를 향해 "매우 야심차고 약삭빠른, 개인의 영광에 매우 초조해 하는 사람"이라고 조롱했고 그를 "믿을 수 없는 고객"으로 치부했다.[43]

아시아재단의 연줄도 더 이상 나가타를 돕지 않았다. 일본 시나리오작가 프로젝트도 진전을 보이지 않았다. 1954년 11월 17일 밀러는 블룸에게 쓴 편지에서 나가타에 대한 우려를 드러냈다. "아시다시피, 다이에이는 7월과 8월에 22편의 원고를 받았습니다. 보고에 따르면, 그중 한 편이 아주 불리한 조건으로 팔렸다고 합니다. 미화 700달러에 팔렸습니다. 할리우드 작가들이 이곳[일본]으로 시나리오 보내는 것을 가치 있다고 생각할까요? 그렇다면 7월과 8월에는 22편이 도착했는데 어째서 그 이후에는 단 한 편도 없는 걸까요? 이 프로젝트의 난관을 잘 풀기 위해, 우리는 양쪽 당사자 모두가 받아들일 수 있는 해결책이 있는지 알아볼 것입니다. 그리고 프로젝트를 향한 다이에이의 진짜 의중이 무엇인지도 파악할 것입니다."[44] 나가타가 무엇을 염두에 두고 있는지, 그리고 그가 작가프로 젝트에 어느 정도로 기여했는지는 분명하지 않다. 태너, 밀러, 부쉬는 그를 전략적 파트너로 여겼지만 절대 신뢰하지는 않았다. 체이스는 스튜에 게 쓴 편지에서 "나가타와의 모든 거래"에 주의하라고 조언했다.[45] 심지 어 밀러가 집필하여 나가타에게 넘겨준 시나리오 〈일본에서의 모험Esca-pade in Japan〉조차 다이에이에서 제작되지 않았다.[46]

제2회 아시아영화제

1955년 4월 한국영화제작자협회Korean Motion Picture Producers Association, KMPPA 회장 김관수는 한 통의 전화를 받았다. 아시아재단 서울지부 대표로 있는 필립 로우Philip Rowe의 행정보좌관 메리 워커Mary Walker의 연락이었다.[47] 서 울 관훈동에 새로 지어진 아시아재단 서울지부 사무실에 김관수가 도착 하자, 로우는 그를 반갑게 맞이했다. 로우는 김관수에게 아시아영화제작 자연맹의 존재에 대해 알고 있는지 물었고, 연맹의 연례행사이자 싱가포 르에서 개최될 제2회 아시아영화제에 참석할 것을 제안했다. 한국은 도 쿄에서 열린 제1회 아시아영화제에는 초청받지 못했었다. 로우는 김관 수에게 아시아재단이 영화제 참가를 위한 여행 보조비를 세 명에게 나눠 지급할 것이라고 강조해서 말했다.[48] 김관수는 아시아재단이 전해준 '달 러'를 들고, 한국영화계의 또 다른 거물 윤봉춘1902~75년을 호출했다. 윤봉 춘은 당시 한국영화감독협회 회장이었다. 로우의 프로젝트보조관 조동 제1921~2005년도 통역사로 합류했고, 이들은 싱가포르로 함께 떠났다. 로우 가 언급했듯이, 이들의 활동은 한국영화가 아시아 지역 영화산업과 맺은

〈그림 2〉 아시아재단 서울지부 대표 필립 로우(우)와 행정보조관 메리 워커(중간), 이들과 함께 재단 사무실에서 근무한 한국인직원 박정숙(좌). 1955년 찍힌 것으로 추정.

출처 : 박정숙 여사의 자녀 이상정

[옮긴이 주] 박정숙 여사는 연세대학교 영문과 입학 1년 후 한국전쟁으로 부산 피난길에 올랐다. 학업을 마친 후에는 유엔 산하기구인 유엔한국재건단을 거쳐 아시아재단에서 근무했다. 한국걸스카우트연맹 사무총장을 역임하고 은퇴했다. 자서전 『달리라니 달렸다』는 한국 근대사의 큰 줄기와 엮인 90여 년의 인생사를 담고 있다. 이 사진은 당시 상황 소개와 함께 자서전에 수록되어 있다.

최초의 연결이었다. 당시 한국은 격심했던 한국전쟁을 중지한 휴전협정을 맺은 지 채 몇 년이 지나지 않은 시점이었다.

아시아재단은 이들의 여행을 신중히 주선했다. 세 명의 한국남성은 우선 홍콩에 들렀고 그곳에서 며칠 머무는 동안 아시아픽처스를 이끄는 장궈신 사장을 만났다. 또한 이곳에서 이들은 영화제에서 입을 새 맞춤정장이 배송되길 기다렸다. 이 홍콩지부 대표에게 로우가 참관인 각각을 소개한 방식은 꽤나 흥미롭다. 로우는 장궈신에게 보낸 편지에서 "김관수는 대단히 적극적이고, 시가를 태우는 제작자 부류입니다. 윤봉춘은 말수가 적은데 그리 세련되진 못했습니다. 조동제의 영어는 아주 훌륭하고요"라고 썼다. 또한 로우는 "이들 중 누구도 일본 이외의 국가에서 시간을 보내본 적이 없습니다"라고 강조했다.[49]

제2회 아시아영화제에는 영국인 영화감독 데이비드 린David Lean, 어빙마스Irving Maas, 런던국제영화제의 F. R. 시몬스F. R. Simmons가 참관인으로 참석했다.[50] 일본은 6개의 주요 스튜디오도호, 쇼치쿠, 다이에이, 토에이, 신도호, 니카츠에서 26명의 대표단을 파견했는데, 가장 큰 규모의 대표단이었다. 필리핀과 홍콩이 각각 8명의 대표단을 보내 일본의 뒤를 이었다. 이에 비해 대만, 실론, 태국, 한국의 대표단 규모는 다소 소박했다. 개막식은 싱가포르의 빅토리아기념관에서 열렸다. 빅토리아 여왕을 기념하기 위해 1906년 완공된 이 기념관은 싱가포르의 중요한 정치적 상징물이었다. 가장 대표적으로, 싱가포르의 인민행동당People's Action Party이 1954년 11월 21일 바로 이 기념관에서 공식출범했다.[51] 그리고 영화제는 신당 창당 6개월 만에 열린 행사였다. 개막식의 개회사는 영화제의 조직위원장인 런런쇼가 맡았고, 이후 나가타의 환영사가 이어졌다. 싱가포르 케세이-케리스스튜디오Cathay-Keris Studio 사장이자 현지 영화계의 거물인 호아로크가 경쟁부문에 선정된 영화들을 간략히 요약했다.[52] 이어 싱가포르의 치안총감 말콤 맥도널드가 영화사 개막을 선언했다.[53]

영화제기간 동안 25편의 장편영화와 15편의 단편영화가 상영됐다. 일본의 '빅 파이브' 스튜디오는 1년 전과 마찬가지로 각자 '최고의' 영화를 선보였다. 다이에이는 〈슌킨 이야기春琴抄〉이토 다이스케(伊藤大輔) 감독, 1955년, 신도호는 〈인간어뢰전人間魚雷回天〉소에이 마츠바야치(松林 宗惠) 감독, 1955년, 쇼치쿠는 〈망명기亡命記〉노무라 요시타로(野村 芳太郎) 감독, 1955년, 토에이는 〈후지산의 혈창血槍富士〉우치다 도무(内田 吐夢) 감독, 1955년을 출품했다. 도호가 선택한 〈나비부인Madame Butterfly〉카르미네 갈로네(Carmine Gallone) 감독, 1954년은 다소 논쟁을 불러일으켰다. 이 영화가 이탈리아 감독이 연출하고, 일본과 이탈리아가 공동제작한 작품이었기 때문이다. 일본영화 외에도 각국의 영화들 — 필리핀 5편, 홍콩 3편, 싱가포르 5편, 대만 3편, 인도네시아 2편, 태국 1편, 마카오 1편 — 이 영화제 기간 중 상영되었다.[54] 영화제에서 쇼 형제, 혹은 적어도 막내 런런쇼의 존재가 두드러졌다는 점은 주목할 만하다. 런런쇼는 영화제 조직위원장이자, 싱가포르·말레이시아·홍콩 영화산업의 대표였다. 뿐만 아니라 그는 제작을 맡은 네 편의 영화를 출품했다. 이중 두 편은 쇼의 말레이필름이 제작한 〈메라나Filem Merana〉B. N 라오(B. N. Rao) 감독, 1954년 〈항 투아Hang Tuah〉파니 마줌다(Phani Majumdar) 감독, 1955년였고, 다른 두 편은 쇼앤손즈가 제작한 〈무덤 너머人鬼戀〉도에칭(陶秦) 감독, 1954년와 〈고아 소녀梅姑〉얀준(嚴俊) 감독, 1955년였다. 겉으로 보기에 아시아영화제작자연맹은 일본이 이끄는 조직처럼 보였지만, 영화제를 장악한 존재는 다름 아닌 런런쇼였다.

특히 인도네시아 영화산업계는 아시아영화제에 강한 열의를 보였다. 초청장을 받자마자 인도네시아영화제작자협회 소속 19개 제작사를 대표하는 위원회를 구성하여 영화제 출품작 7편을 선정했다. 이들이 보인

〈그림 3〉 1955년 5월 14일부터 22일까지 싱가포르에서 열린 제2
회 아시아영화제의 공식포스터.

출처 : 아시아영화제작자연맹

〈그림 4〉 케세이스튜디오 사장 호아로크(좌)와 말레이시아 여배우 마리아 메나도
(Maria Menado, 중간). 1957년 10월 12일 싱가포르 케세이스튜디오에서 촬영.

출처 : 싱가포르 아시아필름아카이브

열의는 사전행사 기획으로 이어졌고, 행사는 국가적 차원에서 마련됐다. 사전 선정된 7편의 영화가 최종 심사를 위해, 3월 30일부터 4월 5일까지 인도네시아 자카르타와 수라바야 등 주요 도시 여섯 곳에서 지역순회 상영회를 가졌다. 이 과정을 거친 후, 4월 17일 위원회는 영화 두 편 —〈통행금지 이후〉우스마 이스마일 감독, 페사리-페르피니(Pesari-Perfini), 1954년와 〈타미나Tarmina〉릴리 수지오(Lily Sudjio) 감독, 페사리, 1955년 — 을 선정했다.[55] 자말루딘 말릭의 영화제 참여는 아시아재단에게 상당히 까다로운 문제를 야기했다. 영화제 기간 동안 말릭이 아시아영화제작자연맹의 부회장을 맡은 런런쇼를 대신했기 때문이다. 이에 대해 존 밀러는 "인도네시아의 참여는 적어도 한 명의 매우 영리한 공산주의 선동가의 존재를 보장할 것"이라고 지적했다.[56] 밀러와 아시아재단은 말릭이 다음 아시아영화제 주최를 강력히 희망할까 봐 염려했다. 방콕 파이스트영화사의 공동 설립자 로버트 G. 노스는 아시아영화제작자연맹 내에서 인도네시아에 반대하는 "가장 노골적이고 만만찮은 적대자"였다.

하지만 그가 일 년 전 예상치 못한 죽음으로 세상을 떠났기 때문에, 아시아재단은 인도네시아가 인도 및 중화인민공화국가 맺는 우호적 관계에 대해 우려하게 되었다. 이때 인도네시아를 향해 우직한 반대의견을 표출한 자는 뜻밖에도 한국대표 김관수였다. 김관수는 그가 '빨갱이' 제작자나 동조자라고 생각하는 사람들에게 반대 목소리 내는 것을 전혀 두려워 하지 않았다. 그는 경향신문과의 인터뷰에서 이렇게 큰소리쳤다.

아시아영화제에서 내년 영화제를 어느 나라에서 개최할 것인지에 대해 긴 토론을 했습니다. 인도네시아가 가장 적극적이었죠. 하지만 저는 인도네시아가 공산주의 국가인 것 같아서 거부했습니다. 일례로 작년에 인도네시아는 영화제위원회에 붉은 중국중화인민공화국과 북한을 포함하자고 제안했어요. 아시다시피, 이 축제는 자유아시아의 문화와 이념을 세계에 알리기 위해 만들어졌습니다. 그런데 어떻게 그런 공산주의 국가를 참가시킬 수 있단 말입니까? 일본은 그 제안에 좀 더 강력하게 거부권을 행사했습니다. 우리 한국 대표단도 일본 의견을 따랐습니다. 더욱이 우리도 같은 이유로 인도네시아 영화제작사 중 한 곳이 제안한 공동제작을 거절했습니다. 그런 친공 국가와 연합해서는 안 되는 겁니다.[57]

갑자기 등장한 한국의 반공 전사 덕분에, 제3회 아시아영화제 주최국은 인도네시아가 아닌 홍콩으로 정해졌다. 비록 주최국으로 선정되지는 못했지만, 인도네시아 영화산업계는 제3회 아시아영화제에 24명의 대표단을 파견했다. 이 규모는 심지어 일본 대표단도 상회하는 규모로, 모든 참가국 중 가장 큰 규모였다.[58] 여기서 강조할 점은 인도네시아 대표단을 향한 김관수의 굳센 반대의사라기보다는 일본과의 확고한 동맹의지이다. 김관수는 일제강점기1910~45년 동안 출세할 기회를 노린 문화엘리트 중 한 명이었다. 실제로 그는 1942년 설립된 친일단체 조선연극협회의 상무이사를 맡아 활동한 이력이 있다. 그러나 1945년 해방 이후, 김관수는 이념적 입장을 신속히 바꾸고 영화산업에 뛰어들었다. 영어와 일본어를 유창하게 했던 그는 미점령군 아래서 기회를 잡았고, 이후 재조선 미국 육군사령부군정청이하 미군정과 함께 일하게 되었다. 김관수는 해방직후 최인규 감독과 〈자유만세〉1946년, 〈죄 없는 죄인〉1948년, 〈독립전야〉1948년를 비롯한 반일영화를 제작했다. 그리고 휴전 일 년 후인 1954년 김관수는 이제 반공산주의라는 새로운 옷을 갖춰 입었다. 지난 35년간의 일본통치가 공식적으로 끝난 지 십여 년 만의 일이었다. 한국에서 일본이 다시 군국주

의를 펼칠지 모른다는 두려움은 불과 십 년 사이에 적색공포의 논리로 완전히 전환되었다.[59]

제2회 아시아영화제 시상식은 5월 21일 싱가포르 탄종 카통Tanjong Katong 지역 씨뷰호텔Sea View Hotel에서 열렸다. 일본의 〈슌킨 이야기〉가 당해 최우수영화상을 수상했고 〈망명기〉는 촬영상, 녹음상, 미술상, 여우주연상 부문에서, 〈후지산의 혈창〉은 아역상 부문에서 수상하며, 일본이 총 6개의 트로피를 가져갔다. 이로써 나가타는 2년 연속 최우수작품상 트로피를 받았다. 필리핀 감독 제라도 드 레온[1913~81년]은 〈이푸가오Ifugao〉로 감독상을 받았다. 〈이푸가오〉는 감독상 외에도 최우수각본상과 연기부문 트로피도 차지했다. 홍콩의 샤오팡팡蕭芳芳, 1947년은 쇼앤손즈의 〈고아 소녀〉로 아역상을 받았다.[60] 미국영화제작자협회 미첼카메라상의 경우, 이번에는 수여되지 않았다. 사실 이 상은 도쿄에서 열린 제1회 영화제 이후 두 번 다시 수여된 적이 없었기에 제1회가 처음이자 마지막이었다. 밀러는 1955년 1월에 이미 미국영화제작자협회가 수상을 중단할 것이라고 예측했다. 그는 스튜어트에게 보낸 편지에서 "그[어빙 마스]는 일본 때보다도 지금 싱가포르에서의 자금 융통이 훨씬 좋지 않다고 인정했습니다. 그래서 [미첼카메라를] 준비하기 어렵다고 말했습니다. 마스는 미국 영화산업이 아시아에서 큰돈을 벌고 있고, 그렇기에 미국영화제작자협회MPAA 및 영화수출협회MPEA와 연관된 모든 비용을 마땅히 부담해야 한다는 점에 동의했습니다. 그렇지만 지금 그 자금을 댈 수 있을지에 대해서는 그리 긍정적이지 않았습니다. 그는 협회의 비용부담이 어렵다는 점을 꽤 확신한다고 덧붙였습니다."[61] 앞서 설명했듯이, 제1회 아시아영화제에 쓰인 미첼카메라는 미국영화제작자협회가 아닌 아시아재단이 구매한 것이었다. 아시아재단은 표면상 미국영화제작자협회의 이름을 원했지만, 협회를 대신하여 비싼 미첼카메라를 계속해서 구입하고 싶진 않았다. 애초에 재단의 지출이 없었더라면, 협회는 아시아영화제를 지원하지 않았을 것이다.

영화제에 참관인으로 참석한 미리암 버처Miriam Bucher는 영화제가 끝난 후 아시아재단에 보고서를 제출했다. 버처와 그녀의 남편 쥘Jules은 1930년대 초부터 1980년대 중반까지 활발하게 활동한 미국인 다큐멘터리제작자였다. 이들이 활동한 국제이력은 광범위했는데, 주로 미 국무부와 함께 일했다.[62] 보고서 작성 당시, 이들 부부는 인도네시아 자카르타에 거주하며 인도네시아 정부를 돕고 있었다. 당시 인도네시아는 국영 영화사 페루사한필름Perusahaan Film National, PFN을 설립하려 했고, 우스마 이스마일이 이 사업의 책임자였다. 콜롬보 계획의 일환인 기술협력행정Technical Cooperation Administration, TCA 아래, 페루사한필름은 미국 외교부로부터 미화 38만 달러를 최신영화장비 구입 명목으로 지원받았다.[63] 뿐만 아니라, 미국영화기술전문가 10명이 인도네시아에 파견되었고 이들은 약 6년간 장기체류하며 그들의 노하우를 공유했다.[64] 1950년대 초에는 인도네시아정부의 영화부서 직원들과 몇몇 관계자들이 미국으로 파견되어 훈련받기도 했다.[65] 이 기술협력행정 프로그램 참여자 명단에 아시아영화제작자연맹에서 가장 거침없는 인사였던 말릭이 포함되지 않은 점은 상당히 흥미롭다.

버처에게 영화제는 "느슨하게 조직된 무역박람회"로 보였기 때문에, 그녀는 영화제가 "영화를 충분히 보여주지" 못한다고 진단했다. 나아가 그녀는 참가국들은 이 행사가 진정한 영화제였는지 아니면 "하나의 무역쇼"에 불과했는지 평가하여 결정지어야 한다고 촉구했다.[66] 버처는 아시아재단에게는 앞으로 더 적극적으로 영화제에 기여할 것을 제안했다. 이는 흥미로운 지점이다. 버처는 보고서에서 "(한국에서 온 아시아재단 대표를 목격했기 때문에) 재단의 지원은 분명 비밀이 아닐 것이다. 어째서 아시아 재단의 지원이 다른 재단의 여러 문화 활동지원처럼 공개되어서는 안 되는지 그 이유를 모르겠다"며 자신의 의견을 밝혔다.[67]

제3회 아시아영화제와 포럼

홍콩 총독 알렉산더 그랜섬Alexander Grantham, 1899~1978년은 1956년 6월 12일부터 16일까지 홍콩에서 열린 제3회 아시아영화제의 개막식에서 환영사를 건넸다. 그는 이렇게 말했다. "이제껏 일본이 동남아시아의 일부라는 사실을 전혀 몰랐던 제게 새로이 지리를 가르쳐준다는 것 외에 다른 이유가 없다면, 저는 1956년 아시아영화제를 개최하게 되어 매우 기쁩니다! 이 점이 사실이든 아니든 저는 일본이 영화제에 포함되는 일은 환영할 만한 일이며, 그렇기에 연맹이 일본을 포함시킨 것도 매우 현명한 결정이었다고 확신합니다."[68] 그랜섬의 발언이 실제로 연맹의 의사결정에 어떤 영향력을 미쳤는지는 분명치 않지만, 이후 재단의 명칭은 '동남아시아영화제작자연맹'에서 '아시아영화제작자연맹'으로 개칭되었다.[69] 이에 따라 영화제의 공식명칭도 즉각 아시아영화제로 바뀌었다. 이 명칭은 오스트레일리아 및 뉴질랜드를 포괄하기 위해 1983년 아시아·태평양영화제로 다시 개칭될 때까지 유지되었다. 사실 아시아영화제작자연맹의 초기 잘못 설정된 지리적 범위는 예전부터 문제를 불러일으켰다. 아시아재단의 뉴욕지부 또한 "뉴욕의 영화인들은 [연맹에서] 인도가 빠진 점에 놀랐고, 동남아시아라는 지리적 조건에 부합하지 않는 일본이 어째서 포함되어야만 했는지 의아했다"고 전달하며, 이 문제를 제기한 바 있다.[70]

아시아재단에서 가장 논쟁적 이슈 중 하나는 인도였다. 인도 영화산업 규모는 세계에서 두 번째로 큰 규모였지만, 나가타 마사이치는 1953년 첫 회의에서부터 의도적이든 아니든 인도의 참석을 꺼려했다. 인도는 홍콩에서 열린 제3회 아시아영화제에 장편영화 3편을 출품했고, 1년 후 참관인 자격으로 영화제에 참석하기 위해 입회신청서를 제출했다. 아시아 재단의 재정지원을 받은 서울도 김관수를 비롯해 세 명의 대표를 파견했다.[71] 김관수는 "인도의 참관은 인도에게 연맹회원국 자격을 부여하는 수순으로 이어질 것이고, 이후 인도는 중공과 북한까지 받아달라고 제안할 가능성이 높다"고 주장하며 인도의 요청에 강력한 이의를 제기했다. 매우 흥미롭게도 김관수는 이렇게 다시 나가타 편에 서게 되었다.[72] 대만이 김관수의 의견을 지지했지만, 김관수의 발의는 투표에서 부결되었다. 그럼에도 김관수의 발언과 태도는 영화제기간 내내 상당한 여론의 주목을 받았다. 김관수의 거침없는 언사는 아시아재단에게 골칫거리가 되었다. 재단은 김관수가 재단으로부터 후원받았다는 사실이 "인도에서 [재단을] 곤란하게 만들 수 있다"고 우려했다. 프로그램 담당이사 잭 E. 제임스Jack E. James는 서울지부 대표 로렌스 톰슨Lawrence Thompson에게 쓴 편지에서 "앞으로 어떤 회의에서든 재단 지원을 받은 김관수나 그의 동포가 자중하길 바란다"는 입장을 밝혔다.[73]

로버트 D. 그레이Robert D. Grey는 할리우드 대표로 참관한 윌리엄 A. 세이터William A. Seiter — 뮤지컬 및 가벼운 코미디영화 감독으로 유명 — 와 대화를 나눈 후 장문의 보고서를 남겼다.[74]

아시아영화제작자연맹은 회원 협회를 대표하여 직접적인 행동을 취할 수 없습니다. 아시아 영화산업이 직면한 주요 문제를 해결하기 위한 실질적인 진전도 이루지 못했고, 문제에 접근하기 위한 수단조차 마련하지 못했습니다. (…중략…) 연맹은 서류상의 조직에 불과합니다. 연맹이 주력하는 회원 협회 간의 협력을 증진하겠다는 연맹의 기능과 가치는 보다 쉽게 추진될 수 있습니다. 그러나 연맹은 이런 점에서조차 기여하고 있지 않습니다.[75]

밀러는 이 문제를 일찍이 인지하고 있었다. 그는 두 번째 영화제를 참관한 후, 나가타를 비롯한 일본 대표단의 소통 문제를 정확히 꼬집어 지적했다. 그들은 자신의 아이디어를 다른 국가의 대표단에게 제대로 전달하지 못했고, 밀러가 보기에 이것은 "계속 반복되는 문제"였다. 밀러는 "일본 영화지도자 대다수가 자신의 의견을 영어로 적절히 표현하지 못하며 (자격을 갖춘 통역사가 턱없이 부족한 사태는) 국제모임에서 일본 대표단을 매우 불리하게 만들었다. 국제모임에 참석한 대다수의 대표들은 어느 정도 일본에게 편견을 갖게 되었다"고 판단했다. [76]

나가타가 처했던 곤경을 가장 잘 보여주는 사례는 제3회 아시아영화제 기간 중 열린 포럼이었다. 포럼에 참석한 제작자들은 공동제작, 기술교육, 자원 교류, 시장 확대를 향한 강한 바람을 표출했다. 포럼의 실질적인 주요 목적은 공동제작 문제를 해결하는 것이었다. 1956년 제3회 아시아영화제와 포럼이 열리기 전인 1955년 필리핀과 홍콩이 〈산다 웡Sanda Wong〉을 공동제작했다. 아시아영화제작자연맹에서 활발히 활동하는 두 인사, 즉 광둥성의 영화제작자 채프먼 호와 필리핀의 유명감독 겸 제작자 제라도 드 레온이 영화제작을 위해 홍콩 신인여배우 롤라 영羅娜과 필리핀 배우 호세 파딜라 주니어Jose Padilar Jr.를 캐스팅했다.[77] 마닐라에서 열린 영화시사회에는 필리핀 대통령 라몬 막사이사이Ramon Magsaysay, 재임 1953~57년도 참석했다. 영화는 필리핀에서는 타갈로그어로, 동남아시아 시장에서는 만다린어 내지 광동어로 상영되었다.[78] 영화는 양국에서 충분한 수익을 창출했기 때문에, 시장 공유의 가능성을 실질적으로 개방했다. 〈산다 웡〉의 성공을 뒤따라, 많은 공동제작영화가 개봉했다. 홍콩 제작자 장샹쿤이 일본과 협업한 〈마담 보바리〉[1956년], 홍콩과 대만이 처음으로 합작한 〈가을봉황秋鳳〉왕인 감독, 1957년, 한국과 홍콩의 〈이국정원異國情篇〉와카스기 미쓰오(若杉光夫)·투쿠앙치(屠光啟)·전창근 감독, 1957년, 일본과 홍콩의 합작이자 셜리 야마구치가 출연한 〈앙코르와트에서의 사랑南國麗人〉쿠니오 와타나베(渡邊邦夫) 감독, 1957년이 제작되었다.[79] 이 영화들 중 자국 내수시장과 아시아 해외시장에서 흥행에 성공한 영화는 거의 없었다.

제3회 아시아영화제 기간 중에 열린 포럼에는 홍콩, 태국, 인도네시아, 대만, 일본, 필리핀, 한국 대표가 참석했으며, 미국영화제작자협회 미국인 대표 2명도 포럼장을 찾았다. 필리핀 프리미아의 총괄 매너저 리카르도 발라브라트Ricardo Balabrat가 포럼을 개회했다. 그는 각 회원국에서 만든 단편영화 5~6편을 모아 옴니버스로 구성하는 공동제작을 제안했다. 발라브라트는 자신의 아이디어에 대해 "회원국 누구라도 참여할 수 있는 일종의 공동제작인 셈입니다. 공동제작을 기반으로 저나 필리핀의 다른 영화제작자와 함께 할 수 있습니다"라고 설명했다.[80] 발라브라트는 일본과 공동제작한 영화가 작년 필리핀 내수시장에서 상당한 수익을 올렸기에 이와 같은 자신감을 얻었다고 강조해서 말했다. 하지만 그의 제안은 곧 순진한 것임이 증명되었다. 포럼 참가자들은 연맹 회원국 간 영화제작 관행이 서로 다르고, 언어의 문제가 있으며, '좋은 스토리'에 대한 이슈가 있다고 우려를 표명했다. 특히 '좋은 스토리'에 관한 질문이 열띤 논쟁으로 이어졌다. 아시아영화제작자연맹 사무국장 대행이자 다이에이 비서실장인 기무라 다케치요는 "일본은 여러 나라로부터 공동제작 제안을 많이 받고 있습니다. 하지만 이를 위해서는 먼저 서로가 합의할 수 있는 좋은 스토리를 찾는 것이 더 중요하다고 생각합니다. (…중략…) 좋은 스토리에 대한 합의 없이 공동제작을 시작할 수는 없습니다"라고 말했다.[81] 태국의 바두반누 유갈라 왕자가 기무라에게 일본이 경험한 공동제작 경험에 대해 두 번이나 질문했지만, 기무라는 이를 무시한 채 '좋은 스토리'에 대한 입장을 꺾지 않고 반복하기만 했다. 기무라의 무례한 태도에 유갈라 왕자가 부드럽게 반박했다. "일본 대표단은 명확하게 이해하지 못하고 있는 듯합니다. 공동제작에는 여러 가지 방법이 있습니다. 저는 단지 공동제작과 관련하여 당신의 입장과 생각이 무엇인지 알고 싶을 뿐입니다." 이어서 우스마 이스마일은 "우리[태국과 인도네시아]는 실제로 공동제작을 경험한 분들이 그 경험을 공유해주었으면 합니다. 예를 들어 어떻게 계약을 체결했는지, 문제점은 무엇이었는지, 그 문제를 어떻게 해결했는지에 관한 경험을 알려주었으면 합니다. (…중략…) 실제로 어떻게 일이 이뤄졌는지를 알고 싶습니다."

그러나 기무라는 침묵했다. 그는 포럼에 참석한 인사들이 제안한 공동제작 제안에 관여하고 싶지 않았던 것으로 보인다. 실제로 다이에이와 도호는 작년에 쇼앤손즈와 두 편의 대규모 공동제작을 진행한 이력이 있었다. 도쿄에서 열린 제1회 아시아영화제 기간 동안 런런쇼와 나가타 마사이치는 〈양귀비〉의 공동제작에 동의했다. 그로부터 1년 후 도호는 〈백사부인白夫人の妖恋〉토요다 시로(豊田 四郎) 감독, 1955년 제작에 들어갔다. 이 작품은 일본과 홍콩뿐 아니라 필리핀과 한국에서도 잘 알려진 이야기를 각색한 것이다. 도널드 리치와 조셉 앤더슨은 이 영화들이 "조금 지루하며" 미조구치와 토요다 감독이 "영 헛된 노력을 했다"고까지 평가했다.[82] 결과적으로 두 영화 모두 자국 내수시장과 국제영화제 서킷에서 별다른 영향력을 보

〈그림 5〉 1956년 홍콩에서 열린 제3회 아시아영화제에서 수상 트로피를 들고 있는 토마스 호지. 그가 수장으로 있는 말레이필름유닛은 〈타임레스 테미아(Timeless Temiar)〉로 최우수다큐멘터리상을, 〈희망의 계곡(Valley of Hope)〉으로 기획상 및 특별상을 수상했다.

출처 : 정보예술수집부, 싱가포르 국가기록원

이지 않았다. 재미를 보지 못한 다이에이와 도호는 1960년대 초 홍콩에 대한 흥미를 점차 잃어갔다. 그러나 런런쇼는 이 경험을 통해 컬러촬영과 현상, 그리고 일본의 합리적인 분업시스템의 노하우를 얻게 되었다. 이는 단기간 내 안정적인 영화제작을 가능하게 하는 중요한 노하우였다. 따라서 기무라가 '좋은 스토리'에 방점을 두고 공동제작에 미적지근한 반응을 보인 것은 일본 영화산업, 특히 다이에이와 도호가 홍콩과 협업할 때 겪은 실망스런 경험의 맥락에서 이해되어야 한다.

사실 1950년대와 1960년대 아시아 지역의 영화산업은 기술적으로 우위에 있는 일본 영화산업과 협력함으로써 최신 촬영기법에 대한 경험을 쌓을 수 있었다. 일본을 제외하면 아시아의 어느 감독이나 기술자도 컬러 촬영 및 현상을 경험하거나 배운 적이 없었다. 그렇기에 일본과의 협업은 아시아 영화 관계자들에게 귀중한 '개인교습'이었다. 피터 J. 카첸슈타인Peter J. Katzenstein의 아시아의 기술 수준은 "일본이 가장 우위에 있고 그 뒤에 다른 아시아 국가들이 있다. 이들이 기술수준을 빠르게 향상시키고 있음에도, 그 질서는 꽤나 위계적이며 노동 분업에 의해 뚜렷하게 나타난다"고 통찰력 있게 분석했다.[83] 전후 일본은 외국기술, 특히 미국과 서유럽의 기술을 수입할 때 정부주도의 엄격한 심사를 거쳐야 했는데, 엄격한 심사체제는 기술 후진국에서 벗어날 목적으로 고안되었다.[84] 이를 통해 일본은 컬러촬영기법, 와이드스크린 프로세스, 동기화, 최신 특수효과 등의 기술을 습득했다. 1950년대 중후반 홍콩 영화산업은 아시아영화제작자연맹의 네트워크를 활용해 일본의 다이에이, 도호, 쇼치쿠와 여러 편의 서사극을 공동제작했다. 당시 홍콩 영화산업뿐 아니라, 한국의 신필름과 대만의 중앙전영공사도 숙련기술을 필요로 했다. 이런 맥락에서 홍궈진 Hong Guo-Juin은 "중앙전영공사는 컬러영화제작기술을 배울 요량으로 일본과 미국에 기술자를 파견했다. 하지만 외국 특히, 일본의 기술지원으로부터 완전히 독립한 컬러영화제작은 1963년 이후에서야 비로소 가능해졌다"고 분석했다.[85] 일본은 아시아 지역 스튜디오의 기술구성에 핵심적 역할을 담당했다. 런런쇼는 [해외에서] '빌린' 기술을 갖고 대형제작사를 설립했으며, 이를 바탕으로 1960년대 초 마침내 컬러영화시대로 접어들었다고 선언했다.

베테랑 영화감독 윌리엄 세이터[1890~1964년]와 미국영화제작자협회는 1956년 포럼에서 공동제작에 비협조적인 태도를 보였다. 그리고 이들이 보인 태도는 미국이 전후 아시아를 어떻게 바라보고 있는지를 여실히 보여주었다. 홍콩에서 활동하는 친미 지식인 장궈신은 세이터에게 공동제작과 '좋은 스토리'에 대해 어떻게 생각하느냐고 물었다. 그러자 세이터는 교육의 중요성을 역설했다. 그는 "우리[미국]는 현재 대학 세 곳에 시나리오, 촬영, 미술, 연출, 편집 등의 과정을 전부 다루는 영화학교를 설립했습니다. 캘리포니아주립대학교[UCLA]와 남가주대학교[USC]의 영화학교가 가르치는 주요 내용이기도 하고요"라고 답변했다.[86] 이어서 세이터는 미국이 새로 설립한 영화교육과정을 강조하면서, 아시아 영화관계자들이 미국교육을 받을 필요가 있다는 신호를 보냈다. 이와 같은 세이터의 입장은 영화산업에서 최소 수십 년의 경력을 갖춘 포럼 참가자들을 언짢게 만들었다. 특히 우스마 이스마일과 바두반누 유갈라가 가장 언짢은 듯 보였다. 반면 장궈신은 자신들은 외부의 도움을 찾고 있다고 말하며 교육을 강조한 세이터의 요점에 화답했다.

포럼 후반부에서 장궈신은 더 나아갔다. '아시아 교육'의 열렬한 지지자인 장궈신은 일본유학 장학금을 제안했다. 그는 기무라 다케치요에게 최신 영화기술 습득을 원하는 아시아 지역 영화기술자, 작가, 감독에게 두 세 달간의 장학 지원을 해 줄 수 있는지 물었다.[87] 기무라는 잠시 머뭇거렸지만, 마지못해 "회원국이 여비와 체재비를 부담하면, 우리는 일본 내에서 지출되는 다른 경비를 보조하겠습니다. 가능한 범위 내에서 최대한 고려해 보겠습니다"라고 말했다.[88] 기무라의 단호한 진술은 곧장 장내를 술렁이게 했다. 장귀신은 기무라에게 명확한 답변을 요구했다.

장귀신: 이 문제를 명확히 집고 넘어가도 될까요? 그러니까 일본 내에서 지출하는 모든 비용, 예를 들어 숙식비용을 부담하겠다는 건가요?

기무라: 아니요, 그건 아닙니다. (…중략…)

장귀신: 그럼 무엇을 부담하겠다는 거죠?

기무라: 장소와 재료 등의 비용 부담을 고려해 보겠습니다. 다른 나라에서 온 기술자의 체류비와 이동경비는 그가 속한 스튜디오가 부담해야 합니다.

그러자 필리핀 대표는 음악과 사운드기술 발전을 희망하는 회원국에게 장학 프로그램 두 개를 제안하겠다고 제안했다.[89] 그리고 포럼은 끝났다. 1957년 도쿄에서 열릴 다음 영화제를 기약하며 영화제 모든 행사의 막이 내렸다.

아시아영화제작자연맹의 쇠퇴

아시아재단의 서울지부 사무관인 조동제는 1957년 도쿄에서 열린 네 번째 아시아영화제에 참가한 후, 보고서를 작성했다. 그는 아시아영화제작자연맹 회원 다수가 도쿄 도지사 야스이 세이치로安井誠一郎, 1891~1964년의 연설에 상당히 불쾌해했다고 기록했다. 조동제에 따르면, 야스이의 연설은 "'대아시아' 그리고 '아시아영화제가 점차 확대되어 세계 영화산업에 영향을 미치고 있다'는 등 온갖 시대착오적이고 위험한 표현들로 가득차 있었다".[90]

　조동제는 야스이가 쓴 '대아시아'라는 표현이 일본정부가 '대동아공영권'이라는 기치 아래 식민지에서 광대한 영화네트워크를 조작하고 활용하면서 불과 얼마 전까지도 강박적으로 사용해 온 표현과 정확히 같은 것이라고 지적했다. 기시 노부스케岸 信介, 1896~1987년, 재임 1957~60년 총리가 아시아영화제는 "세계평화를 증진하고 문화기준을 높이며" "영화를 통해 일본과의 우호를 증진하는 데" 중요한 역할을 수행해야 한다고 아무리 강조했을지라도, 동아시아 및 동남아시아 국가 대부분은 일본에게 여전히 적대적이었고 일본의 식민지배를 생생히 기억하고 있었다.[91] 아시아재단 주요 인사가 일본을 '변화된' 아들이자 아시아 지역의 재정적으로 자급자족하는 '큰 형'으로 내세운 것은 이들이 아시아 지역의 복잡한 역사에 무지했기 때문일지도 모른다. 하지만 나가타가 아시아영화제작자연맹의 리더로서 보인 무능함 그리고 이 연맹에게 냉담한 무관심의 거리를 유지하는 일본 영화제작자들로 인해, 아시아재단의 샌프란시스코 본부는 나가타에 대한 신뢰를 점차 잃어갔다. 무엇보다도 영화프로그램이 맺은 "유용한 결과보다 재정적, 행정적 부담이 훨씬 더 컸다".[92] 이러한 분위기에 때맞춰, 1957년 아시아 영화재단의 영화프로그램을 비판했던 존 F. 설리반John F. Sillivan이 제임스 스튜어트를 대신하여 총책임자가 되었다. 설리반은 "우리가 좋든 싫든 [재단은] 영화사업을 하고 있는 것 같다"고 지적했다. 그는 이어서 "우리가 (지금) 이 사업에서 직접적인 역할을 하면 안 된다고 생각하는 건 꽤나 자명합니다"라고 덧붙였다.[93] 로버트 블룸은 아시아재단과 아시아영화제작자연맹 간의 관계를 축소하고, 관련 예산을 대폭 삭감하기로 결단 내렸다.

블룸의 결단은 세 가지 점에서 고려되어야 한다. 첫째, 아시아재단의 영화프로젝트 목적은 비공산주의영화의 영향력을 강화하는 것이었다. 특히 일본과 홍콩이 주요 표적이었다. 아시아재단은 아시아영화제작자연맹과 전략적 파트너십을 유지하면서, 일본이 초기 목적을 어느 정도 달성해주리라 믿었다. 그러나 재단은 얼마 지나지 않아, 지역 영화산업이 당초 예상보다 훨씬 복잡하다는 점을 깨닫게 되었다. 게다가 미·일 공동제작과 아시아 영화의 미국시장 배급은 계획대로 잘 흘러가지 않았다. 미국영화협회는 아시아영화제작자연맹을 지원해달라는 아시아재단의 요구를 줄곧 외면했다. 설상가상으로 일본 영화산업경영진은 기대와 달리 통제가 불가능했으며, 이들의 영화제 참석 목적은 오직 동남아시아 시장 확대에만 맞춰있었다. 노엘 부쉬는 비공산주의 영화제작이 실질적 효과가 있다는 점을 입증하기 위해, 할리우드와 일본 영화산업을 연결시키고자 했다. 하지만 이와 같은 재단의 접근법이 다소 순진했다는 점이 점차 명백해졌다. 이 사실을 가장 기민하고 예리하게 파악한 사람은 바로 찰스 태너였다. 태너는 나가타를 비롯한 일본 영화제작자들은 단기간에 수익을 올리는 확실한 길을 찾고 있다고 지적했다. 즉 이들이 갈망한 것은 아시아 시장의 문을 개방하여 자신의 영화를 배급하는 것이었다. 태너는 "그들[일본 제작자]은 미국수출을 더 선호했지만, 그것이 얼마나 달성하기 어려운 목표인지 잘 알고 있었다"고 기록했다.[94] 『영화연감映画年鑑』에 따르면, 1954년 총 740편의 일본 장편영화가 미국과 유럽, 라틴아메리카로 수출된 반면, 아시아로는 단지 90편만이 수출되었다. 대부분 홍콩과 대만으로 수출됐다.[95] 일본이 영화라는 문화상품을 수출할 아시아시장은 거의 없었다. 구체적으로 한국은 일본영화 수입을 금지했다. 대만은 일본에 비교적 우호적이었지만, 영화수입 사업 전반은 정부의 통제 아래 있었다. 인도네시아는 정부 주도의 수입영화 제한조치가 시행되었고, 미국영화를 선호한 필리핀은 여전히 일본에 적대적이었다. 별다른 소득을 얻지 못한 일본 영화경영진들은 점차 아시아영화제에 시큰둥해져 갔다. 오직 나가타만이 아시아영화제작자연맹을 이끌겠다는 강한 의지를 내보였다.

둘째, 아시아재단은 제3회 아시아영화제가 열린 1956년 무렵 초기에 설정한 목적 — 인도네시아, 인도, 일본 내 공산주의 성향을 가진 제작자의 힘을 약화시킴으로써 아시아의 반공영화제작자연대를 형성하겠다는 — 을 달성했다고 생각했다. 나가타는 말레이시아의 토마스 호지, 한국의 김관수, 홍콩의 장귀신의 도움에 힘입어, 북한과 중국이 아시아영화제작자연맹에서 제외되는 걸 옹호했다. 또한 한국과 대만 대표단에게 보조금을 지급한 아시아재단의 결정은 아시아 지역 내 새로운 반공산주의 단체의 부상을 촉진했다. 더욱이, 1955년 아시아재단은 주요 외교정책에 거대한 변화를 맞이했다. 샌프란시스코 본부는 연맹에 속한 국가대표단 간의 이념적 갈등을 피하기 위해, 연맹에 대한 관심과 개입을 축소하는 방안을 진지하게 고려했다.[96] 블룸은 아이젠하워 행정부의 '사람 대 사람' 캠페인에 영향을 받아, "아시아인들에게 공산주의와 어떻게 싸우는지 가르치거나 미국식 선입견이 각인된 방법을 실행시키는 대신, 자유세계의 목표에 부합하는 지역조직과 활동을 강화해야 한다"고 강조했다. 블룸은 바로 이런 방식으로 "우리[아시아재단]의 도움이 의심받지 않아야 한다"고 피력했다.[97]

마지막으로 아시아재단의 영화산업의 관심은 이제 홍콩과 한국에 맞춰졌다. 1953년 홍콩의 아시아픽처스와 1956년 한국의 한국영화문화협회의 창립이 시발점이었다. 아시아재단의 영화전문가인 부쉬, 태너, 밀러는 아시아 지역의 영화전쟁을 승리로 이끌기 위해 두 개의 새로운 프로젝트를 시작했다. 첫 번째는 공산주의가 장악하고 있는 홍콩 및 화교 커뮤니티의 영화산업을 역전시키는 것이었다. 이를 위해 아시아재단이 선택한 방법은 장궈신과 그가 운영하는 아시아픽처스의 재정을 지원하는 것이었다. 두 번째 프로젝트는 한국을 겨냥했다. 아시아재단은 전쟁으로 폐허가 된 신생독립국의 낙후된 영화산업을 발전시키고, 한국 영화인들이 아시아영화제작자연맹의 강력한 반공 자유전사가 되도록 고무하고자 했다. 이를 위해 재단은 김관수와 오용진 그리고 한국영화문화협회를 지원했다.

주석

1   1954년 4월 21일 존 밀러는 태너와의 전화통화에서 할리우드 대표가 "귀빈이 아닌 외교사절로서" 방문해야 한다고 강조했다. 덧붙여 그들은 "미국영화산업을 대표하는 외교관의 태도"를 갖춰야 한다고 말했다. April 21, 1954, Film Festivals General 1951·54, Box 14, AFR.

2   "Studio Publicity Directors Committee WE 3-7101(Duke Wales)", May 18, 1954, Folder 149, Film Festivals P-Z, AMPAS.

3   "Memorandum", April 26, 1954, Movies General/Hollywood "For the Record", Box 9, AFR. 우르과이 영화제에는 14명의 대표단이 참석했다. 이들의 영화제 참석은 미국영화제작자협회 회장이자 파라마운트픽처스의 부사장인 Y. 프랭크 프리만(Y. Frank Freeman)이 승인하고 추진한 것이었다.

4   "Studio Publicity Directors Committee WE 3-7101(Duke Wales)", January 5, 1955, Folder 149, Film Festivals P-Z, AMPAS.

5   Hervé Dumont, *Frank Borzage : The Life and Film of a Hollywood Romantic,* trans. Jonathan Kaplansky, Jefferson, NC : McFarland & Company, 2006, p.342

6   위의 책, p.342

7   "Studio Publicity Directors Committee WE 3-7101(Duke Wales)".

8   *Eiga Nenkan*, 1955, pp.54~60.

9   인도네시아영화의 아버지로 불리는 우스마 이스마일은 말릭과 함께 페르사리영화사(페르세로안영화사)를 창립했다. 이스마일은 영화 〈자유를 위한 투쟁가(Fighters for Freedom)〉(1961년)를 통해 국제적으로 유명해졌고, 이 작품은 1961년 제2회 모스크바 국제영화제에 출품되었다.

10 다음에서 인용. Miller's letter to Blum, June 18, 1955, FMPPSEA 2nd, Box 16, AFR.

11 The Federation of Motion Picture Producers in Southeast Asia, *The First Film Festival in Southeast Asia Catalogue*, May 8~20, 1954, Tokyo, Japan.

12 Thomas Elsaesser, "Film Festival Networks : The New Topographies of Cinema in Europe", *European Cinema : Face to Face with Hollywood*, Amsterdam : Amsterdam University Press, 2005, pp.89~90.

13 Fred Roos, "Venice Film Festival 1957", *Quarterly of Film, Radio and Television* 11, no.3, 1957, p.242

14 1960년대 초 유럽국가를 휩쓴 작가주의 현상의 여파로 영화제에는 감독을 중심으로 한 새로운 시스템이 등장했다. 이후 1970년대에는 국가적 혹은 지정학적 이해관계에 얽매이지 않은 새로운 영화제 장소로서 로테르담과 다른 도시들이 등장했다. 마리케 드 발크(Marijke de Valck)가 설명한 것처럼, 이 도시들은 "영화제는 자체 프로그래밍에 책임을 지고 양질의 영화서비스를 제공해야 한다"는 믿음을 바탕으로 설립되었

다. 다음을 참조. Marijke de Valck, *Film Festivals : From European Geopolitics to Global Cinephilia*, Amsterdam : Amsterdam University Press, 2007, p.165

15 "Big Five Film Companies Here Headed by Capable Leaders", *Nippon Times,* May 16, 1954, p.7.

16 "Daiei Film Golden Demon Judged Best Asia Movie", *Nippon Times*, May 20, 1954, p.1.

17 위의 글.

18 "For the Record", June 24, 1954, Hollywood "For the Record", Box 9, AFR.

19 FPA, *The First Film Festival in Southeast Asia Catalogue*.

20 영화 〈산티비나〉는 태국영화에서 오랫동안 '잃어버린' 고전이었다. 문제는 1954년 아시아영화제 직후부터 시작됐다. 페스톤지는 영화를 태국으로 다시 가져가려면 너무 많은 관세를 내야 한다는 사실을 알게 되었다. 이에 페스톤지는 영화를 런던으로 배송하기로 결정했다. 그는 항해 중 영화필름이 손상되었다는 소식을 들었고, 1970년 사망할 때까지 상을 받은 이 영화를 영원히 잃어버렸다고 믿고 있었다. 2012년 태국영화아카이브 부국장인 산차이 초티로세라니(Sanchai Chotirosseranee)는 알롱콧 마이두앙(Alongkot Maiduang)으로부터 한 통의 이메일을 받았다. 영화평론가이자, 박사과정에 있던 마이두앙은 런던 영화연구소에서 영화의 원본사운드 네거티브와 컬러영화 최소 몇 릴(reel)을 찾았다고 말했다. 태국영화아카이브는 더 나은 상태의 자료를 계속 찾았고 마침내 2013년 러시아 국영영화아카이브(Gosfilmofond)에서 전체 영화를 찾았다. 영화는 완전히 복원되어 2016년 제69회 칸국제영화제에서 상영되었다. 〈산티비나〉의 발견과 복원 과정에 대해서는 다음을 참조. Sanchai Chotirosseranee, "Finding Santi-Vina", *Journal of Film Preservation* 96, April 2017, pp.107~12; Donsaron Kovitvanitcha, "Resurrecting a Legend", *Nation,* May 24, 2016. http://www.nationmulti media.com/life/Resurrecting-a-legend-30286552.html.

21 *Far Eastern Film News,* May 21·28, 1953, p.35

22 Shuk-ting Kinnia Yau, 앞의 책, p.68

23 *Kinema Junpo* 90, June 1954, p.21

24 "Daiei Film Golden Demon Judged Best Asia Movie", *Nippon Times,* May 20, 1954, p.1.

25 John Miller, "Report on First Film Festival in Southeast Asia".

26 위의 글.

27 위의 글.

28 위의 글.

29 위의 글.

30 A letter to Luraschi, June 16, 1954, Japan Tokyo-Movies, Box 9, AFR.

31 A letter to Tanner, July 12, 1954, Japan Tokyo-Movies, Box 9, AFR.

32 월터 웽거(1894~1968)에 대해서는 다음을 참조. Matthew Bernstein, *Walter Wanger, Hollywood Independent*, Minneapolis : University of Minnesota Press, 2000.

33 Donald Richie·Joseph Anderson, 앞의 책, pp.232~33.

34 다음에서 인용. Tino Balio, *The Foreign Film Renaissance on American Screens, 1946~1973*, Madison : University of Wisconsin Press, 2010, p.121

35 "Telephone Call to Duke Wales", June 30, 1954, Hollywood "For the Record", Box 9, AFR.

36 "그[에드워드 해리슨]는 완전히 레이 작품의 애호가가 되었다. 그는 1961년 레이 감독의 촬영지를 방문한 후, 1967년 세상을 떠나기 전까지 미국 내에서 레이의 모든 작품을 개봉시켰다." Andrew Robinson, *Satyajit Ray : The Inner Eye*, Berkeley : University of California Press, 1989, p.103

37 Tino Balio, 앞의 책, p.121

38 James Powers, "The Golden Demon", *Hollywood Reporter*, May 3, 1956.

39 "Rashomon Boom Spurred Film Industry and Opened a New Export Channel", *Asahi Evening News*, May 17, 1955, B5.

40 Donald Richie·Joseph Anderson, 앞의 책, p.248

41 "The Princess Yang Kwei-fei", *Motion Picture Daily*, September 14, 1956.

42 그럼에도 나가타는 1960년대 초까지 계속해서 "대규모 스펙타클 영화와 야외촬영" 영화를 제작했다. 재스퍼 샤퍼(Jasper Shaper)는 일본의 제작 및 전시관행에 맞춰, 작품에 새로운 기술을 적용하려는 나가타의 시도를 논의한 바 있다. 다음을 참조. Jasper Sharp, "Buddha : Selling an Asian Spectacle", *Journal of Japanese and Korean Cinema* 4, no.1, 2012, pp.29~52.

43 M. Chase, "Conversation with Irving Maas of MPPA", September 15, 1953, Hollywood "For the Record", Box 9, AFR.

44 John Miller, "Film Stories for Daiei from Members of Screen Writers Guild", November 17, 1954, Japan Writer Project H-7(Winston Miller), Box 9, AFR.

45 "Conversation with Irving Maas of MPPA".

46 〈일본에서의 모험〉은 일본 내 비행기 사고에서 살아남은 미국 소년의 이야기이다. 일본 아이들은 이 미국 소년이 경찰에게 쫓기고 있다고 오해하여, 그가 탈출하는 것을 돕는다. [지지부진한 제작 속도에] 크게 실망한 밀러는 나가타와의 대화를 중단하고, 1955년 RKO에 각본을 팔았다. 아서 루빈(Arthur Lubin)이 영화를 연출했고 영화는 1956년 도쿄, 나라, 교토에서 촬영되었다. "Escapade in Japan", MPAA Production Code Administration Record, AMPAS. 『모션픽처데일리』의 영화평론가 찰스 S. 아론슨(Charles S. Aronson)은 〈일본에서의 모험〉을 리뷰하며, 이 "단순하지만 유쾌한" 작품을 긍정적으로 평가했다. "이 영화는 일본인을 유쾌하고 친근하며 호의적으로 묘사한다는 점에서 매우 훌륭히 기여합니다. 이 점은 요즘 같이 국제적인 시기에 가장 중요한 일입니다." Charles S. Aronson, "Escapade in Japan", *Motion Picture Daily*, September 19, 1957.

47 필립 로우는 1955년 갑자기 세상을 떠났고, 이에 1955년부터 1956년까지 메리 워커가 대표 대행직을 수행했다. 워커의 삶에 대해서는 다음을 참조. Lee Iacovoni Sorenson, "In

Memorium : Mary Walker Mag Hasse(1911~2007)", *Forum : Newsletter of the Federation of American Women's Clubs Overseas Inc.*, Winter 2007~8, p.2.

48 아시아재단은 한국의 아시아영화제작자연맹 회비도 지원했는데, 회비 지원은 적어도 1958년까지 이뤄졌다. 이에 대해서는 다음을 참조. Jack E. James's letter to Lee Byung-il, November 24, 1958, Media Audio-Visual Films KMPCA, Box 280, AFR.

49 Philip C. Rowe, "Visit in Hong Kong of Korean Observers for the Second Film Festival in South East Asia", April 19, 1955, FMPPSEA 2nd Singapore, Box 15, AFR.

50 "2nd Film Festival Southeast Asia Singapore 1955 Press Release", April 21, 1955, FMPP-SEA 2nd Singapore, Box 15, AFR.

51 인민행동당의 당원 중 9명이 중앙집행위원으로 선출되었다. 토친차이(Toh Chin Chye)가 위원장을, 리콴유(Lee Kuan Yew)가 사무국장을 맡았다.

52 "Second Southeast Asian Film Festival Open", *Far East Film News* 2, no.47, May 13, 1955, p.1.

53 Tonu Marsh, "MacDonald May Declare Open Film Festival", *Singapore Standards*, March 12, 1955.

54 영화제에 출품한 필리핀의 영화목록은 다음과 같다. 〈라푸-라푸(Lapu-Lapu)〉(람베르토 아벨라나 감독, 1955년, LVN), 〈테뇨소 왕자(Prinsipe Teñoso)〉(그레고리오 페르난데스 감독, 1954년, LVN), 〈이푸가오(Ifugao)〉, 〈아일로카나 아가씨(Dalagang Ilokana)〉(올리브 라 토레(Olive La Toree) 감독, 1954년, 삼파기타). 싱가포르의 영화목록은 다음과 같다. 〈카시흐 메누팡(Kasih Menumpang)〉(L. 크리슈란(L. Krishran) 감독, 1955년, 케세이), 〈사우다라쿠(Saudara-ku)〉(로리 프리드만(Laurie Briedman) 감독, 1955년, 케세이), 〈아이라마 카세흐(Irama Kaseh)〉(로리 프리드만 감독, 1955년, 케세이), 〈최초의 400(The First Four Hundred)〉(말레이필름유닛), 〈말레이산 고무(Rubber from Malaya)〉(말레이필름유닛), 〈하산의 귀향(Hassan's Homecoming)〉(말레이필름유닛), 〈유스인액션(Youth in Action)〉(말레이필름유닛), 〈메라나〉, 〈항 투아(Hang Tuah)〉. 인도네시아 영화는 〈통행금지 이후〉였다. 홍콩영화목록은 다음과 같다. 〈무덤 너머〉, 〈고아 소녀〉, 〈히로인〉. 마카오 영화는 〈롱 로드(The Long Road)〉(유리코 페레라(Eurico Ferrerra) 감독, 유라시아필름(Eurasia Films))였다. 대만 영화목록은 다음과 같다. 〈바이 더 힐사이드(By the Hillside)〉(CMPC, 1955년), 〈포피 플러워(Poppy Flower)〉(유안 청메이(Yuan Chongmei) 감독, 타이완필름(Taiwan Films)). 태국은 〈형제들(The Brothers)〉(B. 유갈라(B. Yugala) 감독, 아스빈픽처스(Asavin Puictures)).

55 "Indonesia Staged Festival to Select Entries", *Far East Film News* 2, no.47, May 13, 1955, p.31

56 A letter to James Stewart from John Miller, January 12, 1955, FMPPSEA 2nd, Box 16, AFR

57 『경향신문』, 1955.7.6, 5면.

58 인도네시아가 주최한 첫 번째 아시아영화제는 1970년 영화제로, 6월 16일부터 19일까

지 자카르타에서 열렸다. 당해의 최우수영화상은 인도네시아 영화 〈팔루피, 무엇을 찾고 있나요?(What Are You Looking for, Palupi?)〉(아스룰 사니(Asrul Sani) 감독, 1970년)에게 돌아갔다.

59 『경향신문』, 1956.6.19, 6면.

60 "Award Winners", *Far East Film News* 2, no.49, May 27, 1955, p.9.

61 A letter to James Stewart from John Miller.

62 Bleakley McDowell, "Jules and Miriam Bucher", Master's thesis, New York University, 2015.

63 "Indonesian Studio to Get U.S. Grant", *Nippon Times*, May 16, 1954, 7.

64 콜롬보 계획은 남아시아 및 동남아시아국가의 경제개발을 위한 미국과 영국의 공동협력계획이었기 때문에, 미국은 이 계획을 통해 해당지역의 의사결정에 영향을 미칠 수 있는 환경을 조성할 수 있었다. 특히 미국은 한때 영국이 지배한 극동아시아 지역(말레이시아, 싱가포르, 북보르네오, 사라왁, 브루나이)을 장악했다. 콜롬보 계획은 재정지원과 함께 교육에도 막대한 투자를 했다. 다음을 참조. Antonin Basch, "The Colombo Plan : A Case of Regional Economic Cooperation", *International Organization* 9, no.1, 1955, pp.1~18.

65 Krishna Sen, 앞의 책, pp.24~25.

66 Miriam Bucher, "2nd Southeast Asian Film Festival, Singapore, May 14~21, 1955", June 6, 1955, FMPPSEA 2nd, Box 16, AFR.

67 위의 글.

68 FPA, *Report on the 3rd Annual Film Festival of Southeast Asia,* p.34

69 키니아 야우 슉팅은 연맹의 명칭 변경을 주장한 자는 그랜섬이었다고 주장한다. 다음을 참조. Shuk-ting Kinnia Yau, "Shaws' Japanese Collaboration and Competition as Seen Through the Asian Film Festival Evolution", *The Shaw Screen : A Preliminary Study*, ed. Wong Ain-ling, Hong Kong : Hong Kong Film Archive, 2003, pp.279~91.

70 M. Chase · C. Edwards, "Southeast Asia Motion Picture Producers Federation and Festival", January 7, 1954, Film Festivals General 1951 · 54, Box 14, AFR.

71 "12 Representing Korea at Festival", Media Audio-Visual KMPCA General, Box 60, AFR.

72 Cho Tong-jae, "Report on the Korean Participation in the 4th Asian Film Festival," June 18, 1957, FMPPSEA 4th, Box 88, AFR

73 A letter to Thompson from James, July 25, 1957, FMPPSEA 4th, Box 88, AFR.

74 윌리엄 A. 세이터는 100편 이상의 장편영화를 제작한 할리우드 감독으로, 특히 뮤지컬 및 코미디영화가 그의 주특기였다. 그는 로렐(Laurel)과 하디(Hardy)가 출연한 영화 중 하나인 〈사막의 아들(Sons of Desert)〉(1933년)과, 진저 로저스(Ginger Rogers)와 프레드 아스테어(Fred Astaire)의 뮤지컬 〈로베르타(Roberta)〉(1935년)로 유명해졌다. 세이타가 영화제에 참석한 시기는 그가 더 이상 장편영화 연출을 맡지 않는 시점이었다. 그

는 1960년에 연출에서 은퇴했다.

75 "Verbal Report-William A. Seiter," October 4, 1956, FMPPSEA 3rd, Box 18, AFR.

76 John Miller, "Report on Second Film Festival in Southeast Asia, Singapore 1955", June 18, 1955, FMPPSEA 2nd, Box 16, AFR

77 롤라 영은 중국인과 프랑스인 부모 사이에서 태어나 홍콩에서 살았다. 1950년대에는 광동어 영화에 출연했다. 〈산다 웡〉으로 필리핀인의 사랑을 받는 최초의 홍콩 스타가 된 이후, 그녀는 홍콩과 필리핀이 공동제작한 〈장군 야마시타의 보물〉에 출연했다. 이후 음악전공을 위해 이탈리아로 유학가며 영화계를 은퇴했다. 다음을 참조. Kar Law・Frank Bren, *Hong Kong Cinema : A Cross Cultural View*, London : Scarecrow, 2005, p.215

78 위의 책, pp.205~6.

79 "Affair in Ankuwat : Tragic Love of the King's Daughter", *Nan Guo Dian Ying*[Southern screen] 3, February 1958, pp.36~37. 〈이국정원〉에 대해서는 다음을 참조. Sangjoon Lee, "Seoul-Hong Kong-Macau : Love with an Alien(1957) and Postwar South Korea-Hong Kong Coproduction", *Asia-Pacific Film Co-Productions : Theory, Industry and Aesthetics*, ed. Dal Yong Jin・Wendy Su, London : Routledge, 2019, pp.256~74.

80 FPA, *Report on the 3rd Annual Film Festival of Southeast Asia*, p.119

81 위의 책, p.120

82 Donald Richie・Joseph Anderson, 앞의 책, p.248

83 Peter J. Katzenstein, "Japan, Technology and Asian Regionalism in Comparative Perspective", *The Resurgence of East Asia : 500, 150, and 50 Years Perspective*, ed. Giovanni Arrighi・Takeshi Hamashita・Mark Sheldon, London : Routledge, 2003, p.214

84 아론 무어(Arone Moore)는 전쟁기간 동안 일본 관료, 지식인, 기술자가 일본 및 식민지에서 사람들을 규합하기 위해 어떻게 '기술'을 활용했는지 상세히 분석한다. 다음을 참조. Aaron Moore, *Constructing East Asia : Technology, Ideology, and Empire in Japan's Wartime Era, 1931~1945*, Palo Alto, CA : Stanford University Press, 2015.

85 Guo-juin Hong, *Taiwan Cinema : A Contested Nation on Screen*, London : Palgrave Macmillan, 2011, p.72

86 FPA, *Report on the 3rd Annual Film Festival of Southeast Asia*, pp.120~21.

87 위의 책, p.123

88 위의 책, p.124

89 1950년대와 1960년대 아시아에서 영화기술자 교육은 실로 중요한 문제였다. 예를 들어, 인도영화부의 수석이사인 K. L. 칸드푸르(K. L. Khandpur)는 1950년대 동안 매우 활발히 활동했다. 그가 보기에, 아시아의 영화기술자 교육 및 훈련은 1950년대와 60년대 아시아 지역 영화경영진들이 공통적으로 공유했던 중대한 관심사였다. 칸드푸르는 1960년 1월에 열린 유네스코의 연례회의에서 두 가지 해결책을 제안했다. 그는 "현재 동남아시아에는 만족할 만한 교육시설이 없기 때문에, (가) 서구국가에서 교육받을 수

있도록 주선하거나 (나) [동남아시아] 지역에 종합교육학교를 설립하여 적절한 교육을 제공할 수 있습니다"라고 제안했다. 칸드푸르는 후자가 더 바람직하며, 선진국인 일본과 인도가 나머지 동남아시아 영화기술자 재교육을 위해 열정적으로 앞장서야 한다고 주장했다. K. L. Khandpur, "Problems of Training Film Technicians in South East Asia", UNESCO Meeting on Development of Information Media in South East Asia, Bangkok, January 18~30, 1960.

90 Cho Tong-jae, "Report on the Korean Participation in the 4th Asian Film Festival".

91 "Hong Kong's Back Door, Yu Ming Cop High Honors at Asian Film Fest", *Variety*, April 19, 1960, p. 11

92 작가 미상, "Funds Used by Fiscal Year Since Initiation of Projects", 날짜 미상, Fund General, Box 171, AFR.

93 "Asia Pictures", February 3, 1959, Audio-Visual Movies Asia Pictures 1958·59, Box 171, AFR.

94 A letter to Stewart from Tanner, January 5, 1954, Film Festivals General 1951·54, Box 14, AFR.

95 *Eiga Nenkan*, 1956, p. 55

96 John Miller, "Recommendations for Future Asia Foundation Relationships with the Federation of Motion Picture Producers of Southeast Asia and Its Member Film Industries", June 16, 1955, FMPPSEA 2nd, Box 16, AFR.

97 "Asia Foundation Monthly Reports", February 11, 1955, Box 1, RBP.

반공영화제작자연대의 구축

홍콩은 아시아재단에게 전략적으로 중요한 지역이었다. 동남아시아 화교커뮤니티에서 홍콩이 차지하는 지리적, 경제적, 정치적 비중이 상당했기 때문에 아시아재단의 많은 사업과 활동은 홍콩에서 주로 착수되었다. 아시아재단의 화교연구에 따르면, 화교인구는 1953년 "1,200만 명을 넘어섰고 해외에서 단일국적으로 구성된 집단 중 가장 큰 규모"였다. 재단은 화교커뮤니티가 중국에 미치는 재정적 기여에 특히 주목했다.[1] 대규모 인구가 유입된 1950년대 초 홍콩은 불안과 불확실성의 공간이었다. 1949년 10월 중화인민공화국이 건국된 후 수만 명의 중국인은 더 나은 미래를 찾아 홍콩 피난길에 올랐고, 그 결과 1945년 8월 약 60만 명이었던 홍콩의 인구는 1951년 250만 명으로 급증했다. 홍콩에 온 난민 중 상당수는 여전히 중국 본토와 긴밀한 관계를 유지했다. 루얀Lu Yan에 따르면, 이 새로운 난민들은 영국이 관할하는 영토를 "더 안전한 곳으로 가는 중간 기착지 즉, 더 영구적인 거주지로 가는 경유지"로 여겼다.[2] 난민들은 무거운 이념적 짐을 짊어지고 홍콩으로 들어왔기 때문에, 영국령 식민지 전역은 결과적으로 두 세계가 치열하게 전투를 벌이는 전장이 되었다.

로버트 블룸은 홍콩이 만다린어로 된 중국 미디어 제작의 핵심지라고 파악했다. 그는 아시아재단 월간보고서에서 "공산주의자들은 동남아시아 전역에서 노골적인 적색 서적red publications이 더 이상 유용하지 않자 전략을 바꾸고 있습니다. 이들은 비공산주의자non-communist의 미디어로 눈길을 돌렸습니다. 특히 신문, 잡지, 영화를 이용하려 합니다. 화교를 겨냥한 적색 선전물이 아시아국가에 쏟아져 들어오고 있습니다. 그중 상당수는 겉보기에 그럴듯한 책으로 위장했습니다. 화교는 홍콩을 지식과 문화생산의 중심지로 생각합니다. 따라서 아시아재단은 동남아시아의 화교들이 중화인민공화국을 지지하지 않도록 막기 위해, 가능한 한 많은 화교 연구를 수행해야 합니다"라고 주장했다.[3]

블룸의 주장과 더불어 아시아재단 영화사업부도 중국 공산주의 자본으로부터 막대한 보조금을 받는 공산주의 제작자들이 홍콩 영화산업을 장악하고 있으며, 가장 성공한 중화권 영화는 "대체로 공산주의 영화였다"는 진단을 내렸다.[4] 실제로 그레이트월픽처스Great Wall Pictures, 長城電影製片有限公司, 용마龍馬, 피닉스스튜디오鳳凰影業公司, 청리엔Chung Lien, 쾅이Kwong Yi 등 현지 영화제작사들은 1949년 중화인민공화국 건국 이후 눈에 띄는 성공을 거두었다.[5] 아시아재단의 주요 표적은 단연 그레이트월픽처스였다. 그레이트월픽처스는 위안양안袁仰安과 "전시 상하이 중국영화의 왕"으로 불린 장샨쿤이 공동 설립한 곳이었다.[6] 장샨쿤은 일본이 상하이를 점령한 시기에 일본 토와Towa영화사 사장 가와기타 나가마사와 가깝게 지냈다. 아시아재단이 홍콩 영화산업에 개입할 무렵, 홍콩 내 친중 스튜디오 대부분은 재정적 어려움을 겪고 있었다. 홍콩, 싱가포르, 말레이시아 시장상황을 고려해야만 했던 홍콩 스튜디오가 제작한 영화는 중국 본토 시장에서 "충분히 프로파간다적이지 않은" 영화로 비춰졌기 때문이다.[7] 설상가상으로 대만시장까지 막혀버리자, 홍콩 스튜디오들은 더욱 극심한 재정난을 겪게 되었다. 재정난은 제작편수에 직격타가 되었다. 그레이트월픽처스는 1952년 10편을 제작했지만 1954년에는 6편밖에 제작하지 못했다.

아시아재단은 홍콩 스튜디오가 처한 위기의 흐름을 '청신호'로 받아들였다. 찰스 태너는 "친민주적 영화는 홍콩에서 만들어져야 하며, 이 영화들은 정말 훌륭하고 재미있는 작품이여야 한다"고 강조해서 말했다.[8] 제임스 스튜어트의 강력한 지지 하에, 아시아재단의 샌프란시스코 본부는 만다린어 영화시장의 영향력을 파악했다. 만다린어 영화시장은 홍콩, 싱가포르, 말레이시아, 인도네시아, 태국, 베트남, 대만을 포함했고, 그 규모는 무려 전체 화교시장의 3분의 1에 해당했다. 존 밀러는 2천만 명 이상의 잠재적 화교관객이 있을 것으로 추정했다. 재단은 "재미있고 훌륭한" 영화를 제작할 수 있다면, 동남아시아에서 거주하는 화교 대다수에게 접근할 수 있으리라 기대했다. 이러한 판단하에 샌프란시스코 본부는 반공산주의 언론인 장궈신張國興을 지원하기로 결정했다. 장궈신은 공산당의 홍콩언론 장악을 상쇄함으로써 비공산주의 언론을 안정화시키려는 목표를 가졌고, 무엇보다 그 목표에 매우 헌신적인 인물이었다. 구체적으로 장궈신은 1951년 11월 아시아재단당시 자유아시아위원회에게 "국민사고思考를 위한 3차원 프로젝트"를 제안했다.[9] 프로젝트의 핵심 목표는 출판사와 영화제작사와 지식인 클럽 설립을 통해, 홍콩 미디어를 장악한 '빨갱이'를 몰아내고 미디어업계에서 비공산주의자의 지분을 키우는 것이었다. 장궈신은 출판사, 영화제작사, 지식인 클럽이 상호 이익구도를 형성하고, 이를 통해 "중국전통의 자유가치와 자유세계의 원칙"을 선언하는 책과 잡지와 영화를 제작할 것이라 기대했다.[10]

홍콩프로젝트 장궈신과 아시아픽처스

장궈신은 1916년 중국 하이난성海南省 태생으로, 북보르네오 쿠칭Kuching에서 유년기를 보낸 후 1945년 중국 쿤밍昆明에 위치한 국립서남연합대학國立西南聯合大學에서 학업을 마쳤다.[11] 그는 졸업 직후 충칭重庆에 위치한 중앙통신사Central News Agency에서 언론인으로서의 전문경력을 쌓기 시작했다. 1년 후에는 난징南京으로 파견되었고, 그곳에서 영어 회화 및 작문 실력을 인정받아, 미국 통신사 유나이티드프레스United Press에 채용되었다. 1949년 4월 장궈신은 난징이 공산군에게 함락되는 것을 눈앞에서 목격했다.[12] 새로운 직장을 찾아 홍콩에 도착한 후 그는 자신의 경험을 토대로 일련의 기사를 집필했고, 1950년『죽竹의 장막 뒤에서의 8개월Eight Months Behind the Bamboo Curtain』이라는 제목의 저서도 출간했다.[13]

장궈신의 3차원 프로젝트가 가장 먼저 손댄 것은 출판영역이었다. 그 일환으로 1952년 9월 아시아프레스Asia Press, 亞洲出版社가 신설되었다. 아시아프레스는 중국어로 된 반공자료를 기획·출판·배포·유통하는 출판구조를 구축했는데, 이곳의 출판영역은 학술서와 보고서부터 소설, 교과서, 만화에 이르기까지 매우 광범위했다.[14] 아시아프레스가 출간한 소설 중 몇 편은 장궈신이 운영하는 아시아픽처스Asia Pictures, 亞洲影業有限公司에서 영화로 제작되기도 했다. 가장 대표적으로 샤첸멍沙千夢의『긴 거리長巷』와 자오즈판趙滋蕃의『반하류사회半下流社会』가 각색을 거쳐 스크린에 올려졌다.[15] 아시아프레스의 소매점인 아시아서점Asia Bookstore은 1952년과 1953년 각각 홍콩과 마카오에서 문을 열었다. 아시아재단의 연례보고서에 따르면, 홍콩의 서점은 "작가, 문예가, 학생, 독자들이 가장 많이 모이는 장소 중 하나로서 [정보]유통의 중심지 역할을 했다." 재단은 서점 확장에 매우 열성적이었는데, 1956년에는 싱가포르, 방콕, 자카르타에서 연이어 서점을 개점했다.[16] 또한 아시아프레스는 동남아시아의 중국신문사에 주간 뉴스레터를 공급하는 아시아뉴스에이전시Asia News Agency를 함께 운영했다. 장 귀신은 『뉴리더The New Leader』와의 인터뷰에서 자신의 사업 목적을 명확히 강조했다. 인터뷰에서 그는 "공산주의 문학이 이곳[동남아시아]의 많은 서점을 가득 채우고 있습니다. 공산주의 서적과 잡지는 동남아시아 전역의 화교커뮤니티에게 차고 넘칩니다. 우리가 이에 맞서는 단호하고 창의적인 문학을 생산하지 못한다면 죽竹의 장막 밖 중국인들을 공산주의자에게 빼앗길 것입니다"라고 말했다.[17] 아시아재단은 1955·56년 회계연도에 맞춰, 아시아프레스에 미화 8만 달러의 지원금을 책정했다.

1953년 7월 11일 아시아픽처스가 설립되었다. 아시아픽처스는 당시 홍콩영화사 중 최고의 장비를 갖춘 영화영업공사永華影業公司를 인수하여, 영화제작을 공식적으로 개시했다. 장귀신이 언명했듯이, 아시아픽처스의 목적은 "공산주의에 맞서 싸우는 것이다. 중국영화계에서 중국 공산주의의 영향력을 지우고, 민주주의와 자유의 원칙을 증진하며 공산주의자들의 전체주의를 규탄하는 영화를 제작하는 것이다. 이를 통해 영화제작자로서뿐만 아니라, 사람들의 양심과 정신을 지키는 파수꾼의 역할을 수행하는 것"이었다.[18] 장귀신에게 가장 중요한 목표는 단연 그레이트월픽처스를 이기는 것이었다. 실제로 그는 "이것이 우리의 구호가 될 것입니다"라고 분명히 밝혔다.[19] 1949년 중화인민공화국의 건립으로 본토시장이 문을 닫자, 홍콩에 기반을 둔 만다린어 영화제작사 대부분은 파산 직전까지 재정이 악화되었다. 이러한 재정난을 빗겨간 회사도 드물지만 몇 곳 있었는데, 그레이트월픽처스도 그중 하나였다. 친중 성향을 보인 그레이트월픽처스는 대부분의 제작사와 달리 중국 본토에 영화를 계속 판매했다.[20] 상하이에서 이민 온 많은 영화인 ─ 감독 유에펑岳楓과 리핑찬李萍倩, 제작자 장샹쿤과 위안양안, 배우 슈시舒適와 리우 치옹劉瓊 등 ─ 이 그레이트월픽처스와 장기계약을 맺었다. 사업 수완이 뛰어났던 위안양안은 1950년 월간잡지 『그레이트월픽토리얼長城畫報, 영어 제목 *The Great Wall Pictorial*』을 창간했고, 잡지는 엄청난 인기를 끌었다.[21] 『그레이트월픽토리얼』은 "도시와 극동아시아 지역에서 가장 많이 팔리는 잡지"로서 영화와 스타를 매우 효과적으로 그리고 성공적으로 홍보했다.[22] 장궈신은 월간잡지가 영화사의 상업적 성공의 핵심 요인 중 하나라고 보았다. 따라서 그는 『그레이트월픽토리얼』에 대항하는 경쟁 잡지로 『아시아픽토리얼亞洲畫報, *Aisa Pictorial*』을 창간했고, 아시아프레스가 출판을 맡았다. 장궈신에 따르면 잡지는 "가장 중요한 홍보무기"였다.[23]

『아시아픽토리얼』의 1953년 5월 창간호는 그해 3월 미국 네바다주 유카 평원Yucca Flat에서 실시된 미국 최초의 원자폭탄 실험기사로 지면을 여는데, 이러한 배치는 공산주의가 장악한 홍콩에 문화적 원자폭탄을 투하하는 것 같은 효과를 자아낸다. 창간 첫해 동안 『아시아픽토리얼』은 정치 및 문화 관련 다양한 소식 ─ 주로 동유럽에서 일어난 반공투쟁, 대만에서의 군사훈련, 영미 정치인 및 군 장성의 아시아 순방, 할리우드 유명인에 대한 가십, 해외영화 및 지역영화 소식, 서양주부들의 풍요롭고 독자적인 삶에 대한 짧은 글 ─ 을 전했다.[24] 아시아재단의 1955년 5월 평가에 따르면, 『아시아픽토리얼』은 큰 성공을 거뒀다. 이 잡지는 "시중에 나와 있는 다른 모든 출판물보다 더 많이 팔렸고", "아마도 아시아에서 발행되는 잡지 중 가장 인기 있고 효과적인 미디어"였다.[25]

장궈신은 1953년 1월 그의 '최측근'인 월터 우Walter Woo를 영화프로젝트에 영입했다.[26] 장궈신의 절친한 친구인 우는 미국 디트로이트에서 태

어나 미시간대학교University of Michigan에서 수학한 중국계 미국인이다. 그는
이스트만 코닥과 파라마운트에서 근무한 후, 홍콩영화영업공사에 총괄
부매니저로 합류했다.[27] 우는 이상적인 파트너였다. 아시아재단도 우의
문화적 배경과 할리우드 경력을 높게 평가하여, 그를 신뢰했다. 우가 합
류한 지 얼마 지나지 않아, 장궈신은 재단의 홍콩지부에 영화프로젝트를
위한 초기 예산 167,000홍콩달러를 요청하는 신청서를 제출했다. 前 UC
버클리 일본역사학 교수이자 당시 재단의 홍콩지부 대표였던 델머 브라
운Delmer M. Brown은 영화산업에 뛰어든 장궈신의 새로운 도전을 적극 지지
했다. 아시아픽처스의 첫 번째 장편영화 〈전통〉탕후양 감독, 1955년은 1953년
10월 17일에 촬영을 시작하여 같은 해 12월 현지 촬영을 마쳤다. 촬영은
쇼브라더스의 홍콩지사인 난양스튜디오에서 이뤄졌다. 초창기 홍콩 갱
스터 영화 중 하나로 손꼽히는 〈전통〉은 충심loyalty이라는 중국의 전통규
범과 근대성 사이의 갈등을 다룬 서사극으로, 밀러와 태너가 언급했듯이
노골적인 반공영화는 아니었다. 장궈신에 따르면, 아시아픽처스는 '직접
적인 공격' 방식을 취하지 않기로 결심했다. 그는 그 이유에 대해 이렇게
설명했다. "영국 검열관이 정치적으로 어떤 색깔의 프로파간다 영화도 승
인하지 않기 때문입니다. 더욱이 중국 대중 역시 공개적인 프로파간다 영
화를 극도로 경계합니다. 우리는 조금 더 교묘하고 섬세한 방식으로 접근
해야 합니다. 예술적이면서 매력적인 방식으로 일을 진척시켜야 합니다.
그러니 딱 집어서 이야기하는 대신, 넌지시 암시하거나 은연중에 전달해
야합니다. 정치적 언어의 경우, 외교적 태도를 갖춰야 합니다. 우리가 지
키는 기본원칙은 최고의 프로파간다 영화는 동시에 최고의 오락영화여
야 한다는 것입니다."[28] 흥미롭게도, 아시아재단은 직접 손대지 않는 접
근방식을 대체로 유지했다. 태너와 밀러와 스튜어트도 콘텐츠에 대해 직

접 지시하지 않았다. 이러한 접근방식에는 여러 이유가 있겠지만, 어쩌면 그들이 언어장벽에 부딪혔기 때문에 이와 같은 방식을 채택했다고 설명하는 것도 가능하다. 실제로 이들 중 누구도 통역관 없이는 일본 이외의 아시아 지역 영화경영진들과 소통할 수 없었다. 하지만 이보다 중요한 것은 아시아재단 영화사업부의 주요 목적이 바로 비공산주의자 개인 — 특히 반공산주의자 개인 — 을 지원하고, 그들이 서로 협업할 수 있는 기회를 제공하며, 그들이 제작한 영화를 미국시장에 소개하는 것이었다는 점이다.

홍콩 내 친중 좌파 영화제작사 및 그레이트월픽처스에 맞서기 위해, 아시아픽처스의 제작자와 연기자, 심지어 기술 스태프에 이르기까지 영화제작에 참여하는 모든 인력은 공산주의자들과 일한 경력이 없어야 했다. 델머 브라운과 그가 이끄는 홍콩지부는 제작진 개개인의 이념배경을 철저히 조사했다. 탕후앙 감독은 대만 중앙전영공사CMPC에서 뉴스릴 편집자로 영화경력을 시작했다. 브라운은 "이곳의 다른 사람들과 달리, 탕후앙 감독은 단 한 번도 공산주의 제작자들과 연루된 적이 없다. 그러므로 우리의 대의명분에 대한 그의 충성심을 의심할 여지가 전혀 없다"고 기록했다.[29] 마찬가지로 왕하오王豪는 "그레이트월픽처스가 만든 어떤 영화에도" 출현한 적 없었기 때문에 주인공으로 뽑혔다.[30] 〈전통〉은 아시아픽처스가 제1회 아시아영화제에 공식으로 출품한 작품이었지만, 영화제위원회가 수상목록에서 배제한 첫 번째 영화이기도 하다. 3장에서 살펴보았듯이, 위원회는 영화가 일본장교를 부정적으로 묘사하여 영화제 규정을 위배했다고 판단했다.

아시아픽처스의 두 번째 영화 〈히로인楊娥, The Heroine〉1955년은 잘 알려진 향비香妃의 이야기를 각색한 것이다. 영화는 18세기 청나라 건륭제에게 후궁으로 끌려간 한 여인의 삶을 추적한다. 장궈신은 "저는 이 이야기가 외세의 침략에 저항하는 것이라서 선택했습니다. 작품은 종교와 국가와 남편에 대한 충성심을 잃지 않고 개인의 존엄성을 지키며 저항하는 한 여인의 이야기입니다. 영화는 침략에 굶주린 황제의 지독한 사랑으로부터 자유를 얻기 위한 샹페이의 투쟁을 보여줍니다. 그녀의 삶은 옛 시대의 공산주의자들이 만든 거대한 거짓말로 인해 희생당했습니다. 그들은 향비에게 그녀의 남편이 살아있다고 거짓말했고, 그녀는 한 평생 그런 거짓된 믿음에 예속되어 살아갔습니다"라고 말했다.[31] 장궈신의 야심은 2년 연속 매년 3편의 영화를 만들어냈고, 편당 미화 2만 달러의 제작비가 투입되었다. 아시아재단이 제작비를 부담했는데, 당시 홍콩지부에 할당된 연간 예산과 비교해 볼 때 장궈신의 영화제작비는 엄청난 액수였다. 예산 문제를 차치한다면, 아시아재단의 주요 관심사는 재단이 지원한 영화를 어떻게 대만, 싱가포르, 말레이시아, 태국, 필리핀 그리고 가능하다면 미국에 배급하는지의 문제였다. 브라운은 아시아재단의 각국 지부 대표를 만나서 협상했다. 그 결과 〈전통〉은 1954년 4월 26일 대만 타이베이의 그레이트월드극장Great World Theatre과 뉴월드극장New World Theatre에서 상영되며 첫 번째 해외개봉 성과를 이뤘다. 영화는 몇 달 후 케세이MP&GI 영화사가 싱가포르와 말레이시아에서 운영하는 극장에서도 개봉했다.[32]

아시아재단 영화프로젝트의 궁극적 목표는 아시아의 반공 영화경영진이 할리우드에 진출할 수 있도록 만드는 것이었다. 하지만 재단의 첫 번째 시도였던 〈국민은 승리한다〉는 참담한 결과만 남겼다. 1장에서 설명한 것처럼, 캘리포니아에 기반을 둔 캐스케이드영화사가 〈국민은 승리한다〉를 제작했다. 과거의 경험을 감안할 때 아시아재단에게 아시아픽처스의 제품을 미국에 소개하는 것은 매우 중요한 문제였다. 태너는 로스앤젤레스로 이동하여, 그가 보기에 〈전통〉보다 더 나은 영화였던 〈히로인〉의 특별상영회를 준비했다. 상영회는 1955년 3월 1일 오후 8시 파라마운트 스튜디오의 극장에서 열렸다. 상영회에는 파라마운트사의 최고 기술진들이 참여했다. 편집의 찰스 웨스트Charles West, 사운드레코딩의 루이스 메센콥Louis Mesenkop, 카메라의 잭 비숍Jack Bishop과 월터 켈리Walter Kelley, 각본의 스탠 카비Stan Carvey와 프랭크 보제이기 감독, 파라마운트사의 임원 루이지 루라시와 앨버트 딘Albert Deane이 참여해 영화를 관람했다.[33]

아시아재단의 샌프란시스코 본부 사무관 L. Z. 위안L. Z. Yuan에 따르면, 상영회에서 태너는 "아시아 영화인들은 할리우드를 영화예술의 정점으로 바라보고 있으며, 어떻게 아시아 영화를 개선할 수 있을지에 관한 건설적 제안을 요청하고 있습니다"라고 강조해서 말했다.[34] 하지만 파라마운트 기술진들의 초기 반응은 그다지 긍정적이지 않았다. 편집부 책임자인 찰스 웨스트는 영화를 거세게 비판했다. 그는 "도대체 그들이 어떤 시장을 겨냥하여 촬영했는지 모르겠습니다. 하지만 이런 유형의 영화는 우리가 진출한 시장미국, 유럽, 남미 등에 결코 진출할 수 없습니다. 영화에 등장인물이 너무 많고, 연관사건 및 시퀀스 간 갑작스런 전환은 해외시장 배급에 적합하지 않습니다. (…중략…) 우리가 방금 본 건 미국영화가 아닙니다. 그들이 우리 기준을 따르고자 했다면, 이미 그 기준을 놓쳐버린 겁니다"라고 자신의 견해를 밝혔다.[35] 몇몇 참관인들은 〈히로인〉의 의상디자인과 촬영기법, 프로덕션 디자인을 높게 평가했다. 그러나 스토리텔링과 편집에 대해서는 만장일치로 비판했다. 특히 프랭크 보제이기는 영화가 지닌 핵심 문제로 현상 및 편집, 그리고 캐릭터 구축을 꼽았다.[36] 결정적으로 앨버트 딘도 "긴장감 넘치는 클라이맥스의 부재"를 문제점으로 지적했다.[37] 2장의 일본 시나리오작가 프로젝트 논의에서 살펴본 것처럼,

아시아재단은 아시아 영화의 가장 큰 약점이 할리우드식의 효과적인 스토리텔링을 갖추지 못한 점이라고 판단했다. 찰스 웨스트는 아시아픽처스가 이 난관을 극복할 수 있도록 그곳의 기술자를 파라마운트로 데려와 제작과정을 참관하게 하자고 제안했다. 파라마운트의 국내 및 해외 검열을 총괄하는 루라시는 상영회 다음날 태너에게 보낸 편지에서 웨스트의 제안에 동의한다고 밝혔다. 그는 "홍콩 친구들을 돕기 위해 우리가 할 수 있는 가장 중요한 일은 그곳 작가들에게 우수한 시나리오작가와 구성가의 도움을 받게 하는 것입니다. 그들에게 우리가 촬영 각본을 개발할 때, 그리고 미국식 템포와 서스펜스로 서사를 전개할 때 사용하는 몇 가지 방법을 알려주는 것입니다. (…중략…) 그리고 아시아픽처스의 감독들은 아니더라도, 적어도 그곳 편집자들은 우리 쪽 사람들로부터 크게 도움 받을 수 있다고 생각합니다. 그들에게 디졸브와 페이드, 저속촬영 등을 설명해줄 수 있으니까요."[38]

로스앤젤레스에서 열린 상영회가 거의 두 달 가까이 지난 4월 28일, 장궈신은 태너에게 한 통의 편지를 써서 그가 받은 비판에 대해 항변했다. 장궈신은 아시아픽처스의 시설과 기술이 턱없이 부족하다는 말로 편지를 시작했다.

솔직히 말해서, 우리[홍콩] 업계는 현대적이고 서구적인 영화제작표준에 비해 몇 년 뒤처져 있습니다. 우리는 기술적 노하우와 장비가 필요합니다. 예를 들어, 우리의 열악한 현상 작업에 관한 많은 의견이 나왔습니다. 부끄럽지만 우리의 작업이 모두 수작업으로 이뤄졌다는 사실을 고백합니다. (…중략…) 말씀하신 대로, 우리는 디졸브를 처리할 장비가 없습니다. 그래서 화학처리로 진행하고 있는 것입니다. 우리는 서구의 최신 편집 장비처럼 좋은 장비도 없습니다. 제대로 된 카메라크레인이나 달리도 없습니다. 현장녹음을 위한 휴대용 마그네틱 녹음기도 갖추지 못했습니다. 우수한 특수효과 인력도 없습니다. 훌륭한 감독도 없고요. 우리에게 없는 것이 또 하나 있습니다. 아주 중요한 지점입니다. 바로 배우고 잘 해내려는 의지가 없다는 점입니다. 우리 업계의 대다수가 설렁설렁 일하고 있습니다. 제가 처음 영화계에 뛰어들었을 때, 제가 해야 할 일 중 하나는 이들을 어떻게 훈련시킬지 고안하는 것이었습니다.[39]

　장궈신은 아시아픽처스의 기술자들을 할리우드에 보내는 대신 일본 다이에이스튜디오에 보낼 것을 제안했다. 할리우드에 보내는 것은 비용 부담이 너무 컸기 때문이다. 그의 편지에는 아시아픽처스에 필요한 여러 장비구매 요청도 포함되어 있었다. 그러나 스튜어트는 장궈신에 대해 회의적인 태도를 취했다. 스튜어트는 장궈신이 제작자로서의 능력을 충분히 갖췄는지 의구심을 가졌고, 이에 존 밀러를 파견하여 장궈신의 제작사를 평가하게 했다. 또한 스튜어트는 밀러에게 홍콩 영화산업 내 공산주의자들의 활동도 감시하라고 지시했다. 밀러는 홍콩에서 이주 가량 시간을 보낸 후, 아시아재단이 보조금 지원을 멈추거나 필요에 따라 증액하는 것을 주저해서는 안 된다고 결론 내렸다. 그는 아시아재단의 선택이 화교 영화산업 전체를 공산주의자들에게 "손쓰지 않고 넘겨주느냐", 아니면 "고비용의 희생을 감수하더라도 영화산업을 살려내느냐" 중 하나를 택하는 문제라고 역설했다.[40] 재단의 샌프란시스코 본부는 밀러의 강력한 추천에 고무되었다. 제임스 아이비James Ivy는 아시아픽처스를 더욱 더 공격적으로 지원하자고 제안했다. 그는 "아시아픽처스는 회사차원에서 이미 확고하게 자리를 잡았기 때문에 그보다 더 높은 차원에서 재단의 지원을 받을 수 있습니다. 그러므로 영화프로그램을 영화산업 전반으로 확대하

〈그림 1〉 홍콩 아시아픽처스 전경. 아시아픽처스는 1956년 11월 신설 스튜디오를 개관했다.

출처 : 후버연구소 기록보관소, 아시아재단

기 위해, 재단의 기본 접근방식이 변해야 한다는 점을 우리 모두 동의한다고 생각합니다"라고 의견을 밝혔다.[41]

아시아재단은 1954·55년 회계연도에 아시아픽처스에 미화 69,000달러를 지원했고, 1955·56년 회계연도에 미화 63,800달러를 추가 투입했다. 1955년 말에 이르면, 아시아픽처스가 만다린어 영화제작에서 능률적인 상태에 도달했다는 데에는 이견이 없었다.[42] 아시아픽처스는 초창기 작품 두 편을 만든 이후, 5편 — 〈금루의金縷衣〉탕후앙 감독, 1956년, 〈긴 거리〉부완캉 감독, 1956년, 〈반하류사회半下流社會〉투광치(屠光啟) 감독, 1956년, 〈만정방滿庭芳〉탕후앙 감독, 1957년, 〈사랑과 범죄愛與罪〉탕후앙 감독, 1957년 — 의 장편영화를 추가로 완성했다. 1956년 11월 2일 아시아픽처스는 홍콩에 신설 스튜디오를 개관했고, 싱가포르 로크완토의 MP&GI가 홍콩에서의 제작계획을 위해 영화영업공사를 인수했다. 신설 스튜디오에서 아시아픽처스는 여덟 번째 장

〈그림 2〉 신설 스튜디오 개관 및 〈세 자매〉의 제작완성 기념파티 사진. 파티에는 홍콩영화산업계의 유명감독과 배우, 정부관계자 및 공무원들이 참석했다. 왼쪽에서 두 번째부터 〈세 자매〉에서 막내 여동생 역을 맡은 다이애나 창청웬, 홍콩 총독 알렉산더 그랜섬, 첫째 역을 맡은 친치(Qin Qi), 장궈신, 부완캉.

출처 : 후버연구소 기록보관소, 아시아재단

〈그림 3〉 파티에 참석한 배우들. 왼쪽부터 피터 챈호, 그레이스 장, 친치, 왕래(王萊), 청친(鍾情).

출처 : 후버연구소 기록보관소, 아시아재단

편영화 〈세 자매三姉妹〉부완캉 감독를 촬영했다.[43] 스튜디오 개관기념 파티에는 피터 챈호陳厚, 그레이스 장葛蘭, 다이애나 창청웬張仲文을 비롯한 유명인사가 참여하여 장궈신 사장, 탕후앙과 부완캉 감독, 아시아픽처스 직원들과 자리를 함께했다.

한편 아시아재단은 또 다른 영화프로젝트를 착수했다. 이번 행선지는 한국이었다. 재단은 한국 프로젝트를 통해 목전에 있는 공산주의자들과의 전투에서 승리하고, 한국의 낙후된 영화산업 수준을 끌어올리고자 목표했다.

아시아재단과 전후 한국

한국전쟁 이후, 한국 산업현장의 피해는 막심했다. 산업공장과 장비, 공공시설 및 사무실, 개인주택과 운송장비 등 피해범위는 광범위했다. 이승만 정부1948~60년는 피해복구를 위해 미국정부에 크게 의존했고, 미국은 피폐해진 한국경제를 되살리기 위해 미화 2억 달러를 쏟아 부었다. 실제로 한국이 1954년부터 1959년까지 추진한 전체 재건사업 중 약 70퍼센트 가량이 미국의 원조로 진행되었다.[44] 그런데 놀랍게도 아시아재단은 한국을 소홀히 했다. 이와 같은 정책 이면에는 아마도 한국전쟁1950~53년이 이유로 작동했을 수 있다. 하지만 그보다 더 중요한 이유는 당시 한국의 분위기였다. 전쟁으로 폐허가 된 공화국 지식인들 사이에 강한 반공주의가 팽배했기 때문에, 아시아재단은 한국에서의 본격적인 활동이 급선무라고 생각하지 않은 것으로 보인다. 태너도 이 점을 분명 인지하고 있었다. 그는 "한국을 떠올렸을 때 가장 먼저 드는 생각은 한국인들을 공산주의에서 벗어나도록 설득할 필요가 없다는 점입니다. 이미 그들은 공산주의가 얼마나 무서운지 너무도 잘 알고 있기 때문입니다"[45]라고 말했다. 이에 따라 아시아재단의 한국지부^{이하 서울지부}는 아시아 지역 내 다른 도시 지부보다 한참 뒤에 개소했다.

1954년 필립 로우가 서울지부 초대 대표로 취임했다. 메리 워커가 로우의 행정보좌관을 맡았고, 조동제와 조풍연^{1914~91년}을 비롯해 한국인 상근직원 6명이 로우를 보좌했다. 로우는 아시아재단에 합류하기 전, 미군정 특수부대 책임자로서 당국의 미디어정책 — 라디오와 영화, 출판 및 도서관 등 — 에 다방면으로 관여했다. 구체적으로 그는 한국에서 이동영사와 순회상영을 수행했는데, 해당 사업은 1948년 중반까지 한국 전역에서 수행되었다. 1953년 로우는 미공보처^{United states Information Agency, USIA}의 지역 지부인 미공보원^{USIS}으로 근무지를 옮겼다. 미공보처는 제2차 세계대전 당시 미국의 전시정보국과 미주 업무조정국의 업무를 이양 받은 곳이다. 냉전사 학자 S. R. 조이 롱^{S. R. Joey Long}은 아이젠하워 행정부가 "미국이 설정한 안보 목적에 따라 해외여론을 조정하기 위해" 미공보처를 창설했다고 주장했고,[46] 케네스 오스굿도 미공보처 사무관을 정신과 마음의 두고 싸우는 전장에서 뛰는 "보병"으로 칭했다.[47] 실제로 니콜라스 J. 컬^{Nicholas J. Cull}이 밝혀냈듯이, 미공보처는 "책과 영화, 그리고 개인적 접촉을 통해 여론을 형성하는 사람들을 직접적으로" 공략하기 시작했다.[48] 이러한 배경 하에 미공보처는 전쟁으로 폐허가 된 한국에서 김관수 및 문화계 엘리트를 비롯한 지식인들과 긴밀한 관계를 유지했다.[49]

그러나 서울지부에 배정된 예산은 턱없이 부족했다. 서울지부의 1954 · 55년도 지출은 같은 기간 홍콩지부의 4분의 1 수준인 미화 92,234달러에 불과했다. 1955년 홍콩지부에서 도쿄지부로 전근한 델머 브라운은 로버트 블룸에게 편지를 보내 서울지부에 대한 숙고를 요청했다. 브라운은 더 많은 재정지원과 행정지원이 필요하다는 점을 유달리 강조했다.

> 아시아재단과 같은 민간단체는 매우 중요한 사명을 가지고 있습니다. 우리의 사명은 아시아인들이 자유로운 삶의 방식의 핵심에 놓인 이상과 아이디어를 더 잘 이해하고, 더 잘 구현할 수 있도록 돕는 것입니다. 이러한 일은 한국보다 더 크고 부유하며 인구가 더 많은 아시아 일부지역에서보다 한국에서 더욱 중요합니다. 적어도 어떤 면에서는 그러합니다. (베트남과 대만처럼) 한국은 자유로운 삶의 방식과 북한의 공산주의 방식이 자국민들 사이에서 동시에 실험되는 상황을 이루고 있기 때문입니다. 만약 한국이나 베트남, 혹은 대만의 지적 상황이 해당 국민들이 공산주의 해결책을 택할 만큼 악화되도록 허용한다면, 이는 자유로운 삶의 방식의 이상과 과정이 아시아에서 통하지 않는다는 강력한 증거로서 해석될 것입니다. 아시아 전역에서 그렇게 받아들일 것입니다.[50]

서울지부의 예산은 느리지만 확실히 증액되어, 1955·56년도 예산은 미화 16만 5천 달러에 달하게 되었다.[51] 서울지부는 "한국에서 매우 중요한 분야"로 여겨지는 문화 분야에 각별한 관심을 기울였다.[52] 2년 후 예산은 미화 22만 달러로 증액되었다.[53] 아시아재단의 주요 사업은 대부분 교육, 출판, 문화 분야에서 이뤄졌다. 문화 분야에서는 이미 주한 미공보원이 라디오와 영화, 도서관과 출판사업을 감독하고 있었고, 1954년에 약 20명의 미국인과 170명이 넘는 한국인이 미공보원에서 근무했다.[54] 주한 미공보원이 사업수행을 위해 활용한 네 가지 수단은 오디오, 시청각, 문학 및 체험활동이었다. 사실 주한 미공보원의 활동은 아시아재단이 추진한 핵심 문화 활동과 상당부분이 겹쳤다. 뿐만 아니라 주한 미공보원의 시청각부는 전시 수도였던 부산 인근 진해와 상남에 시설을 잘 갖춘 영화스튜디오를 설립했다. 주한 미공보원은 한국인 영화제작자를 고용하여, 현지화 된 프로파간다 영화 및 주간 뉴스릴 영화 '리버티뉴스Liberty News'도 제작했다.[55] 김한상에 따르면, 1954년 한국의 모든 영화관에서 미공보원이 제작한 작품 ― 단편영화부터 다큐멘터리, 뉴스에 이르기까지 ― 이 상영되었고, 매달 375만 명의 관객이 이를 관람했다. 공보원은 극장용 장편영화 〈주검의 상자〉김기영 감독, 1955년도 제작했다.[56] 따라서 아시아재단은 불필요한 경쟁을 피하고, 국내 지식인사회에서 의심을 받거나 이들에게 거부당하지 않기 위해 차별된 문화프로그램을 마련해야만 했다.

결과적으로 아시아재단의 서울지부는 한국의 문화계 엘리트에 주목하여 미국인 학자 및 교육자, 기술자를 한국의 문화영역으로 데려오기 시작했다. 델머 브라운은 "모든 한국인들은 서구, 특히 미국의 생활방식을 배우고자 하는 깊은 관심을 갖고 있었다"고 파악했다. 실제로 남북전쟁 이후, 한국인들은 영어를 배우고, 영어책을 읽고, 미국생활에 대해 배우고자 노력했다. 서울지부 개소 첫해에는 영어교사 파견 프로그램의 일환으로 한국의 주요 대학 5곳에 6명의 영어교사가 배치되었다. 출판부문의 경우, 지원하는 잡지 중 가장 오래된 『현대문학』부터 『사상계』, 『문학예술』, 그리고 최초의 월간 여성잡지 『여원』에 이르기까지 다수의 문학잡지를 지원했다.[57] 북한에서 탈출하여 그곳에서의 경험을 목격담 형식으로 집필한 작가에게 수여하는 '자유문학상'이 1954년 신설되었다. 첫 번째 수상작은 황순원의 1954년 작 『카인의 후예』로 선정되었고, 이 책은 전국적인 베스트셀러가 되었다.

또한 서울지부 예산 중 상당액은 연구소에 할당되었다. 연구소에는 여러 미국기관이 기증한 영어잡지와 도서가 비치되었고, 지역 대학생과 학자들이 주로 방문하였다.[58] 그렉 반히셀은 미국의 프로파간다 문화캠페인에서 서적이 "주요 무기"가 되었고, "여론을 형성하는 엘리트"가 그 대상이었다고 주장한다. 반히셀에 따르면, 캠페인은 "미국의 이미지를 선의의 자유민주주의 국가 이미지로 제시했다. 그리고 그 이미지는 민주주의 제도와 시민의 자유가 현재 겪을 수 있는 모든 결점을 극복하고 성숙해질 것을 보장하는 이미지였다".[59] 이에 더하여 서울지부는 역사기록물을 마이크로필름으로 옮기는 프로젝트, 국립박물관 및 한국민속학회에 대한 지원도 같이 추진했다. 그러나 서울지부가 1955년과 근 몇 년간 가장 많이 투자하고 공들인 사업은 단연 한국영화문화협회[KMPCA]였다.

한국영화문화협회

한국전쟁 이후, 한국은 이주노동자의 대규모 유입에 돌연 직면했다. 사람들은 특히 서울로 몰렸다. 1951년 65만 명에 불과했던 서울인구는 1955년 150만 명을 기록하며 두 배 이상 증가했다. 이주노동자의 대거 유입과 함께, 전후 한국에는 모더니즘의 '핵심' 형태로서 미국문화가 빠르게 유입되었다. 찰스 K. 암스트롱Charles K. Armstrong의 설명에 따르면 "동아시아에서 문화의 장場은 격렬한 정치투쟁의 현장이었다. 투쟁의 영역은 예술 및 문학에서부터 대중매체와 대중교육에 이르기까지 광범위했다".[60] 암스트롱은 특히 다음을 강조했다. 미국문화는 전후 한국에 깊숙이 침투했으며, 침투의 수준은 아시아의 다른 어떤 나라와 비교해도 독보적이었다. 미국정부와 문화기관 — 기독교단체, 보이스카우트, 4-H클럽, 록펠러·포드·카네기·아시아재단 같은 민간재단을 비롯하여 — 의 한국

내 높은 지위는 미국적 모더니티에 대한 태도를 형성하는 데 결정적인 역할을 수행했다.

분명 전후 한국인은 선진 자본주의 경제가 생산한 물질재화를 접했고, 최정무의 주장처럼 "후기 자본주의의 물신화된 힘이 뻗치는 유혹과 욕망 그리고 이 힘에 대한 저항이 후기 식민지 역사의 태피스트리를 짜고 있었다."[61] 미리암 한센Miriam Hansen이 "버내큘러 모더니즘vernacular modernism"이라고 부른 할리우드 영화의 갑작스런 등장과 매혹은 전후 한국인을 매료시켰다.[62] 한국 관객들 사이에서 할리우드 영화는 엄청난 인기를 끌었고, 여러 영화제작사와 영화종사자들이 할리우드 스튜디오 시스템의 도입을 꿈꿨다. 미국산 제품, 미국식 생활방식과 문화상품이 넘쳐났으며, 그 속에서 포드주의Fordism의 이상은 근대화를 이루기 위해 채택하고 따라야 할 규범으로 여겨졌다. 한국의 영화경영진은 최신 사운드스테이지 신설을 꿈꿨다. 이를 위해서는 포드 시스템Ford System과 조립라인, 그리고 효율적 관리시스템을 도입하고 현대기술음향 동기화, 컬러현상, 특수효과, 카메라 기술 등을 차용하는 것이 필요했다. 하지만 모든 것이 미비했다. 그들에게는 사운드스테이지와 장비, 현대적 촬영기법이 없었고 가장 중요한 자금 역시 부족했다.

한국의 유명 극작가이자 평론가, 영화 배급업자였던 오영진1916~74년은 미공보원의 후원으로 1953년 12월부터 이듬해 2월까지 미국 로스앤젤레스, 뉴욕, 샌프란시스코를 방문했다. 방문 목적은 할리우드 영화의 한국 배급권을 확보하고 미국의 작가 및 평론가, 교육자들과의 관계를 구축하는 것이었다. 오영진은 샌프란시스코에 도착한 후 아시아재단에 전화를 걸었다. 전화를 건네받은 찰스 태너가 오영진에게 한국 영화산업의 현황과 문제점에 대해 물었다. 태너는 아시아재단 프로그램이사인 제임스 스튜어트에게 보낸 편지에서 오영진의 답변을 이렇게 인용했다. "한국에서는 영화제작이 거의 진행되지 않고 있습니다. 그런 활동을 수행할 수 있는 유일한 조직은 유엔과 미공보원뿐이지요. 한국의 영화제작사 혹은 어떤 조합도 제대로 된 장비를 보유하고 있지 않습니다. 하지만 한국은 여러 가지 이유로 영화제작이 필요합니다. 그중 한 이유는 현재 국민들이 즐길 수 있는 오락물이 거의 없다는 점입니다. 이 점은 한국이 처한 상황에 비추어 볼 때 아주 심각한 공백입니다."[63]

비록 오영진의 쓸쓸한 발언이 태너와 스튜어트에게 완전한 영향을 미친 것은 아니지만, 두 사람은 오영진이 미국을 떠난 후에도 아시아재단이 한국 영화산업을 소생시키는 데 어떤 도움을 줄 수 있는지 오랜 시간 논의했다.[64] 태너와 스튜어트는 아시아재단의 서울지부 대표 필립 로우와 마찬가지로, 미군 점령기에 한국에서 근무하며 한국영화 발전을 위해 노력한 이력이 있는 사람들이었다. 그들은 한국영화프로젝트에 열정을 가지고 있었다. 재단의 지원 결정이 떨어지자마자, 존 밀러에게는 한국에서 초기 현장조사를 진행하라는 파견임무가 주어졌다. 그는 1955년 1월에 2주 간 한국에서 머물며 임무를 수행했다. 체류기간 동안 밀러는 한국영화계의 주요 인사 ― 오영진, 이병일, 이용민, 김관수, 이재명, 장기영 ― 를 만날 수 있었다. 서울지부가 이들과의 회의를 주선했고 조동제가 통역을 맡았다. 가장 먼저 밀러는 아시아재단에게 한국의 비영리 단체에 영화제작에 필요한 기본 장비를 제공하자고 제안했다. 블룸은 밀러의 제안을 즉시 승인했고, 한국영화문화협회라는 새로운 기관이 창설되었다. 협회의 초대 이사장으로는 장기영이 선출되었고,[65] 창립 임원과 회원명단은 아래와 같았다.[66]

〈그림 4〉 1956년 10월 로버트 블룸의 한국방문 모습. 왼쪽 두 번째부터 조동제(아시아재단 프로그램 보좌관), 고재봉(서울시장), 존 밀러(아시아재단 영화담당관), 블룸, 장기영(한국일보 사장 겸 한국영화문화협회 이사장), 김관수(제작자 겸 한국영화문화협회 임원), 메리 워커(래리 톰슨(Larry Thompson)의 행정보좌관), 래리 톰슨(아시아재단 서울지부 대표).

출처 : 후버연구소 기록보관소, 아시아재단

이사장 : 장기영^{한국일보 사장}

상무이사 : 이재명^{제작자}

감사 : 이대희^{이화여대 법학과 교수}

회원 : 김관수^{제작자}, 이병일^{감독}, 이철혁^{제작자}, 이용민^{촬영감독}, 민병도^{은행가},

　　　오영진^{평론가, 시나리오작가}

　　1956년 홍콩에서 열린 제3회 아시아영화제 직후, 한국에서의 영화프로
젝트가 드디어 착수되었다. 아시아재단의 샌프란시스코 본부는 아시아영
화제작자연맹과의 관계를 축소하고 있던 터라 때마침 한국으로 눈을 돌리
게 되었다.⁶⁷ 게다가 1956년 10월 블룸의 한국 방문과 이승만 대통령과의

면담은 재단의 지원결정에 가장 중대하게 작용했을 것으로 보인다. 이승만은 블룸에게 미국인 영화전문가를 데려와 한국인들의 영화수준과 교육내용을 향상시키는 데 도움을 줄 수 있는지 문의했다.[68] 얼마 지나지 않아 재단의 샌프란시스코 본부는 다시 한번 존 밀러를 서울로 파견했다. 이번에 밀러는 영화사업 고문으로 서울에 당도했고, 이전보다 훨씬 더 오래 머물 예정이었다. 그는 1956년 7월부터 12월까지 6개월간 체류했고, 임무를 마친 후 '한국 영화산업'이라는 제목의 보고서를 작성했다.[69]

밀러는 서울로 출발하기 전인 1956년 5월, 한국영화문화협회에 필요한 영화장비를 구입하기 위해 로스앤젤레스로 짧은 여행을 떠났다. 아시아재단은 밀러의 장비구입에 총 5만 달러를 승인했는데, 이 액수는 서울지부 예산의 3분의 1에 해당하는 규모였다.[70] 결과적으로 35mm 미첼카메라 한 대, 자동현상기 한 대와 조명장치를 포함한 기타장비가 1956년 7월 서울에 도착했다.[71] 하지만 이 장비들이 한국영화문화협회에 무조건적인 선물로 제공된 것은 아니었다. 장기영이 1956년 6월 3일 아시아재단에 보낸 공식 서한에는 "아시아재단 기금으로 한국영화문화협회에 제공된 장비 및 기타 재료의 법적 소유권은 전적으로 아시아재단에게 있다"고 밝히고 있다.[72] 또한 밀러는 장비 제공 시 "영화를 만들거나 만들고자 하는 사람들의 목적과 야망"을 반드시 고려해야 한다고 명시했다.[73] 이로써 한국영화문화협회는 영화장비 대여기관으로 전환되었다. 당시 한국 영화산업은 촬영장비가 턱없이 부족했기 때문에, 한국영화문화협회가 보유한 미첼카메라는 상업영화 촬영에 사용할 수 있는 몇 안 되는 장비 중 하나였고 곧바로 한국영화감독들의 꿈이 되었다. 미첼카메라로 제작된 최초의 영화는 김기영 감독의 〈주검의 상자〉였다.

밀러는 '한국 영화산업'에 대한 보고서에서 다음과 같이 기록했다.

1956년 말, 한국영화의 전례 없는 '호황' 시기에 많은 제작자가 장비 부족으로 어려움을 겪었습니다. 특히 카메라와 램프 공급이 부족했습니다. 세트장을 방문해 보면, 제작자가 촬영용 카메라를 구하기 위해 도시 곳곳을 샅샅이 뒤지는 동안 제작진과 출연진이 그저 멍하니 서있는 모습을 보는 일은 예삿일이었습니다. 이러한 난관은 수급계획과 조율이 전적으로 부실했기 때문에 발생했습니다. 그런데 사실 현재 한국에는 영화업계의 통상적인 제작 요구사항과 일정을 충족할 만큼 카메라가 충분히 있습니다. 전쟁이 끝난 후부터 아이모Eymos, 아리플렉스Arriflexe, 러시아제 카메라가 이용 가능했고, 이외에도 한국의 공보실 [Office of Public Information, OPI]은 미첼 NC와 유사한 일제 '세이키'를 보유하고 있습니다. 또한 최근 공보처는 국제연합 한국재건단UNKRA 기금으로 방음장치가 장착된 35mm 미첼카메라를 구입했습니다. 한국영화문화협회도 제작자들에게 대여할 수 잇는 미첼 NC를 보유하고 있습니다. 그간 몇몇 개인 또한 [프랑스제] '파르보'와 신형 모델 '벨 앤 하웰' 카메라를 구입했습니다.[74]

당시 한국의 상황은 급변하고 있었다. 밀러는 한국에 머무는 동안 한국 영화산업이 성장하고 발전하는 중요한 시기에 접어드는 것을 목격했다. 1954년 이승만 정부는 영화산업을 지원하기 위해 외국영화 입장권에는 90퍼센트의 세금을 부과하는 반면, 국내영화에는 세금을 면제하는 조세 정책을 시행했다. 이 정책은 가격 면에서 자국영화에 경쟁력을 부여했고, 영화제작의 큰 동기로 작용했다. 더욱이 〈춘향전〉이규환 감독, 1955년과 〈자유 부인〉한형모 감독, 1956년이 국내 영화시장에서 놀라운 성공을 거두면서, 한국 영화산업 전반이 활기를 띠었다.[75] 1953년 6편에 불과했던 영화제작편 수는 1959년 111편으로 급증했다. 이러한 현상과 맞물려 주한 미공보원, 국제연합 한국재건단, 미군 원조단은 영화장비 구입 및 영화시설 건설을 목적으로 한국 정부기관에 경쟁적으로 기부금을 배정했다. 또한 연극 및 영화제작자로 성공했던 홍찬은 이승만 정부의 지원을 받아 한국 최대 규모의 영화스튜디오를 건설하기 시작했다.[76] 밀러는 한국영화문화협회에 대한 아시아재단의 투자는 그와 재단의 영화사업부가 인가한 방식으로 가장 적절하게 쓰일 것이라 강조했다. 그는 "정부가 업계의 모든 요구를 충족시킬 수 있는 충분한 장비를 갖추고 있는 상황에서 민간기업이 정부와 경쟁할 수 있는 가능성은 거의 없습니다. 확실히 [한국의] 현재 관행은 장비 대여 및 현상 활동 측면에서 민간기업 발전에 도움 될 만한 분위기를 조성하지 않습니다. 상업용 오락영화를 제작하는 영화제작자들은 대한민국의 여러 정부기관에 제공된 새로운 장비를 이용하지 않을 것입니다"라고 의견을 내세웠다.[77]

밀러는 스튜어트와 태너와 마찬가지로, 오락영화가 세계에서 가장 강력한 사회적·문화적·정치적 힘 중 하나라고 진정으로 믿었다. 그러나 전쟁으로 폐허가 된 국가[한국]의 정부나 지식인들은 영화란 가난하고 교양 없는 시민을 위한 것이라고 치부했고, 따라서 오락영화에 크게 관심두지 않았다. 밀러는 "공산주의 국가에서는 결코 이런 일이 일어나지 않습니다"라고 개탄했다. 이어서 그는 "공산주의 정권이 들어서면, 정권은 즉시 대중과 소통하는 모든 집단을 통제합니다. 그들은 특히 영화제작과 영화인들에게 관심을 갖습니다. (…중략…) 북한영화는 서울에서 제작된 영화보다 기술적으로 우수합니다"라고 지적했다.[78] 아시아재단이 상업영화를 제작지원한 것은 한국에서 미국 주도로 진행되는 여타의 문화프로그램과 차별화하기 위한 재단의 전략이었다.

1957년 한국영화문화협회는 한국 공군으로부터 미화 1만 달러 상당의 음향 녹음장비를 무기한 대여받았는데, 장비 복구 및 설치에 소요된 미화 1천 달러는 아시아재단이 부담했다. 재단의 3개년 투자계획에 따라, 재단은 한국영화문화협회에 약 미화 61,500달러를 지원했고, 이로써 협회는 "[한국에서] 가장 많은 [재단] 자금을 지원받은 프로젝트"가 되었다.[79] 아시아재단은 한국영화문화협회를 통해 아시아영화제에 출품할 "기술적으로 받아들여질 만한" 한 편 내지 두 편의 영화제작을 지원하려 했다. 이러한 목표는 홍콩 아시아픽처스에 투자한 재단의 목표와 거의 다르지 않았다. 그러나 재단은 개별 영화프로젝트에 대한 재정지원은 거부했다. 버마의 〈국민은 승리한다〉부터 홍콩의 〈전통〉과 〈히로인〉에 이르기까지, 여러 차례 영화에 관여하고 재정지원을 해 보았던 로버트 블룸의 태도는 점차 회의적으로 변해 갔다. 그는 "한때 개별영화에 보조금을 지급하거나 지원했던 아시아재단의 모험은 대개 난관을 겪었고, 성공사례를 찾아보기는 어렵다. 따라서 개별지원을 하지 않는다는 원칙이 점차 확고해졌으며, 이번 한국 프로젝트는 그 원칙을 시행하는 시발점이다"라고 포부를 밝혔다.[80] 1956년 제3회 아시아영화제에 한국 대표단이 장편영화를 출품할 수는 없었지만, 아시아재단의 장비기증이 완료되자마자 한국영화문화협회는 〈시집가는 날〉[1957년] 촬영에 착수했다. 〈시집가는 날〉은 오영진이 1942년 「맹진사댁의 경사」라는 제목으로 쓴 희곡을 이병일이 각색하여 연출한 영화이다. 전후에 등장한 이 고전적 희극은 해학과 풍자를 통해 신분 및 결혼과 연관된 구시대적 관습을 비판한다. 이를 스크린에 올린 〈시집가는 날〉은 1957년 도쿄에서 열린 제4회 아시아영화제에 최우수희극상을 수상했다. 한국이 영화제에 공식 출품한 첫 번째 작품은 바로 국제영화제 수상이라는 한국 최초의 성과로 이어졌다. 전 국민이 흥분에 휩싸였고, 한 영화평론가는 "우리 [한국] 영화계는 영화가 국가재건운동에 참여할 수 있다는 점을 성공적으로 증명했다. 이승만 정부의 수출

장려정책에 발맞춰, 달러를 벌어들일 차례이다!"라고 자랑스럽게 기고했다.[81] 이와 유사하게, 한국영화평론가 이묵은 "한국영화는 이제 세계로 진출하는 길을 닦고 있다. 적어도 동남아시아로 나아갈 수 있다. 한국영화는 제4회 아시아영화제에서 뜨거운 반응을 얻었고, 이는 한국영화가 이룬 가장 큰 성과이다. 우리는 동남아시아에 영화를 수출할 수 있으며 궁극적으로 외화를 벌어들일 수 있다"고 선언했다.[82]

당시 한국의 피폐한 경제상황에서 외화, 특히 미국의 '달러'를 벌어들이는 것은 이승만 정부의 궁극적인 목표였다.[83] 〈시집가는 날〉의 성공과 흥행을 직접 바라본 한국 영화산업 전체가 활기를 띠기 시작했고, 이러한 분위기는 스튜어트와 재단 영화사업부가 예견했던 바와 일치했다. 도시 주민들은 영화관으로 몰려들었고 영화산업에는 새로운 후원자가 등장했다. 그리고 이들은 많은 영화역사가들이 1960년대 한국영화의 황금기라고 일컫는 시기의 토대를 마련했다.[84]

1960년대 한국영화의 상징적 감독인 신상옥은 1950년대 후반부터 두각을 나타냈다. 신상옥은 그가 연출하고 제작한 1958년 작 〈어느 여대생의 고백〉으로 처음으로 흥행을 맛보았다. 이 영화의 엄청난 수익에 힘입어, 신상옥의 신필름은 1959년 두 개의 사운드스테이지와 녹음실과 편집실을 갖춘 자체 스튜디오원효로 촬영소를 지었다. 신상옥은 아시아재단이 추진한 한국영화프로젝트의 수혜자는 아니었다. 하지만 그의 신필름은 1960년대 한국영화계에서 가장 영향력 있는 스튜디오로 성장했고 아시아영화제작자연맹에서 가장 활발히 활동한 회원사 중 하나가 되었다. 엄밀히 말하자면, 아시아재단으로부터 비밀리에 지원을 받은 한국의 영화경영진과 문화계 엘리트 대다수는 1950년대 후반까지 영화산업에서 유의미한 영향력을 끼치지 못했다. 박정희1917~79년, 재임 1963~79년가 주도한

5·16 군사정변으로부터 1년 후인 1962년, 아시아재단은 한국에서의 영화사업을 종료하고 재단의 시설 및 장비 소유권을 한국영화문화협회에 이양했다.[85] 그 해 한국은 제9회 아시아영화제를 개최했다. 이제 한국에서 가장 영향력 있는 감독이자 제작자로 올라선 신상옥이 영화제 조직위원장을 맡았다.

영화프로젝트의 철수

홍콩의 아시아픽처스와 아시아프레스가 활발히 운영되던 시기인 1952년부터 1959년까지 아시아재단은 두 회사에 자금을 지원했다. 지원 총액은 거의 미화 100만 달러에 달했다.[86] 그러나 아시아재단이 가장 많은 자금을 쏟아부은 프로젝트 즉, 아시아픽처스의 주도 아래 홍콩에 건강하고 비공산주의적 만다린 영화산업을 형성하겠다는 프로젝트는 끝내 결실을 맺지 못했다. 장궈신은 프로젝트 기간 동안 9편의 극장용 영화를 제작했지만, 이중 단 한 편도 1950년대 아시아의 화교시장에서 의미 있는 상업적 성공을 거두지 못했다. 후기에 제작된 영화 중 몇 편이 초기 영화보다 나은 평가를 받았지만 그뿐이었다. 예를 들어, 홍콩영화 학자 입만펑Man-Fung Yip은 아시아픽처스의 영화를 긍정적으로 평가했다. 특히 그는 후기작인 〈세 자매〉가 점점 자본주의 사회로 변모하는 홍콩사회와 소비 및 여가 문화를 "경멸이 아닌 긍정적인 시각에서 바라보았다. 다시 말해 영화는 홍콩사회와 문화를 공산주의에 다른 방식으로 도전하는 것으로서 묘사했다"고 저술했다.[87]

무엇보다 아시아재단을 실망시킨 것은 장궈신의 회사 두 곳이 자생력을 확보하기 위해 노력하지 않았고 수익창출에 실패했다는 점이었다. 10년에 걸친 지원이 끝나갈 무렵, 아시아재단에게 장궈신과 그의 회사는 적잖은 부담으로 남겨졌다. 재단은 아시아픽처스와 아시아프레스의 경영 적자에는 재단의 재정적 책임이 있다는 점을 인지했다. 제임스 스튜어트의 후임자 존 F. 설리반John F. Sullivan은 아시아재단이 영화사업을 개시할 때부터 이에 비판적이었다. 설리반은 "아시아픽처스가 중국영화에 기여한 바는 실로 미미하다"고 꼬집어 비판했다.[88] 아시아픽처스는 단연 재단 최악의 실패작으로 치부되었다. 아시아재단 홍콩지부 대표인 존 그레인지John Grange는 1959년 10월 블룸에게 보낸 편지에서 "제가 1957년 8월 재단에 합류한 이래 아시아픽처스·아시아프레스는 줄곧 우리의 주요 '골칫거리' 중 하나라는 말을 들었습니다"라고 기술했다.[89]

아시아재단은 처음 2년 동안만 장궈신과 그의 회사를 지원하고, 그가 자립적이고 자주적 영화경영진이 되면 그 즉시 철수하는 것을 계획했다. 그러나 이와 같은 초기 계획은 철저히 실패했다. 아시아재단이 장궈신을 '파트너'로, 그리고 그가 운영하는 회사 두 곳을 공동의 목표에 헌신하는 '공동사업joint enterprise'으로 여긴 반면, 장궈신은 스스로를 재단의 '요원agent'으로 여겼기 때문이다. 이러한 관점 차이 때문에 장궈신은 두 회사에 대한 보조금을 재단에게 끊임없이 요구했다. 아시아재단의 홍콩지부 대표 존 그레인지의 후임자로 온 J. F. 리처드슨J. F. Richardson은 "아시아재단이 두 회사를 사실상 소유하고 있는 한, 장궈신은 회사 적자를 메우기 위해 계속 추가 투자를 요청하며 우리에게 의존하고 의지할 것이다"라고 보고했다.[90] 장궈신은 존 그레인지에게 그의 감정이 여실히 전달되는 장문의 편지 한 통을 썼다. 그는 재단 및 재단 관계자들에게 전달된 제3자의 보고 — 자신의 회사에 해가 되는 내용을 담은 — 배후에 그레인지가 있다고 비난했다. 장궈신은 편지에서 "저는 재단이 왜 그토록 고집스럽게 사업 중단을 요구하는지 아직도 잘 모르겠습니다. 우리는 공산주의자들과 싸우기 위해서 이곳에 있습니다. 이것은 힘든 전투이고 우리가 가진 모든 것을 내던져야 합니다. 우리의 사업이 이 전투에 해가 된다고 확신한다면, 즉시 사업을 중단할 것입니다"라고 호소했다.[91]

1959년 3월 아시아재단은 장궈신이 두 번째 사운드스테이지를 개설할 수 있도록 지원했다. 그로부터 2년 후인 1961년 3월 31일 아시아재단은 아시아픽처스와 아시아프레스의 소유권을 장궈신에게 완전히 이양했다. 한국영화문화협회에서 손을 떼는 것과 거의 동시에 벌어진 일이었다.[92] 그러나 L. Z. 위안은 장궈신에게 두 기업을 넘긴다고 해서, "화교들에게 공산주의 정권의 악행을 알리고, '중국계 화교'를 결집시켜 국민정부를 지지하도록 만드는 데에 대한 [재단의] 관심이 줄어든" 것은 아니라고 강조했다.[93] 이후 현지 영화시장에서 연이은 흥행실패를 겪은 장궈신은 재정 적자에 시달렸고, 결국 아시아픽처스의 운영을 완전히 중단했다. 아시아픽처스의 마지막 작품은 부완캉 감독이 1959년에 연출한 〈구두닦이 소년擦鞋童〉이었다.

1959년 로버트 블룸은 인도에서 발행되는 『유나이티드 아시아United Asia』에 실은 글에서 아시아재단의 세 가지 목적을 강조했다. 그 목적은 "아시아인 단체와 비아시아인 단체 간의 협력을 증진하고, 미국 내 아시아에 대한 이해를 증진하는 것"이었다.[94] 이어서 그는 재단이 운용하는 몇몇 주요 분야 — 과학 및 기술, 시민공동체 개발, 청소년 및 학생의 봉사활동, 아시아 언어로 기술된 자료의 출판 및 배포, 법률 개발, 노동교육 및 복지, 미국 내 활동 — 를 부각했다. 아시아재단이 1950년대 가장 많은 자금을 투입한 사업이었던 영화프로젝트는 재단의 공식문서 및 기밀문서 대부분에서 자취를 감췄다. 아시아픽처스의 두 번째 사운드스테이지를 짓기 위해 지원한 20만 홍콩달러가 재단이 아시아에 마지막으로 지원한 영화보조금이었다.

3년 후, 로버트 블룸은 아시아재단을 떠나 포드재단이 기금을 지원하는 미국외교협회Council on Foreign Relations로 이동해 '국제관계에서의 미국과 중국'The United States and China in World Affairs이라는 제목이 붙은 3개년 프로젝트를 감독했다. 그리고 블룸은 1965년 7월 9일 갑작스럽게 사망했다. 당시 그의 나이 쉰네 살에 불과했다. 블룸의 저서 『국제관계에서의 미국과 중국』은 그의 사후 1966년에 출판되었다. 아시아재단의 영화전문가였던 찰스 태너와 존 밀러, 노엘 부쉬도 하나둘씩 재단을 떠났고, 1960년대 후반에 이르면 이들 중 아무도 재단에 남아있지 않았다. 태너는 1956년 재단을 떠났다. 독실한 기독교 신자였던 태너는 기독교를 주제로 한 다수의 극을 연출하고 제작한 후, 고향인 캘리포니아주 옥스나드Oxnard로 돌아가 커버넌트 플레이어스Covenant Players를 설립했다. 태너는 2006년 3월 11일 세상을 떠나기 전까지 3,000편이 넘는 희곡을 집필했고, 커버넌트 플레이어스는 기독교 연극을 전문으로 하는 전 세계에서 가장 큰 극단 중 하나가 되었다. 부쉬는 1958년과 1959년에 걸쳐 블룸의 보좌관으로 2년간 근무한 후, 1959년 리더스다이제스트Reader's Digest의 전속기자가 되어 1976년에 은퇴했다. 또한 그는 저널리스트로서 『브리튼 하든-그의 일생과 시간Briton Hadden : His Life and Time』1949년, 『호라이즌 간추린 일본사The Horizon Concise History of Japan』1972년를 비롯해 여러 권의 책을 집필했다. 부쉬의 마지막 저서 『겨울철-밸리 포지의 조지 워싱턴Winter Quarters : George Washington at Valley Forge』은 1974년에 출판되었다.[95]

밀러는 1958년 아시아재단을 떠나, '현실세계'에서 영화경력을 쌓았다. 하지만 아시아재단의 영화사업 관련 여타 임원들과 달리, 재단을 떠난 이후 밀러의 경력은 여전히 베일에 싸여있다. 밀러를 아시아 영화산업에 대한 박식한 지식과 관심을 지닌, 진정으로 열정적인 사람이었다고 보는 것은 꽤나 타당하다. 밀러는 블룸에게 보낸 한 편지에서 "저는 아시아 영화산업을 연구하는 데 큰 관심이 있습니다. 어쩌면 유네스코에서 아시아 영화에 관련된 출판을 타진해 볼 수도 있을 것 같습니다. 저는 아시아재단에서 근무하며 수행한 각국의 영화연구를 통해 유용한 결론을 도출할 수 있다고 생각합니다. 저는 이를 주제로 한 책의 가능성을 놓고서 아시아 영화종사자들과 이야기해 본 적이 있습니다. 이들은 모두 아시아 영화산업의 경험과 문제를 다룬 책이 출판되면 참으로 귀중한 도움이 될 것이라고 말했습니다"라고 전하며 개인적 의지를 보였다.[96] 밀러가 1962년 3월 씨네스타 인터네셔널Cinestar International에서 근무하기 위해 로스앤젤레스로 이동한 후부터 그에 대한 기록은 아무것도 남아있지 않다.[97] 그래서 이후 밀러의 삶과 경력에 어떤 일이 일어났는지 알려지지 않았다. 이로 추정컨대 아시아 영화산업에 관한 책을 쓰고 싶었던 밀러의 열망은 결국 이뤄지지 못한 것으로 보인다.

1965년 스튜어트는 미국과 일본의 문화 및 교육 관계에 기여한 공로를 인정받아, 일본정부로부터 욱일장 훈장을 받았다. 이후 그는 1967년 뉴욕 소재의 재팬 소사이어티Japan Society에 최고책임자로 합류했다. 그러나 스튜어트는 몇 년 후 다시 아시아재단으로 돌아왔고, 1970년부터 1985년 은퇴할 때까지 도쿄지부 대표를 역임했다. 은퇴 후에는 워싱턴대학교University of Washington의 방문학자로, 그리고 워싱턴주의 일본–미국협회 이사로 계속 활동했다. 그는 2006년에 세상을 떠났다.

주석

1 The Committee for a Free Asia Study Group, *A Symposium on the Political, Economic and Cultural Position of the Overseas Chinese,* The Committee for a Free Asia, August 15, 1953, p.3.

2 Lu Yan, "Limits to Propaganda : Hong Kong's Leftist Media in the Cold War and Beyond", *The Cold War in Asia : The Battle for Hearts and Minds,* eds. Zheng Yangwen · Hong Liu · Michael Szonyi, Leiden : Brill 2010, p.98; "Asia Foundation Monthly Reports", October.

3 "Asia Foundation Monthly Reports", October 24, 1953, Box 1, RBP.

4 Robert D. Grey, "Analysis of Financial Situation", March 18, 1955, Media Audio-Visual Asia Pictures, Box 171, AFR.

5 John Miller, "The Chinese Mainland Film Offensive in Hong Kong and the Position of the Non-Communist Hong Kong Producer", May 21, 1957, MEDIA Audio-Visual Movies Asia Pictures, Box 9, AFR.

6 Poshek Fu, *Between Shanghai and Hong Kong : The Politics of Chinese Cinemas,* Palo Alto, CA : Stanford University Press, 2003, p.4.

7 John Miller, "Review, Evaluation and Proposed Project Funding for Fiction Motion Picture Activity", June 25, 1953, MEDIA Audio-Visual Movies Asia Pictures, Box 9, AFR.

8 Charles Tanner, "Hong Kong Movie Production Project", July 14, 1953, MEDIA Audio-Visual Movies Asia Pictures, Box 9, AFR.

9 장궈신의 "국민사고를 위한 3차원 프로젝트"에 대해서는 다음을 참조. Charles Leary, "The Most Careful Arrangement for a Careful Fiction : A Short History of Asia Pictures", *Inter-Asian Cultural Studies* 13, no.4, 2012, pp.548~58.

10 위의 글, pp.548~58.

11 국립서남연합대학교는 전쟁 당시 북경대(北京大), 청화대(淸華大), 난징대(南開大)가 합병한 대학이다.

12 Lau C. K, "Chang Kuo-sin : Patriot Who Stuck to the Truth", *Chang Kuo-sin, Eight Months Behind the Bamboo Curtain : A Report on the First Eight Months of Communist Rule in China,* Kowloon : City University of Hong Kong Press, 2015, pp.15~25.

13 후앙유(Huang Yu)에 따르면 [장궈신의 책은] "1인칭 시점에서 자본주의에서 공산주의로 나아간 중국의 변화를 설명하는 매우 드문 작업"이었다. 다음을 참조. Huang Yu, "Foreword", *Chang Kuo-sin, Eight Months Behind the Bamboo Curtain.* 이 판본에는 라우 C. K.(Lau C. K.)가 장궈신의 삶을 간략히 소개한 약전(略傳)이 수록되어 있는데, 이상하게도 이 약전은 아시아재단을 전혀 언급하지 않는다.

14 아시아프레스에 대해서는 다음을 참조. Chen Lingzi's MA thesis, "In the Midst of the

Overt and Covert : Hong Kong Asia Press in the Cultural Cold War", National University of Singapore, 2017.

15 Man-fung Yip, "Closely Watched Films : Surveillance and Postwar Hong Kong Leftist Cinema", *Surveillance in Asian Cinema : Under Eastern Eyes*, ed. Karen Fang, New York : Routledge, 2017, p.44

16 Robert D. Grey, 앞의 글

17 Geraldine Fitch, "How a Young Chinese Is Battling the Communists with Books", *New Leader*, January 5, 1953.

18 "The Asia Pictures Limited", July 15, 1953, Tradition Asia Pictures(Hong Kong), Box 9, AFR.

19 위의 글.

20 Poshek Fu, "Modernity, Diasporic Capital, and 1950's Hong Kong Mandarin Cinema", *Jump Cut : A Review of Contemporary Media* 49, Spring 2007. https://www.ejumpcut. org/archive/jc49.2007/Poshek/.

21 Yingjin Zhang, "National Cinema as Translocal Practice : Reflections on Chinese Film Historiography", *The Chinese Cinema Book,* ed. Song Hwee Lim · Julian Ward, New York : Palgrave Macmillan, 2011, p.21

22 Chang Kuo-sin, "Motion Picture Project", January 8, 1953, Tradition Asia Pictures(Hong Kong), Box 9, AFR.

23 위의 글.

24 Asia Pictorial Collection, Hong Kong University Library Special Collections, Hong Kong University library.

25 Robert D. Grey, 앞의 글.

26 Chang Kuo-sin, 앞의 글.

27 Thomas D. Scott, "Motion Picture Project", January 16, 1953, MEDIA Audio-Visual Movies Asia Pictures, Box 9, AFR.

28 Chang Kuo-sin, 앞의 글.

29 Delmer M. Brown, "Motion Picture Project", April 1, 1954, MEDIA Audio-Visual Movies Asia Pictures, Box 9, AFR.

30 위의 글.

31 위의 글.

32 위의 글.

33 Charles Tanner, "Asia Foundation Movie Critique", March 1, 1955, MEDIA Audio-Visual Movies Asia Pictures "Heroine," Box 9, AFR.

34 L. Z. Yuan, "Screening of 'The Heroine", March 3, 1955, MEDIA Audio-Visual Movies Asia Pictures "Heroine", Box 9, AFR.

35 Charles Tanner, "Asia Foundation Movie Critique".

36 Borzage's Letter to Charles Tanner, March 3, 1955, MEDIA Audio-Visual Movies Asia Pictures "Heroine," Box 9, AFR.

37 Albert Deane's Letter to Tanner, March 2, 1955, MEDIA Audio-Visual Movies Asia Pictures "Heroine", Box 9, AFR.

38 Luigi Lurashi, "The Heroine", March 2, 1955, MEDIA Audio-Visual Movies Asia Pictures "Heroine", Box 9, AFR.

39 Chang Kuo-sin's Letter to Tanner, April 28, 1955, Media Audio-Visual Movies Asia Pictures 1955~57, Box 171, AFR

40 John Miller, "Review, Evaluation and Proposed Project Funding for Fiction Motion Picture Activity", June 25, 1954, Tradition Asia Pictures(Hong Kong), Box 9, AFR.

41 James T. Ivy, "Motion Picture Program", July 15, 1955, Media Audio-Visual Movies Asia Pictures 1955~57, Box 171, AFR.

42 아시아재단은 장궈신을 대단히 후하게 지원했다. 예를 들어, 재단 홍콩지부의 1954·55년 총 예산은 미화 436,372달러였다. 아시아프레스 — 두 곳의 서점을 포함하여 — 에 투입된 총 지출액은 미화 81,108달러였고, 아시아픽처스는 미화 80,125달러를 지출했다. 이로써 아시아재단은 장궈신의 회사 두 곳에 총 161,233달러를 할당했고, 이는 홍콩지부 총 예산의 3분의 1을 상회하는 규모였다.

43 "Quarterly Activity Reports : October 31~December 31, 1956", January 5, 1957, Media Audio-Visual Movies Asia Pictures 1955~57, Box 171, AFR.

44 Suh Sang-mok, "The Economy in Historical Perspective", *Structural Adjustment in a Newly Industrialized Country : The Korean Experience,* ed. Vittorio Corbo · Sang-mok Suh, Baltimore : Johns Hopkins University Press, 1992, pp. 7~10.

45 Charles Tanner, "Motion Picture Program for Korea", October 20, 1954, Media Audio-Visual Motion Picture 1956, Box 60, AFR.

46 S. R. Joey Long, "Winning Hearts and Minds : U.S. Psychological Warfare Operations in Singapore, 1955~1961", *Diplomatic History* 32, no. 5, November 2008, p. 899

47 Kenneth Osgood, 앞의 책, p. 104

48 Nicholas J. Cull, *The Cold War and the United States Information Agency : American Propaganda and Public Democracy, 1945~1989*, Cambridge : Cambridge University Press, 2008, p. 123

49 김관수는 1955년 미공보원의 촬영장비를 이용해 〈포화 속의 십자가〉를 제작했다. 한국전쟁 중반을 배경으로 한 영화는 중국군에 의해 부상당하고 고립된 미군을 구하기 위해, 한국군 중위(김진규 분)와 그의 부대가 목숨 바쳐 희생하는 모습을 담아낸다. 전후 한국사회에서 반일의 수사학은 반공주의의 주입으로 즉시 전환되었으며, 이를 영화로 보여준 김관수는 정치적으로 그리고 이념적으로 '개혁된' 정체성을 성공적으로 증명해냈다. 같은 해 김관수는 만장일치로 한국영화제작자협회 회장으로 선출되었다.

50 A letter to Blum from Brown, July 13, 1955, Box 1, RBP.

51 회계연도 1955·56년의 총 예산은 미화 231,045달러였다. 이 예산에는 급여 및 수당, 운영비가 포함되어 있다. "Korea Budget Summary", Budget(Allocations & Aps) 1956·57, Box 59, AFR.

52 "Assistant to the Korean Motion Picture Industry", Korea Budget AP's & Allocations etc 1955·56, Box 59, AFR.

53 위의 글.

54 차재영·염찬희, 「1950년대 주한 미공보원의 기록영화와 미국의 이미지 구축」, 『한국언론학보』 56권 1호, 2012년, 245쪽

55 허은, 「냉전시대 미국의 민족국가 형성 개입과 헤게모니 구축의 최전선 : 주한미공보원 영화」, 『한국사연구』 155호, 2011, 144쪽

56 Han Sang Kim, "Cold War and the Contested Identity Formation of Korean Filmmakers : On Boxes of Death and Kim Ki-yong's USIS Film", *Inter-Asian Cultural Studies* 14, no. 1, 2013, pp. 551~63.

57 다음을 참조. "Media Publications General" file, Box 61, AFR. TAF's financial support to the selective magazines of South Korea during the period consisted of donating paper to the publishers. "Media Paper General", "Media Publications Literature & Arts Weekly Oh Young-jin", and "Media Publications Women's World" files, Box 61, AFR.

58 아시아재단 대표 로렌스 G. 톰슨(Laurence G. Thompson)이 최유 교육부 장관에게 1958년 3월 21일에 제출한 보고서. 국가기록원(경기 성남시 소재)

59 Greg Barnhisel, "Cold Warriors of the Book : American Book Programs in the 1950s", *Book History* 13, 2010, pp. 186~87.

60 Charles K. Armstrong, "The Cultural Cold War in Korea, 1945~1950", *Journal of Asian Studies* 62, no. 1, February 2003, p. 72

61 Chungmoo Choi, "The Magic and Violence of Modernization in Post-Colonial Korea", *Post-Colonial Classics of Korean Cinema*, ed. Chungmoo Choi, Irvine : University of Irvine, 1998, p. 5.

62 Miriam Bratu Hansen, "The Mass Production of the Senses : Classical Cinema as Vernacular Modernism", *Modernism/Modernity* 6, no. 2, 1999, pp. 59~77.

63 Charles Tanner, "Korea Publishing", February 24, 1954, Media Publications Literature & Arts Weekly Oh Young-jin, Box 61, AFR.

64 Charles Tanner, "Motion Picture Program for Korea".

65 John Miller, "Documentary Film on Korea", October 26, 1955, Media Audio-Visual Films-John Miller, Box 60, AFR.

66 John Miller, "Assistant to the Korean Motion Picture Industry", February 11, 1956, Korean Motion Picture Industry General, Box 60, AFR.

67 A letter to Eric Johnston, March 16, 1954, Japan Writer Project H-7 1953~54, Box 9, AFR.

68 Robert Blum, "Notes on Visit to Korea(October 29~November 2, 1956)," General Trip to Korea-R. Blum, Box 61, AFR.

69 역사적으로 중요한 이 기록물은 이제 외부에 공개되어 있다. 다음을 참조. Sangjoon Lee, "On 'The Korean Film Industry' : The Asia Foundation, Korean Motion Picture Cultural Association, and John Miller, 1956", *Journal of Japanese and Korean Cinema* 7, no. 2, 2015, pp.95~112.

70 예산 5만 달러는 1956년 1월 26일 승인되었다. 스튜어트는 비정상적으로 많은 지출을 정당화하며 이렇게 기록했다. "이와 같은 청구는 도쿄지부의 존 밀러의 권고에 근거한 것입니다. 그는 지난 1월 한국에 방문하여 현지 영화산업을 2주 간 조사했습니다. (…중략…) 영화산업은 한 국가의 문화적 자산입니다. 영화라는 미디어는 오락물의 한 형태일 뿐만 아니라, 아이디어를 전달하는 효과적인 방법입니다. 한국에서 영화는 사실상 대중오락의 유일한 수단입니다. 한국의 지도자들은 한국 고유의 특성을 지닌 한국 영화를 보존하고 확대할 필요가 있다고 강력히 느끼고 있습니다. 자국의 문화를 자국의 언어로 담아내는 영화를 선호하는 신조가 한국에서 점점 강해지고 있습니다." John Miller, "Assistant to the Korean Motion Picture Industry".

71 『동아일보』, 1956.7.7.

72 John Miller, "Assistant to the Korean Motion Picture Industry".

73 A Letter from Mary Walker to Chang Key-young[Chang Ki-yŏng], September 4, 1956, Media Audio-Visual KMPCA General, Box 60, AFR.

74 Lee, "On John Miller's 'The Korean Film Industry'", p.8. 존 밀러의 보고서는 그 자신이 밝힌 것처럼 "한국인 혹은 외국인에 의해 처음 진행된 최초의 연구"였다. 1956년 12월 29일 밀러는 자신의 보고서를 교육부 내지 "이승만 대통령 측근 누군가"에게 제공하고자 했던 것으로 보인다. 그러나 이 보고서는 결과적으로 아시아재단의 사무실 바깥으로조차 나가지 않은 것으로 추정된다. 필립 로우 뒤를 이어 서울지부 대표를 맡은 로렌스 G. 톰슨은 1957년 6월 14일 로버트 블룸에게 당시 상황을 보고하는 한 통의 편지를 썼다. 톰슨은 편지에서 "몇 달 전 존 밀러가 그의 보고서 사본을 한국의 특정인 몇몇에게 배포해도 되는지 본부에 문의했다고 우리에게 알려왔습니다. 그러나 우리는 현재 시점까지 그의 요청이 본부에서 승인되었는지 여부를 전혀 들은 바가 없습니다. 보고서의 존재를 들은 몇몇 사람들이 우리에게 이를 문의했고, 그중 일부는 보고서의 첫 번째 사본을 읽었다고 말했습니다. 한국영화문화협회는 보고서를 한국어로 번역하겠다는 의사도 밝혀왔지만, 아직까지 진척된 바는 없습니다. 지금쯤이면 보고서가 너무 오래되어 더 이상 [한국인의] 관심을 끌지 못할지도 모릅니다"라고 썼다. 다음을 참조. John Miller, "Paper on the Korean Motion Picture Industry", December 29, 1956, Media Audio-Visual Film-John Miller, Box 60, AFR.

75 〈자유부인〉과 1950년대 한국영화에 대해서는 다음을 참조. Christina Klein, "Madame Freedom(1956) : Spectatorship and the Modern Woman", *Rediscovering Korean Cinema*, ed. Sangjoon Lee, Ann Arbor : University of Michigan Press, 2019, pp.118~31.

76 「한국 최대 규모의 스튜디오-안양 스튜디오」,『신영화』, 1957.12, 8~10쪽. 보고된 공사 예산은 미화 25만 달러에 달했다.

77 John Miller, "Paper on the Korean Motion Picture Industry".

78 위의 글.

79 "Proposed Program Budget pp.57~58", February 1, 1957, Korea Budget AP's & Allocations etc 1957·58, Box 59, AFR.

80 Robert Blum, "Loan for Production of Korean Motion Picture", February 16, 1956, Media Audio-Visual Films(Lee Yong Min), Box 60, AFR.

81 『동아일보』, 1959.5.29.

82 이묵, 「한중합작영화와〈이국정원〉」,『신영화』, 1957.12, 78쪽.

83 Suh Sang-mok, 앞의 책, pp.7~10.

84 캐슬린 맥휴(Kathleen McHugh)와 낸시 에이블먼(Nancy Abelmann)은『한국영화의 황금기 멜로드라마-젠더, 장르, 내셔널시네마(*South Korean Golden Age Melodrama : Gender, Genre, and National Cinema*)』의 도입부에서 이렇게 서술했다. "한국전쟁 직후, 엄청난 인기를 끈〈춘향전〉(1955년)과〈자유부인〉(1956년)의 개봉은 한국영화의 황금기로 알려진 시대를 열었다. 1955년부터 1972년까지, 이 짧은 기간 동안 수많은 한국 감독들이 역사적으로, 미학적으로, 정치적으로 중요한 작품들을 제작했다. 이들의 작품 활동은 이탈리아의 네오리얼리즘, 프랑스의 뉴웨이브, 독일의 뉴 저먼 시네마처럼 다른 국가의 잘 알려진 영화운동과도 같았다"(pp.2~3).

85 "Transmittal of Letter of Agreement", June 25, 1962, Media Audio-Visual Films Korean Motion picture Cultural Association KMPCA, Box 280, AFR.

86 Partick Judge, "Meeting with Ed Hardy and Chang", July 9, 1958, Media Audio-Visual Movies Asia Pictures 1958·59, Box 171, AFR.

87 Man-fung Yip, 앞의 책, p.45

88 John F. Sullivan, "Asia Pictures", February 3, 1959, Media Audio-Visual Movies Asia Pictures 1958·59, Box 171, AFR.

89 A letter from John Grange to Robert Blum, October 30, 1959, Publishers Asia Press Discussions(Asia Pictures), Box 172, AFR.

90 J. F. Richardson, "Turnover of the Asia Pictures, Limited and The Asia Press, Limited to Chang Kuo-sin", March 31, 1961, Publishers Asia Press Asia Pictures Turnover Corres, Box 172, AFR.

91 A letter from Chang Kuo-sin to John Grange, March 28, 1960, Publishers Asia Press Discussions(Asia Pictures), Box 172, AFR.

92 위의 글.

93 위의 글.

94 Robert Blum, "The Asia Foundation : Purposes and Program", *United Asia : International Magazine of Afro-Asian Affairs* 11, no.5, 1959, p.414

95   Thomas W. Ennis, "Noel Busch, Author and Correspondent for Life Magazine", *New York Times*, September 11, 1985, p. 27

96   John Miller's Letter to Blum, February 11, 1957, Media Audio-Visual Film-John Miller, Box 60, AFR.

97   Untitled letter, May 30, 1961, Folder 44, Box 4, Freda Utley Papers(1886~1978), Hoover Institution Archive, Stanford University.

제5장

아시아 영화를 세계에 투사하다

1960년 10월 30일 김기영 감독[1919~98년]의 영화 〈십대의 반항〉[1959년]이 미국 샌프란시스코의 메트로극장[Metro Theatre]에서 상영되었다.[1] 〈십대의 반항〉은 한국이 1960년 제4회 샌프란시스코국제영화제[San Francisco International Film Festival, SFIFF]에 공식 출품한 작품이었다. 영화는 한국전쟁으로 폐허가 된 서울 빈민가에서 소매치기와 절도로 생계를 이어나가는 전후 고아들의 이야기를 담는다. 영화의 시나리오는 한국영화문화협회의 창립 일원 중 한 명인 극작가 겸 평론가 오영진의 원작을 각색한 것이었는데, 오영진이 직접 영화각본을 맡았다. 그리고 김기영은 한국영화문화협회의 영화장비 지원 혜택을 받은 첫 번째 감독이었다. 김기영의 데뷔작 〈주검의 상자〉는 아시아재단이 기증한 35mm 미첼카메라로 촬영된 것이었고, 미 공보원[USIS]의 자회사인 리버티프로덕션[Liberty Production]이 영화제작비 일부를 지원했다.[2] 일간지 『샌프란시스코 이그재미너[San Francisco Examiner]』는 〈십대의 반항〉의 상영을 이렇게 알렸다. "에이버리 브런디지[Avery Brundage]가 기증한 아시아 미술 콜렉션* 등의 영향으로 최근 한국 예술에 대한 관심

---

* [옮긴이 쥐] 에이버리 브런디지는 제5대 국제올림픽위원회 위원장을 역임한 스포츠인사이자 사업가, 미술품 수집가였다. 그는 1959년 자신이 수집한 아시아미술품 약 7,700점을 샌프란시스코에 기증했고, 기증조건은 이를 전시할 주립박물관을 신설하는 것이었다.

이 커지고 있다. 이 덕분에 〈십대의 반항〉이라는 제목이 붙은 한국영화는 관객을 어느 정도 확보할 수 있을 것이다."[3] 그러나 영화의 초기 논평은 그다지 호의적이지 않았다. 영화전문 월간지 『필름스 인 리뷰*Films in Review*』의 검토위원 중 한 명인 로마노 토찌*Romano Tozzi*는 해당 잡지에 제4회 샌프란시스코국제영화제에 관한 긴 특집기사를 기고하면서, 〈십대의 영화〉를 할리우드 영화와 비교했다. 그는 "우리 [할리우드의] 값싼 멜로드라가 이 바보 같은 영화의 제작자에게 영향을 미친 것이 틀림없다. 이 영화는 폭력, 난폭함, 섹스, 매춘, 마약중독이 뒤섞여있다"[4]고 평가했다. 악평을 받은 〈십대의 반항〉은 그해 영화제 배급망에서 홀연히 사라졌다.

그런데 이 지점에서 한 가지 의문점이 남는다. 〈십대의 반항〉은 애초에 어떻게 샌프란시스코국제영화제에서 상영작으로 선정되었을까? 샌프란시스코국제영화제는 불과 3년 전인 1957년 첫 행사를 개최한 신생 영화제로, 샌프란시스코 만 지역*Bay Area* 외부에는 널리 알려지지 않은 행사였다. 실제로 대부분의 할리우드 사람들에게 샌프란시스코국제영화제는 "특별히 중요하지는 않은" 지역행사로 여겨졌다.[5] 그렇다면 한국영화계는 어떻게 이 '지역' 영화제가 존재한다는 정보를 입수할 수 있었는가? 또한 비슷한 시기에 〈십대의 반항〉 외에 다른 한국영화들도 국제영화제에 출품되었다는 사실은 상당히 주목할 만하다. 몇 달 후인 1961년 6월, 제11회 베를린 국제영화제*Berlin International Film Festival*에서 강대진 감독의 〈마부〉1961년가 상영되었다. 〈마부〉는 전후 서울에서 자식들과 함께 살아가는 가난한 홀아비 마부인 춘삼의 삶을 그린 영화이다. 영화는 영화제에서 특별상인 은곰상*Silver Bear Award*을 수상했고, 이 성과는 한국영화가 유럽영화제에서 처음으로 이룬 쾌거였다.

이병일 감독의 〈시집가는 날〉이 도쿄에서 열린 제4회 아시아영화제에 공식 출품된 이래, 상당히 많은 한국영화가 동·서양에서 열린 국제영화제에서 상영되었다. 흥미롭게도 1960년대 초반 동안 세 곳의 국제영화제 — 베를린 국제영화제, 샌프란시스코국제영화제, 아시아영화제 — 가 한국영화를 경쟁부문에 지속적으로 초청했다. 반면 체코슬로바키아에서 열리는 카를로비 바리Karlovy Vary, 칸Cannes, 베니스Venice 영화제를 비롯한 여타의 국제영화제는 한국영화를 초대하지 않았다. 왜 이 영화제들은 한국영화를 초청하지 않았는가? 앞선 세 영화제가 한국영화에 다소 열광적인 태도를 보인 배경에는 어떤 논리가 깔려 있던 것인가? 베를린 국제영화제와 아시아영화제가 적어도 초기 10년 동안은 냉전시대 문화적 전장이었다는 점이 이에 대한 한 가지 답변일 수 있다. 두 영화제 모두 직접적으로 혹은 비밀리에 미국정부로부터 상당한 재정지원을 받았기 때문이다. 다시 말해 두 영화제는 미국의 문화적 외교정책을 위한 '친선' 행사였던 셈이었다.

마리케 드 발크는 각 영화제의 이면에 놓인 숨겨진 이유를 상세히 기술한다. 요컨대 베를린 국제영화제는 정치적이고 이념적인 이유로 국가영화산업을 복원하고자 했고, 베니스와 칸국제영화제는 비수기의 관광을 활성화하고자 했으며, 카를로비 바리와 로테르담 국제영화제는 낙후된 도시를 재건할 목적이 있었다.[6] 그녀의 범주를 아시아영화제에 적용해 보면, 아시아영화제는 베를린 국제영화제와 함께 미국이 주도한 냉전의 문화정치학이 낳은 산물이자 "정치적 의미가 부여된 제도"로서의 영화제였다.[7] 적어도 초기 10년간, 베를린 국제영화제는 미국이 "소련 점령 이후 동구권 영화의 쇼케이스가"된 카를로비 바리 국제영화제에 대항하기 위해 의도적으로 시작한 행사임이 자명하다.[8] 영화제는 미국이 문화적 외교 측면에서 기울인 노력의 일환이었다. 실제로 미국 당국, 특히 주독일 미국 고등판관실의 공보처는 1951년부터 1956년까지 최소 5년 간 베를린 국제영화제를 재정적으로 지원했다. 그럼에도 미국의 영화제 개입은 공식적으로 언급되거나 공개된 적이 없다.[9]

주독일 미국 고등판관실의 공보처에서 영화담당관으로 복무하던 오스카 마테이Oscar Martay, 1920~95년는 베를린을 "동구권에게 보여주는 서구권의 문화적 쇼케이스"로 홍보하고자 했다. 그는 "활기를 되찾은 베를린"의 이미지가 "서구의 경제적 우월성과 문화적 역동성의 증거"로 보여지리라 믿었다.[10] 하이데 페렌바흐Heide Fehrenbach의 주창처럼, 베를린 국제영화제의 탄생에 가장 큰 영향을 미친 인물은 바로 마테이였다. 마테이는 베니스 국제영화제에 참석했을 때, 베를린 국제영화제의 아이디어를 처음 고안한 것으로 알려져 있다.[11] 영화제위원회에서 한 자리씩 차지한 미국과 영국은 다른 국가의 위원들에게 영화제 초청명단에서 동유럽 국가를 제외하자는 압력을 가했다. 이로써 베를린 국제영화제는 정치적이고 이념적 메시지를 노골적으로 드러내는 정치의 최전선이 되었다.[12] 영화평론가 신시아 그레니어Cyntia Grenier는 『필름쿼터리Film Quarterly』에서 베를린 국제영화제가 "사람들에게 영향을 미치고, 주로 아프리카와 아시아에서 온 참가자들을 사귀는 데 부지런히 이용되고 있다"고 비판하면서, 이들의 영화는 "영화제의 예술적 수준을 저절로 낮춘다"고 주장했다.[13] 그레니어의 비판적인 논평 이후, 『필름쿼터리』는 베를린 국제영화제에 대한 기사를 더 이상 실지 않았다.

베를린 국제영화제와 달리 샌프란시스코국제영화제는 샌프란시스코에서 활동하는 영화배급업자 어빙 '버드' 레빈Irving 'Bud' Levin이 조직하고 관리한 행사였다. 그는 영화제를 통해 자신의 인지도를 높여 국제적 유명인사가 되고자 했다. 샌프란시스코국제영화제는 독자적으로 운영되었고 미국정부로부터 어떠한 재정지원도 받지 않았다. 그러나 아시아재단과는 긴밀히 협력했다. 두 기관 모두 샌프란시스코 시내에 본부를 두고 있었다. 이보다 더 중요한 점은 샌프란시스코국제영화제의 주요 후원자인 해롤드 젤러바흐Harold L. Zellerbach, 샌프란시스코 예술위원회 회장가 자유아시아위원회의 창립이사 중 한 명 인 J. D. 젤러바흐J. D. Zellerbach의 동생이라는 점이다.[14] 이로 추정컨대 〈십대의 반항〉이 샌프란시스코국제영화제에서 상영되었던 건 아시아재단과의 긴밀한 제휴 덕분이라 볼 수 있다. 확실히, 아시아재단은 미국 주류사회에 비공산주의적이고 "이념적으로 올바른" 아시아영화를 소개할 목적으로 샌프란시스코국제영화제를 활용하려 했다.

샌프란시스코국제영화제

미국 최초의 국제영화제인 샌프란시스코국제영화제는 "영화계의 올림픽"이라고도 불렸다.[15] 첫 번째 공식 행사는 1957년 12월에 개최되었다. 샌프란시스코 만 지역에서 국제영화제를 개최하겠다는 아이디어는 그전 해인 1956년 어빙 M. 레빈이 당시 이탈리아 주재 총영사였던 피에를루지 알베라Pierlugi Alvera의 협조를 받아 이탈리아 영화제를 조직하면서 떠올리게 된 것이었다. 샌프란시스코 태생인 레빈은 '버드'라는 별명으로 유명했고, 아버지 사무엘 H. 레빈Samuel H. Levin이 시작한 극장사업의 환경 속에서 유년시절을 보냈다. 그의 아버지 사무엘 레빈은 러시아 출신 유태인 이민자로, 샌프란시스코 정착 후 서부 해안에 초기 극장 체인 중 하나를 설립하며 극장사업을 시작했다. 레빈은 1960년 언론과의 인터뷰에서 "저는 자연스럽게 영화 사업에 늘 푹 빠져 있었습니다. 14살 무렵 옛 콜로

세움 극장Coliseum theatre에서 일했던 기억이 납니다"라고 회고했다.[16] 18살이 되었을 무렵, 레빈은 하딩Harding 극장을 경영하게 되었고, 노력 끝에 마침내 아버지가 세운 모든 극장 — 발보아Balboa, 코로넷Coronet, 갤럭시Galaxy, 스톤스타운Stonestown, 콜로세움, 알렉산드리아Alexandria, 메트로, 보그Vogue, 엘레이El Rey — 을 물려받게 되었다.[17] 이탈리아 영화제에서는 5편의 영화가 상영되었다. 그중 페데리코 펠리니FedericoFellini의 〈길La Strada〉1954년이 최우수작품상을 수상했다. 트로드 고메즈Traude Gómez의 회상에 따르면, "그 유명한 베니스와 칸, 에딘버러Edinburgh 국제영화제와 같은 방식으로" 전세계 영화가 상영되는 영화제를 개최하자고 레빈에게 제안한 사람은 바로 피에를루지 알베라였다.[18]

레빈은 1957년 10월 유럽으로 열흘간 여행을 떠났고 여행기간 동안 영국, 프랑스, 이탈리아, 독일의 영화배급사를 만났다.[19] 하지만 유럽여행의 진짜 목적은 국제영화제작자연맹International Federation of Film Producers Association, IFFPA의 공식 승인을 얻는 것이었다.[20] 레빈은 파리에서 프랑스 영화제작자이자 국제영화제작자연맹 회장인 장 피에르 프로제레Jean-Pierre Frogerais와 만났다. 하지만 레빈은 프로제레와의 만남에서 흡족할 만한 결과를 얻지는 못했다. 다만 프로제레는 레빈에게 국제영화제작자연맹이 샌프란시스코에서 벌어지는 시도를 주시하고 있으며 "어쩌면 1958년에는 공식적으로 지원할 수 있을 것"이라고 잠정적으로 말했다.[21] 그리고 프레제레는 약속을 지켰다. 국제영화제작자연맹은 제1회 샌프란시스코국제영화제 이후 연맹차원에서 영화제를 공식 승인했다.

같은 해 12월 4일 샌프란시스코국제영화제는 12개국에서 출품된 15편의 장편영화와 함께 개막했다. 출품작 목록에는 독일의 〈쾨페니크 대위The Captain from Köpenick〉헬무트 카우트너(Helmut Käutner) 감독, 1956년, 이탈리아의 〈외침II Grido〉미켈란젤로 안토니오니(Michelangelo Antonioni) 감독, 1957년, 폴란드의 〈카날Kanał〉 안제이 바이다(Andrzej Wadja) 감독, 1957년, 스페인의 〈자전거 주자의 죽음Muerte de un ciclista〉후안 A. 바르뎀(Juan A. Bardem) 감독, 1955년이 포함되어 있었다. 목록에는 〈엉클 반야Uncle Vanya〉존 괴츠(John Goetz)·프란쵸 톤(Franchot Tone) 감독, 1957년도 있었는데, 이 작품은 출품작 중 유일한 미국작품이었다. 인도는 사티야지트 레이Satyajit Ray 감독의 〈길의 노래Father Panchali〉1955년를, 일본은 구로사와 아키라 감독의 〈거미집의 성蜘蛛巢城〉1957년을, 필리핀은 에디 로메로 감독의 〈최후의 전사The Last Warrior〉1956년를 출품했다. 영화제가 열린 1957년 12월 4일부터 18일간, 모든 영화는 레빈이 그토록 자랑스러워 하는 메트로극장에서 매일 오후 8시에 상영되었다.

샌프란시스코의 영화평론가 에밀리아 호델Emilia Hodel은 필리핀의 〈최후의 전사〉에 대해 "출연진들은 우리에게 익숙한 것보다 더욱 과장된 연기 스타일을 보여주었다. 마치 일본인의 연기 스타일과 유사하다. 이러한 연기는 영화에 춤 의식 같은 분위기를 자아냈다"고 논평했지만, 영화에 대해서는 전반적으로 긍정적으로 평가했다.[22] 『오클랜드 트리뷴Oakland Tribune』은 구로사와 아키라의 〈거미집의 성〉이 "일반극장에서 상영되면 미국 박스오피스에서 좋은 흥행성적을 거둘 출품작 중 하나"라고 예측하며 호평했다.[23] 하지만 영화제에 출품된 전체 아시아 영화 중에서 가장 열광적인 찬사를 받은 작품은 〈길의 노래〉였다. 『샌프란시스코 크로니클The San Francisco Chronicle』은 영화가 "놀랍도록 섬세하고, 다른 영화보다 여유롭게 진행되지만 끊임없이 매혹적인 영화"라고 찬사를 아끼지 않았다.[24] 이미 칸, 에든버러, 베를린, 로마 국제영화제에서 여러 상을 수상한 〈길의 노래〉는 영화제에서도 최우수작품상과 최우수감독상을 거머쥐게 되었다.[25] 감독인 사티야지트 레이가 직접 트로피를 받았다. 이후 레이는 국제 영화계가 사랑하는 영화인이 되었고, 특히 샌프란시스코국제영화제로부터 많은 사랑을 받았다. 1957년부터 1972년까지 샌프란시스코국제영화제에서 레이 영화가 한 편 이상 상영되지 않은 해는 없었다. 『필름쿼터리』의 영화평론가 개빈 램버트Gavin Lambert는 미국이 "3대 영화제작 국가인도와 일본이 나머지 국가 중 최초로" 자국에서 국제영화제를 개최한다는 사실에 흥분을 감추지 않았다. 그는 "샌프란시스코국제영화제가 명성을 얻게 되면, 배급사 및 상영업체 대다수는 자연스레 영화제에 참석하게 될 것이다. 그들은 이 영화제를 해외영화를 살펴보는 소식통으로 활용하고, 잠재적 관객반응을 유추해보는 수단으로 삼을 것이다"라고 예측했다.[26]

그런데 여기서 한 가지 중요한 질문을 제기할 수 있다. 미국 최초의 국제영화제가 왜 샌프란시스코에서 열리게 된 것인가? 어째서 로스앤젤레스, 뉴욕, 워싱턴 D.C.가 아니라 샌프란시스코에서 열린 것인가? 당연히 할리우드에서 활동하는 저널리스트, 영화제작자 및 지역 정책입안자들은 외딴 샌프란시스코 대신 대도시에서 영화제를 개최해야 한다는 논쟁을 벌여왔다. 논쟁을 통해 뉴욕, 시카고, 마이애미 혹은 뉴올리언스 같은 대도시들이 물망에 올랐다.[27] 그러나 모두의 예상을 깨고 샌프란시스코가 최후의 자리를 쟁취했다. 이와 같은 결정은 할리우드 저널리스트와 비평가들을 자극했다. 찰스 아인펠드Charles Einfeld도 그중 한 명이었다. 그는 『버라이어티Variety』에서 샌프란시스코는 "본격적인 축제의 장을 펼치기엔 너무 먼 곳"이라고 지적하며, 할리우드가 아니라면 워싱턴 D.C. 혹은 마이애미에서 미국의 국제영화제를 개최해야 한다고 강력하게 피력했다.[28] 그러나 그와 같은 '전형적인' 도시에서 영화제를 개최하는 일은 진척되지 않았다. 레빈은 "누가 상영작을 선택할 것인가요? 그리고 누가 그 비용을 부담할 것인가요? 최소 미화 25만 달러가 소요됩니다. 할리우드가 할 수 있는 최선의 선택은 샌프란시스코국제영화제에 온 마음을 다해 동참하는 것입니다. 우리는 할리우드의 지원을 환영합니다"라고 논박했다.[29]

하지만 레빈의 기대와 달리 할리우드 영화계는 초대 영화제부터 1960년대 중반까지 샌프란시스코국제영화제를 철저히 외면했다. 이런 분위기를 반영하듯이, 초창기 영화제에서는 미국의 주요 영화가 상영되지 않았다. 이것은 실로 심각한 문제였다. 현지 영화평론가 스탠리 아이첼바움 Stanley Eichelbaum은 미국영화계를 이렇게 규탄했다. "이집트와 중국을 비롯해 거의 24개국이 경쟁부문에 자국의 중요한 신작을 출품하는 이유는 무엇인가? 반면 작년 한 해에만 150편의 대작을 만들어 전 세계에 배급한 미국은 무명의 독립제작자가 만든 저예산 영화 3편 외에는 어떤 작품도 영화제에 내놓지 않았다."[30] 실제로 할리우드 감독 및 경영진들은 유럽영화제를 전반적으로 무시하고 있었다. 당시 할리우드에서 가장 성공한 제작자 겸 감독 중 한 명이었던 머빈 르로이Mervyn LeRoy는 영화제에서 얻을 수 있는 가치란 전무하다고 가혹하게 평가했다. 심지어 그는 베니스와 칸 국제영화제는 "관광객을 유치하기 위한 속임수이자 뻔뻔스럽게 외향적인 스타들을 홍보하기 위한 수단"에 불과하다고 말했다.[31] 마찬가지로 할리우드 배급사 중 한 곳은 "우리는 샌프란시스코에 갈 필요가 전혀 없습니다. 거기서 아무것도 얻지 못할 것이니까요. 설령 우리 영화가 영화제에서 수상한다고 해도, 지역신문을 제외한다면 아무런 홍보도 되지 않을 것입니다. 영화제는 그저 지역홍보 프로젝트에 불과하니, 우리가 갈 수 있을 것 같지는 않습니다"라고 언급했다.[32] 레빈은 할리우드가 자랑하는 유명인사와 각광받는 감독을 샌프란시스코국제영화제에 초청하기 위해 다방면으로 노력해 보았지만, 할리우드로부터 긍정적인 회신을 받는 데에는 실패했다. 레빈은 1957년 오슨 웰즈Orson Welles 감독을 초청하는 노력까지 기울였다. 하지만 스크린의 인기배우, 빅 스튜디오의 거물, 스타 감독, 미국영화제작자협회 회장 에릭 존스톤Eric Johnston은 영화제에 참석하지 않았다. 다만 미국영화감독협회를 대표해서 테이 가넷Tay Garnet과 프랭크 보제이기가 초대 영화제 개막식에 참석했다. 흥미롭게도 보제이기는 1954년 제1회 아시아영화제에서 할리우드 대표로 참석한 바 있다.[33]

레빈은 제2회 샌프란시스코국제영화제에 스탠리 크레이머Stanley Kramer 감독의 〈흑과 백The Defiant Ones〉1958년을 초청하기 위해, 유나이티드 아티스트United Artists와 처음으로 접촉해 보았다. 하지만 영화사는 작품을 샌프란시스코로 보내는 대신 처음에는 멕시코로, 이어서 베를린으로 보냈다. 그리고 영화는 베를린 국제영화제에서 남우주연상을 수상했다. 멕시코로 보내진 〈흑과 백〉이 그곳에서 상영됨에 따라, 샌프란시스코국제영화제의 규정 — 서반구에서 사전 상영된 영화의 출품을 금지한다는 규정 — 을 위반하여 자동실격 처리되었다. 결과적으로 1958년 샌프란시스코국제영화제에 미국영화는 단 한 편도 출품되지 않았다. 샌프란시스코에 본사를 둔 『필름 데일리Film Daily』는 "해외영화제에는 출품하면서 자국 내에서 열리는 영화제에는 불참하는 [미국] 영화산업은, 그 이유가 무엇이든 간에, 비판을 자아낸다. 할리우드가 샌프란시스코국제영화제에 보인 무관심은 필시 해외에서도 지적될 것이다"라고 저격했다.[34] 『샌프란시스코 크로니클』의 한 평론가는 아래와 같이 쓴 소리를 남겼다.

할리우드가 도대체 왜 이 영화제를 무시하는지 의아하다. 할리우드는 신작 〈소년들아, 깃발아래 모여라Rally Round the Flag, Boys〉를 출품할 예정이었으나, 마지막 순간 위쪽에서 영화가 준비되지 않았다는 소식이 전해졌다. 그러나 소위 '영화세계의 수도'라 불리는 미국은 다른 완성작, 즉 12개국에서 출품된 15편의 영화와 경쟁할 만한 그런 영화를 가지고 [영화제에] 나왔어야 했다. 예술적으로 자신이 없었든 상업적으로 자만했든지 간에 그 이유가 무엇이든, 미국영화산업은 비경쟁 국가를 위해 마련된 구석에 자진해서 들어갔고 그곳에서 러시아와 자리를 함께했다. 이로써 미국은 스스로를 바보처럼 보이게끔 만들었다. 공산주의 세 국가헝가리와 폴란드, 유고슬라비아조차 영화제에 출품작을 보냈지 않았던가.[35]

할리우드의 모든 사람이 샌프란시스코국제영화제를 외면한 것은 아니었다. 캐나다 태생의 할리우드 감독 에드워드 드미트릭Edward Dmytryk — 대표작 〈십자포화Crossfire〉1947년와 〈케인호의 반란The Caine Mutiny〉1954년으로 유명 — 은 영화제 지지자 중 한 명이었다. 그는 1959년 세 명의 영화제심사위원 중 한명이기도 했다. 드미트릭은 일 년 후 샌프란시스코국제영화제를 다시 찾았다. 이번에는 발표자 신분으로 참석했다. 그는 '국제문화 관계에서 영화의 역할'을 주제로 한 심포지엄에서 소련 감독 그리고리 추크레이Grigory Chukhray, 프랑스 거장 장 르누아르Jean Renoir를 비롯한 여러 발표자 중 한 명으로 참여했다.[36] 메리 픽포드와 그녀의 남편 찰스 '버디' 로저스Charles "Buddy" Rogers도 같은 해 샌프란시스코국제영화제에 참석했다. 이러한 관심에 고무되어, 프레드 진네만Fred Zinnemann은 1961년 『뉴욕타임스』에 일반독자 및 할리우드 경영진에게 보내는 공식 서한을 실었다. 그는 열의를 갖고 간청했다.

저는 샌프란시스코에서 이제 막 돌아왔습니다. 소수의 헌신적인 사람들이 극심한 어려움 속에서 거의 아무런 지원도 받지 못한 채 영화제를 추진하고 있었습니다. 이 사람들의 엄청난 헌신 덕분에 영화제는 겨우 살아남을 수 있었습니다. 영화제는 활기를 띠어가고 있지만 그것만으로는 충분하지 않습니다. 영화제는 그저 미국영화제작의 중요성만을 대변하는 것이 결코 아닙니다. 저는 이 영화제를 외면한 할리우드 영화제작자들이 영화제에 얼마나 관심이 없는 지, 감사하지 않는지, 그 중요성을 인식하지 않는지 목격하고 적잖은 충격을 받았습니다. 저는 샌프란시스코국제영화제가 미국영화산업의 중요성과 유효성을 반영하는 진정한 국제행사로 나아갈 수 있도록, 가능한 모든 조치를 취해야 한다고 정중히 제안합니다.[37]

샌프란시스코국제영화제는 할리우드의 존재가 부재했기 때문에 점점 더 외국영화에 의존해야 했다. 사실 샌프란시스코는 국제적 영화를 상영하기에 상당히 이상적인 장소였다. 레빈이 주장했듯이, 샌프란시스코는 "1인당 외국어 영화를 상영하는 극장 수가 미국의 다른 어떤 도시보다도, 심지어 뉴욕보다도 많았다."[38] 샌프란시스코의 예술영화 애호가들은 1950년대 내내 일본영화에 대한 애정을 보였다. 1952년 RKO가 샌프란시스코에서 구로사와 아키라의 〈라쇼몽〉을 배급했는데, 그 반응은 실로 대단했다. 티노 발리오Tino Balio의 주장처럼, 일본영화는 "1950년대 미국 주류 극장시장에 진출하기 위해 합심하여 단행한 거의 유일한 비서구권 영화국가였다."[39] 1950년대 후반 유럽 및 아시아 예술영화의 흐름을 마주하고 있던 샌프란시스코는 국제영화제를 개최하기에 이상적인 도시로 보였다. 이를 반영하듯, 샌프란시스코에 기반을 둔 『필름쿼터리』는 학술지명을 바꾸고 처음 발간하는 호의 첫 번째 글로 도날드 리치와 조셉 앤더슨의 논문 「일본의 전통극장과 영화Tradition Theatre and the Film in Japan」를 실었다.[40] 이와 유사하게, 『필름스 인 리뷰』는 1957년 3월 일본영화에 대한 특집호를 발행했다. 특집호에는 영향력 있는 영화평론가 헨리 하트Henry Hart, 클리포드 V. 해링턴Clifford V. Harrington, 레오나 프로타스 섹터Leona Protas

Schecter가 쓴 세 편의 글이 수록되었다. 특히 하트는 뉴욕에서 열린 일본영화제를 논평하는 글에서 "인류의 모든 인종 중에서, 일본인들이 영화의 미적 잠재력을 가장 잘 실현시킬 수 있다고 생각합니다"라고 썼다.[41]

레빈은 영화제 라인업에 더 많은 아시아 출품작을 유치하고 싶었다. 특히 그는 일본과 인도 이외의 지역에서 제작된 아시아 영화가 무척 궁금했다. 그래서 그는 1957년 9월 아시아재단의 샌프란시스코 본부에 연락해 아시아 영화 추천을 요청했다. 사실 이 요청은 시기상 너무 늦게 전달되었기 때문에, 아시아재단이 영화제 개최 전에 영화를 구하기에는 무리가 있었다. 아시아재단은 아시아픽처스의 〈긴 거리〉를 보유하고 있었지만 영어자막이 달려 있지 않아 경쟁부문의 출품자격을 갖추지 못한 상태였다.[42] 대신 아시아재단은 레빈에게 아시아영화제작자연맹의 제작자 명단을 제공했다.[43]

아시아재단과 샌프란시스코국제영화제

4장에서 살펴보았듯이, 아시아재단의 영화담당 임원이었던 찰스 태너, 노엘 부쉬, 존 밀러는 1950년대 말 모두 재단을 떠났다. 제임스 스튜어트는 아시아의 영화산업에 어느 정도 관심을 가지고 있었다. 하지만 로버트 블룸은 아시아재단이 영화산업에 더 이상 직접적으로 관여하지 않는 방침을 세웠고, 이후 아시아 지역의 영화활동을 지원하는 재단의 움직임은 매우 미미해졌다. 그러나 1958년 아시아재단은 샌프란시스코국제영화제와 함께 새로운 사업에 착수했다. 그리고 매우 흥미롭게도 이 시기는 아시아재단이 홍콩의 아시아픽처스, 한국의 한국영화문화협회, 일본의 나가타 사장에게서 손을 떼는 시기와 맞물려 있었다. 아시아재단의 조직 관계부 책임자 리차드 밀러Richard Miller는 전체 지부 대표들에게 편지를 썼다. 그는 편지에서 "지금까지 재단이 영화분야에서 추진한 활동은 아시아 영화제작자연맹의 연례행사인 아시아영화제에 국한되었습니다. 그러나 우리는 얼마 전부터 새로운 고민을 하게 되었습니다. 바로 아시아 영화 제작자 — 일본과 인도 제작자 외에 — 에 대한 인식 개선뿐 아니라, 그들이 국제시장에서 더 나은 경쟁을 펼칠 수 있는 기회를 제공하려면 어떻게 도와야 할지 생각해 보았습니다"[44]라고 밝혔다. 밀러의 제안은 엄선된 아시아 영화, 그중에서도 특히 '비공산주의' 작품을 새로 출범하는 샌프란시스코국제영화제에 소개하는 것이었다. 아시아재단은 아시아 지역에서 구축한 방대한 네트워크를 적극 활용하여, 영화제에서 상영될 영화를 준비했다. 이를 통해 재단이 지원하거나 이념적으로 '올바른' 아시아 영화가 미국 영화시장에 진출하는 관문을 개방하려는 목적도 달성하려 했다. 제4장에서 기술한 것처럼, 아시아재단은 영화프로젝트에 착수한 초기부터 일본, 홍콩, 한국의 현지 파트너들과 이 목적을 위해 달려왔다. 이번에는 아시아재단의 홈그라운드인 샌프란시스코에서 그 노력이 이뤄진 것이었다. 재단은 샌프란시스코국제영화제에서 아시아 영화가 수상하면, 할리우드 진출길이 열릴 것이라고 믿었다. 재단의 지원을 받아 영화제에 처음 출판된 작품은 부완캉의 홍콩영화 〈고아유랑기苦兒流浪記〉1958년였다. 그 뒤를 이어 한국영화 3편 — 김기영의 〈십대의 반항〉, 신상옥의 〈상록수〉1961년, 유현목의 〈오발탄〉1961년 — 이 출품되었다. 출품작이 예증하듯이 아시아재단은 이제 한국과 홍콩을 집중적으로 지원했다.

재단의 조직관계부 사무관 마가렛 폴라드Margaret Pollard는 1958년 3월 홍콩, 마닐라, 방콕, 타이베이, 서울지부 대표에게 샌프란시스코국제영화제에 영화를 보낼 의향이 있는지 문의했다.[45] 폴라드는 "출품작을 샌프란시스코로 운송하는 비용지원부터 최종 경쟁부문에 선정된 영화출연진가급적 여배우의 경비제공에 이르기까지 지원범위는 다양"하다고 강조했다.[46] 레빈은 샌프란시스코 현지 총영사를 통해 홍콩, 태국, 대만, 필리핀, 한국에 영화제 초청장을 보냈다.[47] 홍콩지부 대표 팻 저지Pat Judge는 〈고아유랑기〉를 출품작으로 추천했고, 방콕지부 대표 해리 H. 피어슨Harry H. Pierson은 라타나 페스톤지 감독의 태국영화 〈다이아몬드 핑거Diamond Finger〉의 태국 내 특별상영회를 마련했다. 1958년 9월 12일 태국국왕과 왕비가 참석한 가운데 상영회 열렸다. 피어슨은 폴라드에게 보낸 편지에서 27분짜리 단편 댄스영화를 샌프란시스코국제영화제에서 "보여줄" 예정이라고 구체적으로 언급했다.[48] 페스톤지는 태국영화의 선구자 중 한 명으로, 1954년 제1회 아시아영화제에서 장편영화 〈산티비나〉를 상영한 바 있었다. 〈다이아몬드 손가락〉은 그해 경쟁부문이 아닌 특별 "단편영화"로 상영되었다. 한국영화의 경우, 특별심사위원회가 김소동1911~88년의 〈돈〉을 출품작으로 선정했다. 이에 김소동은 문교부에 공식 출품작 인정 및 승인을 받기 위해 신청서를 제출했다. 하지만 문교부는 영화가 "한국농촌의 지나치게 어두운 면"을 보여주어 "외국인들에게 나쁜 인상을 줄 것"이라는 이유로 김소동의 신청을 불허했다.[49] 〈돈〉은 4월 마닐라에서 열린 아시아영화제 출품 신청서를 한차례 거부당한 적이 있었기 때문에, 이 불허는 문교부의 두 번째 거절이었다. 문교부는 〈돈〉 대신 한형모1917~99년의 〈청춘쌍곡선〉1956년과 유현목의 〈그대와 영원히〉1958년를 아시아영화제의 그해 공식 출품작으로 추천했다. 결국 샌프란시스코국제영화제에 한국은 아무 작품도 출품하지 못했고, 주요 부문에 오른 작품 중 홍콩의 〈고아유랑기〉만이 아시아재단의 지원을 받은 유일한 아시아 영화였다.

〈고아유랑기〉와 샤오팡팡

　1958년 2월 팻 저지는 로버트 블룸에게 편지를 보내 국풍영편공사國風影片公司 사장이자 독립제작자 추쉬화朱旭華의 지원을 요청했다. 그는 "우리는 [홍콩 제작자들에게] 자금 대출을 제공하고자 하며, 이에 '영화제작기금'의 활성화를 요청합니다. 특히 국풍사에게 미화 1만 달러의 무이자 대출을 제공하는 데 승인을 구합니다"라고 기술했다.[50] 프로젝트 심사위원단은 영화 제목인 〈불쌍한 아이The Poor Child〉를 지적했고, 제목은 곧바로 〈노바디스 차일드Nobody's Child〉이하 <고아유랑기>로 변경되었다. 영화는 1912년 바오티안샤오包天笑가 중국어로 처음 번역한 엑토르 말로Hector Malot의 『집 없는 소녀Sans Famille』를 각색한 작품이었다. 스크린 작품으로 재탄생한 첫 번째 영화는 1925년 상하이의 민싱스튜디오Minxing studio가 제작한 〈작은 친구Little Friend〉였다. 장상쿤이 이 무성영화를 연출했고 영화는 원작소설을 따라 소년의 이야기를 다루었다.[51] 1958년 버전인 〈고아유랑기〉는 아이의 성별을 소녀로 바꿨다. 영화는 엄마를 잃어버려 고아가 된 소녀가 엄마를 찾아 정처 없이 떠도는 이야기를 그리고 있다. 영화 초반에 소녀는 전쟁 중 길거리에서 자신을 집으로 데려간 자상한 양모와 함께 살아간다. 그러나 무정한 양부가 소녀를 거리 공연자에게 팔아버리고, 이에 소녀는 자신의 친부모를 찾기로 결심한다. 영화를 연출한 부완캉 감독은 고난을 극복해내는 소녀의 강한 의지를 힘주어 말했다.[52] 심사위원단은 영화가 "공산주의자를 피해 북에서 남으로 탈출하는 중국 난민의 상징"이라고 강조했다. 이어서 "[주연을 맡은] 샤오팡팡蕭芳芳 그녀 자신 역시 난민이라는 사실이 어느 정도 영화의 상징성을 더욱 부각시키는 역할을 한다"고 덧붙였다.[53]

〈고아유랑기〉는 샤오팡팡이 영화커리어에서 쌓은 '고아 소녀' 필모그 래피의 일부였고, 영화에는 다른 어떤 요소보다 그녀 이름이 더 큰 비중 을 차지했다. 그 시작은 쇼앤손즈의 〈고아 소녀梅姑〉1955년였다. 팡팡은 이 영화로 싱가포르에서 열린 제2회 아시아영화제에서 최우수아역상을 수 상하며 관객들에게 알려지기 시작했다. 언론은 종종 팡팡을 중국영화의 '달링darling'이라고 불렀다. 팡팡은 1953년부터 1965년까지 여러 영화에 서 어린 고아 역을 맡았고, 무술영화에서는 견습생으로 지내는 여동생 역 을 맡았다. 아시아재단이 〈고아유랑기〉 제작에 참여한 데에는 분명 팡팡 의 유명세가 작용했을 것이다. 그러나 아시아재단에게는 화교들 사이에 서 팡팡이 큰 인기를 누리고 있다는 점보다, 그녀가 대표적인 공산주의 영화제작사 그레이트월픽처스에 캐스팅된 적이 있었다는 사실이 더욱 중요했다.[54]

팡팡은 1947년 상하이 태생으로, 독일에서 교육을 받은 사업가 아버지 와 화가 어머니 사이에서 태어났다. 팡팡의 가족은 1949년 새로 건국된 중화인민공화국에서 탈출하여 홍콩으로 이주했다. 그러나 홍콩에 정착 한 지 얼마 지나지 않아, 아버지의 사업이 파산했고 결국 아버지는 암으 로 세상을 떠났다. 팡팡과 어머니는 가난에 허덕였고, 어린 팡팡은 생활 비를 벌기 위해 배우생활을 시작했다.[55] 그녀는 〈소성루小星淚〉리파(李化) 감독, 1954년로 데뷔했고, 2년 뒤 크게 흥행한 1955년 작 〈고아 소녀〉로 슈퍼스 타가 되었다. 그녀는 "홍콩영화계의 셜리 템플Shirley Temple"이었다.[56] 아시 아재단이 눈여겨보았던 그레이트월픽처스는 퐁퐁과 그녀의 어머니를 설 득하여 당시로서는 매우 높은 액수인 월 600홍콩달러 지급을 약속하며 2년 전속계약을 체결했다.[57]

계약 만료 직후인 1957년, 국풍사는 팡팡과 2년간 4편의 장편영화 계약을 성공적으로 체결했다. 심사위원단의 표현에 따르면, 그 계약은 "그해의 가장 큰 뉴스였다".[58] 이와 같은 '전향' 이후 팡팡과 그의 어머니는 자유중국[대만]을 위해 봉사하겠다는 의지를 증명하기 위해 일련의 정치행사에 참석해야 했다. 그들은 타이베이로 날아갔다. 모녀는 2주간의 여행기간 동안 쑨원 기념관을 방문하고 군 장성들을 만났으며 대만의 중앙방송국 프로그램에 출연했다. 그녀는 방송을 통해 중국 본토의 영화 관계자들에게 그녀가 자유중국으로 돌아왔다는 사실을 공표했다. 행사의 정점은 단연 장개석 총통[1887~1975년]의 생일축하 파티에 참석하는 것이었다.[59] 정시아Chung Hsia는 1958년 2월 『월드투데이World Today』에 기고한 글에서 "샤오 부인[팡팡의 어머니]은 지난 2년간 자신과 팡팡이 머물렀던 환경이 매우 끔찍하고 피폐했다는 점을 깨달았다. 사람은 오직 아플 때만 건강이 주는 행복을 느낄 수 있다. 자유를 잃고 나서야 그 자유가 주는 행복을 진정으로 깨닫게 된다. 샤오 부인은 팡팡의 미래를 위해 그녀를 자유의 길로 데려가는 것만이 유일한 방안이라고 생각했다. 대만으로 돌아와 [장개석 총통의 생일축하] 파티에 참석하는 것은 그들의 충성을 맹세하는 가장 좋은 방법이었다"라고 밝혔다.[60]

국풍사는 아시아재단이 제공한 무이자 대출에 힘입어 1958년 7월 〈고아유랑기〉 촬영을 완료했다. 그리고 이 영화는 1958년 샌프란시스코국제영화제에 홍콩이 출품한 첫 번째 공식 출품작이 되었다. 또한 영화는 그해 경쟁 부문에 선정된 네 편의 아시아 영화 중 한 편이었다. 다른 세편의 영화는 인도 사티아지트 레이 감독의 〈아파라지토Aparajito〉1958년, 1957년 베니스영화제 황금사자상 수상작, 일본 마스무라 야스조增村保造 감독의 〈빙벽氷壁〉1958년, 일본 이나가키 히로시稲垣 浩 감독의 〈무호마츠의 일생無法松の一生〉1958년, 1958년 베니스영화제 황금사자상 수상작이었다. 안타깝게도 〈고아유랑기〉는 영화제에서 큰 반향을 일으키지는 못했다. 최고의 화제작인 〈아파라지토〉에 밀렸기 때문이었다. 이 영화로 사티야지트 레이는 최우수감독상을 거머쥐었다. 에밀리아 호델Emilia Hodel은 〈고아유랑기〉에 대해 "늙은 쇼맨[거리 공연자]과 어린 고아 소녀가 친구가 되는 다소 밋밋한 이야기지만 그럼에도 매력적"이라고 나름대로 후한 점수를 주었다.[61] 그러나 『샌프란시스코 크로니클』의 페인 니커보커Paine Knickerbocker는 영화를 '원시적primitive'이라고 묘사하며 가혹한 평가를 내렸다.[62] 아시아재단의 샌프란시스코 본부 사무관 L. Z. 위안은 영화는 사실상 '그 누구의 아이도 아니었다nobody's child'고 기록했다.[63] 그는 샌프란시스코국제영화제에서 이 영화가 겪은 어려움을 이렇게 설명했다. "다른 출품작들은 상연 전후에 칵테일파티를 비롯한 각종 행사가 마련되어 지역사회와 영사관의 후원을 받은 반면, 〈고아유랑기〉는 그런 후원을 전혀 받지 못했다. (…중략…) 중국 총영사관은 이 영화가 홍콩 작품이기 때문에 후원하지 못했고, 영국 총영사관은 이 영화가 홍콩제작이기 때문에 확실히 밀어줄 수 없었다. 영국 총영사관은 영국에서 만든 영화를 후원하기에 바빴다. 또한 영화제에 영화가 너무 늦게 도착했기 때문에, 그때 할 수 있는 일이라곤 거의 없었다."[64]

〈고아유랑기〉의 상영시간대도 일요일 오후라서 그리 좋지 않았고, 상영관은 차이나타운에서 꽤 멀리 떨어져 있었다. 아시아재단 영화사업부는 이 영화를 영화제에서 먼저 상영한 후 미국 배급사를 확보하고 싶어 했다. 영화제에서 수상하면 미국의 "이른바 '예술영화 배급망'에 큰 파장을 만들며 진출할" 기회가 생길 것이라고 믿었기 때문이었다.[65] 하지만 파라마운트도, 콜롬비아픽처스도 영화의 미국배급을 하려 하지 않았다. 결국 〈고아유랑기〉의 미국 영화시장 진출을 꾀한 아시아재단의 시도는 실패로 돌아갔다. 반면 영화는 대만과 홍콩에서 호평을 받았다. 1959년 7

월 14일 대만 국민당 정부가 수여하는 특별상 중 하나인 1등상을 수상했고 샤오팡팡은 금메달을 수상했다.[66] 홍콩에서 개봉한 〈고아유랑기〉는 일 년도 채 되지 않아 1960년대 최고의 흥행작 중 하나가 되었다.

쇼브라더스

흥미로운 점은 〈고아유랑기〉가 샌프란시스코국제영화제에서 상영된 1년 후부터, 쇼브라더스가 아시아재단의 지원 없이도 꾸준히 자회사의 수상작을 출품했다는 점이다. 쇼브라더스는 1959년 〈강산미인江山美人〉리한샹(李翰祥) 감독, 1959년과 〈사랑의 비극天長地久〉도에칭(陶秦) 감독, 1959년을 영화제에 출품했다. 라모나 커리Romona Curry는 쇼브라더스의 영향력에 주목했다. 커리는 "영화제 기록물과 신문리뷰가 쇼브라더스의 이후 출품작들을 소개하는 것으로 보아, 쇼브라더스는 홍콩, 대만, 포모사Formosa 혹은 '중국'의 영화를 대표하는 일종의 독점권을 획득한 것으로 보인다"고 분석했다.[67] 런런쇼는 국제영화제 수상을 갈망했다. 그러나 1959년 샌프란시스코국제영화제를 첫걸음으로 삼은 그의 영화제 데뷔는 참담한 결과만을 남겼다. 로마노 토찌는 "두 작품[〈강산미인〉과 〈사랑의 비극〉]을 합치면 차마 견딜 수 없는 4시간이 된다"고 혹평했다. 이어서 "이 영화들은 영화제에 어울리지 않았고 서양관객의 흥미를 끌 수도 없었다"고 전했다.[68]

그로부터 몇 달 후 1960년 쇼브라더스는 스튜디오 제작영화 중 가장 많은 의상비를 지출한 리한샹 감독의 〈천녀유혼倩女幽魂〉1960년을 대표단과 함께 칸국제영화제에 파견했다. 런런쇼의 목표는 당시 홍콩, 말레이시아, 싱가포르에 제한되어 있던 영화시장을 확장하여 세계에 영화를 판매하는 것이었다. 이를 위해 그가 참고한 영화는 〈라쇼몽〉이었다. 런런쇼는 유럽영화제의 중요성을 명확히 이해하고 있었고 단 한 편의 영화가 영화 산업을 바꿀 수 있다는 점을 파악하고 있었다. 그의 전략은 아시아적 주제를 부각하는 것이었다. 즉 중세 중국의 역사적 배경, 음악, 의상, 춤, 프로덕션디자인 등을 활용했다. 특히 명나라의 것을 많이 참조했다. 그럼에도 〈천녀유혼〉은 영화제 참가자나 유럽 및 미국 배급사의 관심을 얻지 못했다.[69]

〈천녀유혼〉은 1960년 10월 23일 샌프란시스코국제영화제에서 상영되었다. 그해 다른 아시아 영화 출품작으로는 한국의 〈십대의 반항〉과 일본의 〈작은 오빠にあんちゃん〉이마무라 쇼헤이(今村 昌平) 감독, 1959년였다. 런런쇼는 영화제 첫날부터 참석했고, 그날 오후로 예정된 〈천녀유혼〉의 상영에 아내와 딸과 함께 참관했다.[70] 영화는 쇼브라더스가 작년에 출품했던 작품보다는 훨씬 성공적이었다. 일간지 『샌프란시스코 이그재미너』는 영화에 대한 호의적 기사를 내보냈다. 일간지에 따르면 "이 영화를 제작한 극동 지역의 사업가 런런쇼는 고대 캐세이Cathay : 중세 서양이 중국을 일컬은 명칭에서 따온 초자연적 전설을 새롭게 풀어냈고, 이곳 객석에서 관객들의 박수를 받았다. 그는 신비로운 분위기에 잘 어울리는 옅은 색감을 활용하여 균형 잡히고, 시적이며 호기심을 자극하는 현대적 괴담을 구성했다."[71]

그러나 런런쇼는 수상하지 못하고 빈손으로 귀국해야만 했다. 반면 〈작은오빠〉에 출연한 마에다 아키코前田 暁子와 〈십대의 반항〉의 안성기는 '소년특별연기상'을 받았다. 상을 향한 런런쇼의 노력은 계속되었다. 쇼 형제는 1961년, 1963년, 1964년에 각각 세 편의 영화 — 〈황금트럼펫金喇叭〉도에칭 감독, 1961년, 〈영원한 사랑梁山伯與祝英台〉리한상 감독, 1963년, 〈눈물과 미소 사이新啼笑姻緣〉로첸(羅臻) 감독, 1964년 — 를 출품했다. 쇼브라더스는 1959년부터

1964년까지 총 6편의 영화를 출품했지만 단 한 번도 영화제에서 상을 수상하지 못했다. 〈눈물과 미소 사이〉가 쇼브라더스의 마지막 시도였고, 이후 더 이상 출품하지 않았다.

한국영화

김소동은 로버트 쉬크스에게 보낸 1960년 8월 11일자 편지에서 이승만의 정치권력으로 〈돈〉의 영화제 출품이 막혔다고 토로했다. 그러나 1960년 3월 대통령 부정선거에 항의하는 학생주도의 4·19혁명 이후 이승만이 사임한 상황이므로, 그해 샌프란시스코국제영화제에 〈돈〉을 다시 출품하고 싶다는 의사를 밝혔다.[72] 〈돈〉을 높게 평가한 서울지부 대표 잭 E. 제임스는 김소동을 도우려 연락을 시도했지만 안타깝게도 연락이 닿지 않았다.[73] 샌프란시스코 본부 임원 스티븐 우할리 주니어Stephen Uhalley Jr.는 제임스에게 보낸 편지에서 〈돈〉에 대한 안타까움을 드러냈다.[74] 그는 "영화제의 한 관계자가 〈돈〉이 경쟁부문에 출품되었다면 상영작으로 선정되었을 것이라 저에게 말했습니다. 그러니 〈돈〉이 기회를 날린 점이 참으로 아쉽습니다. 우리는 이 영화가 꽤나 사실적 묘사를 담고 있다는 정보를 제공했고, 관계자는 이 정보에 기초해 영화제 상영을 예상했습니다"[75]라고 썼다.

김소동의 〈돈〉은 출품이 무산되었지만, 한국 작품 두 편이 샌프란시스코국제영화제에 출품되었다. 출품작은 바로 〈십대의 반항〉과 신상옥 감독의 〈이 생명 다하도록〉1960년이었다. 〈십대의 반항〉은 선정되어 상영되었고, 신상옥은 1962년에 다시 도전해야 했는데 〈상록수〉로 그 도전을 이뤄냈다. 심훈이 1935년에 발표한 소설을 원작으로 한 〈상록수〉는 일제 강점기 농촌사람들을 돕고자 하는 두 젊은 대학생의 이야기를 스크린에 올렸다. 여주인공 채영신은 아동교육에 관심이 많은 인물로 마을에서 아이들을 가르친다. 남주인공인 청년 박동혁은 고향으로 돌아가 마을회관을 짓고 지역 청년들에게 미래를 꿈꾸는 힘을 키워주고자 노력한다. 그러나 두 사람은 일이 잘 풀리기 시작하는 그 순간에 일본 경관과 친일 부역자들의 반대에 부딪히게 되어 좌절한다. 마틴 러셀Martin Russell은『버라이어티Variety』에서 〈상록수〉를 논평하며 이렇게 기고했다. "영화는 뜻밖의 재미를 선사한다. 엄밀히 말해, 서구인들이 가볍게 즐길만한 이상적 순진함으로 가득 차 있다. 서사에는 눈물샘을 자극하는 요소가 많지만 그리 잘 작동한 듯 보이지는 않는다. 그러나 여성선교사 역의 최은희1926~2018년와 다소 막연한 연인 역의 신영균의 열연이 빛난다. 그러나 영화는 결국 슬픈 결말을 맞이한다. 이들이 강건하고 순수한 선의로 추진한 일은 잘 풀리지 않는다. 어떤 사람들은 이 영화가 감정을 고양시키는 흠잡을 데 없는 작품으로 생각하겠지만, 이 작품이 '드라마drama'가 아니라는 점은 분명하다."[76] 다른 비평가 마이클 S. 윌리스Michael S. Willis는 영화가 담고 있는 강한 민족주의 정서에 대해 불편한 감정을 내보였고 나아가 국제영화제 출품작으로는 '부적절'해 보인다고까지 지적했다.[77]

반면 1년 후, 유현목의 〈오발탄〉은 샌프란시스코국제영화제 상영 후 호평을 받았다. 한국영화사에서 가장 중요한 영화 중 하나로 손꼽히는 〈오발탄〉은 계리사 사무실에서 근무하는 남성과 그의 가족이 겪는 비극을 담아낸다. 켈리 Y. 정Kelly Y. Jeong이 언급했듯이 〈오발탄〉은 "잔혹한 동족 상잔으로 인해 분열된 국가가 서서히 회복해 나가는 모습을 배경으로 민족의 아픈 곳을 건드린다."[78] 영화제에 참석한 한 평론가는『샌프란시스코 이그재미너』에서 이렇게 평가했다.

한국이 영화제에 출품한 〈오발탄〉은 전쟁에서 돌아온 젊은 참전용사들의 입장에서 사회적 부조리와 실업에 격렬하게 항의하는 쓸쓸하고 절망적인 드라마이다. 그들은 가난과 절망과 빈민가의 삶에서 벗어나지 못한다. 이들이 처한 딜레마는 외로움으로 인해 더욱 악화된다. 작중 김진규 — 영화감독 유현목과 함께 메트로 극장에 있던 — 가 연기한 무뚝뚝하고 성실하며 말수가 적은 계리사[서기]가 특히 그러하다. 주인공의 집안은 역경에 시달리고, 이로 인해 영화는 매몰차고 광적인 침울함을 제공한다. 그의 어머니는 미쳐가고, 여동생은 매춘을 하고, 남동생은 은행을 털며, 아내는 출산 중 사망한다. 이 영화는 이탈리아영화의 네오리얼리즘에 영향을 받은 것이 분명하다. 영화는 대체로 정교한 설득력을 지니고 있으며 감탄할 만한 솔직함을 보여준다. 그러나 영화가 풍기는 음울한 전망은 작품을 격렬한 사회드라마 수준으로 끌어내린다.[79]

샌프란시스코국제영화제에서 〈오발탄〉을 상영할 수 있었던 데에는 미국의 보수 일간지 『크리스천 사이언스 모니터』의 기자이자 남가주대학교USC의 영화학교 교수인 리처드 다이어 맥켄의 도움이 있었다. 아시아재단은 맥켄을 잘 알고 있었다. 사실 몇 년 전, 재단은 첫 장편영화인 〈국민은 승리한다〉1952년에 대한 미국의 관심을 높이기 위해 『크리스천 사이언스 모니터』를 위한 비공개 특별 상영회를 마련한 적이 있었다. 당시 소속 기자였던 맥켄은 상영회 이후, 극동지역에서 공산주의 프로파간다의 영향력이 날로 커지고 있는 상황에서 이 영화가 갖는 전략적 중요성에 대해 아주 호의적인 기사를 썼다. 훗날 맥켄은 「한국의 영화와 영화제작교육Films and Film Training in the Republic of Korea」이란 논문 — 미국의 영화저널 중 한국영화를 학술적으로 다룬 최초의 작업 중 하나인 — 에서 자신이 〈오발탄〉을 어떻게 '발견하게' 되었는지 회고했다. 그는 1936년 미 국무부의 기금으로 서울에 위치한 국립영화제작소에서 고문 겸 강사로 활동했다. 이 시기에 맥켄은 중앙대학교 영화학과 학생들을 대상으로 두 달간 다큐멘터리영화 특강을 진행했다. 당시 젊은 극작가였던 이근삼^{1929~2003년}이 맥켄의 통역을 맡았고 맥켄에게 〈오발탄〉을 소개했다.[80] 이때 맥켄은 한국의 〈라쇼몽〉을 찾았다고 생각했다.

맥켄은 『샌프란시스코 크로니클』과의 인터뷰에서 "감독 한 명의 영향력을 통해 한 국가의 영화가 전 세계에서 주목받을 수 있다"고 확신에 차 주장했다. 그는 "최근 발전한 한국영화산업에서 〈오발탄〉은 한국인들에게 아카데미의 외국어영화상을 안겨줄 수 있는 수준 높은 작품"이라고 평가했다.[81] 어쨌든 〈오발탄〉에는 영화제 관계자들이 듣고 싶어 할 만한 '환상적인 이야기'가 있었다. 바로 영화검열과 한국정치에 대한 이야기였다. 한국정부는 두 가지 이유로 〈오발탄〉의 상영을 2년간 금지했다. 첫 번째 이유는 한국을 '우울과 절망'으로 가득 찬 가난한 국가로 묘사했다는 점이었고, 두 번째 이유는 전쟁으로 미친 할머니가 반복해서 말하는 "여기서 나가자"라는 대사가 "북한에 있는 우리 집으로 돌아가자"라는 의미로 해석될 수 있었기 때문이다.[82] 맥켄은 아시아재단을 통해 샌프란시스코국제영화제에 〈오발탄〉을 추천했고, 영화제위원회도 이를 수락했다. 미국에서 열리는 영화제가 이 영화를 초청함에 따라, 영화를 상영 금지했던 한국정부의 결정도 번복되었다.

〈오발탄〉은 영화제 출품자격을 갖추기 위해, 영화제가 개최되기 몇 주 전에야 비로소 서울에서 상영을 시작했다. 영화를 연출한 유현목 감독은 샌프란시스코 언론과의 인터뷰에서 "케네디 대통령이 영화를 보고 한국에 대한 원조를 계속해줬으면 좋겠습니다. 그렇지 않으면 한국의 빈곤 상황은 더욱 심각해질 것입니다. 지금이야말로 북한의 공격으로부터 이 나라를 지킬 수 있는 마지막 기회라고 생각합니다"라고 발언했다.[83] 그러나 맥켄의 기대와는 대조적으로, 〈오발탄〉은 영화제에서 그리 큰 반향을 일으키지는 못했다. 『샌프란시스코 크로니클』의 한 평론가는 "이야기는 반복적이고 액션 또한 그다지 감동적이지 않다. 강도 및 추격전은 어설프고 극적 구조에도 결함이 있다"고 전하며 불만을 드러냈다.[84] 〈오발탄〉은 한국의 〈라쇼몽〉이나 〈길의 노래〉가 될 기회를 잃어버린 것이었다. 그러나 〈오발탄〉은 한국영화 역사상 가장 잘 만들어진 영화 중 하나로 평가받는 전후 대표작이다.[85] 적어도 이 점에서 맥켄의 예감은 틀리지 않았다.

1990년대 한국의 뉴웨이브가 시작되기 전, 샌프란시스코국제영화제에서 마지막으로 상영된 한국영화는 신상옥의 〈벙어리 삼룡〉1964년이었다.[86] 아시아재단은 이번 선정과정에 관여하지 않았다. 〈벙어리 삼룡〉은 1965년 10월 샌프란시스코국제영화제에 앞서 이미 베를린영화제에 초청된 상태였다. 익명의 기고자는 영화제프로그램에서 이 영화에 매우 고무적인 논평을 남겼다. 그는 "한국영화의 발전은 대체로 무계획적이었고, 과거 영화제 관객들은 한국영화가 멜로드라마틱한 삼각관계나 감성적 서사를 특색 없이 다루는 것에 당황했다. 그러나 〈벙어리 삼룡〉이 베를린영화제에 깜짝 등장했다. 벙어리 하인이 그의 주인의 아내를 사랑하는 모습을 섬세하게 관찰한 이 영화는 전혀 예상치 못한 방식으로 비극적이고 서정적 감정을 담아냈다"[87]며 찬사를 보냈다.

뉴욕영화제

아시아재단과 샌프란시스코국제영화제 간의 전략적 제휴는 1960년
대 중반에 끝났다. 실제로 샌프란시스코국제영화제는 1965년에 열린 영
화제 이후부터 1980년대 중반까지 홍콩이나 한국의 장편영화를 더 이
상 상영작에 포함시키지 않았다. 종종 일본영화를 상영했지만 현지 및 국
제 영화계에서 비평적 관심을 얻지는 못했다. 레빈은 할리우드 스튜디오
의 계속되는 외면에도 불구하고 영화제 규모를 키우기 위해 고군분투했
지만, 샌프란시스코국제영화제는 1960년대 동안 여전히 지역행사에 머
물러 있었다. 게다가 레빈은 미국에서 열린 두 번째 국제영화제이자 '전
형적인' 도시에서 열린 최초의 영화제인 뉴욕영화제New York Film Festival를
상대해야 했다. 뉴욕영화제는 1963년 9월에 첫 시작을 알렸다. 뉴욕이
자랑하는 두 명의 문화아이콘이 영화제의 창립일원으로 참여했다. 바로
『가디언The Guardian』의 前 영화평론가이자 런던영화제의 프로그래머인 리
차드 라우드Richard Roud와 뉴욕 출신의 전설적인 실험영화감독 에이모스
보겔Amos Vogel이었다. 뉴욕영화제는 '작품성'을 유일한 심사기준으로 삼았
다. 라우드와 보겔은 뉴욕영화제를 발족하면서 "주요 영화제에서 엄선한
그해 최고의 영화들을 열흘 간 상영하는 것"이 목표라고 공언했다.[88]

이 목표에 맞춰, 뉴욕영화제는 초기 몇 년 동안 브라질, 일본, 프랑스,
동유럽의 뉴웨이브와 같은 새로운 영화운동을 이끌었다. 수잔 손탁Susan
Sontag은 "매달 새로운 걸작을 만날 수 있었다"고 회상했다.[89] 1963년 초대
영화제에서는 일본영화 두 편 — 〈하라키리切腹〉고바야시 마사키(小林 正樹) 감독, 1963
년와 〈꽁치의 맛秋刀魚の味〉오즈 야스지로(小津 安二郎) 감독, 1962년 — 이 상영되었다.
1960년대와 1970년대 초반까지 일본영화 다수와 인도 사티야지트 레

이 감독의 영화가 뉴욕 관객들에게 소개되었다. 그러나 뉴욕 예술애호가들의 관심을 사로잡은 것은 동유럽의 뉴 웨이브였다. 1963년 로만 폴란스키Roman Polanski 감독의 〈물속의 칼Knife in the Water〉을 시작으로, 영화계는 동유럽권 영화를 주목하기 시작했다.[90] 이후 호기심 많은 영화광들이 체코슬로바키아의 여성 영화감독 베라 치틸로바Věra Chytilová의 〈데이지즈Daisies〉1966년와 밀로스 포만Miloš Forman의 〈소방수의 무도회The Fireman's Ball〉1967년를 발견했다. 이들이 폴란드 안제이 바이다의 〈재와 다이아몬드Ashes and Diamonds〉1958년를 찾아낸 것은 당연한 결과였다.[91]

라훌 하미드Rahul Hamid가 회고하듯, 1960년대 초 보수적인 미국 지식인 사회는 영화의 예술성을 인정하지 않았다. 라우드와 보겔이 이끄는 뉴욕영화제 위원회 또한 '고급'예술을 고수하는 링컨센터와 뉴욕의 문화비평가들에 맞서 힘겨운 싸움을 벌여야 했다.[92] 그러나 라우드와 보겔이 보인 각고의 노력 그리고 뉴욕에서 새롭게 부상한 영화광들의 지원 덕분에 뉴욕영화제위원회는 링컨센터로부터 미화 15만 달러를 지원받았고, 이 지원결정은 곧바로 레빈의 질투를 샀다.[93] 뉴욕의 후한 지원에 비하면 샌프란시스코국제영화제는 샌프란시스코 예술위원회로부터 매년 미화 1만 달러라는 아주 적은 금액을 지원받았고, 모든 재정적 손실은 레빈이 홀로 부담해야 했다.[94] 적어도 1960년대 후반까지 샌프란시스코국제영화제는 레빈의 가족사업으로 운영되었다고 봐야 할 것이다. 그는 자신의 순수한 동기를 불신하는 할리우드에 불만을 품고 있었다. 그는 "그들[할리우드]은 제가 이득을 볼 목적으로 아트하우스 영화를 홍보한다고 생각했습니다. 그러나 그 당시 제가 보유한 외국영화 전용극장은 365석 규모의 단 한 곳뿐이었습니다. (…중략…) 저는 1만석 규모를 자랑하는 극장 10개를 더 보유하고 있었습니다. 예술영화로 돈을 벌 생각은 없었다는 겁니다"라고 반박했다.[95] 뉴욕영화제가 제1회 영화제를 개최한 지 1년 후, 샌프란시스코국제영화제는 마침내 국제영화제작자연맹IFFPA으로부터 'A'등급을 받았다.[96] 그리고 이 중요한 시기에 어빙 레빈과 시작부터 그의 옆에서 함께 행사를 주최한 아내 이르마Irma는 영화제를 떠났다.

나가며 아시아재단의 아시아 지역 영화프로젝트

제1부 제1장부터 제5장은 아시아재단에서 짧은 기간 운용되었던 영화사업부가 아시아 지역에서 반공영화제작자연맹을 구축하기 위해 어떤 활동과 사업을 추진해 왔는지 그 지형도를 살펴보았다. 재단은 이념적으로 '올바른' — 친민주적이고 친미의 — 아시아 영화경영진을 지원했고, 주로 일본과 홍콩과 한국을 대상으로 삼았다. 앞서 논의했듯이, 영화사업부의 목적은 아시아 지역의 영화에서 "반자유주의 좌파의 영향력을 최소화하거나 제거"하고 "번성하고 있는ever-thriving" 공산주의 세력과의 심리전에서 승리하는 것이었다.[97] 이를 위해 아시아재단은 아시아영화제작자연맹과 연맹을 이끄는 나가타 마사이치, 홍콩의 장궈신과 그의 아시아픽처스, 한국의 한국영화문화협회를 지원했고, 아시아 영화 몇 편을 선별하여 샌프란시스코국제영화제에 소개했다.

그러나 이러한 노력에도 불구하고 아시아재단은 초기 목표치를 달성하지는 못했다. 아시아 영화산업은 재단 임원들이 애초에 생각했던 것보다 훨씬 복잡했다. 요컨대 아시아재단은 아시아 지역의 정치적 불안정성, 공산주의 혹은 적색공포와 합쳐진 민족주의의 강화, 미국산 최신 촬영장비 구매 및 대여를 어렵게 만드는 규제, 급변하는 각국의 영화산업 등을 간과했다. 그 무엇보다 나가타 마사이치, 장궈신, 김관수를 비롯한 재단의 전략적 파트너들은 '자유세계'의 조직을 이끌 역량이 없거나 영화산업에 대한 충분한 경험이 부족했다. 종종 그들이 노골적으로 취한 이념적 입장은 자국관객을 동원하는 데 필수적인 상업적 매력을 반감시켰다. 1950년대 후반에 이르러, 아시아재단은 이들에 대한 지원을 끊었고 몇 년 후에는 영화프로젝트 자체를 완전히 중단했다.

아시아재단이 홍콩과 한국의 영화스튜디오들에 대한 재정적 지원을 중단하기로 했지만 역설적으로 아시아재단의 지원을 거의 받지 않았던 홍콩의 런런쇼는 재단이 이루고자 했던 목표, 즉 공산주의가 장악했던 화교 영화산업에 '건전한 영향healthy influence'을 미치는 데 성공했다. 그는 공산주의가 장악한 화교 영화산업에 건전한 영향을 미쳤다. 말레이필름유닛의 수장 토마스 호지는 네 명의 쇼 형제 중 막내인 런런쇼를 '기회주의자'라고 불렀다.[98] 비록 런런쇼가 정치적으로 덜 개입했을지라도, 그가 이끈 쇼브라더스는 다른 어떤 스튜디오보다 아시아영화제작자연맹의 혜택을 가장 많이 누렸다. 1954년 제1회 아시아영화제 직후, 밀러는 "그[런런쇼]는 내년에 대상을 받기 위해 '올인'하고 있습니다. 비용이 얼마나 들든 상관하지 않고, 일본 다이에이의 일본인 감독을 고용해 영화를 만들 생각까지 하고 있습니다"라고 보고했다.[99] 실제로 그는 작품성을 높이기 위해서라면 일본인 촬영기사, 감독, 작곡가, 심지어 의상디자이너까지 고용했다. 1960년 『버라이어티』의 한 기자는 "올해 일본이 [영화제에서] 상대적으로 후순위를 차지했다는 사실은 저개발국들이 산업화되면서 (…중략…) 아시아 영화의 경쟁력이 점차 높아지고 있다는 점을 의미한다"고 보도했다.[100]

쇼브라더스는 아시아영화제작자연맹을 적극적으로 이용했다. 특히 아

시아영화제를 스튜디오의 연례 개봉작 홍보와 공동제작을 위한 회의장
소로 활용하면서 영화산업의 장악력을 확고히 다져 나갔다. 홍콩의 원로
영화평론가 로우 카羅苹의 표현을 밀리자면, 런런쇼는 "동남아시아에서
영화사의 명성을 드높이기 위해 영화제 상을 활용했다".[101] 더욱이 쇼브
라더스는 홍콩, 싱가포르, 말레이시아에서 100개가 넘는 극장과 수많은
놀이공원을 소유하거나 그곳과 제휴 맺고 있었기 때문에, 실질적으로 아
시아영화제작자연맹 의결권의 과반을 확보할 수 있었다. 비슷한 맥락에
서 홍콩영화 역사가 키니아 야우 슈팅은 쇼 형제와 일본 다이에이의 역
할에 주목하며, 1954년부터 1969년 사이의 영화제 역사는 기실 런런쇼
가 "일본의 빅 파이브 스튜디오와 긴밀한 관계를 맺고, 그들을 대체하여
아시아 최고의 스튜디오로 성장한 과정을 보여준다"고 주장한다.[102]

　이 모든 점을 고려할 때, 쇼브라더스가 전속 스타, 사업계획, 자사 영화
를 홍보하기 위해 발행한 월간지『남국전영南国电影』이 1959년 "아시아 영
화계에 오스카 시대가 시작되었다!"고 선언한 것은 그리 놀라운 일이 아
니다.[103] 같은 해 5월, 말레이시아의 수도 쿠알라룸푸르에서 열린 아시아
영화제에서 런런쇼는 조직위원장을 맡았다. 쇼브라더스는 말레이시아에
서 쇼말레이스튜디오를 운영하고 있었고, 말레이시아의 출품작 5편 중 3
편이 사실상 쇼브라더스의 작품이었다. 영화제는 회원 8개국대만, 홍콩, 한국,
인도네시아, 일본, 필리핀, 싱가포르, 말레이시아을 초청했지만, 쇼브라더스는 홍콩, 싱가
포르, 말레이시아의 출품작으로 총 세 편을 내세우면서 영화제를 실질적
으로 장악했다. 예상대로 쇼브라더스는 〈강산미인〉으로 수상한 최우수
작품상과 최우수감독상을 포함하여, 총 13개의 상을 휩쓸었다.[104] 제7회
아시아영화제는 1960년 5월 도쿄에서 개최되었다. 쇼브라더스의 〈후문
後門〉리한상 감독, 1959년은 27편의 출품작 중 최우수극영화상을 수상했다. 이로

써 쇼브라더스는 1958년부터 3년 연속 최우수극영화상을 수상하는 기록을 세웠다. 쇼 가문은 더 이상 아시아영화제작자연맹의 2인자가 아니었다. 1961년 런런쇼는 "일본과 홍콩 모두 아시아 영화의 선두주자입니다. 일본과 동남아시아의 심오한 관계 그리고 우리의 문화적 배경이 공유하는 유사성을 고려할 때, 우리는 일본 파트너와 전면적인 협력을 모색해야 합니다"라고 말했다.[105] 쇼브라더스는 1960년대 아시아영화제작자연맹의 방대한 네트워크를 적극적으로 활용하여 대만, 한국, 필리핀, 태국을 비롯한 아시아 여러 지역에서 공동제작에 착수했다.[106]

놀라운 점은 아시아재단이 영화사업을 접은 후에도 아시아영화제작자연맹의 네트워크가 사라지지 않았다는 점이다. 오히려 1960년대 홍콩, 대만, 필리핀, 한국의 '비정치적' 영화계인사들에 의해 활성화되었다. 1960년대 중반부터 급속도의 발전을 선보인 한국과 대만, 그리고 아시아 지역의 미디어 중심지가 된 홍콩이 연맹과 영화제를 장악했다. 리한샹 감독은 영화제에 대해 허심탄회하게 말했다. "솔직히 말해서, [아시아]영화제에서 수여하는 여러 상은 홍보와 식사접대 등을 하는 제작자들의 술책에 영향을 받았습니다. 영화제를 조직한 숨은 동기는 영화 판매를 촉진하고 연줄을 공고히 하는 것이었으니까요. 바로 이 점이 다이에이의 대표 나가타 마사이치, 런런쇼, 한국의 신상옥 그리고 필리핀의 유명제작자들이 모여 이 영화제를 기획하게 된 계기입니다."[107]

나가타는 1960년대 말까지 아시아영화제작자연맹의 회장직을 계속 수행했지만, 영화제에 대한 영향력을 점차 잃어갔다. 연맹의 네트워크는 홍콩, 한국, 대만에서 활동하는 야심찬 영화경영진들에게 열려 있었고, 이들이 운영한 각국의 영화스튜디오는 곧이어 각기 황금기를 맞이하게 되었다. 이 점에서 아시아재단의 영화프로젝트는 역설적으로 아시아 영화산업에 큰 기여를 했다고 볼 수 있다. 다시 말해, 아시아재단은 전혀 예상치 못했던 방식으로 아시아 영화네트워크를 형성하는 데 중요한 역할을 수행한 것이다.

주석

1   1년 후, 김기영은 〈하녀〉(1960년)를 연출했다. 개봉 당시 큰 성공을 거둔 〈하녀〉는 공보부 주최 1960년도 한국 최우수영화상에서 주요 부문 5개상을 수상하며 시상식을 휩쓸었다. 김기영이 1955년과 1995년 사이에 연출한 32편의 영화 중 〈하녀〉는 가장 유명한 작품이고, 동시에 한국영화 중 최고의 작품으로 손꼽힌다.

2   김기영의 〈주검의 상자〉와 미공보원의 네트워크에 대해서는 다음을 참조. Han Sang Kim, 앞의 책.

3   *The San Francisco Examiner*, October 19, 1961.

4   Romano Tozzi, "San Francisco's 4th Festival", *Films in Review* 6, no.10, December 1961, pp.607~8.

5   Romano Tozzi, "San Francisco's 3rd Festival", *Films in Review* 6, no.1, January 1961, p.18

6   Marijke de Valck, 앞의 책, p.14

7   위의 책, p.165

8   Cindy Hing-Yuk Wong, *Film Festivals : Culture, People, and Power on the Global Screen*, New Brunswick, NJ : Rutgers University Press, 2011, p.11. 카를로비 바리 국제영화제의 이념장치와 영화제 프로그램에 대해서는 다음을 참조. Regina Câmara, "From Karlovy Vary to Cannes : Brazilian Cinema Nuovo at European Film Festivals in the 1960s", *Cultural Transfer and Political Conflicts : Film Festivals in the Cold War*, ed. Andreas Kötzing · Caroline Moine, Göttingen, Germany : V&R Unipress, 2017, pp.63~76.

9   Heide Fehrenback, *Cinema in Democratizing Germany : Reconstructing National Identity after Hitler*, Chapel Hill : University of North Carolina Press, 1995, pp.234~35.

10 위의 책, p.236

11 위의 책, pp.234~35.

12 Andreas Kötzing, "Cultural and Film Policy in the Cold War : The Film Festivals of Oberhausen and Leipzig and German-German Relations", *Cultural Transfer and Political Conflicts : Film Festivals in the Cold War*, pp.32~33.

13 Cynthia Grenier, "The Festival Scene, 1960 : Berlin, Karlovy-Vary, Venice", *Film Quarterly* 14, no.2, Winter 1960, p.24

14 해롤드 젤러바흐(1894~1978)는 이사도르(Isadore)와 제니 바루 젤러바흐(Jennie Baruh Zellerbach)의 아들로, 1894년 3월 25일 샌프란시스코에서 태어났다. 그는 캘리포니아주립대학교(버클리캠퍼스)에서 수학했고, 1917년 펜실베니아대학교에서 경제학 학사를 취득했다. 젤러바흐는 그의 할아버지가 1870년에 시작한 제지회사 (주)크라운 젤러바흐(Crown Zellerbach Corporation)에서 50년간 최고경영자를 역임했다. 다음을 참조. "Harold Lionel Zellerbach, 83, Dies : An Industrialist and Patron of Arts", *New York Times*, January 31, 1978, p.30

15 *The San Francisco Examiner*, November 1, 1959.

16 J. I. Pimsleur, "The Man Who Has the World on a Shoestring", *San Francisco Sunday Chronicle*, October 16, 1960.

17 Traude Gómez, "The Glamour, the Stars and the Films that Kicked Off the San Francisco Film Festival in 1957", *San Francisco International Film Festival : The First to Fifty*, http://history.sffs.org/our_history/how_sfiff_started.php, accessed

18 "S.F. to Stage Film Festival This Fall", San Francisco Examiner, September 9, 1957.

19 "Film Festival Aide Touring Europe Now", *San Francisco Chronicle*, October 15, 1957.

20 Warren Harris, "See S.F. Film Festival Big Goodwill Booster", *Motion Picture Daily*, October 28, 1957.

21 "In Paris with Gene Moskowitz", *Variety*, October 24, 1957.

22 Emilia Hodel, "On The Last Warrior", *San Francisco News,* December 11, 1957.

23 "Japan Movie Drama Rates 'Magnificent'", *Oakland Tribune*, December 12, 1957.

24 "Pather Panchali", *San Francisco Chronicle*, December 10, 1957.

25 Gavin Lambert, "Film Festival in San Francisco", *Film Quarterly* 12, no.1, Autumn 1958, p.24

26 위의 책 p.24

27 "S.F. Hosts First US Film Festival", *San Francisco Examiner*, December 5, 1957.

28 Charles Einfeld, "U.S. Needs Film Fest in Typical City, Not Miami or D.C.", *Variety,* July 1, 1959.

29 Bob Thomas, "Film Festival for Hollywood Doubted", *Associated Press*, November 5, 1962.

30 Stanley Eichelbaum, "Mystery of Missing Hollywood Movies", source unidentified, November 3, 1961, San Francisco Film Festival Collection, AMPAS.

31 위의 글.

32 "Why US Snubs Frisco Festival", *Variety*, November 4, 1959.

33 프랭크 보제이기는 아시아영화제 개막 한 달 전에, 메리 픽포드와 함께 아르헨티나 부에노스아이레스에서 열린 마르델플라타 국제영화제에 심사위원으로 참석했다. 이후 픽포드는 1960년 샌프란시스코국제영화제에도 참석했다. "Studio Publicity Directors Committee WE 3-7101(Duke Wales)", Film Festivals P-Z, Folder 149, AMPAS.

34 "San Francisco's Festival. the US is Not Represented", *Film Daily*, October 28, 1958.

35 "Why Isn't Hollywood in the Film Festival?", *San Francisco Chronicle*, November 5, 1958.

36 Romano Tozzi, "San Francisco's 4th Festival", pp.599~60.

37 Murray Schumach, "Zinnemann Urges Festival Support", *New York Times*, November 17, 1961.

38 "More to Running an Art House than Booking a Bardot Picture", Box Office, July 20,

1959.

39   Tino Balio, 앞의 책, p.129

40   Donald Richie · Joseph Anderson, "Traditional Theatre and the Film in Japan", *Film Quarterly* 12, no.1, Autumn 1958, pp.2~9. 리치와 앤더슨은 이후 1년 만에 일본영화사를 통사적으로 저술한 최초의 영어서적『일본영화-예술과 산업(*The Japanese Film : Art and Industry*)』을 출판했다.『필름쿼터리』는 1945년『할리우드 쿼터리(*Hollywood Quarterly*)』라는 명칭으로 처음 발행되었다. 캘리포니아주립대학교 출판부가 출판을 맡았고, 초대 편집위원 명단에는 존 하워드 로슨(John Howard Lawson), 프랭클린 피어링(Franklin Fearing) 그리고 작가이자 감독인 아브라함 폴론스키(Abraham Polonsky)가 올라있었다. 이후 1951년『쿼터리 오브 영화, 라디오, 텔레비전(*Quarterly of Film, Radio, and Television*)』으로 개칭했고, 1958년『필름쿼터리』로 다시 변경했다.

41   Henry Hart, "New York's Japanese Film Festival", *Films in Review* 8, no.3, March 1957, p.101

42   Margaret Pollard, "Fifth Asian Film Festival", March 24, 1958, Film Festival 5th Manila, Box 90, AFR.

43   Richard J. Miller, "San Francisco International Film Festival", July 28, 1958, Film Festival Intl. San Francisco, Box 90, AFR.

44   위의 글.

45   Margaret Pollard, 앞의 글.

46   위의 글.

47   Margaret Pollard, "Filipino Academy of Movie Arts and Sciences", April 14, 1958, Film Festival 5th Manila, Box 90, AFR.

48   Harry H. Pierson, "San Francisco International Film Festival", September 12, 1958, Film Festival Intl. San Francisco, Box 90, AFR. 이 문서는 큭릿 쁘라못(Kukrit Pramoj)을 감독 목록에 올렸으나, 사실 그는 내레이터였다.

49   Cho Tong-jae, "Korean Participation in the San Francisco Film Festival", September 22, 1958, Film Festival Intl. San Francisco, Box 90, AFR.

50   미화 1만 달러는 6만 홍콩달러로 환산되었다. 아시아재단의 홍콩지부 대표 존 게인지(John Gange)에 따르면, 〈고아유랑기〉의 총 예산은 285,000홍콩달러였다. John Gange, "Kuo Phone Film Co, Loan(AP-6011)", August 3, 1960, Media Audio-Visual Movies A Poor Child "Nobody's Child" Box 171, AFR. 앞서 기술한 것처럼, 아시아재단은 아시아 지역 내 영화지원을 축소해 가고 있었기 때문에 당시 재단이 지원할 수 있는 최대 지원액은 미화 1만 달러뿐이었다. Pat Judge, "Loan for A Poor Child", February 28, 1958, Media Audio-Visual Movies Production Fund General, Box 171, AFR.

51   Paul Fonoroff, "Nobody's Child", South China Morning Post, March 31, 2013.

52   영화는 추후 복원되어 2014년 이탈리아 북부 우디네(Udine)에서 열린 제16회 극동영화제에서 상영됐다. 이를 본 크리스 베리(Chriss Berry)는 "영화는 홍콩에서 제작되었

지만 중국 본토를 배경으로 하는 만다린어 영화이다. 영화는 공산주의로부터 빠져나와 홍콩에 정착한 난민들이 느끼는 고향을 향한 향수를 표현한다. 또한 일본 홋카이도에서 촬영된 눈이 내리는 겨울장면은 [난민이 경험한] 끔찍한 비행의 기억도 담고 있다"고 평가했다." Chris Berry, "Hanging on in There : Hong Kong Popular Cinema Featured at the 16th Far East Film Festival", Senses of Cinema, June 2014, http://sensesofcinema.com/2014/festival-reports/hanging-on-in-there-hong-kong-popular-cinema-featured-at-the-16th-far-east-film-festival.

53 Pat Judge, 앞의 글.

54 위의 글.

55 Angel On Ki Shing, "The Star as Cultural Icon : The Case of Josephine Siao Fong Fong", master's thesis, University of Hong Kong, 2000, pp.11~12.

56 William Smyly, "Hong Kong's Shirley Temple Finishes Her Film", *China Mail,* July 5, 1958, 1.

57 Chung Hsia, "Siao Fang Fang, The Mandarin Movie Prodigy Who Returns to the Free World", *World Today* 142, February 1, 1958, Media Audio-Visual Movies Production Fund General, Box 171, AFR

58 Pat Judge, 앞의 글.

59 Chung Hsia, 앞의 글

60 위의 글.

61 Emilia Hodel, "Gala Ball to Climax SF Film Festival", *San Francisco News*, November 5, 1958.

62 다음에서 인용. "Hong Kong Film Called Primitive", *South China Morning Post*, November 12, 1958, 12.

63 L.Z. Yuan, "Nobody's Child", November 13, 1958, Media Audio-Visual Movies Production Fund General, Box 171, AFR.

64 위의 글.

65 위의 글.

66 Chu Hsu-hun, "Working Situation April-July 1959", dates unknown, Media Audio-Visual Movies Production Fund General, Box 171, AFR.

67 Ramona Curry, "Bridging the Pacific with Love Eterne", *China Forever : The Shaw Brothers and Diasporic Cinema*, ed. Poshek Fu, Urbana : University of Illinois Press, 2008, p.184

68 Romano Tozzi, "San Francisco's 3rd Festival", p.25

69 "The Colorful Cannes Film Festival", *Nan Guo Dian Ying*[Southern screen] 29, July 1960, pp.30~33; "Shaws March into World Market", *Nan Guo Dian Ying*[Southern screen] 65, July 1963, pp.2~3.

70 Romano Tozzi, "San Francisco's 4th Festival," pp.603~4.

71 "Two Fine Festival Films", *San Francisco Examiner*, October 28, 1960.

72 Kim So-dong's Letter to Robert Sheeks, August 11, 1960, Film Festival Intl. San Francisco, Box 233, AFR.

73 제임스는 로버트 블룸에게 보낸 편지에서 이렇게 전했다. "우리는 김소동 감독이 재정적으로 많은 어려움을 겪어 최근 사무실을 이전하고 집까지 팔았다고 사실을 알게 되었습니다. 그가 어디로 사무실을 이전했는지, 그의 새로운 집주소는 어디인지는 아직 파악하지 못했습니다. 김 감독을 돕기에는 너무 늦은 것 같아 안타깝습니다. 그는 영어 자막을 넣을 돈조차 없는 것 같았습니다. 참으로 애석한 일입니다. 〈돈〉은 최근 제작된 영화 중 가장 우수한 영화 중 하나입니다. 영화는 한국 농촌생활의 잔혹한 진실을 꽤나 사실적으로 드러내고 있어 작년 문교부가 수출을 승인하지 않았습니다." Jack E. James, Letter to Blum, September 6, 1960, Film Festival Intl. San Francisco, Box 233, AFR.

74 스티븐 우할리 주니어는 한국전쟁 참전용사로 1960년부터 1967년까지 아시아재단 임원으로 근무했다. 그는 1967년 UC버클리에서 근대 중국사 박사학위를 받은 후, 아시아재단을 떠났다. 이후 하와이대학 아시아태평양연구센터의 초대 소장이 되었다. 또한 그는 하와이대학 이스트웨스트센터의 창립 일원 중 한 명이며, 『중국 공산당의 역사(*A History of the Chinese Communist Party*)』(스탠퍼드대학교 출판부, 1988)의 저자이다.

75 Stephen Uhalley, Jr., "International Film Festival", September 20, 1960, Film Festival Intl. San Francisco, Box 233, AFR.

76 Martin Russell, "Matinee Premieres of Two Far Eastern Films", *Variety*, November 6, 1962.

77 Michael S. Willis, "The Evergreen", Variety, November 7, 1962.

78 Kelly Y. Jeong, "Aimless Bullet(1961) : Postwar Dystopia, Canonicity, and Cinema Realism", *Rediscovering Korean Cinema*, ed. Sangjoon Lee, Ann Arbor : University of Michigan Press, 2019, p.161

79 *San Francisco Examiner*, November 7, 1963.

80 Richard Dyer MacCann, "Films and Film Training in the Republic of Korea", *Journal of the University Film Producers Association* 16, no.1, 1964, p.17

81 "The Aimless Bullet", *San Francisco Chronicle*, November 12, 1963.

82 "Festival Film : Inside Story-Why 'Bullet' was Entered at Frisco", *Film Daily*, November 12, 1963.

83 위의 글.

84 "Unusual Films from Yugoslavia and Korea", *San Francisco Chronicle,* November 7, 1963.

85 2013년 한국의 영화평론가, 언론인, 영화인, 학자들이 선정한 한국영상자료원의 『한국영화 100선』에 따르면, 〈오발탄〉은 김기영 감독의 〈하녀〉(1961년)에 이어 2위에 올랐다. 다음을 참조. 한국영상자료원. 『한국영화 100선-〈청춘의 십자로〉에서 〈피에타〉까지』, 한국영상자료원, 2013.

86 서구의 영화평론가, 언론인, 학자들이 '한국의 뉴웨이브'라고 일컫는 새로운 영화들이 1980년대 후반부터 한국에서 등장했다. (이는 1970년대 후반 '홍콩의 뉴웨이브'와

1980년대 중반 '뉴 타이완시네마'와 유사하다.) 다음을 참조. Isolde Standish, "Korean Cinema and the New Realism : Text and Context", *East-West Film Journal* 7, no. 2, 1993, pp. 54~80; Moon Jae-cheol, "The Meaning of Newness in Korean Cinema : Korean New Wave and After", *Korea Journal*, Spring 2008, pp. 36~59.

87 *The 9th San Francisco International Film Festival Program*, 1965, San Francisco Film Festival Collection, AMPAS.

88 The Film Society of Lincoln Center, *New York Film Festival Programs : 1963~1975*, New York : Arno Press, 1976, p. 10

89 Susan Sontag, "The Decay of Cinema", *New York Times Magazine*, February 25, 1996, pp. 60~61.

90 Rahul Hamid, "From Urban Bohemia to Euro Glamour : The Establishment and Early Years of the New York Film Festival", *Film Festival Yearbook 1 : The Festival Circuit*, ed. Dina Iordanova · Regan Rhyne, St Andrews : St Andrews University Press, 2009, pp. 67~81.

91 다음을 참조. The Film Society of Lincoln Center, 앞의 책.

92 Rahul Hamid, 앞의 글.

93 Walter Blum, "Irving Levin : Pills, Brickbats and a Certain Fame Are the Rewards of the Boss of the S. F. International Film Festival", *San Francisco Examiner*, October 4, 1964.

94 Theodore Bredt, "On Films and Festivals", *San Francisco Chronicle*, October 27, 1963

95 Bob Thomas, 앞의 글.

96 Walter Blum, 앞의 글.

97 John Miller, "Report on First Film Festival in Southeast Asia".

98 A letter to Stewart from Robert B. Sheeks, April 9, 1954, FMPPSEA 1st Japan, Box 14, AFR. 쉬크스는 스튜어트에게 보낸 편지 말미에서 "우리는 호지와 영화제 관련 사업을 기밀로 취급합니다"라고 강조했다.

99 John Miller, "Report on First Film Festival in Southeast Asia".

100 "Hong Kong's 'Back Door', Yu Ming Cop High Honors at Asian Film Fest", *Variety*, April 19, 1960.

101 Kar Law · Frank Bren, 앞의 책, p. 167

102 Shuk-ting Kinnia Yau, "Shaws' Japanese Collaboration and Competition", p. 279

103 "'Oscar' Time in Asia : Sixth Asian Film Festival", *Nan Guo Dian Ying*[Southern screen] 15, May 1959, p. 15

104 "Glittering Sixth Asian Film Festival", *Nan Guo Dian Ying*[Southern screen] 16, June 1959, p. 5.

105 다음에서 인용. Shuk-ting Kinnia Yau, "Shaws' Japanese Collaboration and Competition," p. 282

106 다음을 참조. Brian Yecies and Ae-Gyung Shim, "Asian Interchange : Korean-Hong Kong

Co-Productions of the 1960s", *Journal of Japanese and Korean Cinema* 4, no.1, 2012, pp.15~28.

107 Grace Ng, "Li Han Hsiang's Long Men Zhen", *Li Han-Hsiang, Storyteller*, ed. Wong Ain-Ling, Hong Kong : Hong Kong Film Archive, 2007, pp.138~57.

제2부

두 번째 네트워크

제6장

발전국가 스튜디오의 발흥과 소멸

1960년대 초 아시아에서 5개의 영화스튜디오 — 한국의 신필름, 대만의 국련전영유한공사GMP와 중앙전영공사CMPC, 홍콩과 싱가포르의 쇼브라더스와 케세이MP&GI영화사 — 가 두각을 나타냈다. 미국이 주도하는 냉전의 정치·이념·경제영역에서 한국과 대만, 그리고 홍콩은 '동아시아'라는 다소 불안정한 지정학적 영토를 형성했다. 폴란드 출신 미국 정치학자 즈비그뉴 브레진스키Zbigniew Brzenzinski의 표현을 빌리자면, 동아시아는 영국과 일본의 식민세력이 냉전기에 앞서 각기 형성한 "극동"과 "대동아"라는 영토 구분을 효과적으로 포괄한 냉전기의 "일시적인 지역 질서"였다.[1] 동아시아 지역의 각 스튜디오는 할리우드 시스템으로 알려진 합리적이고 산업화된 대량생산 시스템 도입을 열망했다.

할리우드 스튜디오 시스템은 영화제작과 배급, 상영을 효율적으로 진행시키기 위해 20세기 초반 30년간 미국에서 발달했다. 영화산업의 제작과 배급, 상영분야는 당시 미국의 다른 산업과 마찬가지로 제조와 도매 및 소매업에 해당했다. 미국영화사학자 티노 발리오Tino Balio에 따르면, 영화산업은 마치 그 산업에서 파생되는 회사들처럼 "가장 큰 몫을 차지한 소수의 스튜디오를 중심으로 움직이는 수직통합형vertically integrated 산업이었다."[2] 이러한 할리우드의 수직통합형 스튜디오 시스템 안에서 메이저 스튜디오는 영화제작·배급·상영을 장악했다. 메이저 스튜디오는 영화를 제작하고, 개봉했으며 심지어 자사영화가 상영되는 극장까지 소유했다. 이러한 제작 방식은 포드식 대량생산 시스템의 특징을 보였고 자넷 스테이거Janet Staiger는 이를 '조립 라인assembly line'이라고 묘사한 바 있다.[3] 스튜디오 시스템은 '교체 가능'하고 '표준화된' 장편 및 단편영화, 뉴스릴, 애니메이션을 제작하는 고효율 시스템으로 발전했는데, 이는 보조금을 지급받는 극장에 대량생산된 영화를 공급하기 위함이었다.[4] 또한 업계는 수익 극대화를 위해 매스마케팅이라는 체인점 전략을 취했다.[5] 미국의 유명한 대량생산 시스템인 포드주의는 단연 마이클 스토퍼Michael Storper가 "미국적 특수 환경의 산물"이라고 부른 것이었다.[6]

많은 아시아 영화경영진에게 할리우드는 동경의 대상이자 모방하고 싶은 곳이었다. 그러나 할리우드에서 일하는 창의적 인적자원에 대한 정보가 부족했기 때문에, 아시아 영화경영진에게 할리우드의 모더니티는 상상된 모더니티였다. 대신 한국과 대만, 홍콩의 영화경영진은 이미 서구식 영화제작 시스템을 도입한, 혹은 도입했다고 여겨지던 일본으로 눈을 돌렸다. 아시아 지역의 각 스튜디오는 멀리 떨어진 할리우드보다 훨씬 접근하기 쉬운 일본의 선진화된 영화스튜디오에서 많은 것을 배우고 그로부터 자극받았다. 신상옥의 후배이자 신필름의 계약감독이었던 임원식은 이 당시를 이렇게 회고했다.

당시 일본에는 위계질서를 갖춘 독특한 시스템이 있었습니다. 감독 밑에는 먼저 조감독이 있었는데, 감독은 보통 조감독 두세 명으로 구성된 팀을 이끌었습니다. 각 조감독은 소품, 로케이션 촬영, 프로덕션 디자인, 캐스팅, 기타 잡일 등 각자의 전문분야가 있었죠. 제가 1959년 신필름에서 처음 일했을 때, 신상옥 감독은 이미 이런 일본식 시스템을 도입해 운용하고 있었습니다. 시스템은 꽤나 잘 작동했고, 우리는 다른 스튜디오가 결코 이루지 못한 이 과학적인 제작과정에 상당한 자부심을 느꼈습니다.[7]

아시아의 영화스튜디오들은 영화제작 전용공간으로 지어진 대형 사운드스테이지를 다수 갖추고 있었고 계약스타 및 계약감독을 보유했으며, 수백 명의 기술자를 고용했다. 또한 최신식 극장과 영화관을 소유하고 관리했다. 각 스튜디오는 자국에 여전히 남아있는 식민정부나 새로운 독립정부로부터 지원을 받거나 통제되었다.[8] 각 스튜디오는 매년 20~50편의 영화를 잇달아 제작했는데, 1960년대 중반 제작편수는 정점에 달했다. 아시아 국가들은 아시아영화제작자연맹을 통해 영화를 공동제작하고 배급했으며, 안정적인 자국 내수시장에 안주하지 않고 적극적인 해외시장 확대를 도모했다.

그런데 이 유례없는 지역현상은 아이러니하게도 아시아재단이 아시아에서 운용한 영화프로젝트가 쇠퇴하는 시기와 일치했다. 1부에서 밝혔듯이 재단의 영화프로젝트는 초기의 목적을 달성할 수 없었고, 재단은 1960년대 초 영화프로젝트에서 완전히 철수했다. 그럼에도 이 프로젝트가 형성한 네트워크는 그 이후 10여 년간 그대로 유지되었다. 아시아 지역의 비정치적 영화계 인사들로 구성된 신진 제작자들이 아시아영화제작자연맹의 플랫폼을 장악했고, 이들은 아시아재단이나 미국의 다른 냉전기관으로부터 재정지원 및 행정지원을 전혀 받지 않으면서도 최초의 아시아 간 영화스튜디오 네트워크를 구축할 수 있었다. 이 새로운 네트워크의 핵심 구성원은 홍콩의 런런쇼, 싱가포르의 로크완토, 한국의 신상옥, 대만의 리한샹과 헨리 공 홍이었다. 런런쇼를 제외하면, 이들 중 누구도 아시아재단의 영화프로젝트로부터 혜택을 받은 적이 없었다.

이 새로운 네트워크는 1962년 한국이 처음으로 아시아영화제를 주최하면서 처음 등장했고, 1960년대 중후반에 한창 성행하다가 1970년대 중반에 쇠퇴의 조짐을 보였으며 1970년대 말에 이르러 차츰 사라졌다. 내가 '아시아스튜디오 네트워크'라고 일컫는 이 네트워크는 공유된 시장을 갖고 있었다. 다시 말해 이 네트워크는 문화적 근접성에 기초한 언어지리적·문화지리적 영토를 공유했다. 이 시장은 중심부-준주변부-주변부로 구성된 위계구조를 가졌는데, [다른 국가의] 계속되는 도전에도 대체로 초기 구조를 유지했으며, 그것의 시공간적 경계는 홍콩, 한국, 대만을 주요 축으로 삼았다.[9] 일본은 모든 분기점에서 매개변수로서 기능했다. 이 네트워크가 탄생한 논리는 매우 다양했다. 요컨대 도시화, 미국문화의 대량 유입, 각 개발도상국의 급속한 산업화, 자유방임적 경제정책, 영화 대량생산의 능률화를 향한 집단적 열망 등이 이 네트워크에 영향을 미쳤다. 다시 말해, 1950년대 후반 아시아 영화 거물들이 해결해고자 한 궁극적 과제는 전례를 찾아볼 수 없이 빠른 속도로 전개되는 도시화에 직면하여 계속해서 팽창하는 각국 현지관객의 요구를 충족시키는 것이었다. 아시아 지역의 신생독립국에는 이주노동자들이 대거 유입되었다. 도시 거주자 수가 급증함에 따라, 이 새로운 고객들은 영화산업에 활력을 불어넣었다.

1960년대 내내 아시아영화제 전후로 경영운영, 사업구조, 인적자원, 배급관행, 장르, 노동규제 등의 아젠다가 논의되고 공유되었으며 채택되었다. 런런쇼, 신상옥, 로크완토, 리한샹을 비롯한 몇몇 열정적인 영화경영진들은 아시아영화제작자연맹과의 공식적 그리고 비공식적 관계를 통해 서로에게 도움을 주는 파트너이자 동시에 경쟁자였다. 아시아스튜디오 네트워크에 포함되지 않은 인사 중 주목할 만한 사람은 아이러니하게 도 아시아영화제작자연맹의 발기인이었던 나가타 마사이치였다. 일본은 수십 년간 아시아에서 가장 선진적인 영화제작 국가였다. 또한 상술한 것처럼 일본의 영화산업은 과학적 대량생산 관리방식인 포드주의를 채택했다. 나가타는 일본 영화산업의 '벨 에포크belle époque[아름다운 시절]'인 1950년대에 아시아에서 가장 영향력 있는 인물 중 한 명이었다. 전후 일본의 '경제 기적' 덕분에 일본 영화산업은 1950년대 내내 자국의 경제성장과 함께 발전했다. 그러나 일본 영화산업은 전성기를 지나면서 점차 쇠퇴하기 시작했다. 예상치 못한 쇠퇴는 마치 재앙과도 같았다.[10] 1960년대 중반에 이르자 일본 영화제작자들은 아시아영화제작자연맹에 대한 관심을 잃었다. 특히 나가타가 그러했다. 이에 따라 이후 일본은 아시아영화제에 소극적 회원으로서만 참여하게 되었다.

1962년 서울 아시아영화제

한국은 1962년 5월 처음으로 아시아영화제를 주최하여 개최했다. 이 영화제는 신생 독립국이자 당시 군사정권 아래에 있던 한국이 처음으로 주최한 국제적 문화행사였다. 국내 일간지들은 한국인이 "밝은 새 나라를 세계에 자랑스럽게 소개하게 될" 영화제 관련 최신 소식을 매일같이 보도했다.[11] 영화제는 박정희가 주도한 5·16군사정변 1주년을 기념하기 위해 1962년 5월 12일부터 16일까지 서울에서 열릴 예정이었다. 당시 서른다섯 살에 불과했던 신상옥이 영화제 조직위원회의 조직위원장으로 임명되었다. 당시 신상옥은 이미 국내 가장 영향력 있는 영화인으로서의 입지

〈그림 1〉 1962년 5월 12일부터 16일까지 서울에서 열린 제 9회 아시아영화제 공식 포스터.

출처 : 아시아영화제작자연맹

를 굳혀가고 있었다. 신필름은 아시아영화제 두 달 전인 3월 30일에 열린 제1회 대종상영화제에서 〈연산군〉1962년으로 최우수작품상, 〈사랑방 손님과 어머니〉1961년로 최우수감독상을 수상했고, 〈연산군〉의 신영균은 남우주연상을, 〈상록수〉의 최은희는 여우주연상을 받았다. 대종상 말미에 신상옥의 수상작 3편은 그해 아시아영화제에 내보낼 한국 출품작으로 선정되었다.

홍콩과 일본은 칸국제영화제가 아시아영화제와 같은 달인 5월에 열린다고 불평했지만, 영화제의 피날레는 박정희 정권이 '5·16혁명'이라고 칭한 사건을 기념하는 자리였기 때문에 영화제위원회는 일정을 고수했다.[12] 1962년 4월 영화제 조직위원회는 영화제 전체 일정을 발표했다. 모든 참가자들은 현충원과 판문점, 육군사관학교를 방문했다.[13] 박정희 대통령은 폐막식에 참석해 최고상인 최우수작품상을 시상할 예정이었다.[14] 그러나 아시아 지역의 예측할 수 없는 정치변화의 방향을 보여주는 듯, 인도네시아와 태국은 국내외 정치적 갈등을 고려해 영화제에 불참했다. 그 결과 서울이 개최한 행사에는 6개국일본, 홍콩, 필리핀, 싱가포르, 말레이시아, 대만이 25편의 장편영화와 함께 약 110명의 대표단, 감독, 배우, 심사위원, 참관인을 파견했다.

확실히 1962년 아시아영화제는 아시아 지역의 참가자들에게 중요한 전환점이었다. 뿐만 아니라 영화제 자체도 국제적·사회정치적·문화적 실체로서 긴요한 전환점을 맞이한 행사였다. 박정희 정부는 1961년 경제 개발 5개년 계획에 착수했고 한국의 모든 정치, 경제, 문화영역은 새로운 국가의 경제발전에 헌신해야 했다. 영화산업도 예외는 아니었다. 같은 시기 쇼 가문은 영화사 본사를 싱가포르에서 홍콩으로 이전했고, 1962년에는 '무비타운'으로 알려진 클리어워터베이청수만(清水灣) 스튜디오를 건설했다. 쇼브라더스는 만다린어로 제작된 시대극영화 — 동남아시아에 거주하는 수많은 화교들에게 인기가 높았다 — 의 제작편수를 늘리고 싶었지만, 홍콩은 장대한 전투장면이 있는 대규모 장르영화의 촬영장소로 부적합했다. 영화제를 비즈니스 미팅으로 생각한 런런쇼는 1962년 아시아영화제에 자신의 오른팔인 레이먼드 초우Raymond Chow, 추문회(鄒文懷)와 동행하여 대만의 중앙전영공사, 일본의 다이에이와 도호스튜디오, 한국의 신필름과 접촉했고, 그 성과로 공동제작 계약을 다수 체결했다. 이에 더하여, 서울의 아시아영화제가 한일 경제 및 정치관계 정상화의 분수령이 될 것이라고 인지한 일본의 문화사절단은 한국 민간인들에게 '선의'를 베풀기로 결심했다. 도에이스튜디오 대표 오카와 하시조大川 橋蔵는 경향신문과의 인터뷰에서 "저는 영화제에 참석하지 않기로 악명 높지요. 하지만 오늘 이 자리[서울 아시아영화제]에 왔습니다. 제가 제 금기를 깬 이유는 한일 국교정상화에 힘을 보태기 위해서입니다. 저는 영화가 중요한 역할을 하리라 믿습니다"라고 말했다.[15] 실제로 일본은 회원국 중 가장 큰 규모인 33명의 대표단을 파견했다.[16] 영화제 개막 직전 나가타 마사이치는 다이에이가 한국영화 〈성춘향〉1962년을 수입하기로 결정했다고 발표했다. 〈성춘향〉은 신상옥이 연출한 영화로, 일본의 주요 6개 도시에서 개봉했다.[17]

주요섭의 인기소설을 원작으로 한 신상옥의 〈사랑방 손님과 어머니〉
는 영화제에서 최우수작품상을 수상했다.[18] 이 작품은 천진난만한 여섯
살 소녀 옥희의 눈으로 젊은 과부인 어머니최은희 분와 큰외삼촌의 친구인
사랑방 한 씨 아저씨김진규 분의 교류를 그린 전후 고전이다. '사랑방 손님'
은 과부가 그녀의 내면에 오래전에 죽었다고 여긴 혹은 단 한 번도 드러
내지 않았던 욕망을 일깨운다. 그러나 옥희의 어머니는 시어머니와 딸을
걱정하며 한 씨의 사랑고백을 거절하고, 그 후 한 씨는 마을을 떠난다. 아
시아영화제 시상식에서 박정희 대통령은 신필름의 대표 신상옥에게 최
우수작품상 트로피를 수여했다. 예상치 못했던 〈사랑방 손님과 어머니〉
의 수상은 전국적 돌풍을 일으켰다. 한국영화가 국제영화제에서 최우수
작품상을 받은 것은 최초였다. 이외에도 신필름은 트로피 세 개 ― 〈상록
수〉로 남우주연상과 남우조연상을, 〈연산군〉으로 미술상을 수상 ― 를

〈그림 2〉 1962년 아시아영화제에 참석한 신상옥(우), 리한상(중앙), 신상옥의 아내 최은희(좌)의
모습.

출처 : 한국영상자료원

더 거머쥐었다. 의심할 여지 없이 신상옥은 아시아영화제 폐막식의 스타였고, 이 영화제는 신상옥이 1960년대에 누린 전성기를 알리는 신호탄이었다.

아시아영화제 수상이라는 승리의 여파로 국내 영화평론가, 제작자, 지식인들은 한국영화의 현재와 미래에 대해 끊임없이 토론을 벌였다. 1962년 아시아영화제는 국내의 영화평론가 및 영화산업 인사들이 이웃나라의 동시대영화를 처음 접하는 접촉지대contact zone였다. '한국영화의 미래'라는 제목의 원탁토론에 모인 여러 분야의 한국지식인들은 한국영화의 '근대화'를 가로막는 장애물에 대한 우려를 표명하고 이에 대한 비전과 인식을 논의했다. 한국영화문화협회의 前 상무이사 겸 한국영화제작자협회 회장인 이재명은 "일본은 영화기법과 예술성에 있어 여전히 가장 선진적인 국가이지만, 한국은 이제 2인자가 되었습니다. 우리는 일본보다는 조금 떨어지지만, 일본영화와 경쟁할 수 있는 단계에 거의 도달했습니다"라고 발언했다.[19] 신상옥은 한국영화문화협회의 창립일원인 오영진과 이병일을 비롯해 업계에서 영향력 있는 몇몇 인사들의 의견을 들은 후, 한국영화는 대량생산 시스템을 합리적으로 개선해야 하는 데에서부터 시작해야 한다고 주장했다. 그는 정부에 관련 법 제정을 요청하는 것도 영화산업의 근대화를 이루는 좋은 방안 중 하나라고 제안했다. 신상옥과 마찬가지로 이병일 역시 "요약하자면, 한국영화의 발전을 위해 가장 시급한 과제는 충분한 자산을 확보하고 근대식 영화스튜디오를 건립하는 것입니다. 새로운 스튜디오에서 우리는 컬러촬영과 싱크로나이제이션同時化, 그리고 다른 새로운 영화기법을 실험해 볼 수 있습니다"라고 피력했다.[20]

당시 한국 지식인들에게 한국영화는 예술적 완성도 측면에서 일본영화에 버금가는 수준으로 여겨진 듯 보인다. 아시아 다른 국가의 영화에 비해, 한국영화는 주제적으로 그리고 미학적으로 우수했지만 최신 시설을 갖춘 근대적 제작시스템이 미비했다는 것이다. 한국영화평론가와 감독 대부분은 1960년대 내내 한국영화가 산업화되고 근대화되면 필시 일본영화 수준을 뛰어넘을 수 있을 것이라는 입장을 취했다. 사실 한국영화의 근대성 수준을 가늠하는 잣대는 할리우드가 아니라, 오랫동안 일본영화였다. 1960년대 영화인들 중 상당수가 식민지 시대에 영화계 경력을 시작했고 일본에서 영화기법을 연마했다. 신상옥도 이러한 계보에 속해 있었으며, 그에게 일본영화는 한국영화와 신필름이 도달해야 할 궁극적인 목표라는 상징성을 띠었다.

이와 같은 집단적 자기 확신은 서울 아시아영화제가 개최된 지 1년 뒤인 1963년에도 지속되었다. 어느 평론가는 그해 6월 11일부터 15일까지 도쿄에서 열릴 예정이었던 제10회 아시아영화제가 "한국과 일본의 대결"이 될 것이며 "약소한 라이벌 중 하나인 홍콩이 우리에게 도전하겠지만 그리 큰 위협은 되지 않을 것"이라고 전망했다.[21] 같은 맥락에서 한국일보는 "최우수작품상은 한국이나 일본에게 돌아갈 것이 확실하다"고 예견했다.[22] 영화감독 이봉래는 "필리핀영화는 일본영화에 비해 기술적 역량이 정교하지 못하다. 홍콩영화는 덜 근대화되었으며 템포가 매우 느리다"고 발언했다.[23] 유명한 시나리오작가이자 1963년 아시아영화제에 한국 대표단으로 파견된 유치진은 조심스럽게 자신의 의견을 피력했다. 그는 "우리[한국 대표단]는 마지막 순간까지 확신할 수 없지만, 저는 이번 영화제가 분명 한국과 일본의 리그가 되리라 예상합니다. 한국영화 각 편은 주제, 도덕성, 참신한 아이디어, 촬영기법의 측면에서 일본영화 수준에 거의 도달습니다. 다만 촬영장비가 좋지 않은 탓에 이를테면 여전히 유아적 단계에 있습니다"라고 말했다.[24] 1963년 아시아영화제에서 일본의 〈교토의 쌍둥이 자매古都〉나카무라 노보루(中村登) 감독, 1963년가 최우수작품상을 수상했다. 한국은 연기상 두 개를 거머쥐었다.〈로맨스 그레이〉신상옥 감독, 1963년의 김승호가 남우주연상을, 〈또순이〉박상호 감독, 1963년의 도금봉이 여우주연상을 받았다.[25] 그러나 1963년 행사의 진정한 승리자는 쇼브라더스였다. 쇼브라더스의 야심작 〈양산백과 축영대梁山伯與祝英台〉리한상 감독, 1963년는 무려 다섯 개의 상 ― 최우수감독상, 최우수음향상, 최우수미술상, 최우수녹음상, 최우수컬러촬영상 ― 을 휩쓸었다.[26]

1964년 대만 타이베이에서 열린 아시아영화제에서 〈빨간 마후라〉1964년로 최우수감독상을 수상한 신상옥은 "겨우 이 정도 상에 자축할 필요는 없습니다. 우리는 세계로 나아가야 합니다. 세계와 경쟁하기 위해 한국영화는 우선 일본 영화시장을 정복해야 합니다. 저는 이 과제를 곧 완수할 것입니다"라고 소감을 밝혔다.[27] 신상옥을 비롯한 국내 영화감독과 제작자 대부분은 이 프로젝트에서 가장 시급한 과제가 "컬러촬영과 동시화, 다른 새로운 영화기법을 실험해 볼 수 있는 근대식 영화스튜디오 설립"이라고 굳게 믿었다.[28] 한국영화산업 종사자뿐만 아니라 아시아 영화계 종사자 대부분은 1950년대부터 제도 정비, 법 제정, 근대식 영화스튜디오 신설을 열망했고 이를 실현시키고자 노력했다. 한국영화산업이 직면한 바로 이 중대한 시기에 신상옥과 신필름은 아시아 지역의 영화네트워크 즉, 아시아영화제작자연맹에 가입했다.

발전국가 스튜디오

본 장은 신필름을 분석하는 데에 있어 '발전국가 스튜디오developmental state studio'라는 용어를 사용한다. 발전국가 스튜디오는 국가정책이 촉진하고, 그와 동시에 국가의 무역 및 산업, 투자정책이 고도로 규제하고 통제한 스튜디오를 설명하기 위한 용어이다. 앨리스 H. 암스덴Alice H. Amsden은 후기 산업화를 설명하는 모델에는 두 가지 모델 ― 제도적 모델과 시장 지향적 모델 ― 이 있다고 주장한다. 암스덴의 주장에 따르면, 서구가 주도한 초기 산업화는 "발명"과 "혁신"에 의존하여 발전했지만, 이를 따라가는 후기 산업화 사회는 발명과 혁신 대신 "학습과 차용기술에 기반하여 성장한다. 차용기술은 저임금과 국가보조금, 그리고 점진적으로 증가하는 생산성에서 이점을 얻는다."[29] 이 장은 암스덴의 주장에서 부분적으로 영감을 받아, 신필름을 발전국가 스튜디오의 대표적 사례로서 논의한다. 구체적으로 5장은 발전국가 스튜디오의 제작방식을 "따라잡기"와 "학습" 과정 ― 1960년대 이후 한국과 대만의 경제발전에 광범위하게 기여한 ― 에 기초한 "후기 스튜디오 시스템"으로 정의한다. [30]

발전국가The Developmental State 이론은 일군의 경제학자와 정치학자가 동아시아의 경제성공을 설명하는 고전적 모델에 불만을 제기하며 등장했다. 동아시아 국가들은 경제학자 장하준이 "앵글로색슨 모델을 구성하는 정책 및 제도유형"으로 요약한 자유시장과 자유무역정책을 기반으로 [경제발전의] 사다리에 효과적으로 올라탔다.[31] 고전적 모델은 신자유주의 경제정책이 경제성공의 주요 동력이라는 믿음을 예증하는 최종 결과가 1980년대 이후 동아시아의 경제발전이라고 보았다. 따라서 경제부양에 결국 실패한 일부 중남미국가들의 "수입대체 산업화"와 달리, 동아시아

의 수출 중심 모델은 큰 성공을 거두며 모범사례로 여겨졌다.[32]

그러나 1980년대부터 "국가를 다시 불러들이려" 시도하는 일군의 사상가가 등장했다. 피터 B. 에반스Peter B. Evans와 디트리히 루쉐메이어Dietrich Rueschemeyer가 지적했듯이, 효과적인 국가 개입이 "성공적인 자본주의 발전에 필수부분으로 간주"된 것이다. [33] 1980년대 초 발전국가 이론이 등장하기 전, 여러 이론가들이 독일과 러시아 같은 후기 산업화 국가의 경제발전에서 국가역할에 대해 논의해 왔다. 챠머스 존슨Chalmers Johnson은 존 메이나드 케인스John Maynard Keynes, 알렉산더 거쉔크론Alexander Gershenkron, 칼 폴라니Karl Polanyi의 영향을 받아, 지금은 고전이 된 『통산성과 일본의 기적MITI and the Japanese Miracle』을 1980년대 초 집필했다. 흔히 이 분야의 선구자로 불리는 존슨은 '발전국가'라는 용어를 엄밀하게 개념화한 최초의 이론가였다. 그는 발전국가를 자유국가미국와 스탈린식 국가개념과 나란히 하는 세 번째 범주로서 규명했다.

존슨은 앵글로색슨 국가에서 "마르크스-레닌주의자들과의 오랜 논쟁의 결과로 인해, 공산주의 국가가 아닌 다른 형태를 취한 발전국가의 존재는 대체로 잊히거나 무시되어 왔다"고 주장했다. 존슨의 설명에 따르면 바로 이 점이 발전국가에 대한 학문적 연구가 부재한 이유였다.[34] 그는 공산주의 경제와 일본경제를 구분하면서 전자는 "이념적 계획"으로, 후자는 "합리적 계획"으로 특징지었다. 존슨은 일본처럼 산업화가 늦은 국가에서는 "국가 자체가 산업화 추진을 주도했다. 즉, 국가가 발전 기능을 수행했다"고 주장한다.[35] 그는 전후 일본의 비약적이고 예상치 못한 경제부흥에서 국가가 수행한 역할을 특징짓기 위해 '발전국가'라는 개념을 도입한다. 존슨의 뒤를 이어 암스덴, 로버트 웨이드Robert Wade, 우정은이 발전국가 이론을 확대하여, 이 개념을 한국과 대만을 비롯한 민족국가의 개별

사례를 분석하는 데 이용했다. 이들은 후발 산업국가인 한국과 대만의 성공요인이 기업주의 정치, 시장규율 및 시장유도, 상호의존성 관리, 금융통제라고 파악했다.[36]

프레드릭 C. 데요Frederic C. Deyo가 "어두운 이면"이라고 표현하는 것처럼 발전국가 이론에는 분명 단점도 있다. 발전국가 이론가들은 한국, 대만, 일본을 논의할 때 군사주의적·젠더 편향적·비민주적 통치와 국가복지의 부족, 그리고 노동자 배제에 대해서는 거의 관심을 기울이지 않았다.[37] 또한 발전국가 이론은 사후적 합리화라는 비판을 받았으며, 라틴아메리카와 아프리카의 다른 신생 산업국가에도 동일한 이론이 적용 가능한지 의문시되었다. 그러나 이러한 단점에도 불구하고 발전국가의 관점은 여전히 강력한 분석틀이다. 이 분석틀은 군사정권의 '억압적'이고 '잔인한' 문화정책이 영화산업의 발전을 지연시켰다는 기존 문헌의 관습적 서술에 갇히지 않기 때문이다. 발전국가의 틀 아래에서 한국과 대만의 영화스튜디오는 보다 적확하게 분석될 수 있다.[38] 이 장에서 나는 영화경영진이 국가의 영화정책에 관여하게 되었으며, 적어도 1960년대 초에는 국가의 개입을 환영했다고 주장한다. 그 결과 영화사와 정부는 초기 허니문 기간에 상호 이익이 되었다. 따라서 이하 지면에서는 신필름 논의를 통해 영화스튜디오와 정부의 관계를 집중적으로 조명해 보고자 한다. 구체적으로 전후 한국에서 영화스튜디오가 겪은 뜻밖의 성장과 1960년대 후반 짧은 영광 이후 정부와의 갈등이 야기한 급격한 쇠락을 상세히 살펴보겠다.

신필름의 시작

오늘날 우리가 신필름으로 알고 있는 제작사는 20년간 사업을 이어가는 동안 회사명을 계속 변경했다. 역사적으로 볼 때, 신필름의 수명은 1960년부터 1970년까지로 정확히 10년간 운영되었다. 신필름의 그 유명한 '불타는 화로' 로고는 1960년대 스크린에 등장했고, 신필름은 그야말로 1960년대 한국영화를 대표했다. 그러나 이 장에서 논하는 '신필름'은 신상옥프로덕션, 안양필름, 덕흥필름, 신아필름을 한데 묶어 가리킨다. 이 스튜디오들은 모두 같은 운영진이 운영하고 관리했으며 이들에 의해 자리 잡았다. 다시 말해 신상옥과 그의 친형 신태일과 신태선, 아내이자 동시에 뮤즈인 최은희, 처남 최경옥[1933년]이 신필름을 관장했다. 신필름의 혼란스러운 이름 변천사는 당시 한국의 정치적, 사회적, 문화적 환경이 반영된 결과이다. 따라서 이 책에서 '신필름'은 신상옥과 최은희의 가문이 1952년부터 1975년 사이에 운영한 모든 영화사를 통칭함을 밝혀둔다.

신필름의 기념비적인 작품 〈성춘향〉의 촬영을 맡았던 이형표 감독은 "신필름은 기본적으로 한 가문이 아닌 두 가문의 친족관계, 다시 말해 신씨가문과 최씨가문에 의해 운영되었습니다"라고 회상했다.[39] 이형표가 언급했듯이, 신상옥과 최은희는 처음부터 이상적인 사업파트너였다. 최은희는 당대 최고의 여배우 중 한 명이었고, 국가의 2인자인 국무총리 김종필[1926~2018년]과 좋은 관계를 맺고 있었다. 스튜디오 규모가 확장되고 제작편수가 늘어나기 시작하자, 신상옥은 자신의 두 형을 불러들였고 최은희의 남동생 최경옥도 신필름에서 촬영감독으로 일했다. 신상옥의 두 형 중 스튜디오 경영에 더 깊이 관여한 사람은 [작은형] 신태선이었다. 그는 스튜디오에 합류하기 전, 건설회사에서 근무한 경력이 있었지만 영화 관련 경력은 전무했다. 신상옥의 [큰형] 신태일은 사진작가였기 때문에 그나마 관련 경력이 있었다. 두 사람 모두 신상옥을 지원하는 역할을 맡았다.[40] 따라서 신필름은 스테파니 포인 청Stephanie Po-yin Chung이 "형제기업fraternal enterprise"이라는 용어로 설명한 쇼브라더스와는 근본적으로 달랐다. 포인 청에 따르면 쇼브라더스는 "전통적인 중국가족이 운영하는 사업, 즉 가부장제로 운영되는 사업유형"에 기초해 있었기 때문이다.[41]

신상옥은 전쟁기간 중인 1948년 최인규[1911~1950년] 문하에서 조감독으로 일하기 시작하며 영화계에 입문했다. 그는 영화계에 첫발을 내딛기 전인 1944년부터 1945년까지는 도쿄에서 머물며 미술 정규교육을 받았으며, 1945년 8월 15일 대한독립 이후 귀국했다.[42] 신상옥은 회화를 전공한 배경 덕분에 완벽한 '앵글' 잡는 법을 아는 사람으로 자리매김 할 수 있었고, 종종 '미장센의 대가'로 불렸다. 최인규의 지도 아래 신상옥은 촬영과 편집, 조명과 연출, 연기에 이르기까지 영화제작의 모든 기초지식을 배웠다.[43] 이후 그는 한국전쟁 중인 1952년 영화예술협회를 결성하고 첫 장편 영화 〈악야〉를 제작 및 연출했다.

전쟁이 끝난 후, 특히나 한국영화산업은 풍성한 결실을 맺는 발전시기에 접어들었다. 앞서 기술했듯이, 1954년 이승만 정부는 국내영화 입장권에 세금을 면제하는 정책을 시행했다. 이러한 세금정책은 국내영화에 뚜렷한 이점을 부여했으며 전국에 영화제작 인센티브를 제공했다. 더욱이 〈춘향전〉과 〈자유부인〉이 국내시장에서 극적인 성공을 거둔 점도 영화산업을 고무시켰다. 신상옥은 1958년 서울영화사를 설립하기 전, 1955년부터 1958년까지 네 편의 영화 — 〈코리아〉[1954년], 〈꿈〉[1955년], 〈젊은 그들〉[1955년], 〈무영탑〉[1957년] — 를 추가로 연출했다. 그는 1954년 세미다큐멘터리 영화인 〈코리아〉를 촬영하던 중 최은희와 만나 사랑에 빠졌다.

데뷔작인 〈악야〉부터 〈꿈〉, 〈젊은 그들〉, 〈무영탑〉, 〈지옥화〉1958년, 〈어느 여대생의 고백〉에 이르기까지, 신상옥은 꾸준히 같은 스태프들과 함께 작업했다. 촬영감독에 강범구와 최경옥, 시나리오작가에 이형표, 프로덕션 매니저에 박행철, 그리고 그의 아내이자 여배우 최은희가 신상옥과 호흡을 맞췄다. 그러나 신상옥은 영화경력 초기에 흥행에 성공하지는 못했다. 그의 영화는 비평가들의 호평을 받기도 했지만, 국내 박스오피스에서는 계속 실패했고 이로 인해 심각한 재정난을 겪어야 했다. 전환점이 된 작품은 그의 여섯 번째 장편영화 〈어느 여대생의 고백〉이었다. 이 영화는 전후 한국사회에서 엄청난 성공을 거두었다. 이 성공 덕분에 신상옥은 다른 영화를 제작할 충분한 자본을 축적했다. 1959년 신상옥은 장편영화 네 편을 연출했다. 그는 〈자매의 화원〉, 〈동심초〉, 〈그 여자의 죄가 아니다〉, 그리고 〈춘희〉를 선보였고, 네 편 모두 나름 괜찮은 이익을 보았다. 그해는 신상옥이 자본을 쌓기 시작한 '원년year zero'이었다. 이후 영화 수익에 힘입어 신상옥은 마침내 1960년 신필름을 창설했다.[44]

신필름은 회사 규모를 확장하기 위해 용산 원효로 촬영소를 새로 열었다. 1966년까지 운영된 이곳은 3층 빌딩으로 중형 규모의 사운드스테이지, 녹음실, 감독실, 기획 및 제작부 사무실을 갖췄다.[45] 신상옥은 보다 효율적인 결과물을 얻기 위해, 일본식의 위계적 제작시스템을 도입했다. 신필름은 초기부터 일본의 영향을 받아 영화를 제작하고, 회사를 운영했으며 실제로 꽤나 효과를 보았다.

1961년은 신필름의 이정표가 된 해였다. 당시 인구가 2백만 명에 불과했던 서울에서 〈성춘향〉이 한국영화 최초로 30만 관객을 돌파했다. 더욱이 신필름의 그해 흥행성적은 〈성춘향〉에만 국한된 것이 아니었다. 신상옥이 연출한 두 편의 영화 — 〈사랑방 손님과 어머니〉와 〈상록수〉 — 의 관객 수는 각각 15만 명과 7만 명을 기록했고, 신상옥이 제작하고 장일호가 연출한 검투영화 〈의적 일지매〉[1961년]가 총 15만 명의 관객을 동원했다. 신필름이 1961년에 제작하고 개봉한 네 편의 영화로 서울에서 무려 70만 명의 관객을 동원한 것이었다. 최경옥은 당시를 "얼마나 많은 돈을 벌었는지 미처 셀 수도 없을 정도였어요. 매일 아침 현금 포대 여러 개가 배달되었죠. 우리가 원하는 건 무엇이든 할 수 있었습니다"라고 회상했다.[46] 이러한 상업적 성공에 힘입어 신상옥은 1962년 아시아영화제 조직위원장을 맡았고, 앞서 살펴보았듯이 〈사랑방 손님과 어머니〉로 최우수 작품상까지 수상했다. 이 수상으로 한껏 높아진 신상옥의 위상은 한국영화계에서 타의 추종을 불허하게 되었다.

국가사업으로서의 영화

신필름은 한국의 개발정부 및 강력한 지도자 박정희와 떼어놓고 논의할 수 없다. 1961년 5월 16일 군사정변으로 정권을 잡은 박정희 정부는 한국의 경제성장, 도시화, 근대화에 박차를 가했다. 박정희 정권은 군부독재를 수호하고 유지하기 위해 반공 교리를 적극적으로 채택했다. 이러한 정치적 분위기 속에서 영화를 비롯한 문화영역은 자발적으로 혹은 강압적으로 국가의 이념원칙을 강화하는 장치로 기능했다. 박정희 행정부는 영화산업을 전략산업으로 간주했다. 즉 영화산업을 섬유산업이나 경공업처럼 정부가 계획하고 통제하며 주도하는 산업으로 인식한 것이다. 1961년 10월부터 공보부*가 모든 문화정책을 담당했다. 영화법의 경우, 1962년 제정된 후 네 차례[1963·1966·1970·1973년]에 걸쳐 개정되었다.[47] 1961

년 64개의 영화제작사가 16개로 강제 통폐합되었다.[48] 영화스튜디오는 공보부에 등록하여 허가를 받아야 했는데, 일련의 승인 조건 중 하나는 사운드스테이지 건설이었다. 영화법은 제작등록, 검열, 수입쿼터제, 상영허가, 영화사의 자격정지를 관할했다. 영화법에 따라, 허가된 스튜디오만이 영화를 제작할 수 있었고 각 스튜디오는 매년 최소 15편의 영화를 개봉해야 했다. 이 법에 따라, 독립 스튜디오는 존재할 수 없었지만 때로는 불법적으로 운영되기도 했다. 영화법은 결국 소수의 영화경영진에게만 유리한 법이었고 가장 많은 혜택을 본 사람은 바로 신상옥이었다. 실제로 영화계의 많은 사람들은 신상옥이 영화법을 만들고 제정하는 데 관여했다고 믿었다. 예컨대 이형표는 "영화법은 200평 규모의 사운드스테이지를 요구했는데, 사실 이 규모는 신상옥이 소유한 용산[원효로촬영소] 사운드스테이지와 딱 맞는 규모였습니다"라고 진술했다.[49]

정부의 지원으로 신필름은 [영화제작] 시스템의 근대화에 박차를 가했다. 신상옥은 1965년 조선일보와의 일터뷰에서 "해방 이후 한국영화의 일차적 사명은 영화산업의 산업화 가능성을 구체화하는 것이었습니다. 이는 아주 최근까지 가내수공업 방식을 유지해 온 영화사의 낙후된 시스템을 성장시키는 것입니다"라고 공언했다.[50] 신상옥은 스튜디오가 제작할 수 있는 작품 편수를 늘리기 위해 신규 감독을 영입했고 자신이 가진 힘을 분산시켰다. 그 결과 1962년 신필름은 15편의 영화를 성공적으로 개봉했다. 또한 이 시기는 신필름을 대표하는 세 가지 장르인 사극, 멜로드라마, 코미디를 인큐베이팅하는 시기였다. 신감독은 '대작' 사극인 〈열녀문〉과 〈연산군－장한사모편〉, 〈폭군연산－복수·쾌거편〉을 연출했

---

* **[옮긴이 주]** 1956년 공보처가 폐지되었으나, 1961년 조직개편을 통해 공보부로 확대되었다. 이후 1968년 공보부와 문교부의 문화국이 합쳐져 문화공보부가 되었다.

고, 세 편 모두 그해 가장 중요한 작품으로 꼽혔다. 박행철은 신필름의 제작 시스템이 처음 분업화를 하게 된 것은 〈폭군연산〉이었다고 회고한다. 〈폭군연산〉은 〈성춘향〉이 전년도 영화시장을 휩쓸었던 시기인 설날에 맞춰 개봉되어야 했으므로, 영화가 완성되는 데에는 단 21일밖에 걸리지 않았다. 그리고 1962년에 개봉된 〈폭군연산〉은 〈성춘향〉의 영광을 되살렸다. 〈폭군연산〉은 그해 최고 흥행작이 되었고, 이로써 신상옥은 '설날의 흥행사'로 이름을 알렸다. 신필름은 멜로드라마와 코미디도 선보였다. 사극과 멜로드라마, 코미디는 신필름의 전체 운영기간 내내 주류 장르를 이루었지만, 대부분의 수익은 신상옥이 연출하고 최은희가 출연한 사극에서 나왔다.

1964년 신필름은 또 다른 영화 세 편을 개봉했다. 그중 두 편은 신상옥이 연출한 작품으로 〈벙어리 삼룡〉과 〈빨간 마후라〉였다. 두 영화는 신필름과 쇼브라더스가 공동제작한 〈달기妲己〉악풍(岳楓) 감독, 1964년와 함께 국내 박스오피스에서 막대한 수익을 올렸다. 〈빨간 마후라〉는 신필름이 독점 계약을 맺은 명보극장에서만 25만 명의 관객을 동원했다.

게다가 신필름은 국내 영화를 충분히 제작하는 대가로 정부로부터 혜택을 받아, 외국영화 수입 사업을 시작했다.[51] 수입 사업은 비교적 순조롭게 출발하여, 신필름에 수익을 가져다주었다. 그러나 신필름이 이후 지속적으로 겪었던 난관이 그해 처음으로 신호를 보였다. 신필름의 가장 큰 딜레마는 바로 영화연출의 인력 풀이었다. 신필름에는 계약감독 여럿이 소속되어 있었지만, 이 중 흥행성이 검증된 감독은 신상옥이 유일했다. 계약감독들이 연출한 영화들은 일부 예외적인 경우를 제외하면, 국내 박스오피스에서 기껏해야 평범한 결과를 보이거나 대체로 참패하곤 했다. 이것은 신필름을 괴롭힌 고질적인 문제였고, 스튜디오가 문을 닫기 전까

〈그림 3〉 신필름의 첫 번째 합작 대작 〈달기〉. 신영균이 상나라 주왕 역을 연기했다. 달기(린다이(林黛) 분)는 복수를 위해 그녀의 아버지(옌춘(Yen Chun) 분)를 죽인 왕과 결혼한다.

출처 : 한국영상자료원

지 결국 해결되지 않았다. 국내 배급사들은 신상옥이 연출하는 영화라면 기꺼이 선구매할 의향을 보였다. 신필름은 1963년부터 매달 한 편씩 영화를 제작했지만, 신상옥이 감독을 맡은 작품만으로는 회사를 운영할 수 있을 만큼의 수익을 낼 수 없었다. 〈빨간 마후라〉과 〈벙어리 삼룡〉, 그리고 〈달기〉가 거둔 흥행에도 불구하고, 신필름이 1964년에 선보인 라인업은 재정적 손실로 이어졌다. 이로 인해 그해 말 회사는 재정위기에 처하게 되었다. 손실 만회를 위해 확실한 성공을 갈망했던 신상옥은 외국영화를 더 많이 수입하는 방안을 모색할 수밖에 없었다.

1962년 가을, 공보부는 국내 영화산업에 맞춘 새로운 진흥계획을 공표했다. 바로 보상무역 정책의 일환인 '우수영화 보상제도'의 도입이었다.[52] 보상무역 정책은 유입되는 투자금을 그 투자로 인해 발생한 수익으로 상환하는 '역무역'의 한 형태로, 박정희 정부가 국내 경공업을 지원하기 위해 만든 정책이었다. 공보부는 1년 뒤인 1963년에 영화산업 연계 보상무역 정책이 제정될 것이라 밝혔다. 이 정책이 시행되면, '영화제작사'와 '영화수입사' 간의 구분이 없어질 것이었고, 이는 실로 큰 변화였다. 이 정책을 추진하는 것은 영화업계 전체를 뒤흔들었다.[53] 이제 한 회사가 영화제작과 영화수입을 동시에 할 수 있게 되었고, 더 많은 영화를 해외에 수출할수록 더 많은 해외영화를 수입할 수 있게 되었다. 이에 따라, 기존 수입업자들은 영화수입을 위해 단기간에 제작사로 변신해야 했다.[54] 이러한 보상무역 정책과 맞물려, 영화법은 '수입권' 조항을 포함하는 방향으로 1963년 개정되었다.

영화법에 새로 추가된 수입권 조항은 허가받은 제작사가 외국영화를 수입할 수 있는 추가 권리를 신청할 수 있다고 명시했다. 한국은 1960년대와 1970년대에 아시아에서 가장 엄격한 수입 쿼터제를 시행한 곳 중 하나였다. 연간 60편 미만의 외국영화만 수입 및 배급될 수 있었다. 더욱이 스튜디오는 외국영화의 판권을 얻기 위해 다음 중 하나를 수행해야 했다. ① 해외에 영화를 수출하여 최소 2개월 이상 상영할 것, ② 문화교육부가 선정한 '양질'의 합작영화를 제작할 것, ③ 국제영화제(아시아영화제 포함)에서 주요 상을 수상할 것.[55] 결과적으로 1963년 이후, 외국영화 수입에는 공동제작 관행이 활용되었다. 또한 홍콩과 아시아영화제는 한국 영화경영진들의 주요 전장이 되었다. 이 전장에서 신필름은 이상적인 위치에 있었다. 신필름은 경쟁사보다 월등한 성적을 거두었고 다른 어떤 영화사보다 훨씬 더 많은 상을 수상했다. 그리고 이제 신상옥은 홍콩의 쇼브라더스와 영화 여러 편의 공동제작을 협상하기 시작했다.

국제적 확장

신상옥과 런런쇼의 첫 만남은 1962년 아시아영화제에서 이뤄졌다. 런런쇼는 '별들의 은하계'라고 불리는 재능 있는 배우와 감독들을 영입했다. 런런쇼의 계약 여배우 다섯 명 — 유민尤敏, 리싱춘Li Hsing-chun, 예풍葉楓, 투추안杜娟, 팅훙丁紅 — 이 영화제의 '갈라쇼'에 참석했다.[56] 런런쇼는 한국 현지 영화계에서 신상옥의 위상을 잘 알고 있었고, 신상옥과 런런쇼는 서로가 필요하다는 점을 즉각 알아차렸다. 두 사람은 예산, 출연진, 연출, 제작 의무를 분담하는 공동제작에 대해 합의했고, 영화제 직후 계약서를 작성했다. 이들은 여러 편의 공동제작을 약속했다. 쇼브라더스는 여러 해외 시장에 진출하고 있었기 때문에, 영화 대부분은 여러 언어로 더빙되었다. 따라서 한국배우의 출연이 언어장벽에 가로막히지는 않았다. 런런쇼는 한국의 한 신문사와의 인터뷰에서 "한국배우들이 영화에서 중국인 캐릭터를 연기하는 것은 매우 쉬웠습니다"라고 말했다. 그는 이어서 "우리는 쇼브라더스가 한국과 더 많은 영화를 만들면 좋겠습니다. 그렇게 되면 한국영화도 새로운 시장을 찾을 수 있을 겁니다"라고 덧붙였다.[57]

런런쇼는 리한샹의 전작 〈초선貂蟬〉1958년과 〈강산미인〉1959년이 홍콩, 말레이시아, 대만의 박스오피스에서 입증했듯이, 중국역사와 문화를 소재로 한 시대극이 대만을 비롯한 화교권에서 큰 인기를 끌 것이라고 생각했다.[58] 한편 신상옥의 주요 관심사는 장르영화 제작과정을 간소화하고 더 많은 대작 컬러영화를 제작하는 것이었다. 이는 독재 정권 하에서 영화계 거물로서의 역량을 입증하는 것이었다. 신상옥이 쇼브라더스와 같은 세계적 영화사와 탄탄한 파트너십을 구축하는 것은 신필름이 빠르게 발전할 수 있는 좋은 기회였다. 더욱이 신상옥은 쇼브라더스의 최신 스튜디오 시설을 빌려 여러 편의 영화를 동시에 제작하는 이점을 누릴 수 있었고, 신필름의 계약배우들은 홍콩에 머물면서 합법적인 공동제작에 참여할 수 있었다. 반면에 런런쇼는 MP&GI와의 전쟁과도 같은 경쟁에서 승리하기 위해 더 많은 대작 영화를 제작하고 싶었다. 그러나 중국 본토에서 더 이상 촬영할 수 없게 된 탓에, 런런쇼는 로케이션 촬영을 위한 장소가 필요했다. 중국역사를 배경으로 삼는 시대극은 전투 장면을 위한 성과 궁전, 광활한 들판을 필요로 했지만, 홍콩과 싱가포르는 이러한 장소를 제공할 수 없었다.[59]

1960년부터 1962년 사이, 쇼브라더스와 리한샹 감독은 일본 토에이 스튜디오와 합작하여 시대극 영화 세 편 — 〈측천무후武則天〉1963년, 〈양귀비〉1963년, 〈왕소군王昭君〉1964년 — 을 제작했다. 주요 전투장면을 포함한 대부분의 야외촬영은 일본 교토지역에서 촬영되었다. 그러나 토에이의 엄격한 작업조건과 고임금으로 인해 프로젝트는 계속 연기되고 지연되었다.[60] 쇼브라더스가 이 영화들을 개봉할 무렵, 스튜디오의 지출액은 이미 예상수익을 뛰어넘은 상태였다. 런런쇼는 신필름과 계약을 체결하기 전, 대만을 방문하여 중앙전영공사의 신임 대표 헨리 공 홍을 만났다. 두 스튜디오는 〈흑삼림黑森林〉치우 펑유안(Chiu-Feng Yuan) 감독, 1964년을 공동제작하기로 합의했다.[61]

런런쇼에게 신필름은 완벽한 사업파트너 관계였다. 런런쇼는 한국시장보다는 한국의 유적지, 산, 들판에 관심 있었고 무엇보다 값싼 노동력을 활용하는 데 관심을 보였다. 따라서 쇼브라더스에게 남자배우를 제공하고 로케이션 촬영에 소요되는 모든 비용을 부담하는 대가로, 국내 극장의 독점 배급권만 요구하는 신필름은 이상적 파트너 관계였다. 쇼브라더스와 신필름은 1962년 9월 계약을 체결했다. 계약서는 상당히 길지만, 전체 조항 중 이하 다섯 가지 조항이 주목할 만하다.

> 3항. 본 계약 당사자의 상호합의에 따라, 공동제작 영화의 주연 및 주요 배역은 쇼브라더스와 신필름의 배우 및 여배우에게 부여된다.
>
> 4항. 공동제작 영화는 쇼브라더스가 지정하고 임명하는 감독이 연출한다.
>
> 5항. 상기 명시된 공동제작의 예산은 상호 승인에 따라 양 당사자가 수락한다. 또한 상기 공동제작의 로케이션 촬영은 신필름이 한국에서 진행하고 필요 경비 전액을 부담하는 데 상호 동의한다. 공동제작의 스튜디오 촬영은 쇼브라더스가 홍콩에서 진행하고 필요 경비 전액을 부담하는 데 상호 합의한다.
>
> 6항. 상기 공동제작 영화의 한국 내 배급은 신필름이 담당하고, 한국을 제외한 동남아시아 내 배급은 쇼브라더스가 담당하며, 상기 지역을 제외한 해외에서의 배급 또는 직접 판매는 양 당사자의 상호 합의에 의해 결정하기로 한다.
>
> 8항. 상기 공동제작 영화의 네거티브는 쇼브라더스에게 제출되어야 하고, 해당 네거티브에 대한 미화 5만 달러의 보험을 쇼브라더스가 가입한다. 보험료는 쇼브라더스와 신필름이 50 대 50의 비율로 부담하는 데 상호 합의한다.[62]

이 계약에 따르면, 한국에서 발생한 순수익의 3분의 2는 신필름에게, 나머지 3분의 1은 쇼브라더스에게 배분하기로 되어 있다. 반면 동남아시아에서 발생한 순수익의 3분의 2는 쇼브라더스에게, 나머지 3분의 1은 신필름에게 배분하기로 되어 있다. 그러나 1960년대 말부터 쇼브라더스에서 근무했던 쇼브라더스의 피지컬 프로덕션 매니저 웡카히黃家禧는 이 계약이 신상옥의 요구를 충족하기 위해 작성된 것일 뿐, 실제 순수익 배분은 위에서 기술한 것보다 훨씬 단순하다고 밝혔다. 실제로는 신필름이 한국시장의 수익만 독점하고 모든 해외수익은 쇼브라더스가 가져가는 구조였다는 것이다. 신상옥은 오직 한국시장에 한해서만 독점권을 주장했다.

〈달기〉의 각본은 본래 공동제작용으로 집필된 것이 아니었다. 각본은 이미 일 년 전에 〈폭스 우먼Fox Woman〉이라는 가제목으로 완성되었기 때문에, 쇼브라더스는 사실 촬영 준비를 다 마쳐놓은 프로젝트였다.[63] 쇼브라더스는 〈강산미인〉 다음에 선보이는 차기작으로 〈달기〉를 준비했다. 이 영화는 각국에서 가장 뛰어난 창의적 인사를 한데 모은 아시아 지역 최고의 합작영화였다. 홍콩의 린다이와 옌춘 그리고 한국의 신영균과 남궁원이 출연했고, 일본의 니시모토 타다시西本正가 촬영감독을 맡았다. 니시모토 타다시의 도움을 받아 컬러영화로 촬영된 이 장엄한 사극은 양국에서 그해 '역대급' 대작으로 홍보되었다. 영화는 후반작업이 마무리된 후 태국과 라오스, 베트남, 필리핀, 캄보디아, 대만에 예약 판매되었는데, 이 국가들은 쇼브라더스가 아직 직배급사를 설립하지 않은 곳이었다.[64] 〈달기〉는 1964년 8월 26일 홍콩 구룡반도에 새로 문을 연 할리우드 극장Hollywood Theatre에서 초연되었다.[65] 영화는 8월 27일 쇼브라더스가 운영하는 홍콩 내 주요 극장 네 군데에 배급되었으며 그와 동시에 동남아시아 배급망에 풀렸다.[66]

한국 이외 지역에서 〈달기〉의 흥행 수익은 그다지 높지 않았다. 홍콩에서도 그해 주요 히트작이 되지는 못했다.[67] 한국에서 〈달기〉라는 제목으로 개봉한 이 영화는 베테랑 감독 최인현의 신작으로 홍보되었다. 이 영화는 한국에서 15만 명의 관객을 동원했고 연말 박스오피스 수익 4위에 오르며 큰 성공을 거두었다. 신필름은 홍콩 쇼브라더스의 흔적을 지우고 이 영화를 "신필름이 선보이는 대작 사극"으로 홍보했다. 비록 런런쇼는 〈달기〉로 큰 성공을 맛보지는 못했지만 신상옥과의 파트너십을 깨고 싶지는 않았다. 런런쇼는 시대극 영화를 더 많이 제작하고 싶었고, 어찌되었든 〈달기〉도 약소하나마 수익을 창출했기 때문이었다.[68] 신필름과 쇼브라더스는 이후 합작영화 세 편 — 〈대폭군觀世音〉임원식 감독, 1966년, 〈흑도적 蒙面大俠〉엄준 감독, 1966년, 〈철면황제鐵頭皇帝〉호맹후아(何夢華) 감독, 1967년 — 을 추가로 제작했다. 〈대폭군〉은 사랑과 자비를 품는 관세음보살의 중국식 전설을 바탕으로 한 종교적 이야기이다. 중화권 영화계의 여신 리리후아李麗華가 관세음 역을 맡았다. 쇼브라더스는 이 영화가 "〈달기〉보다 세 배나 비싸게 제작된 영화이고, 쇼스코프·이스트만 컬러로 더욱 웅장하고 인상적인 스펙타클이 될 것이다"라고 자신감 있게 공언했다.[69]

〈대폭군〉은 신필름이 제작한 작품 중 가장 대작이었다. 마찬가지로 쇼프라더스에게 이 영화는 그해 최고의 기대작이었다. 신필름은 〈대폭군〉에 3천만 원을 쏟아 부었는데, 이는 A급 영화에 투여되는 통상적 예산의 4~5배에 달하는 액수였다.[70] 신상옥의 오른팔과도 같았던 임원식이 신상옥과 엄준의 감독 하에 메가폰을 들었다.[71] 런런쇼와 신상옥은 수익 극대화를 위해, 해외시장 두 곳을 각기 겨냥한 두 버전으로 영화를 제작하는 데 합의했다.[72] 즉, 남자 주연배우는 동일하고 여자 출연자를 달리했다. 동남아시아 버전에는 리리후아가, 한국버전에는 최은희가 출연했고, 다른 남성 배역은 한국의 김진규와 김승호가 연기했다.[73] 김진규와 김승호 모두 아시아영화제에서 남우주연상을 수상한 수상자였기에, 쇼브라더스는 이 점을 활용하여 동남아시아 배급망에 영화를 보다 손쉽게 홍보할 수 있었다. 〈대폭군〉은 〈폭군연산〉의 유산을 잇는 신필름의 대작 사극 중 하나였다. 당시 〈대폭군〉에 대한 영화평의 대부분은 "다차원적 질감과 톤"을 가진 실내세트 디자인의 우수성에 대해 호평했고 "다른 영화보다 더 사실적"이라는 찬사를 보냈다.[74] 그러나 〈대폭군〉은 실망스럽게도 99,292명의 관객을 동원하는 데 그쳤고 그해 10대 흥행영화 목록에서도 겨우 8위에 올랐다. 그해 최고 수익을 올린 영화는 32만 명의 관객을 동원한 김수용 감독의 〈유정〉이었다.[75] 다른 두 영화 〈흑도적〉과 〈철면황제〉는 공동제작보다는 제작협력에 더 가까웠다. 다시 말해, 두 영화는 신상옥이 쇼브라더스의 영화에 투자하고 신필름의 배우를 대여하는 형태로 진행된 제작협력의 결실이라고 볼 수 있다. 〈흑도적〉은 〈대폭군〉을 감독한 옌춘이 연출했고, 〈철면황제〉는 1967년 〈스잔나珊珊〉로 리칭李菁을 '아시아의 연인sweetheart'으로 만든 쇼브라더스의 베테랑 감독 호맹후이1923~2009년가 연출을 맡았다.[76]

신상옥이 런런쇼와의 협업으로 많은 이점을 얻었음은 자명하다. 우선 신상옥은 쇼브라더스로부터 네거티브 필름 스톡을 확보했다. 공동제작 이전에, 신필름을 비롯한 한국 영화제작사 대부분은 미국과 일본 또는 이탈리아 등 해외에서 네거티브 필름을 수입해야 했다. 그러나 모든 수입 제품에 세금이 많이 부과되었고 필름 수입에 제한이 있었기 때문에, 한국 영화제작사 대부분은 생필름 확보에 심혈을 기울였다. 쇼브라더스와의 협력은 이러한 골칫거리를 해결해주었다. 쇼브라더스의 비공식적 도움을 받아, 신필름은 영화제작에 필요한 생필름을 창고에 몰래 보관할 수 있었다. 둘째, 쇼브라더스의 국제적 파트너로서의 역할을 강조함으로써 신필름은 쇼브라더스의 극장배급망을 통해 동남아시아 여러 국가에 신 필름의 영화를 수출했다고 주장할 수 있었다. 신필름은 이런 방식으로 외 국영화 수입권한을 획득했다. 다시 말해 신필름이 쇼브라더스와 더 많은 합작영화를 만들수록, 신필름은 흥행이 보장된 외국영화 — 이탈리아 스 파게티 웨스턴, 첩보스릴러, 미국고전 등 — 를 더 많이 수입할 수 있었 다.[77] 요약하자면 최경옥이 "신필름은 아무것도 잃지 않았고 오히려 많은 혜택을 보았습니다"라고 회상한 것처럼 신상옥은 쇼브라더스와 맺은 인 연으로 잃을 것이 전혀 없었다.[78] 이런 과정들을 통하여 신필름은 어느 지 역 언론인의 표현대로 1960년대 중반 "영화제국"이 되었다.[79]

영화제국 신필름

1966년 말, 신상옥은 샴페인을 터트릴 준비가 되어 있었다. 신상옥이 운영하는 수직통합형 스튜디오는 일본의 다이에이와 함께 지금까지의 작품 중 가장 대작인 〈삼국지〉를 준비하고 있었다.[80] 그뿐만 아니라 그 해 5월 신상옥은 5월 13일부터 17일까지 서울에서 열릴 제13회 아시아 영화제의 조직위원장으로 다시 한 번 선출되었다.[81] 신상옥은 쇼브라더 스와 공동제작한 세 편의 영화 — 〈대폭군〉, 〈흑도적〉, 〈철면황제〉 — 를 그해 라인업에 포함시켰다. 더욱이 신상옥은 〈석양의 건맨For a Few Dollars More〉세르조 레오네(Sergio Leone) 감독, 1965년을 수입하고 개봉해 서울에서만 35만 명의 관객을 동원했다. 마지막으로 신필름은 한국에서 지어진 가장 큰 영 화스튜디오인 안양 영화촬영소이하 안양촬영소를 합병하기 위한 협상을 진행 중이었다. 안양 영화촬영소는 1957년 수도영화사 사장 홍찬이 설립한 곳이었다. 야망 있는 사업가였던 홍찬은 이승만 대통령의 지원을 받아 아시아 최대 규모의 스튜디오를 설립했는데, 그는 안양촬영소를 주춧돌로 삼아 영화계 거물로 거듭나고자 했다. 그러나 홍찬은 영화제작에 대한 이해가 부족했고, 대규모 예산을 투입한 영화 두 편이 상업적 흥행에 거듭 실패하자 결국 1958년 파산에 이르렀다.[82] 신상옥은 안양촬영소를 인수하면 연간 20편 이상의 영화를 제작할 수 있으리라 판단했다. 신필름이 안양촬영소를 인수했을 당시, 그곳은 대형 사운드스테이지 두 곳, 수중무대 한 곳, 매점 한 곳, 공중목욕탕 한 곳, 미첼카메라 세 대를 보유하고 있었다. 그 외에도 현상시설과 기타 여러 시설을 갖추고 있었다. 적어도 1966년 상반기 동안은 신상옥이 '제국'을 건설하고 또 그가 오랫동안 염원한 메이저영화사의 꿈을 이룬 것이 분명해 보였다.[83] 신상옥은 자신의 꿈이 영화기업의 "산업화와 능률화"라고 회상했다. 그는 이어서 "저는 '한국형 메이저[스튜디오] 시스템'의 안정화와 자본집약적 영화가 [산업화와 능률화를 위한] 가장 효과적인 도약 방법이라고 생각했습니다"라고 덧붙였다.[84]

　　그러나 1966년 9월 안양촬영소를 성공적으로 인수하고 얼마 지나지 않아, 신필름은 재정위기에 직면했다. 신필름-쇼브라더스의 합작영화 3편 모두 수익을 내지 못했고, 신필름-다이에이의 프로젝트는 실현되지 않았다. 신필름이 그해 선보인 영화들 중 대부분은 심각한 금전적 손실을 야기했다. 또한 신필름-쇼브라더스가 공동제작한 〈서유기西遊記〉호맹후아 감독, 1966년의 개봉을 하루 앞두고 신상옥은 횡령, 사기, 탈세혐의로 고발당했다. 신상옥은 〈서유기〉가 진짜 공동제작 영화인지 아니면 위장합작영화인지를 가리기 위해 조사받아야 했다.[85] 조사 결과 〈서유기〉는 합작영화가 아니라 쇼브라더스의 작품인 것으로 판명되었다. 사실 신상옥은 홍콩에서 네거티브 프린트 원본을 불법으로 들여와 박노식<SOS 홍콩>의 출연배우의

〈그림 4〉 1960년대 후반 안양영화촬영소 조감도.

출처 : 한국영상자료원

클로즈업 장면을 삽입하여 공동제작 영화로 위장했다. 8월 9일 검찰은 〈서유기〉가 불법 수입된 홍콩영화라는 최종 판결을 내렸고, 신필름은 높은 벌금을 선고받았다.

설상가상으로 1966년 제13회 아시아영화제는 스캔들로 끝났다. 최우수작품상은 쇼브라더스가 제작한 이스트만컬러작 〈청과 黑藍與黑〉도에칭 감독, 1966년에게 돌아갔고, 한국은 27개의 트로피 중 9개를 거머쥐었다.[86] 그러나 정말 문제가 된 것은 야마모토 사츠오山本 薩夫가 〈증인의 의자証人の椅子〉1965년로 수상한 최우수감독상이었다.[87] 야마모토 사츠오는 사회주의 성향으로 알려진 일본감독이었다.[88] 조직위원장인 신상옥을 비롯해 영화제 심사위원 전원은 반공법 위반 혐의로 법정에 소환되어 조사를 받았다. 신상옥은 국가정보원의 심문을 받았고, 심문 끝에 위원회가 〈증인의

의자〉를 철저히 거부하고 '공산주의자' 감독을 추방했어야 했다고 진술했다.[89] 이 스캔들은 당시 한국정치의 맥락에서 논의되어야 한다. 한국은 1964년 베트남전에 개입했고 1966년 전투부대를 대거 파병했다. 이러한 정치상황은 분단국간의 민간인들에게 '계속되는 전쟁' 분위기를 불러일으켰고, 대중은 국제정치와 공산주의자들과의 '성스러운' 전쟁에 관심을 갖게 되었다.[90] 대중은 베트남전을 공산주의가 세계적으로 팽창하는 연장선으로 바라보았고, 따라서 이에 저항해야 한다는 견해를 내비쳤다. 그러나 보다 중요한 문제는 국가안보에 관한 것이었다.[91] 이에 따라 박정희 정부는 1966년 파병의 타당성에 의문을 제기하는 야당과 국민 모두를 설득해야 했다. 다시 말해 박정희 정부는 강력한 반공주의를 통하여 사회통제를 강화해야 했다.

마지막으로 꼭 고려해야 할 사항은 신필름의 안양촬영소 인수이다. 이 인수는 꽤나 부담스러운 결정이었고, 신필름은 곧 심각한 자금난에 빠졌다. 그처럼 큰 스튜디오를 운영하는 것은 계획처럼 잘 진행되지 않았다. 신필름이 전성기를 구가하던 시절 신필름의 여러 작품을 촬영했던 강범구는 당시를 이렇게 회고했다. "신상옥 감독은 일본과 홍콩 견학을 다녀온 뒤 자신감이 생겨 안양촬영소를 인수했습니다. 당시 아시아의 모든 메이저 스튜디오들은 영화를 대량으로 찍어내고 있었어요. 신 감독은 한국인이 제조와 기술면에서 손재주가 뛰어나기 때문에 아시아의 다른 경쟁사들을 쉽게 따돌릴 수 있다고 생각한 것 같아요. 그래서 회사를 확장한 것 같고요."[92] 신상옥은 시설을 잘 갖춘 사운드스테이지를 다른 아시아 영화경영진에게 이상적 촬영장소로 홍보하여 외화를 벌어들이고 싶었을 것이다. 신상옥은 아시아영화제 패널토론에서 "[안양촬영서 대여는] 대만보다 훨씬 저렴하다"는 모토를 내세웠고 그는 "숙련되고 경험이 풍부한 노동력을 아주 합리적인 가격에 고용할 수 있다"고 덧붙였다.[93] 박행철은 1969년부터 1970년까지 그와 신상옥이 홍콩 무협영화 전용 실내 세트 장 건설에 대해 수없이 논의했다고 추억했다. 이 청사진은 재정적 이유로 실현되지 못했지만, 1970년대에 한국과 홍콩 그리고 대만의 영화제작자 들은 신필름의 야외세트장을 자주 대여했다.[94]

그러나 쇼브라더스와 달리 신필름의 해외시장은 제한적이었다. 신필 름은 지속가능한 배급 및 상영시스템이 필요했다. 거대한 안양촬영소를 운영하기 위해 시장을 확장해야 했던 신필름은 쇼브라더스와 손을 잡고 공동제작을 하고 이를 동남아시아 시장에 수출하려 했다. 그러나 상영관 도 없이, 대형 스튜디오만을 소유하고 운영하는 것은 신상옥에게 심각한 재정난을 초래했다. 최경옥은 "이 모든 건 해외영화제[아시아영화제] 때문 이었죠. 성공에 자만한 신상옥 감독은 신필름이 쇼브라더스를 넘어설 수 있다고 생각했습니다. 그리고 신 감독은 쇼브라더스에 맞서기 위해 대형 스튜디오를 갖고 싶었고요"라고 씁쓸하게 회상했다.[95] 나중에 신상옥은 당시를 회고하며 "제게 가장 큰 과업은 근대식 영화스튜디오를 짓는 것 이었습니다. 스튜디오를 짓고 나니 더 많은 장비와 숙련된 인력이 필요 했습니다. 저는 가능할 때마다 큰돈을 투자해 최신 장비를 구입했습니다. 회사를 운영하려면 영화를 계속 제작해야 했어요. 영화를 더 많이 제작할 수록, 극장에서도 더 많은 영화를 원했고요. 최소 두어 곳의 극장을 살 수 도 있었지만, 극장을 사는 대신 해외에서 최신 영화장비를 구입하는 데 투자했습니다. 결과적으로 극장과의 약속을 지키기 위해, 흥행을 보장하 는 영화를 지속적으로 제공해야 하는 '캐치-22catch-22' 상황에 처하게 되 었습니다. 그렇지 않으면 다른 영화사의 영화들을 상영할테니까요"라고 말했다.[96]

신상옥이 안양촬영소를 인수한 지 1년 만인 1967년 영화법은 세 번째로 개정되었다. 개정된 영화법은 각 제작사가 1년에 5편 이하의 영화만을 제작하도록 규정했다. 개정안은 안양촬영소를 소유하고 있던 신필름에게 큰 타격을 입혔다. 신상옥은 새로운 제도에 맞추기 위해 신필름을 네 개의 중견 제작사 — 신필름, 안양필름, 덕흥필름, 신아필름 — 로 분할할 수밖에 없었다.

신상옥은 스튜디오를 살릴 요량으로 그해에만 네 편의 영화를 연달아 연출하며 다작에 도전했다. 이전의 실적이 보여주듯이, '신상옥 연출' 영화의 성공은 보장되어 있었다. 실제로 그의 〈꿈〉을 리메이크한 〈다정불심〉은 스튜디오에 막대한 수익을 가져다주었다. 〈마적〉과 〈이조잔영〉도 손익분기점을 넘어섰다. 그러나 신상옥의 영화 네 편과 이규웅 감독의 〈임금님의 첫사랑〉을 제외하면, 나머지 13편의 영화는 모두 흥행에 실패했다. 그중 몇 편만이 간신히 적자를 면했다. 신상옥은 그 어느 때보다 외국영화의 수입이 절실했다. 한국영화의 해외수출은 외국영화 수입쿼터를 얻는 가장 손쉬운 방법이었다. 스튜디오가 해당 국가에서 자사 영화가 두 달 이상 상영되었다는 확인서를 한국의 해외무역사무소에서 받아 [정부에] 제출하면, 수출영화 한 편에 대한 보상으로 해외영화 한 편을 수입할 수 있는 쿼터가 주어졌다.

신필름은 1967년부터 1972년까지 영화 13편의 배급권을 쇼브라더스에게 판매했다. 윙카히는 비록 이 영화들이 쇼브라더스의 극장체인에서 좋은 반응을 얻지는 못하였지만, 쇼브라더스가 워낙 저렴한 가격에 대량 구입했기 때문에 수익을 내기에는 충분했다고 회상했다.[97] 그 대가로 신필름은 쇼브라더스의 무협영화를 수입하여 국내시장에 배급했다.[98] 흥행이 보장된 홍콩 무협영화는 수익으로 이어졌고 신필름은 이 수익으로 국내영화를 계속 제작할 수 있었다. 하지만 신상옥은 런런쇼처럼 정통한 사업가는 아니었다. 따지고 보면 신상옥은 영화감독이었다. 이 점에서 신상옥은 리한샹과 여러모로 비슷했다. 리한샹은 발전국가 스튜디오 사례 중 하나인 국련전영유한공사를 1963년에 설립한 감독이다.

국련전영유한공사

1956년부터 쇼브라더스와 계약 관계를 이어온 리한샹은 영화감독 경력이 정점에 달했던 1963년 쇼브라더스를 떠났다. 1926년 중국 랴오닝遼寧에서 태어난 리한샹은 1948년 홍콩에서 영화계에 입문했고 1956년 쇼브라더스에 합류했다. 〈초선〉1958년, 〈강산미인〉1959년, 〈천녀유혼〉1960년, 〈양산백과 축영대〉1963년를 비롯한 고전영화를 다수 연출한 리한샹은 쇼브라더스에서 가장 다작감독이자 가장 돈 잘 벌어주는 감독이었다. 더욱이 리한샹은 아시아영화제에서 많은 상을 수상했다. 의심할 여지없이, 리한샹은 런런쇼가 자랑하는 최고의 자산이었다.

리한샹의 영화 중 최고의 성공작은 〈양산백과 축영대〉였다. 이 영화는 홍콩과 대만에서 모두 돌풍을 일으켰다. 〈양산백과 축영대〉는 타이베이에서만 47일간 상영되었는데, 8,383,077대만달러를 벌어들였다. 이 기록은 윌리엄 와일러William Wyler 감독의 〈벤허Ben Hur〉1959년가 종전에 기록한 수익을 거의 두 배나 뛰어넘는 경이로운 기록이었다. 수도 타이베이 인구의 3분의 2에 해당하는 관객이 영화를 관람한 것이었다.[99] MP&GI의 대만 배급사였던 유니언픽처스Union Pictures는 리한샹에게 타이베이에 직접 스튜디오를 설립하면 그를 지원하겠다고 약속했다. 런런쇼의 제왕적 경영스타일에 불만을 품었던 리한샹은 이 제안을 수락했다. 그는 더 큰 독립성, 예술적 통제권, 그리고 금전적 보상을 원했다. 신상옥과 마찬가지로 리한샹도 '감독 시스템'을 구상했다. 자넷 스테이거에 따르면, 이 특수한 시스템이란 "감독 한 명의 대작을 효과적으로 제작하는 데에 오롯이 매진하는 팀"의 구성을 의미했다.[100] 즉 감독 한 명에 숙련된 스태프들이 함께하는 시스템이었다. 리한샹은 1963년 말 스태프들과 함께 대만으로 이주하여 "독립제작 방식도 허용하는 수직통합형 스튜디오"인 국련전영유한공사를 설립했다.[101] 당시 동남아시아의 가장 영향력 있는 영화계 거물 중 하나였던 MP&GI의 회장 로크완토는 대만시장 진출에 큰 관심을 갖고 있었다. 그는 1964년 유니언픽처스와 국련전영유한공사에 수백만 달러를 투자했다.[102] 본래 유니언픽처스는 배급 및 상영사업에 주력하는 회사였지만, 대만에서 만다린어 영화제작이 번영하고 〈양산백과 축영대〉의 열풍이 불면서 영화제작에 관심을 기울이게 되었다. 로크완토에게 리한샹은 의문의 여지없이 완벽한 파트너였다.

1949년 중화인민공화국의 건국 이후 중국 본토는 홍콩 스튜디오 대부분에게 빗장을 걸었다. 이러한 홍콩 스튜디오에게 대만은 중국 본토를 대체하기에 적합한 곳이었다. 그러나 두 가지 장벽 — 엄격한 통화 규제와 높은 환율 — 이 대만 영화시장 진출을 바라는 홍콩 영화제작자를 가로막았다. 스테파니 포인 청은 "대만은 엄격한 통화 규제를 시행하고 있었고, 홍콩영화는 외화 허가를 신청해야 할 뿐 아니라 20%의 '방위세'까지 납부해야 했다. 결국 수익은 3분의 1 수준으로 줄어들었다"고 기록했다.[103] 대만영화연구자 에밀리 유에유 예에 따르면, 공동제작 참여는 세금부담을 줄였고 "값싼 노동력과 토지, 다양한 로케이션 장소가 대만을 매력적인 역외 스튜디오로 만들었다."[104] 로크완토는 이 모든 요인을 고려하여, 리한상을 MP&GI에 영입하는 대신 대만에서 자체 스튜디오를 설립하게 만들었고 국련전영유한공사에 자본을 대주었다. 그러므로 에밀리 예의 주장처럼 국련전영유한공사는 표면적으로는 대만 현지기업이었지만, 실제로는 "초국가적 운영의 일부"였다.[105]

　1960년대 중반은 대만영화가 꽃피는 시기였다. 1964년 타이베이 아시아영화제를 유치한 중앙전영공사의 신임 대표 헨리 공 홍은 "건강한 리얼리즘healthy realism"이라는 새로운 장르에 속하는영화들을 제작하기 시작했다. 에밀리 예의 설명에 따르면, 이 장르는 "근면과 박애, 청결과 환경보호라는 강력한 시민적 메시지를 담은" 멜로드라마의 일종이었다.[106] 홍 궈진이 주장한 것처럼, 공 홍은 건강한 리얼리즘을 '우선순위'로 내세운 핵심 인물이었다.[107] 리싱李行의 영화 〈굴 따는 처녀蚵女〉1964년와 〈오리사육사養鴨人家〉1965년는 건전한 리얼리즘의 가장 대표적인 영화였다. 또한 〈굴 따는 처녀〉는 1964년 타이베이에서 열린 아시아영화제에서 최우수작품상과 최우수감독상 트로피도 차지했다. 공 홍의 경영 아래, 중앙전영공사의 제작편수는 연간 20편 이상으로 증가하며 영화스튜디오의 새로운 시대를 열었다. 이런 맥락에서 국련전영유한공사는 독특한 위치를 점하고 있다. 이곳은 국민당 정부의 운영과 통제 혹은 지원이 아니라, 대체로 싱가포르-홍콩 연계를 중심으로 한 초국가적 자본에 의해 착수되었다. 또한 비교적 짧은 기간에도 불구하고 대만영화에 다양한 장르시대극, 가창, 코미디, 멜로드라마, 스릴러를 도입했다는 점에서 독특하다.[108] 에밀리 예와 대럴 윌리엄 데이비스의 표현을 빌리자면, 국련전영유한공사는 사업 구조적 측면에서 "쇼브라더스의 축소판, 즉 통합적이고 자족적인 제작단지"와 유사했다.[109] 그러나 쇼브라더스에 비해 국련전영유한공사는 조금 더 민주적이었다. 이는 리한상의 의사결정 스타일 덕분이었다. 그는 젊고 경험이 부족한 감독들에게 더 많은 기회를 주었고, 영화를 신중하고 꼼꼼하게 제작하면서 더 많은 시간과 에너지를 쏟았다.

그러나 1964년 타이베이 아시아영화제 기간 중 리한샹은 그의 주요 후원자를 잃었다. 애석하게도 로크완토와 대만 스튜디오 감독 롱팡Long Fang을 비롯해 MP&GI의 간부 거의 전원이 비행기 추락사고로 사망했다. 로크완토의 사망 이후, MP&GI의 모기업인 케세이조직은 회사를 재편했고 국련전영유한공사에 대한 투자도 중단해야 했다. 궁지에 몰린 리한샹은 살아남을 방법을 궁리해 보았지만 여의치 않았다. 1964년부터 1970년까지 국련전영유한공사가 제작한 영화는 단 22편에 불과했다. 그 중 여섯 편은 리한샹이 연출한 영화였다. 리한샹의 서사극 영화 〈서시西施〉1965년는 당시 대만에서 제작된 만다린어 영화 중 가장 많은 제작비가 소요된 영화였고 흥행 돌풍을 일으켰다.[110] 〈서시〉는 1965년 대만 금마장 영화제에서 4개의 트로피 — 최우수작품상, 최우수감독상, 남우주연상, 촬영상 — 를 휩쓸었다. 하지만 리한샹의 재능은 사업이 아니라 사극을 연출하는 데 있었다. 더욱이 그는 영화제작에 과도한 지출을 한 상태였다. 국련전영유한공사는 리한샹의 잘못된 경영, 배급 및 상영 네트워크의 부재, 제작부문에 대한 과잉투자로 인해 심각한 재정위기에 내몰렸다. 이는 신필름이 직면했던 문제와 거의 동일했다. 결국 국련전영유한공사는 1970년 운영을 중단했다. 그로부터 1년 후 리한샹은 홍콩으로 돌아와 서사극 코미디 〈대군벌大軍閥〉1972년을 연출했다. 이 영화는 쇼브라더스가 제작했다.

국련전영유한공사와 신필름은 여러 점에서 공통분모를 가졌지만, 두 지점에서 뚜렷한 차이를 보였다. 첫째, 신필름은 박정희 정권과 공고한 유대 관계를 맺었고 국가의 최고정치인들과의 비공식적 관계를 통해 혜택을 누렸다. 반면 국련전영유한공사는 로크완토의 지원을 받았고 대만 국민당 정부와의 교감에는 실패했다. 다시 말해 국련전영유한공사는 국가지원을 받은 중앙전영공사와는 달랐다. 둘째, 신상옥은 쇼브라더스나 일본의 메이저 스튜디오와 경쟁할 수 있는 메이저 기업이 되는 것을 목표로 삼았다. 신상옥은 1960년대 중반까지 회사의 제작방식을 "감독 시스템"에서 "중앙 제작자 시스템"으로 점차 전환했다.[111] 그러나 신상옥과 달리, 리한샹은 감독 개개인이 양질의 영화제작에 전념할 수 있는 독립제작사 운영을 원했다. 리한샹이 쇼브라더스를 떠난 건 그곳의 근무조건이 마음에 들지 않아서였다. 이러한 두 가지 차이점을 고려할 때, 신상옥은 리한샹보다는 런런쇼에 더 가까웠지만 그는 결코 영화감독으로서의 근본을 잊지 않았다. 신상옥은 "사람들은 영화감독 신상옥과 제작자 신상옥을 구분하는 경향이 있습니다. 하지만 그것을 옳지 않습니다. 제작자 신상옥은 동전의 다른 면일 뿐입니다"라고 기록했다.[112]

쇠락

신필름의 역사를 자세히 들여다본 사람이라면 누구나 1970년대를 떠올릴 것이다. 1969년 신필름은 35편의 영화를 제작하고 개봉했는데, 이는 단일 영화제작사의 작품 수로는 한국영화 역사상 사상 최대 기록이었다. 오늘날까지 이 정도의 생산성 기록은 깨지지 않고 있다. 하지만 불과 1년 후, 신필름의 제작편수는 7편으로 급감했다. 대체 신필름에 무슨 일이 벌어진 것인가? 이렇게 많은 작품을 제작하던 스튜디오가 어떻게 1년 만에 중소영화사로 전락할 수 있었던 말인가? 두 가지 요인을 고려할 필요가 있다. 우선 1970년에 발표된 제3차 영화법 개정은 국제영화제 또는 국내영화제에서 수상한 스튜디오에 더 이상 외국영화 수입쿼터를 제공하지 않는다고 명시했다. 대신 해외에 영화를 수출한 실적이 있는 인증된 "외국영화 수출입사"에 쿼터가 할당되었다.[113] 이에 따라 신필름은 1970년에 단 두 편의 영화만 수입할 수 있었고, 이로 인해 스튜디오는 심각한 재정난에 봉착했다. 둘째, 한국관객 수는 1970년 크게 감소했고 그 이후 몇 년 동안 줄곧 감소세를 이어갔다. 영화업계 전체가 어려움에 처했다. 많은 역사가들은 텔레비전이 1970년대 국가의 문화영역을 장악했으며 집에서 좋아하는 TV드라마를 시청하는 시민들을 제 편으로 빠르게 흡수했다고 앞서 지적했다. 당시 가장 인기 있던 TV드라마는 사극, 코미디, 멜로드라마였고, 이 장르는 신필름의 대표 장르와 거의 동일했기에 신필름은 치명타를 입었다. 특히 사극은 텔레비전에서 빈번히 제작되고 방영되었다. 위기에 처한 신필름은 극복 방안을 찾아야 했다. 신상옥은 신필름의 재정 안정화를 위해 서울 종로에 극장을 새로 열었다.[114] 신필름의 첫 번째 극장 '허리우드극장'은 1970년 초에 문을 열었다. 최경옥은 이 극장의 수석매니저가 되었다.

신상옥은 아시아 대중영화와 영화산업에 대한 예리한 감각을 갖고 있었다. 그는 1970년대 상황이 좋지 않을 것이라 예견했다. 텔레비전과 경쟁하기 위해서, 신필름은 텔레비전이 제공할 수 없는 무언가를 제공해야 했다. 신상옥은 홍콩 무협영화가 그 해답이 될 수 있다고 생각했다. 그런데 성공이 보장된 해외영화를 수입하려면, 신필름은 자사 영화를 수출해야 했다. 고민 끝에 신상옥은 일석이조의 효과를 거둘 수 있는 전례 없는 사업모델을 고안해냈다.

1969년 신필름은 새로 계약한 젊은 연기자 그룹을 홍콩에 파견했다.

당시 한국에서 가장 강력한 영화사였던 신필름은 계속 늘어나는 제작량을 감당하기 위해 1968년부터 매년 젊은 인재를 모집하는 대대적인 캠페인을 진행했다. 경쟁은 매우 치열했고 13명의 배우가 최종 선발되었다. 이들은 '신필름 연습생'으로 불리며 최은희의 연기지도를 받았다. 연습생들은 무협, 멜로드라마, 사극 등 다양한 장르를 연기할 수 있도록 지도받았다. 이 장르들은 신필름에게 흥행을 보장하는 장르였다. 연습생들은 승마연습까지 했다. 그런데 이들은 갑자기 홍콩으로 파견되었다. 이 연습생들은 1975년 신필름이 공식적으로 문을 닫을 때까지 홍콩에 머물면서 쇼브라더스의 다양한 규모의 장르영화에 출연했다. 1968년에 신필름 파견배우 중 한 명인 진봉진[1942년]은 당시를 회고하며 이렇게 말했다. "어느 날 신상옥 감독님이 여권을 발급받으라고 지시했어요. 저는 그게 무슨 목적인지 몰랐어요. 그리고 몇 달 후 신 감독님은 감독님 사무실로 절 불렀어요. 저를 한참 쳐다보더니 '봉진아, 너 홍콩 가야 돼. 우리[신필름]가 쇼브라더스와 합작영화를 많이 만들 테니, 너랑 네 동료들이 홍콩에서 2년 정도 머물러라'고 하더군요. 정말 기뻤어요. 누가 그렇지 않겠어요? 홍콩인걸요! 일평생 해외에 나가본 적이 없어서, 정말 기대가 됐어요. 저에게 홍콩은 아름다운 여성과 이국적인 풍경과 번영의 땅이었습니다."[115]

1969년 여름 진봉진, 김기주, 홍성중과 신인배우 6명이 홍콩에 도착했다. 이들은 구룡반도 침사추이에 위치한 작은 단칸방에 머물렀다. 신필름은 침사추이에 작은 사무실을 차렸고, 신필름의 어느 대리인이 중개인 역할을 했다. 약 반년 후, 진봉진은 쇼브라더스의 A급 영화 중 하나인 〈태음지太陰指〉포학례(鮑學禮) 감독, 1971년에 조연으로 출연했다. 진봉진은 광동어와 만다린어 모두 구사할 수 없었기 때문에, 신필름의 대리인이 번역한 대본에 의존해야 했는데 그의 이름은 단순히 "김 선생님"이었다. 앞서 설명했듯이, 홍콩영화산업은 동남아시아의 방대한 배급망으로 인해 동시화 대신 더빙을 활용했다. 이러한 더빙 정책 덕분에 진봉진은 영화 촬영 동안 한국어로 연기할 수 있었다. 〈태음지〉는 그해 큰 성공을 거뒀고, 이후 진봉진은 쇼브라더스에서 안정적인 조연배우가 되었다.[116] 〈태음지〉는 한국에서 〈음양도〉라는 새로운 제목으로, 그리고 실제로는 영화제작에 전혀 관여하지 않은 호맹후아 감독의 작품으로 홍보되어 1971년 2월 개봉했다. 〈음양도〉는 공동제작 영화로 알려졌다. 이 영화는 10만 명의 관객을 동원해 신필름에 큰 수익을 안겨주었다.[117]

신필름은 소속배우를 쇼브라더스에 빌려주면서, 쇼브라더스의 인기배우가 출연한 영화를 한국에 합작영화로 들여왔다.[118] 신상옥은 영화법을 교묘하게 이용했다. 영화법에 따르면, 합작영화로 완전히 승인받으려면, 최소한 주연배우나 여배우 2명 그리고 시나리오작가, 감독, 촬영감독 중 주요 스태프 2명이 있어야 했다. 최소 자격요건은 쉽게 충족할 수 있었다. 더 많은 연기자를 절실히 원했던 쇼브라더스는 이러한 관행 덕을 보았다. 게다가 배우들의 급여는 신필름에서 지급했다. 따라서 쇼브라더스는 잃을 것은 없고 얻을 것은 많았기에 신필름이 요구하는 공식문서를 기꺼이 발급해주었다.

1970년부터 1973년까지 약 20년간 쇼브라더스의 영화는 한국에서 신필름의 타이틀을 달고 배급되었다. 이러한 '위장' 합작영화의 첫 번째 그룹은 〈옥중도血酒天牢〉선장(申江) 감독, 1971년, 〈칠인의 협객六刺客〉정창화 감독, 1971년, 〈대표객大刺客〉장철(張徹) 감독, 1967년, 〈연애도적鑽石艶盜〉이노우에 우메츠구(井上梅次) 감독, 1971년, 〈음양도〉 그리고 〈철낭자鳳飛飛〉고보수(高寶樹) 감독, 1971년였다. 1971년에 제작된 신필름의 영화 중 정확히 절반이 이 범주에 속했다. 이 영화들은 모두 '메이드 인 홍콩' 제품이었지만, 신필름 소속 연기자들이 조연으로 출연하며 합작영화로 배급되었다. 진봉진의 회고에 따르면, 모든 배우들은 '김선생님'을 통해 신필름이 보내는 급여를 받았고, 쇼브라더스는 홍콩에서의 생활비만 지불하면 되었다. 신필름은 배우를 빌려주는 것 외에는 이러한 위장합작영화의 영화제작에 참여하지 않았다.[119] 그러나 신필름은 한발 더 나아갔다. 1972년 신필름은 자사 이름을 단독 감독으로 내세운 〈처녀의 수첩〉을 개봉했다. 그러나 실제로 이 영화는 일본감독 이노우에 우메츠구가 쇼브라더스에서 제작한 〈우리는 백만장자를 사랑합니다我愛金龜婿〉[1971년]였다. 이 영화는 흥행에 실패했다. 신필름은 이노우에 우메츠구의 또 다른 영화인 〈연애도적〉으로 이 일을 한 번 더 저질렀다.

문화노동자를 수출하는 이 기이한 사업모델로 신필름은 엄청난 수익을 냈다. 신필름은 정부의 악명 높은 외국영화 수입쿼터를 교묘히 피해서, 쇼브라더스의 수익성 좋은 B급 장르영화를 매우 저렴한 가격에 수입했다. 또한 신필름은 정부에 합작영화제작 및 수출을 허위로 보고하여 수입쿼터를 획득했으며, 이를 통해 박정희 정권의 최대 관심사였던 외화도 벌어들였다. 이렇게 얻은 쿼터로, 신필름은 쇼브라더스의 A급 영화를 수입했다. 신필름의 수입영화는 대부분 장철과 호맹후아 감독의 영화 그리고 수익이 보장된 할리우드 영화였다. 1973년 신필름은 또 다른 주요 파트너인 골든하베스트를 맞이했다. 쇼브라더스 소속으로 〈죽음의 다섯손가락〉 등을 연출한 한국인 감독 정창화[1928년생]는 레이먼드 초우와 함께 스튜디오를 떠나, 수평적인 '포스트 포드주의적' 통합스튜디오를 신설했다. 바로 골든하베스트였다. 골든하베스트는 이소룡 영화의 엄청난 성공으로 점차 쇼브라더스를 위협했다. 홍콩의 도심을 배경으로 한 골든하베스트의 쿵푸영화는 세계시장을 단숨에 장악했다. 레이먼드 초우는 신상옥

에게 접근했고, 두 스튜디오는 1973년 〈흑권跆拳震九州〉황풍(黃楓) 감독을 공동
제작했다. 한국에서 이소룡의 사범으로 알려진 한국 태권도 사범 이준구
가 주연을 맡았다.[120]

하지만 1974년 말 쇼브라더스의 주요 장르가 쿵푸로 바뀌면서 신필름
의 위장합작 관행도 끝이 났다. 쇼브라더스는 이제 쿵푸영화를 대량으로
제작하기 위해 무술 전문가가 필요했고, 따라서 신필름의 배우들과 함께
일할 필요가 없어졌다. 쇼브라더스와의 십년간의 협업이 끝난 후, 신상옥
은 새로운 파트너를 찾기 위해 홍콩으로 갔지만 소규모 독립제작사만 찾
을 수 있었다. 신상옥은 신필름이 공식적으로 문을 닫기 전 합작영화 몇
편을 더 제작했다.[121] 신필름이 해체된 후, '신필름 연습생'들은 탈영토화
된 고아가 되었다. 일부는 홍콩에 남았고, 일부는 미국으로 이주했으며
나머지는 한국으로 돌아왔다. '신필름 연습생'의 이야기는 잊힌 지 오래
였고, 그들의 이름과 경력은 한국영화 혹은 홍콩영화의 공식 역사 어디에
서도 남겨지지 않았다.

1970년대 초 일련의 잘못된 경영과 무모한 결정, 그리고 신상옥을 끊
임없이 괴롭힌 인재 부족 문제가 맞물려 신필름은 파산 직전까지 갔다.
신상옥의 제자였던 임원식과 심우섭 모두 모두 스튜디오를 떠났다. 신필
름은 더 이상 계약감독을 산하에 두지 않게 되었다. 대신 신필름은 신상
옥 연출 영화를 제작하는 데 집중했고, '편당 계약' 방식으로 감독을 고용
했다.[122] 그와 동시에 신상옥은 최은희를 떠나 젊은 여배우 오수미와 동
거하면서 첫 아이를 낳았다. 최은희는 단순히 신상옥의 아내일 뿐만 아니
라 가장 중요한 사업파트너였기 때문에, 이들의 관계는 사업에 큰 영향을
미쳤다. 신상옥은 최은희를 떠나면서 그의 가장 든든한 지원자를 잃게 되
었다.[123] 신필름은 정부의 검열을 거치지 않은 영화 〈장미와 들개〉신상옥 감독

를 개봉한 후 결국 문을 닫았다. 〈장미와 들개〉는 신상옥이 그의 연인 오수미와 함께 작업한 마지막 영화였다. 신필름이 문을 닫을 무렵, 신상옥은 채 10명도 되지 않는 직원을 두고 있었다. 당시 신필름은 영광스러운 과거를 뒤로 한, 신프로덕션이라는 독립제작사에 불과했다.

20년이 넘는 세월 간 운영된 신필름의 역사는 한국영화산업의 흥망성쇠를 상징했다. 한국영화는 1950년대 후반부터 1960년대 중반까지 제작편수가 급증한 시기를 겪었다. 신필름은 한국영화문화와 영화산업의 핵심에 자리 잡고 있었다. 신필름은 박정희 정부의 영화정책인 영화법에 적극적으로 협조하고 그로부터 혜택을 받았지만, 결국 문 닫을 수밖에 없었다. 그러므로 신필름은 국가가 후원하고 국가가 지원하는 영화 스튜디오로서 국가로부터 많은 혜택을 받았지만, 동시에 많은 규제를 받았던 '발전국가 스튜디오'의 전형적 예시였다.

에필로그

1978년 실종된 전처 최은희를 필사적으로 찾던 신상옥은 홍콩으로 향했다. 그런데 미스터리하게도 신상옥은 홍콩에서 북한 요원들에게 납치당했다. 신상옥은 이미 납치되었던 최은희와 함께 북한에서 영화스튜디오를 차렸다. 조선민주주의인민공화국이하 북한의 김정일1941~2011년, 재임 1994~2011년이 신상옥을 강력하게 지원했고, 신상옥은 다시 한 번 신필름이라는 새로운 스튜디오를 차렸다. 새로운 스튜디오에서 신상옥은 1984년부터 1986년까지 8편의 영화를 연출하고 20편 이상의 영화를 제작했다.[124]

보다 흥미로운 점은 신상옥이 북한에서 마지막으로 제작한 〈홍길동〉

김길인 감독, 1986년과 〈불가사리〉신상옥 감독, 1985년가 각각 홍콩 및 일본과의 협업으로 제작한 영화라는 점이다. 한국과 북한에서 모두 인기 있는 이야기를 바탕으로 한 〈홍길동〉은 북한에서 제작된 유일한 무협영화였다. 신상옥은 이 영화를 제작하기 위해 홍콩의 무술 안무팀과 스턴트 배우를 평양으로 초청했다.[125] 〈홍길동〉은 북한에서 전국적 열풍을 일으켰고 동유럽의 여러 국가에 수출되어 좋은 흥행성적을 거두었다. 괴수영화 〈불가사리〉의 경우, 〈고지라〉혼다 이시로(猪四郎) 감독, 1954년를 작업한 일본 기술진들이 1985년 북한에 몇 달간 머물며 제작에 참여했다. 신상옥은 북한에서 자신이 스튜디오를 완전히 통제할 수 있었다고 회고했다. 영화미학에 관련 책을 저술할 정도로 영화광이었던 김정일은 북한영화 발전에 매우 열성적이었다.[126] 이 전체주의 국가에서 신상옥은 아이러니하게도 자신의 꿈인 '감독 중심의' 수직통합형 스튜디오 시스템을 마침내 실현했다. 북한에 세운 신필름에서 신상옥은 자신의 영화를 제작, 각본, 연출하고 배급까지 도맡았다.[127]

신상옥과 최은희는 〈불가사리〉가 북한에서 개봉한 지 1년 만인 1986년 북한을 탈출했다. 그리고 1980년대 후반 할리우드에서 새로운 경력을 시작했다. 신상옥은 1991년 로스앤젤레스에서 신프로덕션Sheen Prodctuon이라는 간판을 내세워 영화제작을 시작했다. 신상옥은 이곳에서 저예산 액션영화 시리즈 각본을 썼고, 연출과 제작도 맡았다. 할리우드에서 사이먼 S. 신Simon S. Sheen이라는 영어이름으로 활동한 신상옥의 필모그래피에는 이하 영화들이 포함되어 있다. 〈닌자 키드3 Ninjas〉존 터틀토브(John Turteltaub) 감독, 1992년, 신상옥 제작, 〈돌아온 닌자 키드3 Ninjas Kick Back〉찰스 T. 캔가니스(Charles T. Kanganis) 감독, 1994년, 신상옥 각본·제작, 〈닌자키드 3³ Ninjas Knuckle Up〉1994년, 신상옥 연출·제작, 〈천하무적 갈가메스The Legend of Galgameth〉션 맥나마라(Sean McNamara) 감독, 1996년, 신상옥 각본·제작, 〈닌자키드 4³ Ninjas : High Noon at Mega Mountain〉션 맥나마라 감독, 1998년, 신상옥

제작, 그리고 〈더 가드너The Gardener〉제임스 D. R. 히콕스(James D. R. Hickox) 감독, 1998년, 신

상옥 제작가 있다. 신프로덕션은 〈더 가드너〉의 흥행 실패 이후 운영을 중단

했고, 신상옥과 최은희는 1994년 한국으로 귀국했다. 그리고 신상옥은

2006년, 최은희는 2018년에 각각 세상을 떠났다.

주석

1   Zbigniew Brzezinski, "Japan's Global Engagement", *Foreign Affairs* 50, 1971~72, pp.270~82; Brzezinski, *The Choice : Global Domination or Global Leadership*, New York : Basic Books, 2004.

2   Tino Balio, ""Struggles for Control", *The American Film Industry*, ed. Tino Balio, Madison : University of Wisconsin Press, 1985, p.122

3   Janet Staiger, "The Package-Unit System : Unit Management After 1955", *The Classical Hollywood Cinema : Film Production and Mode of Production to 1960*, eds. David Bordwell · Janet Staiger · Kristin Thompson, New York : Columbia University Press, 1985.

4   Tino Balio, 앞의 글, pp.91~92.

5   위의 글, p.123

6   Michael Storper, "The Transition to Flexible Specialization in the US Film Industry : External Economies, the Division of Labour, and the Crossing of Industrial Divides", *Cambridge Journal of Economics* 13, no.2, June 1989, p.27

7   신필름채록연구팀, 『임원신, 이형표, 이상현, 김종원―2008년 한국영화사 구술채록연구 시리즈 〈주제사〉 신필름 2』, 한국영상자료원, 2008, 129~30면.

8   아이러니하게도, 1960년대 아시아에서 수직통합형 영화스튜디오를 설립하려는 집단적 열망은 할리우드가 대량생산 방식에서 마이클 스토퍼가 '유연한 제작'이라고 부른 포스트포드주의 형태의 제작조직으로 바뀌면서 실현되었다. 다음을 참조. Michael Storper, 앞의 글, p.273

9   조셉 스트로바(Joseph Straubhaar)에 따르면 '문화적 근접성'이란 문화적 유사성 — 언어 뿐 아니라 의복, 비언어적 의사소통, 유머, 종교, 음악, 서사적 스타일 등을 포괄하는 — 에 기초한 비교 우위요소를 의미한다. Joseph D. Straubhaar, "Beyond Media Imperialism : Asymmetrical Interdependence and Cultural Proximity", *Critical Studies in Media Communication* 8, no.1, 1991, pp.39~59.

10 영화사학자 히라노 쿄코(Hirano Kyoko)는 일본 영화산업이 쇠퇴한 이유로 세 가지에 주목한다. 쿄코에 따르면, 그 이유로 당시 TV가 등장해서 인기를 끌었고, 메이저 스튜디오는 흥미로운 영화나 오락영화를 제작하는 데 실패했으며, 방만한 경영구조를 갖고 있었다는 점을 들 수 있다. Hirano Kyoko, "Japan", p.410.

11 『서울신문』, 1962.1.10, 3면.

12 한국은 1960년 4·19혁명과 1961년 5·16군사정변이라는 두 가지 정치적 격변과 함께 1960년대를 시작했다. 4월 혁명은 부정선거를 규탄하고 이승만의 독재를 타도하기 위해 시민들이 일으킨 것이었다. 이 혁명은 영화산업에 중요한 변화를 불러일으켰는데, 그중 하나는 영화검열의 일시적 폐지였다. 이를 대신하여 1960년 7월 영화계 인사들이 발족한 영화윤리위원회가 자발적 심사를 실시했다. 그러나 1961년 5·16군사정변

으로 인해, 이 위원회는 1960년 8월 설립 이후 불과 8개월 만에 활동을 중단해야 했다. 4월 혁명과 군사정변 사이 한국영화의 과도기에 대해서는 다음을 참조. 함충범, 「허정 과도정부 시기 한국영화계 연구―4·19혁명과의 관련성을 중심으로」, 『순천향인문과 학논총』 26호, 2010, 67~93쪽. 다음도 함께 참조 바람. 이순진, 「냉전체제의 문화논리 와 한국영화의 존재방식―영화〈오발탄〉의 검열과정을 중심으로」, 『기억과전망』 29권, 2013, 374~423쪽.

13   『동아일보』, 1962.5.14, 3면.

14   『동아일보』, 1962.5.10, 3면.

15   『경향신문』, 1962.5.13, 3면.

16   *Nippon Times*, May 15, 1962.

17   『경향신문』, 1962.4.17, 4면.

18   또한〈사랑방 손님과 어머니〉는 한국이 1963년 제35회 아카데미상 최우수외국어영화 상 부문에 출품하는 작품으로 선정되었다. 그러나 후보에 선정되지는 못했다.

19   『조선일보』, 1963.5.23, 4면.

20   『조선일보』, 1963.5.23, 4면.

21   『서울신문』, 1963.4.10, 4면.

22   『한국일보』, 1963.4.4, 5면.

23   『조선일보』, 1963.4.18, 4면.

24   『조선일보』, 1963.4.19, 5면.

25   『동아일보』, 1963.4.19, 7면.

26   "10th Film Festival in Asia", *Nan Guo Dian Ying*[Southern screen] 64, June 1963, pp.5~8.

27   『서울신문』, 1964.7.2, 5면.〈빨간 마후라〉는 1964년 영화제에서 두 개의 상을 더 수 상했다. 이 영화로 신영균이 남우주연상을 받았고, 최우수편집상도 수상했다. "Further Festival Laurels for Shaws", *Nan Guo Dian Ying*[Southern screen] 78, August 1964, pp.5~8. 신상옥은 1965년〈쌀〉로 최우수감독상을 수상했다. 1965년 아시아영화제는 5월 10일부터 15일까지 교토에서 열렸다. 『동아일보』, 1965.5.14, 3면.

28   『조선일보』, 1963.4.19, 5면.

29   Alice H. Amsden, "Diffusion of Development : The Late Industrializing Model and Greater East Asia", *American Economic Review* 81, no.2, May 1991, p.283

30   다음을 참조. Robert Wade, *Governing the Market : Economic Theory and the Role of Government in East Asian Industrialization*, Princeton, NJ : Princeton University Press, 1990; Woo Jung-Eun, *Racing to the Swift : State and Finance in Korean Industrialization*, New York : Columbia University Press, 1991; Meredith Woo-Cumings, ed., *The Developmental State*, Ithaca, NY : Cornell University Press, 1999; T. J. Pempel, ed., *The Politics of the Asian Economic Crisis*, Ithaca, NY : Cornell University Press, 1999; Peter B. Evans · Dietrich Rueschemeyer · Theda Skocpol, eds., *Bringing the State Back In*, Cam-

bridge : Cambridge University Press, 1985; Chalmers Johnson, *MITI and the Japanese Miracle : The Growth of Industrial Policy, 1925~1975*, Stanford, CA : Stanford University Press, 1982. 그리고 앨리스 H. 암스덴의 다음 두 책을 참조. Alice H. Amsden, *Asia's Next Giant : South Korea and Late Industrialization*, New York : Oxford University Press, 1989; *Escape from Empire : The Developing World's Journey through Heaven and Hell*, Cambridge, MA : MIT Press, 2007.

31 Ha-Joon Chang, *The East Asian Development Experience : The Miracle, the Crisis and the Future*, London : Zed Books, 2006, p.18

32 위의 책.

33 Dietrich Rueschemeyer · Peter B. Evans, "The State and Economic Transformation : Toward an Analysis of the Conditions Underlying Effective Intervention", Peter B. Evans · Dietrich Rueschemeyer · Theda Skocpol, eds., *Bringing the State Back In*, p.44

34 Chalmers Johnson, 앞의 책, p.18

35 위의 책, p.19

36 Robert Wade, 앞의 책; Alice H. Amsden, 앞의 책; Linda Weiss · John Hobson, *States and Economic Development : A Comparative Historical Analysis*, Cambridge : Polity Press, 1995; Meredith Woo-Cumings, 앞의 책.

37 Frederic C. Deyo, *Beneath the Miracle : Labor Subordination in the New Asian Industrialism*, Berkeley : University of California Press, 1989.

38 신필름은 강압적이고 난폭한 독재자 박정희와 그의 군사화된 발전국가의 희생자로 거론되어 왔다. 예를 들어, 영화사학자 조희문은 "신필름은 개인[신상옥]의 재능과 열정을 바탕으로 성장했으나 정부의 무리한 기업화 정책과 회사경영의 비전문화 등의 요인이 겹쳐지면서 (…중략…) '부실기업'의 운명을 피하지 못했다"고 평가한다. 조희문, 「'신필름'-한국영화 기업화의 기능과 한계」, 『영화연구』 제14호, 1998, 436쪽.

39 이형표, 저자와의 인터뷰, 2008.8.8.

40 박행철, 저자와의 인터뷰, 2008.7.31.

41 Stephanie Po-yin Chung, "The Industrial Evolution of a Fraternal Enterprise : The Shaw Brothers and the Shaw Organization", *The Shaw Screen : A Preliminary Study*, Hong Kong : Hong Kong Film Archive, 2003, p.2.

42 위의 책, pp.66~68.

43 신상옥, 「나의 영화를 말한다」, 『내외영화』, 1965.10, 52쪽

44 조준형, 『영화제국 신필름-한국영화 기업화를 향한 꿈과 좌절』, 한국영상자료원, 2009, 81~82쪽.

45 위의 책, p.118

46 최경옥, 저자와의 인터뷰, 2008.10.2.

47 박지연, 「영화법 제정에서 제4차 개정기까지의 영화정책(1961~1984년)」, 김동호 편, 『한국영화 정책사』, 서울 : 나남출판, 2005, 194~95쪽.

48 이영일, 『한국영화전사』, 서울 : 소도, 2004, 288쪽

49 이형표, 저자와의 인터뷰, 2008 가을.

50 『조선일보』, 1965. 8. 31, 5면.

51 1964년 영화 다섯 편이 수입되어 배급되었다. 그중 세 편은 미국영화 — 〈도노반의 산호초(Donovan's Reef)〉, 〈파계(The Nun's Story)〉, 〈줄루(Zulu)〉 — 였고, 한 편은 이탈리아와 프랑스가 공동제작한 〈라스 피다(Las Fida)〉, 다른 한 편은 이탈리아 영화 〈일고보(Il Gobbo)〉였다. 다음을 참조. 『한국영화자료편람』, 한국영화진흥공사, 1976, 109~35쪽.

52 『한국일보』, 1962. 8. 30, 5면.

53 박지연, 앞의 글, 208~17쪽.

54 『동아일보』, 1963. 1. 8, 5면.

55 박지연, 앞의 글, 208~17쪽.

56 "Run Run Shaw Heads Hong Kong Film Delegation", *Nan Guo Dian Ying*[Southern screen] 51, May 1962, pp. 2~3.

57 『경향신문』, 1962. 5. 10, 5면.

58 *Nippon Times*, May 15, 1954.

59 「제9회 아시아영화제 결산」, 『영화세계』, 1962. 6, 89~93쪽.

60 "Never Before on the Chinese Screen-Big Battle Scenes", *Nan Guo Dian Ying*[Southern screen] 49, March 1962, pp. 6~8.

61 "Joint Shaw-Taiwan productions", *Nan Guo Dian Ying*[Southern screen] 54, July 1962, pp. 12~13.

62 쇼브라더스의 피지컬 프로덕션 매니저 웡카히가 쇼브라더스와 신필름 간의 기밀계약 문서를 제공했다. 이 계약은 1962년 9월 25일 쇼브라더스의 알프레드 S. K. 라우(Alfred S. K. Lau)와 신필름의 신상옥이 날인하여 공식적으로 체결되었다.

63 웡카히, 저자와의 인터뷰, 2008. 1. 8.

64 쇼브라더스는 홍콩 이외 해외시장에 의존했으므로, 선판매는 일반적 관행이었다. 쇼브라더스는 보통 해외 배급사와 3년짜리 극장개봉 계약을 체결했다. 따라서 〈달기〉가 개봉되기도 전에, 쇼브라더스는 선판매를 통해 이미 영화예산의 3분의 2에 해당하는 수익을 거둘 수 있었다. Kar Law·Frank Bren, 앞의 책, p. 188; 웡카히와 저자와의 인터뷰.

65 영화의 여주인공이자 쇼브라더스의 탑 여배우 린다이는 영화 개봉 한 달 전인 7월 14일 자살했다. 당시 그녀의 나이 불과 29세였다. 런런쇼는 영화 초연회를 린다이의 추모행사로 준비하여, 영화계 스타와 정치인, 홍콩 총독을 비롯한 수많은 인사들을 초대했다. "Movie Queen's Tragic Death", *Nan Guo Dian Ying*[Southern screen] 79, September 1964, pp. 6~8; "Tribute to Lin Dai", *Nan Guo Dian Ying*[Southern screen] 79, September 1964, pp. 13~19.

66 "Governor Sees Lin Dai Film", *Nan Guo Dian Ying*[Southern screen] 80, October 1964, pp. 14~17.

67 흥미롭게도 〈달기〉는 쇼브라더스가 미국에서 개봉한 첫 번째 상업영화였다. 이 영화는 1964년 12월 맨해튼 55번가 플레이하우스(Playhouse)에서 개봉했다. 쇼브라더스의 미국 배급을 맡은 프랭크 리(Frank Lee)는 이 영화를 매우 눈높은 뉴욕관객에게 공개하기 위해, B. S 모스 서킷(B. S Moss Circuit)이 운영하는 253석 규모의 55번가 플레이하우스를 예약했다. 이곳에서의 개봉은 쇼브라더스가 미국 주류시장을 겨냥하겠다는 전략적 전환을 상징했다. 그러나 뉴욕 영화광들은 〈달기〉를 매몰차게 혹평했다. 특히 당시 가장 영향력 있는 영화평론가 중 한 명이었던 보슬리 크라우더(Bosley Crowther)는 『뉴욕타임스』에 이렇게 악평을 남겼다. "당신이 콜럼버스 이전 시대의 [세실 B.] 드밀로 보이는 무대와 연기스타일을 뽐내는 중국 시대극을 보고 있다는 점에 놀라지 마세요. 이 영화는 동양의 우람한 패전트(pageant[중세 영국의 수레무대 혹은 근대 야외극])입니다. 훌륭한 색채를 자랑하는 품격 있는 세트장에서 배우들이 화사한 옷을 입고 극적인 형식과 속도감으로 연기를 선보이지만, 이탈리아 오페라를 3류 머슬 쇼로 바꿔버린 것과도 같습니다. 마치 헤라스클라스 아들의 공로를 치하하는 공연처럼 말입니다." 다음을 참조. Howard Thompson, "Mandarin Films to Be Seen Here", *New York Times*, December 9, 1964; Bosley Crowther, "Screen : Hong Kong's Run Run Shaw", *New York Times*, December 15, 1964.

68 "Shaw Brothers' Glorious Achievements in 1963", *Nan Guo Dian Ying*[Southern screen] 71, January 1964, p.41

69 "Li Li-hua as Goddess of Mercy", *Nan Guo Dian Ying*[Southern screen] 83, January 1965, pp.30~33.

70 『서울신문』, 1966.9.17, 5면.

71 신필름채록연구팀, 앞의 책, 82쪽.

72 1960년대 초 런런쇼는 여러 다른 배우를 캐스팅하여 영화를 여러 언어버전으로 만드는 방안을 시도했다. 할리우드가 1930년대 초 시도했던 것처럼, 쇼브라더스도 각 해외시장의 현지 배우들을 고용했다. "Hong Kong, Manila, Singapore", *Nan Guo Dian Ying*[Southern screen] 86, April 1965, p.16.

73 "Screen Queens are Film Friends", *Nan Guo Dian Ying*[Southern screen] 102, August 1966, pp.78~79.

74 『조선일보』, 1966.9.13, 5면.

75 『서울신문』, 1966.9.8.

76 "Run Run Shaw : World's Busiest Producer", *Nan Guo Dian Ying*[Southern screen] 87, May 1965, pp.2~5.

77 신필름은 외국영화 수입 사업을 운용한 1964년부터 1975년까지 스파게티 웨스턴, 쇼브라더스의 무협영화, 골든하베스트의 쿵푸 시리즈, 이탈리안 장르영화, 뉴아메리칸 시네마를 수입했다. 1968년 〈심야의 결투(金燕子)〉(장철(張徹) 감독, 1968년)는 30만 명의 관객을 동원했고, 1973년 〈썸머타임 킬러(Summertime Killer)〉(안토니오 아이사시-이사스멘디(Antonio Isasi-Isasmendi) 감독, 1972년)는 36만 명의 관객 수를 기록

했다. 다음을 참조. Sangjoon Lee, "Martial Arts Craze in Korea : Cultural Translation of Martial Arts Film and Literature in the 1960s", *East Asian Cultural Heritage and Films,* ed. Kinnia Yau Shuk-ting, Palgrave/Macmillan, 2012, pp.173~95. 외국영화 수입은 대부분 흥행이 보장되는 수익성이 높은 사업이었던 반면, 국내 제작은 예측하기 어려웠고 변수가 많았다. 다음을 참조. The Complete Index of Korean Film Materials, pp.115~52.

78 최경옥, 저자와의 인터뷰, 2008.

79 조준형, 『영화제국 신필름』.

80 조선일보는 이 영화가 "신상옥이 연출하는 컬러영화 3부작으로, 하세가와 가즈오(長谷川 一夫)와 카츠 신타로(勝 新太郞)를 비롯한 일본 유명배우가 섭외되었다"고 보도했다. 『조선일보』, 1966.2.24, 5면.

81 『경향신문』, 1966.2.14, 5면.

82 김미현, 『한국영화사』, 서울 : 커뮤니케이션북스, 2006, 175~77쪽.

83 신상옥, 「서둘러야 할 기업화」, 『대한일보』, 1966.4.2, 5면.

84 신상옥, 『난 영화였다』, 서울 : 랜덤하우스, 2007.

85 그러나 검찰의 판결에도 불구하고 공보부는 7월 30일 〈서유기〉의 상영을 승인했다. 결과적으로 〈서유기〉는 9월 6일 서울시내 극장 두 곳에서 개봉할 수 있었다. 영화 개봉 직후, 신필름은 오랜 침체기에 접어들었다. 『동아일보』, 1966.7.20, 3면;『경향신문』 1966.7.20, 7면;『조선일보』 1966.7.21, 5면.

86 "Hong Kong to Hold Festival", *Nan Guo Dian Ying*[Southern screen] 100, June 1966, pp.2~7.

87 『경향신문』, 1966.5.11, 5면.

88 1952년 무라오 카오루는 아시아재단으로부터 일본 영화산업의 공산주의 지도자 명단을 작성해달라고 의뢰받았다. 카오루가 작성한 명단에는 야마모토 사츠오도 포함되어 있었다. 이에 대해서는 2장을 참조할 것. 사츠오의 생에 대해서는 다음을 참조. Yamamoto Satsuo, *My Life as a Filmmaker,* trans. Chia-ning Chang, Ann Arbor : University of Michigan Press, 2017.

89 안병섭, 「아세아 영화제 스캔들」, 『신동아』, 1966.8, 30~32쪽.

90 다음을 참조. Jin-kyung Lee, "Surrogate Military, Subimperialism, and Masculinity", pp.655~56.

91 김세진의 1970년 논문에 따르면, 이 문제[국가안보]에 대해 크게 세 가지 견해가 있었다. 첫째, 4만 9천 명의 병력을 베트남에 파견하면 국가안보가 위태로워진다고 주장했다. 둘째, 야당은 인명 및 재정 측면에서 군사개입의 비용문제를 제기했다. 셋째, 파병 확대정책이 정부와 대기업의 이해관계가 얽힌 음모라는 주장이었다. Se Jin Kim, "South Korea's Involvement in Vietnam and Its Economic and Political Impact", *Asian Survey* 10, no.6, June 1970, pp.524~25.

92 신상옥, 『난 영화였다』, 193쪽.

93 박행철, 저자와의 인터뷰.

94 위의 글. 특히 1970년대 쇼브라더스는 눈 내리는 풍경이 필요할 때 한국을 찾아 신필름과 협업했다.

95 최경옥, 앞의 글.

96 신상옥, 『난 영화였다』, 74~75쪽.

97 웡카히, 저자와의 인터뷰, 2008.

98 신상옥은 1966년 서울 아시아영화제에서 〈대취협(大醉俠)〉(호금전(胡金銓) 감독, 1966년)을 보고 그 즉시 영화의 상업적 가치를 알아챘다. 〈대취협〉은 〈방랑의 결투〉라는 제목으로 1967년 4월 서울의 파라마운트극장에서 정식 배급되었고, 개봉과 함께 그해 외국영화 1위에 올랐다. 이 영화는 한국에서 개봉된 첫 번째 홍콩 무협영화였고 서울에서만 30만 명의 관객을 동원하며 전무후무한 기록을 세웠다. 한국 지식인들은 이 영화를 놓고 폭력의 부정적 영향에 대해, 그리고 무협영화 및 무협소설에 부여된 낮은 문화적 지위에 대해 치열한 논쟁을 벌였다. 결과적으로 신상옥은 〈대취협〉, 〈변성삼협(邊城三俠)〉(장철 감독, 1966년), 〈의리의 사나이 외팔이(獨臂刀)〉, 〈금연자(金燕子)〉, 〈돌아온 외팔이(獨臂刀王)〉(장철 감독, 1969년)을 수입했다. 다음을 참조. Sangjoon Lee, 앞의 글, p.189

99 "Love Eterne Craze", *Nan Guo Dian Ying* [Southern Screen] 65, July 1963, pp.50~51.

100 David Bordwell · Janet Staiger · Kristin Thompson, *The Classical Hollywood Cinema : Film Style and Mode of Production to 1960*, New York : Columbia University Press, 1985, p.94. 스테이거는 초기 할리우드 영화감독이자 경영자 토마스 인스(Thomas Ince)와 그의 단명한 스튜디오 토마스인스 스튜디오(Thomas Ince studio)에 대해 논의하면서, 이 모델을 감독 시스템으로 명명하고 분석했다. 신상옥과 리한상은 인스와 공통점을 보였는데 이들은 각본, 그리고 힘과 의사결정의 중앙집권화를 각별히 강조했다. 또한 영화감독이었던 인스와 마찬가지로, 신상옥과 리한상 역시 영화제작자였다. 인스의 단점은 신상옥과 리한상의 단점과도 대동소이했다.

101 Emilie Yueh-yu Yeh, "Taiwan : The Transnational Battlefield of Cathay and Shaws", *The Cathay Story*, ed. Wong Ain-ling, Hong Kong : Hong Kong Film Archive, 2002, p.143

102 Yingjin Zhang, *Chinese National Cinema*, London : Routledge, 2004, pp.137~38.

103 Stephanie Po-yin Chung, "A Southeast Asian Tycoon and His Movie Dream : Loke Wan Tho and MP&GI", *Wong Ain-ling*, ed., The Cathay Story, p.45

104 Emilie Yueh-yu Yeh, 앞의 책, p.145

105 위의 책, p.145

106 Emilie Yueh-yu Yeh, "Taiwan : Popular Cinema's Disappearing Act", *Contemporary Asian Cinema : Popular Culture in a Global Frame*, ed. Anne Tereska Ciecko, Oxford : Berg, 2006, p.161

107 Guo-juin Hong, 앞의 책, p.73

108 국민당 정부가 대만영화의 만다린어화를 위해 시행한 문화정책에 대해서는 다음을 참

조. Hector Rodriguez, "The Cinema in Taiwan : Identity and Political Legitimacy", PhD diss., New York University, 1995.

109 Emilie Yueh-yu Yeh·Darrell William Davis, *Taiwanese Film Directors : A Treasure Island*, New York : Columbia University Press, 2005, p.44

110 위의 책, pp.42~47. 국련전영유한공사가 공식적으로 문 닫은 후, 리한샹은 1971년 쇼 브라더스에 다시 합류했다. 리한샹은 〈대군벌〉(1972년)로 그 자신이 백만 달러짜리 감독임을 단숨에 입증했다.

111 중앙 제작자 시스템은 "제작을 중앙집권화하여, 스태프감독과 구별되는 직책의 제작자 관리 하에 영화제작을 통제하는 것이었다. (…중략…) 양질의 멀티플-릴(multiple-reel) 영화를 제작하는 데에는 잘 조직된 대량생산 체제의 근대 관리자가 필요했다." David Bordwell·Janet Staiger·Kristin Thompson, 앞의 책, p.134. 신필름은 정부의 첫 번째 영화법 — 각 스튜디오는 매년 최소 15편의 영화를 개봉해야 한다 — 때문에 이 시스템을 채택했다.

112 신상옥, 『난 영화였다』, 20쪽

113 박지연, 앞의 글, 164~65쪽.

114 「꿈의 공장 신필름 이야기」, 『영화잡지』, 1970.8, 126~7쪽.

115 진봉진, 저자와의 인터뷰, 2008.

116 위의 글.

117 『동아일보』, 1971.2.10, 6면.

118 진봉진, 앞의 글.

119 최경옥, 앞의 글.

120 『조선일보』, 1973.9.7, 5면;『경향신문』 1973.9.7, 6면. "Li Chun Kau As Seen By Huang Fung", *Golden Movie News*, April 1973, pp.44~45; "Taekwondo Heroes", *Golden Movie News*, July 1973, pp.34~47·60~61.

121 이연호, 「신상옥(申相玉), 당신은 누구십니까?」, 『KINO』 120, 1997, 120~27쪽.

122 김갑의, 저자와의 인터뷰, 2008.8.22, 서울.

123 위의 글.

124 조준형, 『영화제국 신필름』, 193~98쪽. 다음도 함께 참조. Steven Chung, *Split Screen Cinema : Shin Sang-ok and Postwar Cinema*, Minneapolis : University of Minnesota Press, 2014. 이 단행본의 한 챕터는 신상옥이 북한에서 쌓은 경력을 조망한다. 신상옥의 북한경력에 대한 보다 최신 연구로는 다음을 참조. Gabor Sebo, "A Study on the Impact of Shin Sang-ok on North Korean Cinema", PhD diss., Korea University, 2018.

125 다음을 참조. Johannes Schönherr, *North Korean Cinema : A History*, Jefferson, NC : McFarland & Company, 2012, pp.99~101.

126 김정일, 『영화예술론』, 평양 : 조선로동당출판사, 1973.

127 김정일이 신상옥과 최은희를 납치한 기이한 이야기는 다큐멘터리 〈연인과 독재자 (The Lovers and the Despot)〉(로버트 캐넌(Robert Canna)·로스 아담(Ross Adam) 감

독, 2016년)에 잘 담겨있다. 또한 폴 피셔의 다음 저서는 영화를 향한 김정일의 야망과 1980년대 북한사업에 미친 신상옥의 기여를 파악하는 데 유용하다. 폴 피셔, 『김정일 제작−납북된 영화제작자와 그의 스타 여배우, 그리고 젊은 독재자의 집권에 대한 특별한 실화(*A Kim Jong-Il Production : The Extraordinary True Story of a Kidnapped Filmmaker, His Star Actress, and a Young Dictator's Rise to Power*)』, Flatiron Books, 2015.

제7장

홍콩과 할리우드, 그리고 네트워크의 끝

홍콩영화산업은 스티브 포어Steve Fore가 '적극적 불간섭주의positive non-in-terventionism'라고 일컫는 원칙에 따라 운영되어 왔다.[1] 쇼브라더스는 1960년대 홍콩판 자유방임주의 경제정책 아래 설립되었다. 당시 홍콩은 법인세율이 낮고, 통화 이동에 제한이 없었으며, 통관 절차가 신속하고 효율적이었다. 다시 말해 홍콩은 아시아에서 가장 느슨한 검열 체제를 갖추고 있었다. 실제로 홍콩의 스튜디오들은 유연하고 관대한 분위기 덕분에 다양한 장르의 영화를 실험할 수 있었다. 홍콩영화산업에는 동아시아 및 동남아시아에 거주하는 초국적 화교 커뮤니티를 만족시켜야 한다는 특수한 요구가 있었고, 홍콩영화계는 이 요구를 충족하며 빠르게 '세계 통화global currency'를 확보할 수 있었다. 이에 따라 쇼브라더스는 시장 지향적 스튜디오 모델로 쉽게 자리 잡을 수 있었다. 마이클 커틴Michael Curtin은 홍콩을 "미디어 캐피탈media capital", 즉 "복잡한 힘과 흐름이 상호 작용하는 곳인 중개의 현장"이라고 부른다.[2] 커틴은 "홍콩은 경쟁이 치열한 미디어 캐피탈 중 하나이다. 이는 홍콩이 20세기 내내 중국사회 내부와 그 사이에서 경제 및 문화 흐름의 연결고리 역할을 해 온 결과이다. 홍콩은 상대적으로 낮은 검열수위와 개방적 무역정책의 혜택을 누리고 있으며, 이 두 가지 정책은 홍콩 내에서 인재와 자원이 초국적으로 연합하도록 장려한

다"고 설명한다.[3]

커틴과 포어 그리고 홍콩영화학자 대다수에 따르면, 홍콩영화의 상업적 성공은 도시국가의 경제정책에 의존했고, 이 정책으로부터 가장 큰 수혜를 입은 영화사는 쇼브라더스였다. 쇼브라더스가 1960년대 전례 없이 성장한 것은 홍콩의 위상이 아시아의 금융 중심지로 올라선 것과 맞물려 있었다. 캐서린 쉔크Catherine Schenk는 런던, 도쿄, 뉴욕의 선례처럼 홍콩이 1960년대 후반 국제금융센터International Financial Center, IFC로 부상했다고 주장한다. 홍콩이 국제금융센터로 발돋움하게 된 배경은 놀랍게도 홍콩영화산업의 성공요인과 매우 유사하다. 쉔크는 그 이유로 세 가지 요소를 꼽았다. 그에 따르면 "홍콩은 국제금융센터가 갖는 세 가지의 전형적 속성 모두를 갖추고 있었다. 즉, 홍콩은 정치적으로 안정되었고, 인프라를 갖추고 있었으며 규제가 자유로웠다. 이러한 특성 외에도 홍콩은 과거부터 전해 내려온 금융기관 및 금융 전문성의 유산으로부터 혜택을 보았다."[4]

홍콩영화산업은 이 세 가지 특성을 모두 갖추고 있었고, 그로부터 많은 이점을 누렸다. 그러나 쇼브라더스가 사업을 시작했을 무렵인 1950년대 후반, 홍콩은 아직 미디어 캐피탈로서의 지위를 얻지 못한 상태였다. 그 당시 화교 영화산업의 중심은 여전히 싱가포르였고, 제작은 말레이시아와 싱가포르와 홍콩에 분산되어 있었다. 쇼브라더스와 MP&GI가 다른 영화사들에 비해 우위에 있었던 경쟁력의 주요 원천은 동남아시아의 주요 수도 — 쿠알라룸푸르, 제셀톤코타키나발루, 조호르바루, 싱가포르, 사이공, 홍콩 등 — 로까지 확장한 광범위한 배급 및 상영 네트워크에 있었다. 이러한 경쟁력에 힘입어 쇼브라더스가 아시아 지역을 장악할 조짐이 나타난 시기는 1960년대 중반 이후부터였다.

이 장은 시장 지향적 스튜디어인 쇼브라더스가 아시아영화제작자연맹에 회원으로 가입한 영화경영진들과의 친밀한 네트워크를 활용하고, 유럽 및 할리우드 영화 스튜디오와의 초국적 협업을 통해 1970년대 아시아 지역의 영화산업을 어떻게 변화시켰는지 살펴본다. 이 장의 목표는 쇼브라더스가 아시아 지역 영화시장을 확장하기 위해 벌인 활발한 노력에 주목하고, 이 특정한 시기와 쇼브라더스의 제작방식을 홍콩영화사 내에서 면밀히 분석하는 것이다. 1970년대 홍콩, 유럽, 미국 간의 초국가적 협업이 갑자기 급증한 이유를 설명하는 데에는 여러 가지 방법이 있다. 요컨대 여기에는 할리우드가 아시아에서 펼친 문화적 제국주의, 문화노동의 새로운 국제적 분업, 홍콩영화의 세계 영화시장 진출, 영화 장르의 혼종화, 1970년대 미국영화산업의 극심한 불황, 또는 홍콩의 정치 및 문화권 내에서 일어난 변화 등 다양한 이유가 있다. 더욱이 닉슨 前 미국 대통령의 중국 방문은 아시아 지역 냉전의 새로운 장을 열었다. 이하 지면에서는 세계 영화산업이라는 루브릭rubric을 활용하여 홍콩, 유럽, 할리우드를 연결했던 네트워크를 논의한다. 이 세계 영화산업에서 보다 선진화 된 국가의 영화산업은 저렴한 노동력을 찾았고, 이러한 모색은 전 세계 모든 영화도시에서 영화 관련 노동 분업이 점점 더 초국가적으로 변화하도록 주도했다. 이 장은 쇼브라더스가 피할 수 없는 자본이동으로 손해를 본 피해자가 아니라, 오히려 그 자본이동을 적극적으로 이용한 참여자였다고 주장한다. 쇼브라더스가 1950년대와 1960년대 아시아영화제작자연맹의 아시아 지역 회원들과 대단히 적극적으로 교류했던 것에서 알 수 있듯이, 서구 영화시장에 진출하고자 했던 쇼브라더스는 이미 확립되었던 아시아 지역 영화산업의 위계구조를 활용했다.

이러한 논리에 따라, 이 장은 1970년대 세계적으로 일어난 쿵푸현상의 출현을 추적한다. 구체적으로 쿵푸 열풍이 어떻게 시작되었는지, 그리고 쇼브라더스, 골든하베스트, 워너브라더스가 어느 정도까지 서로 교류하고 경쟁했는지 살피며, 1970년대 후반 아시아스튜디오 네트워크가 급격히 쇠퇴했던 이유와 과정을 논의한다. 아래에서는 쇼브라더스가 1970년대 급성장하기 전에 밟은 기업의 역사적 궤적을 추적한다.

쇼브라더스 이야기 상하이, 싱가포르, 홍콩

홍콩에서 활동하는 역사학자 스테파니 포인 청은 쇼브라더스, 즉 "쇼 엔터프라이즈Shaw Enterprise"가 서구 산업모델을 아시아문화에 도입했지만 그럼에도 "가부장제로 운영되는 전통적인 중국식 가족경영"의 성격을 유지했다고 주장한다.[5] 포인 청은 이 특수한 경영방식을 "형제기업"이라고 칭한다.[6] 포인 청은 네 명의 쇼 형제 — 런제[1896~1975년], 런데, 런메[1901~85년], 런런 — 가 수행한 역할을 강조하면서, 어떻게 막내 동생인 런런쇼가 1950년대 말 가족이 운영한 영화사업을 물려받아 할리우드식의 수직통합형 경영을 도입했는지 설명한다. 쇼브라더스는 수직통합형 시스템을 도입한 덕분에 1960년대와 1970년대 아시아 지역 영화산업의 주도권을 잡을 수 있었다. 포인 청은 쇼 엔터프라이즈가 근본적으로 중국 상인이라는 점을 설득력 있게 주장한다. 그에 따르면, "중국 이민자로서 자수성가한 많은 중국 상인들은 근면과 검소, 중국 연안과 동남아시아에서 쌓은 끈끈한 인적 네트워크를 통해 성공 가도에 올랐다."[7] 쇼브라더스는 이러한 발전을 증명하는 사례이다.

이 점에서 쇼브라더스 스튜디오의 역사는 상하이, 싱가포르, 홍콩에 걸쳐 있고, 세 도시의 역사적 맥락 안에서 스튜디오의 역사를 면밀히 살펴볼 필요가 있다. 쇼브라더스 스튜디오는 1925년 네 명의 쇼 형제가 상하이에 설립한 천일영편공사天一影片公司에서 시작되었다. 천일영편공사의 경영원칙은 낮은 비용, 신속 제작 및 대량생산, 그리고 할리우드 스튜디오가 설정한 목표와 유사하게 수익 창출이었다. 쇼 가문의 영화스튜디오를 이끄는 대표들은 영화시장을 장악하고 독점권을 행사하는 방식으로 부를 쌓고자 했다. 이에 따라 천일영편공사는 경쟁 영화사와 차별화된 자체 배급과 상영 네트워크를 구축하는 데 전념했다. 천일영편공사가 홍콩으로 이전하기 전인 1928년부터 1935년 사이, 런런쇼와 런메쇼는 화교시장을 장악하기 위해 싱가포르에 진출했다. 이들은 싱가포르에 경쟁력을 갖춘 극장체인을 성공적으로 구축했고 곧 쿠알라룸푸르, 제셀톤, 홍콩으로 사업영역을 확장했다. 1936년 런메쇼는 가족 사업을 살피기 위해 상하이로 돌아간 큰형 런제쇼를 대신해 천일영편공사로 돌아왔다. 천일영편공사는 난양스튜디오南洋影片公司로 이름을 바꿨고, 바뀐 이름은 스튜디오의 새로운 전략과 지리적 정체성을 명증하게 반영했다. 난양스튜디오는 다국적 영화스튜디오로서 홍콩에 제작 스튜디오를 두고, 1930년대 말까지 싱가포르와 말레이시아에서 대규모 극장체인을 운영했다.

제2차 세계대전과 일본 점령기간 동안 난양스튜디오는 일본군에 점거 당했고, 싱가포르와 말레이시아에 위치한 스튜디오 소유의 극장 대부분이 파괴되었다. 전쟁이 끝난 후 동남아시아 영화시장은 폐허가 되었다. 1940년대 말과 1950년대 초 런런쇼가 새로운 영화기술을 연구하기 위해 유럽으로 떠나있던 동안 쇼브라더스의 극장체인은 보수와 확장을 거듭했다. 그 결과, 1956년 쇼 가문은 말레이시아, 싱가포르, 북보르네오, 베트남, 태국, 대만, 홍콩에서 100개가 넘는 극장을 소유하게 되었다.[8] 쇼 가문은 극장 배급망의 요구를 충족하기 위해 극영화제작과 공급을 안정화해야 했다. 1950년대 중반까지 싱가포르와 말레이시아 영화시장에서 유일한 메이저 스튜디오였던 쇼 말레이 프로덕션邵氏馬來製片廠, Shaw Malay Production은 해당지역을 장악했다.[9] 그러나 MP&GI가 영화시장에 진출하면서 본격적인 경쟁이 시작되었다. 라이벌로부터 압박을 느꼈던 런런쇼는 1957년 홍콩에 가기로 결심했다. 그는 주로 동남아시아의 화교 관객을 확보하기 위해 움직였다. 킨 팬 림Kean Fan Lim은 "동남아시아 자본가이자 배급업자들의 힘이 너무 강했기 때문에 홍콩 영화제작자들은 광동어 영화제작을 그만두었다"고 말한다.[10] 대신 홍콩 영화제작자들은 급증하는 영화 수요를 충족하기 위해 만다린어 영화를 제작하도록 강요당했다. 쇼브라더스도 예외가 아니었다.

쇼브라더스는 광동어로 영화를 만드는 대신, 증가하는 해외 화교들을 대상으로 만다린어 영화를 다수 제작하기 시작했다. 쇼 가문의 맏형인 런데쇼와 그의 아들들이 이미 1950년대부터 소규모 영화제작사 쇼앤손즈를 홍콩에서 운영해 왔기 때문에, 홍콩은 이미 중국 영화제작의 베이스캠프였다. 런데쇼는 쇼앤손즈가 제작한 만다린어 영화를 총괄하기는 했지만 사실 영화제작보다는 부동산에 더 큰 열의를 보였다. 전후 홍콩과 말레이시아의 땅값이 치솟으면서 이 지역에서 부동산은 당시 매우 수익성이 높은 사업이었다.[11] 1957년부터 1959년까지 런데쇼와 런런쇼는 신생 독립국인 말레이시아에서 이른바 '한 달에 한 개의 새로운 극장 프로젝트'라는 광범위한 사업 확장에 착수했다.[12] 이 프로젝트는 24개월 동안 22개의 현대식 영화관을 신설하는 것이었다.[13] 그 결과, 1962년에 이르러 쇼브라더스는 동남아시아 주요 도시에서 9개의 놀이공원과 127개의 극장을 소유했다.[14]

그러나 런메쇼와 런런쇼는 큰형이 저예산으로 제작한 수준 낮은 만다

〈그림 1〉 싱가포르 스탬포드(Stamford)와 노스브리지(North Bridge) 교차로에 위치한 캐피톨시네마
(Capitol Cinema)의 전경. 1946년 쇼브라더스가 캐피톨 시네마를 매입한 이후, 이곳은 쇼 오가니제
이션(Shaw Organization(배급사 및 영화체인))의 주력 극장으로 이용되었다.
출처 : 싱가포르 정보예술부, 싱가포르 국립기록보관소

린어 영화에 만족하지 않았다. [당시 경쟁사였던] MP&GI는 현대적인 주제
를 다룬 높은 수준의 영화로 꾸준히 흥행 성공을 거두고 있었다. MP&GI
의 영화들은 변화하는 가족 가치관과 여성의 권리를 주제로 삼았고, 이를
서구의 노래와 춤과 연결시켰으며 미국문화의 열풍도 함께 다루었다. 이
에 런런쇼는 영국 왕령식민지[Crown Colony]인 홍콩에 머물며 장편영화제작
을 맡기로 결심했고, 런메쇼는 싱가포르에 남아 쇼 말레이 프로덕션을 관
리했다. 1958년 런런쇼가 사장으로 취임한 쇼브라더스가 설립되었다. 쇼
엔터프라이즈가 두 곳[홍콩과 싱가포르]의 제작거점으로 나뉘기는 했지만, 쇼

가문은 형제들의 역할을 명확하게 구분하지 않았다. 오히려 쇼 형제들은 서로 긴밀하게 협력했다. 쇼 엔터프라이즈는 가족 명의로 광범위한 극장 체인과 현대식 여가 공간, 그리고 막대한 부동산을 소유했다. 1959년 런 런쇼는 쇼 가문 사람이 아닌 레이먼드 초우와 레너드 호Leonard Ho, 何冠昌를 새로운 멤버로 영입했다. 두 사람은 수준 높은 교육을 받았고, 영화업계 에서 좋은 실적을 쌓았으며 영어, 광동어, 만다린어를 유창하게 구사했 다. 레이먼드 초우는 스튜디오의 홍보부를 맡았고, 레너드 호는 피지컬 프로덕션을 담당했다. 초우는 국제적 비즈니스에 대한 명민한 감각을 가 지고 있었기에, 그가 쇼브라더스의 해외 공동제작 관련 업무 대부분을 담 당했다. 이후 초우는 쇼브라더스를 떠나 1970년대 쇼브라더스의 강력한 경쟁사였던 골든하베스트를 설립했다.

1960년에 이르러 MP&GI의 영화는 동남아시아에서 쇼브라더스의 영 화보다 훨씬 앞서게 되었다. 쇼브라더스와 마찬가지로 MP&GI는 영화 업계에 배급사로 진출했고 동남아시아 전역에 수많은 현대식 영화관을 운영했다. 싱가포르에 기반을 두고 있던 MP&GI는 뮤지컬영화 〈맘보걸 曼波女郎〉에반 양(Evan Yang) 감독, 1957년로 엄청난 성공을 거두었다. 이 영화는 슈퍼 스타인 그레이스 장과 린다이, 신예 여배우 루실라 유밍Lucilla Yu Ming, 尤敏, 그리고 '아시아의 케리 그랜트the Asian Cary Grant'로 불린 피터 챈호를 캐스 팅했다. MP&GI의 회장 로크완토는 동남아의 최신 유행을 잘 포착하는 예리한 감각이 있었고, 장아이링張愛玲의 각본은 탁월했다. 두 사람의 강점 은 MP&GI가 영화업계에서 다른 영화사보다 앞서도록 이끌었다. 쿠알 라룸프르에서 태어나고 옥스퍼드에서 교육을 받은 로크완토는 동남아시 아를 배경으로 하는 동시대 이야기를 선호했다. MP&GI가 각색하여 선 보인 동시대 이야기 — 사랑, 가족 간의 유대, 도시 풍경, 서구문화의 강

〈그림 2〉 1959년 5월 쿠알라룸푸르에서 열린 제6회 아시아영화제에 참석한 MP&GI의 회장 로크 완토와 싱가포르-말레이시아 배우들. 왼쪽부터 로크완토, 와히드 사테이(Wahid Satay, 싱가포르 및 말레이시아 배우이자 희극인 겸 가수), 라티파 오마르(Latifah Omar, 말레이 여배우), 호 아로크(싱 가포르 케세이-케리스스튜디오 사장), 마리아 메나도(Maria Menado, 말레이 여배우).

출처 : 싱가포르 아시아필름아카이브

한 영향을 다룬—는 쿠알라룸푸르, 방콕, 싱가포르, 홍콩, 타이베이의 전후 세대의 관심을 끌었다. 포쉑 푸Poshek Fu가 설명하듯이, 로크완토는 "영화라는 '현대적' 엔터테인먼트를 중심으로 '현대적' 벤처기업을 만들려고 했고, 이 길이 그 자신의 사업가 정신을 증명하고 동남아시아의 일상문화를 현대화하는 길이라고 믿었다."[15] 한편 MP&GI를 빛낸 린다이가 주연을 맡은 합작영화 시리즈는 일본에서 촬영되었고, 자연히 일본풍을 띠었다. 예를 들어, 린다이 주연의 〈미스 키쿠코菊子姑娘〉얀쥰 감독, 1956년와 〈회전목마欢乐年年〉그리피스 위펑(Griffith Yueh Feng) 감독, 1956년, 그리고 쇼치쿠-MP&GI의 합작영화 〈홍콩-도쿄 허니문香港东京蜜月旅行〉노무라 요시타로 감독, 1957년이 여기에 속했다.[16] 몇 년 후, MP&GI는 도호 스튜디오와 합작영화 3부작을 제작했다. 이 3부작은 〈홍콩의 밤香港之夜〉치바 야스키(千葉泰樹) 감독, 1961년과 〈홍콩의 별香港之星〉치바 야스키 감독, 1963년, 그리고 〈홍콩-도쿄-호놀룰루香港, 東京, 夏威夷〉치바 야스키 감독, 1963년로 구성되었다.[17] 이 영화들은 모두 일본의 타카라다 아키라宝田明와 홍콩의 루실라 유밍이 주연을 맡았다. 3부작은 홍콩 및 일본 영화시장에서 큰 성공을 거두었고, 유밍을 초국적 스타덤에 올려놓았다.[18]

런런쇼는 1957년에 착수하여 1962년 첫 개장, 그리고 1967년 완공에 이르기까지 홍콩 클리어워터베이에 '무비타운'으로 알려진 영화스튜디오를 야심차게 건설했다. 무비타운은 12개의 사운드스테이지, 더빙 및 현상 스튜디오, 구내식당과 스태프 숙소, 컬러현상실을 갖추고 있었다. 할리우드식 현대 스튜디오 시스템을 염두에 두었던 런런쇼는 500명 이상의 상주 계약직 스태프를 두었다.[19] 이 인원에는 15명의 시나리오작가, 24명의 일반작가, 그리고 기술자 여럿이 포함되어 있었다. '무비타운'의 완공은 곧 쇼브라더스가 제작·배급·상영을 포괄하는 수직통합형 네트워크를 구축했다는 것을 의미했다.[20] 방대하고 안정적인 동남아시아 영화시장을 확보한 쇼브라더스는 이제 중국 본토 밖의 중국 '세계'를 독점할 준비를 마쳤다.

1960년대 런런쇼의 목표는 경쟁사 MP&GI와의 싸움에서 우위를 차지하기 위해 쇼브라더스의 제작수준을 상향하는 것이었다. 이를 위해 쇼브라더스에게 절실히 필요했던 일은 무비타운에서 근무할 유능한 제작자를 영입하는 것이었다. 더욱이 런런쇼는 매주 한 편의 영화개봉을 목표로 삼았기 때문에 숙련된 인력이 훨씬 더 많이 필요했다. 그는 이러한 인력 문제를 해결하기 위해 한국, 대만, 싱가포르, 일본 출신 제작자를 고용했다. 또한 런런쇼는 스튜디오의 영화장르를 다양화하여 젊은 관객을 극장으로 끌어들이고, 비효율적이고 다소 느린 제작절차를 개선하고자 했다. 이를 위해 그는 아시아영화제작자연맹의 네트워크를 활용했다.

런런쇼의 일본 커넥션

런런쇼는 높은 생산성을 자랑하는 일본 스튜디오의 메커니즘을 배우고 싶었다. 일본의 메이저 스튜디오들은 연간 수백 편의 영화를 대량 제작하는 시스템을 안정화시켰다. 뿐만 아니라 런런쇼는 쇼브라더스의 다소 제한된 영화장르를 다양화할 필요성을 절감했다. 1950년대 말과 1960년대 초 쇼브라더스는 먼저 촬영감독, 편집자, 프로덕션 디자이너를 비롯한 제작진을 일본으로 파견했고, 뒤따라 남배우와 여배우들도 보냈다. 예상할 수 있듯이, 그다음 단계는 일본의 영화인력을 홍콩으로 데려오는 것이었다. 대략 1966년부터 1975년 사이, 일본에서 온 많은 영화감독들은 쇼브라더스의 무비타운에서 일했다. 런런쇼가 일본감독을 고용한 데에는 두 가지 이유가 있었다. 그의 주된 목적은 일본인 예술영화 감독을 고용하여 예술성을 높이려는 것이 아니었다. 런런쇼의 첫 번째 목적은 일본 감독들에게 효율적인 장인정신을 배워서, 여전히 비효율적인 홍콩의 영화제작 시스템을 개선하고 스튜디오가 소유한 극장에 배급할 양질의 작품을 제작하는 것이었다.

둘째, 런런쇼는 일본 감독들이 동남아시아 관객들에게 새로운 장르를 선보일 것이라고 기대했다. 쇼브라더스가 광동어 영화를 제작할 때, 주요 관객층으로 삼은 여성과 노동계급은 나이가 들면서 점차 티켓파워를 잃어가고 있었다. 그리고 그 자리를 전후 세대라는 새로운 관객층이 부상하며 채워나가고 있었다.[21] 홍콩의 제조업은 1960년대 내내 경제적 호황을 누렸다. 전쟁 이후 막대한 양의 자본과 노동력이 중국 본토에서 홍콩으로 이동해 왔고, 홍콩의 경제는 대만, 말레이시아, 한국과 마찬가지로 노동집약적 산업섬유, 가발, 플라스틱 등을 중심으로 번영했다. 그러나 이러한 급격한 경제적 번영은 사회적 불평등을 야기했다. 이 불평등은 부패, 대의 민주주의의 부재, 식민지 법 집행의 문제, 공공서비스의 부족, 여러 가지 사회문제도박, 마약, 매춘, 조직범죄와 결부되어 홍콩사회에 심각한 문제를 일으켰다.[22]

1960년대 홍콩은 해외로부터 지대한 영향을 받았다. 당시 홍콩에서는 서구영화주로 미국산와 TV 시리즈, 책과 잡지가 큰 인기를 끌었다. 1965년 비틀즈가 홍콩에서 공연을 했고, 비틀즈를 비롯한 서구 대중음악은 홍콩의 10대들과 대학생들에게 흡수되어 현지문화를 형성하는 데 큰 역할을 했다. 1962년에는 8,350피트의 활주로를 갖춘 카이탁啟德 국제공항이 완공되어 운영을 시작했다. 탄시캄Tan See Kam이 강조한 것처럼, 카이탁 국제공항은 전후 홍콩의 근대성을 상징하는 일종의 '성인식'이었다.[23] 홍콩의 케세이퍼시픽항공Cathay Pacific Airways은 1946년 소규모 비정기 운항사로 출범했다. 케세이퍼시픽항공은 건실한 항공사로 성장했고, 1959년 4월 미국 항공기 제조사 록히드Lockheed로부터 제트여객기 일렉트라Electra를 구입하면서 드디어 '제트기 시대jet age'를 열었다. 케세이퍼시픽항공은 싱가포르, 방콕, 마닐라, 홍콩, 서울 사이를 자주 운항했다. 이 항공사는 1960년 8월 일렉트라를 훨씬 더 먼 목적지까지 운항하기 시작했다. 드디어 도쿄와 오사카, 시드니 운항로가 열렸다.[24] 홍콩의 시인이자 학자인 링펑콴梁秉鈞은 이 시기에 대해 "도시경관이 바뀌었을 뿐만 아니라, 사람들의 생활방식과 사고방식도 바뀌고 있다"고 기술했다.[25]

기성세대보다 더 나은 교육을 받고 서구문화에 더 많은 영향을 받은 홍콩의 전후 세대는 단결하여 탈식민 운동을 조직했다. 이들은 당시 전세계적으로 일어난 청년들의 집단행동, 그중에서도 한국과 일본의 학생운동으로부터 많은 영향을 받았다. 홍콩의 학생운동은 중국 본토에서 일어난 문화대혁명1966~76년과 구룡반도의 대규모 시위와 맞물려, 때로는 대중의 지지를 모으는 데 실패하면서 폭동으로 변모하기도 했고, 많은 사상자를 발생시키기도 했다.[26] 이와 같은 이른바 청년문제는 영화산업에도 영향을 미쳤다. 특히 광동어 문화권의 영화제작사가 영향을 받았다. 영화계에서는 젊은이들을 극장으로 끌어들이기 위해 새로운 장르가 등장하기 시작했다. 1960년대 중후반, 홍콩 내 영화제작사는 청소년 비행, 사회적 불만, 마약중독, 성범죄, 로큰롤 열풍, 세대 차이 등을 다룬 영화를 활발히 제작했다. 하지만 쇼브라더스는 이러한 주제 중 어느 하나를 내세울 강점이 없었다. 런런쇼는 그 어느 때보다 새로운 피가 필요했다.

새로운 피를 수혈하기 위해, 런런쇼는 추아람蔡瀾을 일본 소재의 스튜디오 대표로 고용했다. 추아람은 싱가포르에 있는 쇼브라더스의 프로덕션 매니저 추아분수인蔡文玄, Chua Boon Suan의 아들이었다. 고용 당시, 추아람은 1960년대 일본 아방가르드 영화운동의 중심지였던 도쿄 소재 니혼대학日本大学에서 영화제작 프로그램에 재학 중이었다. 추아람의 임무는 홍콩 신세대의 관심을 끌만한 상업적으로 경쟁력 있는 일본영화를 구입하는 것이었다. 사실 1960년대 중반은 일본영화의 황금기가 막바지로 치닫던 시기였다. 일본의 각 스튜디오는 엄청난 양의 필름을 영화창고에 보관하고 있었고 이 재고를 판매하길 원했다. 따라서 이 시기는 일본의 장르영화를 구입하기에 완벽한 시기였다. 추아람은 새로운 장르영화나 A급영화를 제외한 일본 영화들을 대량으로 구입했다. 추아람은 "영화를 창고에 보관하기만 하는 것은 아무런 의미가 없기 때문에, 니카츠 스튜디오의 대외무역부 책임자는 영화 판권을 편당 미화 500달러에 팔았다"고 회고했다.[27] 결과적으로 추아람은 니카츠의 야쿠자 영화, 도에이의 시대극, 다이에이의 자토이치 시리즈 판권을 구매했다. 그가 구매한 일본 액션영화는 동남아시아 젊은이들 사이에서 반응이 좋았다.[28]

1966년 초 나카히라 코우中平康와 이노우에 우메츠구는 쇼브라더스와 계약을 체결했다. 이어서 후루카와 타쿠미古川卓己, 시마 코지島耕二, 무라야마 미츠오村山三男, 마츠오 아키노리松尾昭典가 뒤따라 합류했다. 이들은 주로 니카츠와 다이에이와 일했는데, 일본에서 널리 알려진 장르영화 감독들이었다.[29] 이들 대부분은 아시아영화제에서 영화를 상영한 이력이 있었다. 예를 들어, 런런쇼가 첫 번째로 영입한 시마 코지는 1954년 〈금색야차〉로 영화제의 첫 번째 최우수작품상을 수상하면서 런런쇼에게 깊은 인상을 남겼다. 쇼브라더스에게 일본 감독들은 기술적, 경제적, 창의적 발전 모델이자 그들이 열망하는 표준을 전형적으로 보여주는 영화 인력이었다. 따라서 쇼브라더스와 계약한 일본 영화 인력들은 다른 아시아 지역 출신 계약직 인력과는 다른 지위를 가졌다. 쇼브라더스에 고용된 일본 감독들은 놀라울 정도로 빠르게 일했다. 계약서가 준비되자마자 1966년 3월 이노우에 우메츠구가 홍콩에 도착했고, 이미 영화 두 편이 동시에 제작 중이었다. 이노우에가 쇼브라더스에서 만든 첫 번째 영화는 코미디 첩보물 〈오퍼레이션 립스틱網嬌娃〉1967년이었다.[30] 이노우에의 작업 방식은 쇼브라더스에 소속된 다른 감독들을 깜짝 놀라게 했다. 그는 불과 한 달 만에 첫 번째 영화를 완성하고, 두 번째 영화 〈홍콩 야상곡香江花月夜〉1967년의 촬영에 들어갔다.[31] 그해 11월 무렵 나카히라 코우는 또 다른 첩보영화 〈인터폴特警零零九〉1967년을 제작하고 있었다.[32] 1966년 쇼브라더스와 니카츠스튜디오의 첫 번째 첩보영화 〈아시아 비밀경찰亞洲秘密警察〉이 탄생했다. 이 영화는 홍콩판과 일본판 두 버전으로 제작되었는데, 마츠오 아키노리의 연출 하에 홍콩판에서는 왕우王羽가 주연을 맡았고 일본판에서는 니타니 히데아키二谷英明가 주연을 맡았다.[33]

이노우에 우메츠구는 쇼브라더스에 고용되기 전 무려 70편이 넘는 영화를 제작해 온 다작 감독이었다. 그의 영화는 재즈뮤지컬, 첩보스릴러, 코미디부터 '태양족 영화'에 이르기까지 장르가 다양했다.[34] 후루카와 다쿠미古川 卓르는 최초의 태양족 영화인 〈태양의 계절太陽の季節〉1956년을 연출했고, 나카히라 코우는 〈미친 과실狂った果實〉1956년을 연출했다. 두 영화 모두 이시하라 신타로石原 慎太郎의 작품을 각색하여 제작되었고, 신타로의 남동생 이시하라 유지로石原 裕次郎가 주연을 맡았다. 이노우에 우메츠구는 이시하라 유지로와 여러 작품에서 호흡을 맞췄다. 이들이 함께 작업한 인상 깊은 영화로는 〈폭풍을 부르는 남자嵐を呼ぶ男〉1957년, 〈독수리와 매鷲と鷹〉1957년, 〈내일은 내일의 바람이 분다明日は明日の風が吹〉1958년 등이 있다.[35]

분명 런런쇼가 일본 감독들을 기용한 여러 목적 중 하나는 지난 10년간 일본에서 인기를 끈 일본 청춘영화를 홍콩에서 다시 활용하기 위해서였다. 나중에 이노우에 우메츠구는 런런쇼 그 자신조차 "일본영화의 열렬한 관객" 중 한 명이었고, 그는 홍콩 사람들이 "저작권에 대한 개념이 없다"는 점을 잘 알고 있었다고 회고했다.[36] 일본의 1950년대 중반 청년문화는 그로부터 10년 후인 1960년대 홍콩 사회에 쉽게 적용될 수 있었기 때문에, 런런쇼는 일본 태양족 영화가 홍콩 영화시장에서 흥행하리라는 가능성을 간파했다. 쇼브라더스에 '고용된' 일본 영화감독 대부분은 이미 일본 영화시장에서 흥행을 검증받은 자신들의 일본 청년영화를 홍콩 현지에 맞게 각색하고 설정을 바꾸는 작업을 했다. 이를테면 1956년 〈미친 과실〉을 연출했던 나카히라 코우는 1967년부터 1969년까지 쇼브라더스에서 슈혜이양楊樹希라는 중국이름으로 활동했다.[37] 나카히라 코우는 쇼브라더스에서 영화 네 편 — 〈인터폴〉, 〈공중그네 소녀飛天女郎〉1967년, 〈여름의 열기狂戀時〉1968년, 〈여성 킬러의 일기獵人〉1969년 — 을 연출했다. 이 작품들 중 나카히라 코우가 앞서 일본에서 선보인 전작을 리메이크하지 않은 유일한 작품은 〈공중그네 소녀〉였다. 마찬가지로 이노우에 우메츠구는 그의 전작 〈폭풍을 부르는 남자〉를 〈킹 드러머青春鼓王〉1967년로 리메이크했고, 링윤凌雲과 호리리何莉莉가 영화에 출연했다.

런런쇼는 일본 용병 외에도 한국에서 액션장르 감독을 영입했다. 정창화가 연출한 〈순간은 영원히艷諜神龍〉1966년가 홍콩 박스오피스에서 흥행한 이후, 그는 쇼브라더스에 합류하게 되었다. 런런쇼는 이 한·홍 합작영화를 선별하여, 1967년 9월 쇼브라더스의 극장체인에 배급했다. 개봉 직후 쇼는 정창화에게 5년 계약을 제안했다. 계약을 수락한 정창화는 1968년 12월 홍콩에 도착했다. 쇼브라더스와 손을 잡은 정창화가 처음 선보인 영화는 1969년에 제작된 〈천면마녀千面魔女〉였다. 도시를 배경으로 한 이 영화는 여성 중심의 스릴러 영화였다. 쇼브라더스와 계약한 지 3년 만인 1972년, 정창화가 중간 규모의 예산으로 연출한 쿵푸영화 〈죽음의 다섯 손가락〉이 전 세계 영화시장을 제패했다. 이 결과는 아무도 예상하지 못한 것이었다.

이렇게 공격적으로 제작시스템을 정비하고, 인력을 충원하여 연간 제작편수를 늘린 결과, 1967년 쇼브라더스는 전년도의 두 배가 넘는 43편의 영화를 제작할 수 있었다. 이중 일본 감독과 공동제작한 영화는 5편이었고, 한국의 신필름과 공동제작한 영화는 〈대폭군〉, 〈흑도적〉, 〈철면황제〉으로 3편이었다. 이러한 글로벌 프로젝트와 함께 장철은 〈단장의 검斷腸劍〉1966년으로 처음 이름을 알렸고, 1년 후 기념비적 영화인 〈의리의 사나이 외팔이〉1967년를 선보이며 무협영화의 황금기를 열었다. 로크완토가 사망한 후, MP&GI는 더 이상 쇼 가문을 위협하는 경쟁사가 아니었다. 리한샹은 대만에서 재정적 어려움을 겪고 있었고, 쇼브라더스가 대만 영화시장을 장악하게 되는 것은 자명해졌다. 런런쇼는 1968년 타이베이에 스튜디오 지사를 설립하고, 현지 인력을 고용해 대만 영화시장에 특화된 4~6편의 영화를 제작했다. 그때에야 비로소 쇼브라더스는 숨을 고르기 시작했다. 쇼브라더스는 이제 경쟁과 시장 확장보다는 개별 영화의 품질을 끌어올리는 데 초점을 맞추기 시작했다. 1970년 왕우 감독의 〈용호의 결투龍虎鬥〉가 홍콩과 동남아시아에서 그해 박스오피스 1위를 차지했다. 이 시기는 쇼브라더스의 아시아 영화시장 장악력이 정점에 달했던 시기였다. 1970년 홍콩에서 흥행에 성공한 영화 10편 중 무려 9편이 쇼브라더스의 무협영화였다. 여기에는 〈오호도룡五虎屠龍〉로웨이(羅維) 감독, 〈13인의 무사十三太保〉장철 감독, 〈복수報仇〉장철 감독, 그리고 〈아랑곡의 혈투餓狼谷〉정창화 감독이 포함되었다.

광동어 코미디와 성인영화, 그리고 유럽과의 합작

1970년대 쇼브라더스는 예상치 못한 도전에 직면해야 했다. 1970년대 초에 등장한 TV가 홍콩영화산업 전반을 변화시킨 것이다. 장잉진Yingjin Zhang은 TV세트를 보유한 홍콩 내 가족 비율이 "1968년 12.3퍼센트에서 1972년 72퍼센트로 증가했다"고 설명한다.[38] 1967년 11월 18일 홍콩의 민영방송국 TVB電視廣播有限公司의 첫 번째 송출은 홍콩에 새로운 미디어 시대를 알리는 신호탄이었다. 1970년대 초 TV가 대중적으로 보편화되고 인기를 끌게 되면서, "광동어 영화처럼 대중문화를 장악했던 이전 미디어들의 입지는 매우 좁아졌다."[39] 실제로 1970년에는 총 35편의 광동어 영화가 개봉했지만, 이듬해에는 단 한 편의 광동어 영화만 개봉했다.[40]

그러나 런런쇼는 광동어 영화시장이 다시 부흥할 것이라고 직감적으로 알아챘다. 1949년 중화인민공화국 수립 이후 홍콩에서 태어난 전후 세대는 이제 홍콩사회의 주요 세력이 되었다. 광동어는 그들의 모국어였고, 그들은 자신들의 이야기가 영화 스크린에 올라가는 것을 보고 싶어 했다. 전후 세대의 수요를 충족하기 위해, 런런쇼는 쇼 가문이 TVB 설립 초기부터 투자를 아끼지 않았던 광동 TV의 요소를 영화에 차용했다. 다시 말해, 쇼브라더스는 TVB의 인기 프로그램을 광동어 영화버전으로 제작하기 시작했다. 쇼브라더스는 1960년대 광동어 영화산업에서 인상적인 활약을 보인 초원楚原을 영입하여, 홍콩 현지인들의 관심을 살 만한 영화를 제작했다. 초원은 1973년 〈세입자 72명七十二家房客〉을 연출하며, 영화에 TV 연예인을 출연시켰다. "관객이 그들을 좋아했기" 때문이었다.[41] 초원의 영화는 흥행기록을 경신했다. 초원은 "이 영화의 성공은 무대 연극이 초기에 거둔 성공에 크게 빚지고 있습니다. 제가 한 것이라곤 매체에 맞게 작업을 한 것뿐입니다"라고 회상했다.[42] 〈세입자 72명〉의 성공에 힘입어, 초원은 TV 프로그램을 각색한 일련의 영화를 연출했다. 그가 메가폰을 든 〈홍콩 73香港73〉1974년은 또 한 번 승리를 거두며 그해 박스오피스 2위에 올랐다. 한편 런런쇼는 TV의 인기 코미디언 허관문許冠文과 장기계약을 체결했다.[43]

쇼브라더스는 광동어 코미디와 함께, 당시 이미 큰 인기를 끌고 있던 성인영화를 배급하기 시작했다. 런런쇼는 덴마크의 성인영화 〈스웨덴 플라이 걸스Swedish Fly Girls〉잭 오코넬(Jack O'Connell) 감독, 1971년를 수입하여 홍콩시장에 배급했다. 싱가포르와 말레이시아, 그리고 대만의 검열 정책은 더 엄격했기 때문에, 사실상 홍콩은 그나마 소프트코어 코미디영화를 합법적으로 배급할 수 있는 유일한 시장이었다. 〈스웨덴 플라이 걸스〉는 〈스튜어디스The Stewardesses〉알프 실리만 주니어(Alf Silliman Jr.) 감독, 1969년, 〈플라이 미Fly Me〉시리오 산티아고(Cirio Santiago) 감독, 1973년, 〈블레이징 스튜어디스Blazing Stewardesses〉알 아담슨(Al Adamson) 감독, 1975년를 비롯하여 1970년대 초 짧게 인기를 끌고 사라진 스튜디어디스-플로이테이션stewardess-ploitation 영화 부류에 속한다. 〈스웨덴 플라이 걸스〉는 매우 큰 성공을 거두었다. 사업 감각이 뛰어났던 런런 쇼는 이러한 영화가 지닌 시장의 잠재성을 즉각 알아차렸다. 쇼브라더스는 이 영화의 여주인공인 덴마크 여배우 비르테 토브Birte Tove를 스튜디오의 신작 〈섹시한 덴마크 소녀丹麥嬌娃〉1973년에 캐스팅했다. 영화의 거의 모든 장면은 코펜하겐에서 촬영되었다.[44] 코펜하겐에서 촬영을 마친 토브는 런런쇼의 라우와이유에劉慧茹와 콩오오이江可愛, 신필름의 계약배우 이혜숙, 고상미, 나하영과 함께 계치홍桂治洪 감독의 〈여감방女集中營〉1973년에 출연하기 위해 홍콩으로 건너왔다. 이 영화는 1970년대 섹스플로이테이션sexploitation 영화의 하위 장르인 '여죄수women in Prison'에 속하는 영화였다. '여죄수' 장르는 로저 코먼Roger Corman이 제작한 〈여감방The Big Doll House〉잭 힐 (Jack Hill) 감독, 1971년과 〈더 빅 버드 케이지The Big Bird Cage〉잭 힐 감독, 1972년로부터 시작되었다. 쇼브라더스는 일본이 점령한 중국을 배경으로 삼은 〈여감방〉으로 이 장르에 뛰어들었는데, 이 영화는 홍콩과 유럽과 북미에서 대히트를 기록했다.[45]

〈여감방〉이 상업적으로 성공한 지 불과 몇 달 후인 1974년, 독일 영화 제작자 볼프 C. 하트윅Wolf C. Hartwig과 오스트리아 섹스플로이테이션 영화 감독 에른스트 호프바우어Ernest Hofbauer가 홍콩에 도착했다. 이들은 런런쇼와 함께 홍·독 합작영화 〈양기洋妓〉에른스트 호프바우어 · 계치홍 감독, 1974년의 제작에 착수했다. 하트윅과 호프바우어는 1980년까지 총 13편으로 구성된 성인영화 시리즈 〈스쿨걸 리포트Schulmädchen-Report〉의 제작자와 감독으로 유명했다. 이 시리즈는 독일영화 역사상 상업적 가치 측면에서만 보자면, 가장 큰 성공을 이룬 작품으로 알려져 있다. 전 세계 약 1억 명 이상이 〈스쿨걸 리포트〉를 관람한 것으로 추정된다.[46]

퀸터 후놀트Günther Hunold의 책을 원작으로 〈스쿨걸 리포터〉는 부분 다큐멘터리이자 스테이지 비네트stage vignettes이다. 제니퍼 페이Jennifer Fay는 〈스쿨걸 리포터〉가 "독일 중산층 사춘기 소녀들의 에로틱한 생활을 포르노로 폭로한 것"이라고 주장한다.[47] 하트윅과 호프바우어는 〈양기〉 촬영을 위해 그들의 '스쿨걸'인 소냐 지닌Sonja Jeannine과 데보라 랠스Deborah Ralls를 [홍콩으로] 데려왔고, 런던쇼는 유럽의 소프트코어 포르노 여배우 다이앤 드루베Diane Drube와 질리안 브레이Gillian Bray와 추가 계약을 체결했다. 비르테 토브도 이 영화에 합류했다.

하지만 이러한 섹스영화와 광동어 코미디는 홍콩 관객만을 위한 영화였기 때문에, 홍콩영화산업이 전통적으로 겨냥해 온 동남아시아 영화시장에는 부적합했다. 베트남전에서 공산주의가 승리하면서 라오스와 베트남 영화시장이 문을 닫았다. 인도네시아는 홍콩영화에 수입쿼터를 부과했다. 싱가포르는 1965년 말레이시아에서 분리되어 독립된 주권국가가 되었다. 말레이시아는 검열 규제를 강화했다. 그레이스 렁Grace Leung과 조셉 찬Joseph Chan은 이러한 "안팎의 위기"로 인해 "홍콩영화는 다양한 영화시장의 취향을 만족시키기 위해 더욱 상업적이고 엔터테인먼트 지향적이 되었다"고 분석한다.[48] 스테파니 포인 청이 설명했듯이, 쇼브라더스는 해외 영화시장의 다양한 검열 정책을 준수하기 위해 "맞춤형" 영화를 제작해야 했다. 이를테면 "동남아시아 시장용으로는 낮은 수위의, 홍콩시장용으로는 중간 수위의, 미국·유럽·일본시장용으로는 높은 수위의 영화를 각각 제작했다."[49] 홍콩영화산업은 살아남을 방법을 모색해야 했다. 그런데 그 '해결책'은 전혀 예상치 못한 영역에서 나왔다.

닉슨 쇼크, 〈죽음의 다섯 손가락〉, 그리고 할리우드

1970년대 초 아시아와 미국, 그리고 세계를 완전히 바꿔놓는 변화가 있었다. 1970년대 닉슨 행정부의 데탕트^{détente} 기간 동안 미국정부는 소련 및 중국과의 관계를 개선하고 있었다. 2월 23일, 리처드 닉슨^{1913~94년, 재임 1969~74년}은 미국 대통령으로는 사상 처음으로 중국 방문을 위해 베이징에 도착했다. 미국의 베트남 개입이 결국 실패로 돌아간 것이 닉슨의 이러한 행보에 크게 작용했다. 이 예상치 못한 '대격변'은 미국과 공산권 국가 사이의 냉전 긴장관계에 중대한 전환점이 되었다. 오드 아르네 베스타에 따르면, 미국은 20년이 넘는 기간 동안 "중국 공산주의자들의 팽창전략에 맞서 아시아를 보호하고자 미국인들이 아시아에 체류한다고 일본인, 한국인, 동남아시아인들에게 말해 왔다."[50] 그런데 어느 날 갑자기 아시아인들은 미국 대통령이 미소를 띤 채 중국 지도자와 악수하는 모습을 보게 된 것이다. 이는 한국과 홍콩, 대만을 비롯한 미국의 아시아 냉전 동맹국들에게 '충격'이 아닐 수 없었다. 가장 충격을 받은 국가는 단연 일본이었다.

아시아의 영화산업 영역에서 한때 풍요로웠던 아시아영화제작자연맹의 네트워크는 붕괴 직전의 위기에 처했다. 동남아시아는 아시아영화제작자연맹이 시작된 곳이었지만, 1960년대 초에 이르면 아시아영화제의 상영목록에서 동남아시아 국가는 대거 사라졌다. 동남아시아 지역의 영화제작자 대부분은 연맹을 향해 불만을 표출했다. 1966년 한국이 두 번째로 아시아영화제를 주최한 이후, 동남아시아 국가들은 독자적 행사 기획을 고려하기 시작했다. 그해 영화제의 최우수작품상은 쇼브라더스의 〈청과 흑〉에게 돌아갔고 대부분의 주요 상은 한국과 대만과 홍콩이 나눠 가졌기 때문에, 동남아시아 국가의 불만은 더욱 커졌다. 1967년 동남아시아국가연합Association of Southeast Asian Nations, 이하 ASEAN이 출범하면서 인도네시아, 말레이시아, 필리핀, 태국은 ASEAN 내 영화분과위원회를 발족했다. 분과위원회는 1972년 제1회 아세안영화제를 개최했다. 1950년대 아시아에서 가장 영향력 있고 강력한 영화스튜디오였던 일본 다이에이는 숱한 흥행 실패와 잘못된 판단으로 심각한 재정위기에 빠진 후, 결국 1971년 파산을 선언했다. 이듬해 아시아영화제작자연맹을 발족했던 장본인 나가타 마사이치는 스튜디오를 떠났다. 나가타의 은퇴와 다이에이의 재정난으로 인해, 일본은 1972년 아시아영화제작자연맹 위원회에서 완전히 물러났다. 같은 해 서울에서 아시아영화제가 비경쟁부문 행사로 개최되었다. 일본은 영화만 보냈고, 영화업계 인사 중 그 누구도 참석하지 않았다. 따라서 런런쇼를 제외하면 아시아 지역의 그 어떤 거물급 영화계 인사도 행사장에 모습을 비추지 않았다. 이런 이유로 영화제 기간 동안 홍콩과 대만, 심지어 한국의 몇몇 제작자와 경영진들은 행사 취소를 심각하게 고려했다. 당시 아시아·태평양 지역에서 가장 영향력 있는 영화경영진이었던 런런쇼조차 아시아영화제작자연맹에 대한 열의를 잃어가고 있었다. 하지만 연맹에 가입한 스튜디오 대다수가 사업실패로 무너지고 있던 반면, 쇼브라더스는 쿵푸영화 〈죽음의 다섯 손가락〉의 성공 덕분에 홍콩영화산업의 새로운 시장을 찾았다.

〈죽음의 다섯 손가락〉은 미국뿐 아니라 유럽과 중동에서도 큰 성공을 거두었는데, 이런 성공은 런런쇼와 홍콩영화산업을 깜짝 놀라게 한 사건 이었다. 런런쇼의 기준에서 정창화가 연출한 〈죽음의 다섯 손가락〉은 기껏해야 평범한 작품에 불과했고, 스튜디오의 다른 코미디영화 및 성인영화 — 이를테면 〈대군벌〉1972년, 〈풍월기담風月奇譚〉리한상 감독, 1972년, 〈애노愛奴〉 초원 감독, 1972년 — 에 훨씬 뒤처지는 작품으로 여겨졌었다. 런런쇼에게 〈죽음의 다섯 손가락〉 같은 영화는 홍콩과 동남아시아의 남성관객을 끌어모으고자 제작된 이류 영화이자 중간 규모의 예산이 투입된 장르영화였다. 그러나 전 세계적인 '쿵푸 열풍'은 난데없이 홍콩영화산업을 세계화시켜버렸다.[51] 이는 홍콩영화산업이 미처 예상한 것이 아니었다. 하지만 예상하지는 못했을지라도, 전 세계적인 쿵푸열풍은 쇼브라더스가 세계로 도약하기에 더할 나위 없이 좋은 기회였다.

1973년 〈죽음의 다섯 손가락〉이 전 세계 미디어시장에 배급되었을 때, 특히 워너브라더스Warner Brothers를 비롯한 미국영화산업은 급격한 변화에 직면해 있었다. 1960년대 후반 동안 미국영화산업은 복합대기업의 시대에 접어들었다. 할리우드 영화제작을 장악했던 전통적인 스튜디오 시스템은 1960년대 극적인 변화를 맞았고, 이 변화가 1970년대에 큰 영향을 미쳤다. 레스터 D. 프리드먼Lester D. Friedman은 "미국의 영화관객 수는 70년대 초 사상 최저치1971년 1,580만 명로 떨어진 반면, 제작비는 1972년 190만 달러에서 1979년 890만 달러로 증가"했다고 설명한다.[52] 1960년대 후반까지 영화제작사들은 "거대 복합기업에 인수되거나, 급성장하는 엔터테인먼트 대기업에 흡수되거나, 사업 다각화를 통해 대기업이 되었다."[53] 1966년 걸프앤웨스턴Gulf&Western이 파라마운트를 인수했고, 1967년 트랜스아메리카Transamerica가 유나이티드 아티스트United Artists와 합병했다. 할리우드에서 오랫동안 유지되었던 스튜디오 시스템은 해체되었고, 이제 영화제작은 전 세계를 지배하는 미디어 대기업의 사업영역이 되었다.[54] 이에 따라 해외시장에 대한 접근법, 예산, 스튜디오 시스템의 제작 방식이 대폭 변화했고, 런어웨이 프로덕션Runaway Production이 점점 더 필요해졌다.

런어웨이 프로덕션은 오랜 역사를 가지고 있는데, 적어도 유럽에서 그 역사는 2차 세계대전 직후로 거슬러 올라간다. 1960년대 미국영화산업이 성장하는 세계시장을 관리하고 위험을 줄이기 위해 채택한 중요한 전략은 유럽 영화제작사에 저예산 엑스플로이테이션exploitation film 영화제작을 하청 맡기고, 이들과 공동제작하는 것이었다. 미국은 주로 이탈리아, 스페인, 독일의 영화제작사와 협력했다. 이탈리아와 스페인은 1960년대 '스파게티 웨스턴Spaghetti Westerns'이라고 불린 저예산 서부 장르영화 뿐 아니라, 대규모 시대극 제작을 유치하기 위해 "잘 갖춰진 스튜디오 시설, 멋진 경관, 저렴한 인건비, 때때로 노조가 없는 체제를 적절히 조합하여" [자국 스튜디오를] 홍보했다.[55] 벤 골드스미스Ben Goldsmith와 톰 오레건Tom O'Regan은 유럽의 영화스튜디오, 특히 이탈리아의 치네치타Cinecittà가 이런 대규모 장르영화를 제작할 역량을 갖췄고 효율적으로 관리되었다고 설명한다.[56] 케빈 헤퍼넌Kevin Heffernan에 따르면, 미국과 유럽 스튜디오의 공동제작은 제2차 세계대전 이후 시작되었다. 이러한 공동제작은 "이탈리아와 영국을 비롯해 전쟁으로 피해를 본 국가들이 황폐해진 국가경제에서 많은 양의 화폐가 [해외로] 빠져나가는 것을 막기 위한 것이었다. 이 국가들은 미국의 메이저스튜디오가 [자국에서] 거두어 가는 극장수입을 차단하기 위해 노력했다."[57]

유럽의 많은 국가들은 미국 스튜디오가 자국에서 벌어들인 수입을 본국으로 송금할 수 없게 막았다. 따라서 미국 스튜디오가 이들 국가에서 달러를 가져올 수 있는 가장 논리적 방법은 바로 공동제작이었다. 상대적으로 규모가 작은 회사들, 예를 들어 가장 대표적으로 아메리칸 인터내셔널 픽처스American International Pictures, AIP는 해외시장에서 벌어들인 자본을 공동제작의 형태로 현지 제작에 다시 투자했다. 아메리칸 인터내셔널 픽처스와 비슷한 규모의 다른 영화사들은 이 방식을 통해 여러 이점을 누렸다. 요컨대 공동제작 방식은 특히 인건비를 비롯한 제작비용을 낮추면서도 제작 품질에 더 많은 예산을 투자할 수 있도록 만들었다.

실제로 이와 같은 런어웨이 프로덕션은 1960년대 미국과 유럽시장 모두에서 큰 성공을 거두었다.[58] 그러나 1960년대 후반이 되자 이탈리아, 독일 그리고 스페인의 인건비는 미국 스튜디오가 감당하기에 더 이상 '저렴하지' 않게 되었다. 또한 언어장벽과 정부의 관료적 요식으로 인해 촬영 일정은 예정보다 훨씬 더 길어졌고, 그 결과 해외제작은 크게 감소했다.[59] 곧이어 홍콩이 유럽의 대안으로 떠올랐다. 1970년대 초까지 미국 영화제작자들이 찾은 영화 중 가장 수익성이 좋았던 건 쿵푸영화였다. 이들은 곧 홍콩으로 향했다. 아메리칸 인터내셔널 픽처스와 내셔널 제너럴 픽처스National General Pictures가 홍콩의 쿵푸영화를 미국 시장에 소개한 직후인 1970년대 초, 워너브라더스 영화사도 이 사업에 뛰어들었다.

1967년 워너브라더스의 잭 L. 워너Jack L. Warner는 회사를 세븐아트Seven Arts Ltd.에 매각했는데, 이때 세븐아트는 워너브라더스가 1948년 이후 제작한 100편 이상의 영화에 대한 TV판권을 이미 미화 8,400만 달러에 매입한 상태였다. 캐나다 회사인 세븐아트는 이 시기에 변화하는 엔터테인먼트 산업을 대표했다. 이 회사는 메이저 스튜디오의 영화를 미국과 캐나다의 방송국 및 TV 네트워크에 배급했다. 미국의 TV 네트워크ABC, NBC,

CBS는 황금시간대에 상여되는 장편영화가 정규 프로그램보다 더 높은 시청률을 기록할 수 있다는 점을 알게 되면서, TV 네트워크가 영화대여에 지불하는 비용은 급증했다.[60] 1961년 TV 네트워크가 영화를 대여하는 평균 가격은 2회 방영에 미화 15만 달러였다. 그러나 1968년 이 가격은 미화 80만 달러로 치솟았다.[61] 워너브라더스가 세븐아트에 매각되면서 새로 등장한 워너브라더스-세븐아트는 1969년 7월 9일 엔터테인먼트 사업과는 전혀 '무관'한 킨니 내셔널 서비스Kinney National Services Inc.에 인수되었다. 이 회사는 주로 렌터카, 주차장, 건설, 장례식장 관련 사업을 하는 곳이었다.[62] 킨니의 회장 스티브 로스Steve Ross는 워너브라더스-세븐아트를 인수하기 전, 이미 애슐리-페이머스 에이전시Ashley-Famous Agency, 국립정기간행출판사National Periodical Publications, 라이센싱 코퍼레이션 오브 아메리카Licensing Corporation of America, 파나비전Panavision을 인수한 상태였다. 워너브라더스-세븐아트도 매각 전, 애틀랜틱 레코딩Atlantic Recording을 인수했다. 이런 점으로 미루어 볼 때, 새로 설립된 킨니는 실질적인 엔터테인먼트 복합대기업으로 거듭날 준비를 마친 상태였다.

킨니는 불과 몇 년 만에 엔터테인먼트 및 여가 관련 회사를 더 많이 집어삼켰다. 인수 목록에는 케이블TV 대형방송사 세 곳, 스털링출판사Sterling Publications, 엘렉트라Elektra Corporation도 포함되어 있다. 1971년까지 킨니는 워너케이블Warner Cable, 워너북스Warner Books, WEAWarner·Elektra·Atlantic, 워너브라더스를 설립했다. 1972년 킨니는 완전히 분리된 두 개의 회사 — 내셔널 킨니National Kinney와 WCI — 로 분할되었다. 스티브 로스는 WCI의 수장으로 선임되었고 WCI는 네 개 부서영화, 음악, TV, 출판로 나뉘었다.[63] 이제 WCI의 약소한 자회사에 불과한 워너브라더스는 WCI의 음반 및 TV사업부로부터 지원을 받았다. 로버트 구스타프슨Robert Gustafson이 설명한 것처럼, 워너브라더스는 "WCI에 속한 음악, TV, 출판, 전자게임회사를 위해 소프트웨어를" 제작하는 곳이 되었다.[64] 따라서 흥행에 성공한 영화는 워너텔레비전의 TV프로그램으로 제작될 수 있었고 WEA음반부에서 더 많은 수익을 창출할 수 있었다. 예를 들어, 〈앨리스는 이제 여기 살지 않는다Alice Doesn't Live Here Anymore〉마틴 스코세이지(Martin Scorsese) 감독, 1974년의 흥행 이후, 이 영화는 TV시리즈 〈앨리스Alice〉1976~85년로 만들어졌다. 마찬가지로 〈슈퍼 플라이Super Fly〉의 음반 기록은 멀티 플래티넘을 기록했고, 영화는 문고판 소설과 만화책으로도 출판되었다.

특히 〈죽음의 다섯 손가락〉은 미국영화산업의 구조 변화와 워너브라더스의 새로운 사업 방향을 잘 보여준다. 이 영화는 미국 극장가에 상륙하기 7개월 전부터, 워너브라더스가 구축한 해외배급망에서 이미 좋은 성적을 거두었다. 즉, 〈죽음의 다섯 손가락〉은 미국 개봉에 앞서 이탈리아, 독일, 영국을 비롯한 유럽국가와 레바논, 이란, 이집트를 포함한 중동국가에 배급되었고 흥행에 성공했다. 마크 워바Mark Werba는 『버라이어티』에 "이제 그들[쿵푸영화]은 동양과 중동을 휩쓸고 유럽시장에서 점수를 얻고 있다"고 기술했다.[65] 더욱이 워너텔레비전의 TV시리즈 〈쿵푸Kung Fu〉의 성공은 워너브라더스가 〈죽음의 다섯 손가락〉을 미국 영화시장에 배급하는 데 강한 확신을 주었다. 이 영화는 스튜디오의 첫 번째 '홍콩산' 제품이었다. 1973년 워너브라더스가 이 영화를 매입했을 때, 스튜디오는 이미 홍콩 영화제작사골든하베스트, 협화전영공사(協和電影公司)와의 첫 번째 합작영화 〈용쟁호투龍爭虎鬥〉로버트 클라우즈(Rober Clouse) 감독, 1973년를 제작하던 중이었다. 블랙스플로이테이션blaxploitation 영화 두 편 — 〈클레오파트라 존스Cleopatra Jones〉잭 스타렛(Jack Starrett) 감독, 1973년, 〈슈퍼 플라이 TNTSuper Fly TNT〉론 오닐(Ron O'Neal) 감독, 1973년 — 도 제작 중이었다.[66] 워너텔레비전은 ABC-TV에

납품하는 TV 시리즈 〈쿵푸〉를 정기적으로 제작하고 있었다. 첫 번째 에피소드는 1972년 8월 15일 ABC-TV의 TV용 영화프로그램 "이주의 영화Movie of the Week"에서 방영되었다.[67] 백인배우 데이비드 캐러딘David Carradine이 소림사의 (미국인과 중국인이 섞인) 혼혈인 승려 콰이 창 케인Kwai Chang Caine 역을 맡았다. 황금시간대에 방영된 〈쿵푸〉는 큰 성공을 거두며 시즌 3까지 총 62개의 에피소드가 방영되었다.

쿵푸가 미국에 들어오기 전, 그 길을 닦아준 것은 인기 TV시리즈 〈그린 호넷The Green Hornet〉ABC, 1966~67년이었다. ABC는 일전에 〈홍콩Hong Kong〉1960~61년이라는 프로그램을 방영했는데, 이 프로그램의 인기에 힘입어 〈그린 호넷〉역시 같은 네트워크에서 제작하고 방영하는 데 성공했다. 쿵푸의 인기에 〈그린 호넷〉은 특히나 중요했다. 이 시리즈의 주인공인 용감한 신문사 기자 브릿 리드Britt Reid, 반 윌리엄스(Van Williams) 분는 그의 '심부름꾼'이자 비밀리에 활동하는 무술가 카토Kato와 함께 늘 범죄에 맞서 싸웠다. 카토를 연기한 배우는 다름 아닌 이소룡이었다. 〈그릿 호넷〉이 어느 정도 성공을 거두자, 이소룡은 미국 TV 프로그램에서 주연으로 출연하기를 원했다. 그는 주연 배역을 따낼 요량으로 무술 프로젝트인 〈워리어The Warrior, 이후 〈쿵푸〉로 제목 변경〉의 기획개발을 자처해서 돕기도 했다. 그러나 이소룡의 전기를 쓴 카림 압둘-자바Karrem Abdul-Jabbar에 따르면, 이소룡은 "TV 네트워크에 뿌리 깊은 인종차별"로 인해 주연 역을 얻지 못했다.[68] 크게 실망한 이소룡은 미국을 떠나 홍콩으로 건너갔고, 홍콩에서 무협영화에 출연하며 국제적 스타가 되었다. 그가 출현한 대표적 영화로는 〈당산대형唐山大兄〉1971년, 〈정무문精武門〉1972년, 〈맹룡과강猛龍過江〉1972년 등이 있다.

워너브라더스는 미국에서 쿵푸문화의 인기가 나날이 높아지는 것을 알아챘다. 당시 미국에서 출판되는 서적과 만화책에서부터 미술전시와

스트리트 패션에 이르기까지, 쿵푸에 향한 대중의 관심이 곳곳에 반영되어 있었다. 특히 필라델피아, 로스앤젤레스, 뉴욕, 시카고를 비롯해 대도시에 거주하는 흑인과 아시아계 미국인, 그리고 히스패닉 청년들은 쿵푸영화의 열렬한 지지자가 되었다. 앞서 언급했듯이, 워너브라더스와 같은 메이저 스튜디오가 이 사업에 진출하기에 전에 아메리칸 인터내셔널 픽처스와 내셔널 제너럴 픽처스 등의 중소배급사가 이미 이러한 유행을 포착했다. 그러나 당시 홍콩영화 대부분은 여전히 차이나타운 극장가에서 주로 상영되었다.

1960년대 중반에 이르면, 쇼브라더스는 뉴욕, 샌프란시스코, 로스앤젤레스를 비롯한 미국 주요 도시에 20개의 이상의 극장을 갖고 있었다. 1960년대 후반부터 1970년대 초까지 중국문화가 미국 주류문화에 녹아들기 시작하면서, 미국으로 수입된 홍콩영화 대부분에 영어와 중국 자막이 달렸다. 1960년대 후반 쇼브라더스 영화의 관객 대부분은 여전히 중국계였다. 하지만 스튜디오는 전 세계 관객을 대상으로 영화를 제작하기 시작했다.[69] 따라서 워너브라더스가 〈죽음의 다섯 손가락〉을 배급하기로 결정한 것은 결코 일회성 이벤트가 아니었다. 이 영화의 배급 결정은 지밀하게 준비된 마켓팅 조사와 전략에 근거한 것이었다. 워너브라더스가 미국으로 수입한 최신 홍콩영화는 아프리카계 미국인 커뮤니티가 거주하는 인근 영화관을 겨냥한 것이었고, 워너브라더스는 엑스플로이테이션을 즐기는 관객의 관심을 끌어 더 넓은 영화시장을 공략하려 했다.[70]

1973년 3월 21일 워너브라더스는 〈죽음의 다섯 손가락〉을 뉴욕, 샌프란시스코, 로스앤젤레스를 비롯한 35개 지역에서 개봉했다. 이 영화에 대한 첫 번째 평가는 엇갈렸다. 『버라이어티』는 이 영화는 "정교하게 촬영되었으며 다채로운 연출이 돋보인다. 정창화의 연출이 강력한 힘을 선사한다"고 호평하면서, "특히 ABC-TV의 〈쿵푸〉 시리즈의 성공에 비추어 볼 때" 이 영화가 엄청난 반응을 불러일으킬 것이라고 예측했다.[71] 반면 『뉴욕타임스』의 평론가 로저 그린스펀Roger Greenspun은 다른 견해를 내놓았다. 그는 "영화가 지나치게 과장되고 쓸데없이 거칠다"고 혹평했다. 심지어 그는 "영화 자체가 농담같이 받아들여질 수 있다"고 전망했다.[72] 〈죽음의 다섯 손가락〉은 4월 4일 미국 내 박스오피스 1위에 오르며 미국 영화시장에 데뷔했다. 이 영화는 주요 도시뉴욕, 샌프란시스코, 로스엔젤레스에 위치한 개봉관 1곳과 상영관 53곳에서 상영되었고, 상영 첫 주에만 미화 69만 6천 달러의 수익을 올렸다. 결과적으로 〈죽음의 다섯 손가락〉은 아무도 예상하지 못했던 수익, 미화 460만 달러를 워너브라더스에게 선사했다.[73]

〈죽음의 다섯 손가락〉이 거둔 뜻밖의 성공에 대해 『버라이어티』는 이 영화가 액션을 좋아하는 흑인과 백인 팬들을 한데 모았으며, "더빙을 선호하고 아수라장의 모습에서 웃음을 찾는 캠프 추종자"를 극장으로 불러들인 덕분이라고 결론지었다. 또한 이 영화의 성공은 마치 "작년[1972년]에 불었던 〈슈퍼 플라이〉 현상"을 연상시킨다고 평가했다.[74] 『뉴욕타임스』와 마찬가지로 『버라이어티』도 이 영화를 향해 대중이 보인 경이로운 반응을 최근 상업적으로 성공한 블랙스플로이테이션 영화 덕분이라고 분석했다. 그러나 〈죽음의 다섯 손가락〉에 대한 대중의 현장 반응은 언론인들과 평론가들이 내린 결론과 분석보다 훨씬 더 뜨거웠다. 일례로 맨해튼 관객들의 반응을 지켜본 톰 코스트너Tom Costner는 "[관객들은 영화에서] 선량한 사내들이 악과 불의에 맞서 일격을 가할 때 환호했는데, 나는 이보다 더 큰 함성을 들어본 적은 없는 것 같다. 브로드웨이 초연 공연장의 관객들보다 나중에 영화를 관람한 42번가의 관객들이 더 단합된 모습을 보여주며 악당들에 맞섰다"고 말했다.[75] 이 영화의 흥행 이유와 관련하여,

코스트너는 일상의 압박에서 벗어날 수 있는 판타지적 탈출구가 사람들에게 필요했다고 주장했다. 그는 〈프렌치 커넥션The French Connection〉윌리엄 프리드킨(William Firedkin) 감독, 1971년과 〈슈퍼 플라이〉의 성공도 〈죽음의 다섯 손가락〉과 같은 방식으로 논의될 수 있다고 덧붙였다.

1973년 8월 25일 워너브라더스와 골든하베스트, 그리고 이소룡의 협화전용공사의 합작영화 〈용쟁호투〉가 미국에서 개봉했다. 워너브라더스는 이 영화를 미국 전역에서 동시 상영하기 일주일 전 뉴욕에서 먼저 개봉했고, 영화는 개봉 3일 만에 미화 104,312달러에 달하는 기록적 수익을 달성했다.[76] 『뉴욕타임스』는 입장을 바꾸고 긍정적인 영화평을 내놓았다. 『뉴욕타임스』에 영화평을 실은 저널리스트 하워드 톰슨Howard Thompson은 〈용쟁호투〉가 "잘 만들어지고 잘 짜여졌다"고 평가했고, 이 영화가 실로 놀라운 점은 "워너브라더스가 이전에 수입했던 영화들과 달리, 영화에 활용된 카부스caboose가 정말 잘 만들어졌다는 점이다"라고 호평했다.[77] 톰슨은 글의 말미에서 마이클 앨린Michael Allin의 각본과 로버트 클라우즈의 연출은 합이 잘 맞는 "명쾌한 대화"라고 찬사를 보낸 반면, 수입 홍콩영화에 대해서는 "본질적으로 조잡한 작품"이라고 비하했다.[78] 이와 같은 긍정적 영화평과 워너브라더스의 공격적인 마케팅 전략에 힘입어, 〈용쟁호투〉의 상영지역은 로스앤젤레스, 뉴욕, 샌프란시스코, 시카고, 디트로이트, 필라델피아 등 11개 도시로 확대되었다. 이 영화는 미국 개봉 2주차에 12개의 개봉관과 11개의 상영관에서 관객들과 만났다. 〈용쟁호투〉는 미화 802,280달러를 벌어들이며, 『버라이어티』의 미국 내 박스오피스 차트에서 1위를 차지했다. 미국 영화문화의 역사에서 1973년 9월과 10월은 가히 쿵푸영화의 전성기라고 할 수 있었다. 데이비드 데서David Desser가 상세히 추적한 바에 따르면, 쿵푸영화는 9월과 10월, 총 8주 중 5주 동안 상위권을 차지했다.[79] 〈용쟁호투〉, 〈흑연비수合氣道〉황풍 감독, 1972년, 〈흑로黑路〉황풍 감독, 1973년는 박스오피스 차트에서 모두 1위를 기록했고, 1973년 말 〈용쟁호투〉는 미국 내 극장 수익만 미화 천만 달러를 돌파했다.

미국에서 제작된 최초의 쿵푸영화인 〈용쟁호투〉는 '홍콩에서 제작된' 전작들과는 다른 길을 걸어갔다. 워너브라더스는 더 많은 관객층에게 다가가기 위해 노력했다. 다시 말해 워너브라더스는 장르영화를 안정적으로 떠받치는 관객층뿐 아니라 백인, 아프리카계 미국인, 히스패닉 영화팬들을 사로잡기 위해 공들였다. 『버라이어티』는 〈용쟁호투〉가 백인과 흑인, '동양인' 등 국제적 캐스팅을 감행하고, '중국산 액션영화'로 불리는 작품들보다 뛰어난 스토리라인으로 구성되어 있으며, "워너브라더스가 진행한 권위 있는 캠페인" 덕분에 성공했다고 기술했다.[80] 실제로 워너브라더스의 홍보캠페인은 이례적인 시도였다. 워너브라더스의 홍보부 책임자 어니 그로스만Ernie Grossman은 영화 홍보에 무료 가라데 강습, 삽화 플립북, 만화책, 포스터, 라디오 및 TV 광고, 인터뷰 등을 활용했다.[81] 게다가 이소룡의 갑작스러운 사망소식은 입소문을 타고 퍼져 결과적으로 〈용쟁호투〉를 홍보하는 데 도움이 되었다. 『에스콰이어Esquire』, 『타임』, 『월스트리트저널The Wall Street Journal』, 『뉴스위크Newsweek』를 비롯한 미국의 주요 간행물과 유명 잡지사들은 모두 앞다투어 이소룡의 '예상치 못한' 사망소식을 보도했다.

아시아 간 문화노동 분업

쇼브라더스와 골든하베스트, 그리고 홍콩의 소규모 독립 영화제작사들은 계속 증가하는 쿵푸영화에 대한 전 세계 수요를 충족하기 위해 영화를 제작하느라 분주했다. 그러나 쿵푸영화를 향한 수요는 홍콩 현지 영화산업의 수용 능력을 훨씬 초과했다. 그 결과, 내가 '아시아 간 문화노동 분업inter-Asian division of cultural labor'이라고 부르는 현상이 1974년부터 전례 없이 빠른 속도로 진행되었다. 홍콩 영화제작자들은 쿵푸영화제작에 다년간 참여한 경력이 있으며, 영화제작을 안정적으로 그리고 빠르게 완성할 수 있는 하청업체가 절실히 필요했다. 또한 발차기를 할 수 있는 남배우와 노출 연기를 감행할 여배우가 더 많이 필요했다. 유럽-미국계 회사가 자금을 지원했고, 홍콩 영화경영진들도 영화제작을 위해 송금할 자본을 갖고 있었다. 이런 배경 속에서 한국과 대만은 표준화된 쿵푸영화를 제작하는 이 유례없는 경쟁에 뛰어들었다.[82] 지오바니 아리기Giovanni Arrighi는 냉전체제 아래 민족주의가 솟구치면서 "아시아 내에서 상대적으로 저임금 산업국가와 고소득 국가 간의 치열한 경쟁 조건"이 형성되었다고 주장한다.[83] 이와 같은 경쟁조건은 영화산업에서 본격적으로 전개되었다. 1970년대 중반, 한국과 대만은 자국의 저임금·숙련인력을 활용하여 경쟁에 나섰다. 이들의 조건은 확실히 홍콩 영화경영진들의 관심을 끌었다. 도시국가인 홍콩은 상대적으로 고소득 식민지였기에, 홍콩 영화경영진들에게 한국과 대만이 내세운 조건은 매력적으로 다가왔다. 가장 큰 매력은 무엇보다 두 국가의 각 스튜디오에 어떠한 제재 없이 미국달러를 바로 송금할 수 있는 환경이었다. 그 결과 1974년부터 1976년까지 홍콩에서 300편이 넘는 쿵푸영화가 제작되었지만, 이중 약 3분의 1에 해당하

는 영화들은 홍콩에서 개봉된 적조차 없었다.[84]

경쟁에 뛰어든 건 메이저 스튜디오만이 아니었다. 홍콩과 대만, 그리고 한국에 있는 소규모 영화제작사와 독립제작사도 적극적으로 경쟁에 나섰다. 비록 한국은 무술영화 관련 인지도가 높지는 않았지만 정창화, 남석훈, 황정리를 비롯한 몇몇 감독들과 배우들이 홍콩영화계에서 활발히 활동하기 시작했다. 액션영화 감독 김시현은 당시의 독특한 관행에 대해 이렇게 회고했다.

> 서울에는 홍콩과의 네트워크를 지닌 '브로커'가 몇 명 있었습니다. 예를 들어, 제 영화 〈흑거미〉는 미화 3만 6천 달러에 홍콩에 수출되었죠. 영화가 수출된 후, 제가 연출한 액션영화[그에 따르면, 태권도 영화] 여러 편이 홍콩에 先판매되었습니다. 대체로 저는 미화 3천에서 5천 달러를 먼저 받았고, 영화가 완성되면 홍콩 영화제작사가 2만 5천에서 3만 달러의 잔금을 지급했어요. 황가달黃家達 같은 홍콩 쿵푸스타가 제 영화에 한두 번 출연하긴 했지만, 자주 출연하지는 않았습니다. 그는 매우 비싼 배우였거든요. 그래서 우리는 한국배우를 고용하고 그들에게 '홍콩식' 가명을 쓰게 했습니다.[85]

1970년대 중반 한국영화산업은 국내 및 해외 영화시장을 겨냥한 무술 배우가 대거 필요해졌다. 사실 한국영화계는 이런 종류의 영화를 만들어 본 전통이 없었기 때문에 무술 배우의 인력 풀은 매우 부족했다. 1974년부터 1976년까지 한 무리의 한국 이민자들이 영화계에서 일하기 위해 귀국했다. 이들은 북미와 프랑스에서 태권도장을 운영해 온 태권도 사범 이준구와 한용철 그리고 김웅경바비 킴(Bobby Kim)이었다. '한국의 찰스 브론슨Charles Bronson'으로 알려진 김웅경은 미국 콜로라도에 태권도장 3곳을 소유하고 있었다. 그는 1974년 태창흥업과 계약을 체결했다. 이소룡의 친구로도 유명한 김웅경 사범은 "한국영화를 수출하고 외화를 벌어들이는 것"이 그의 유일한 목표라고 공언했다.[86] 해외에서 온 '진짜' 무술 전문가들의 존재 덕분에, 한국영화계는 국내에서도 액션영화가 엄청난 인기를 얻고 있다는 점을 파악했다. 엄격한 수입영화 쿼터로 인해, 그때까지만 해도 한국 관객들이 홍콩에서 제작된 쿵푸영화를 접할 기회는 매우 제한적이었다. 초기에는 극소수의 영화 몇 편만 국내에 소개되었다. 이소룡의 〈당산대형〉과 〈정무문〉은 다른 외국영화들을 제치고 국내의 수입영화 기록을 경신했다. 이두용, 고영남, 김시현, 김효천 감독은 국내시장을 겨냥한 액션영화를 잇달아 제작했다. 1974년 한 해에만 무려 26편의 무술영화가 개봉했다. 이는 그해 제작된 전체 한국영화의 20퍼센트에 해당하는 편수였다. 그러나 이 중 대부분은 국내 영화시장에 배급조차 되지 않았다. 황정리, 황인식, 권영문, 왕호일명 카사노바 왕(Casanova Wong)가 배우로서 두각을 나타냈고, 이들은 곧 홍콩에 진출했다. 쇼브라더스의 전직 임원이었던 오사원吳思遠은 자신의 감독 데뷔작인 〈남권북퇴南拳北腿〉1976년에 황정리를 캐스팅했다. 오사원이 1975년에 새로 설립한 사원영업공사思遠影業公司가 영화제작을 맡았다. 〈남권북퇴〉의 흥행 이후, 황정리는 홍콩에서 명성을 얻었고 그곳에 7년간 더 머물렀다.[87] 이러한 노동 분업은 한동안 잘 유지되었지만, 1970년대 후반 세계 영화시장에서 쿵푸영화에 대한 열기가 차차 사그라들면서 1980년대 중반 자취를 감췄다.

쿵푸 열풍 이후

전 세계를 강타했던 쿵푸 열풍은 1976년 쇠퇴할 조짐을 보였다. 할리우드 스튜디오의 B급 영화를 대체해 온 쿵푸영화는 세계 영화시장의 주요 관객층에게 갑자기 외면당하기 시작했다. 이에 앞서 레이먼드 초우는 1973년 "영화시장에 쿵푸영화가 넘쳐날 것이다. 그저 그런 쿵푸영화가 너무 많이 나오면 쿵푸에 대한 초기 호기심이 사라질 수 있다"고 예견했다.[88] 그의 우려는 적중했다. 레이먼드 초우가 적확하게 예측한 대로, 관객을 만족시키지 못한 저급한 쿵푸영화가 너무 많이 제작되면서 관객들은 흥미를 잃어버렸고, 그 결과 1970년대 후반 쿵푸장르는 영화시장에서 점차 사라지게 되었다. 가장 중요한 점은 '홍콩산' 쿵푸영화의 최대 시장인 미국영화산업이 블록버스터와 멀티플렉스의 시대에 접어든 점이었다. 이로 인해 대도시 지역의 극장은 하나둘씩 문을 닫고 있었다.

한편 범죄 스릴러영화 〈도회跳灰〉렁포치(梁普智) 감독, 1976년가 홍콩 영화시장에서 큰 인기를 끌었다. 홍콩 시민들은 쇼브라더스처럼 구식에 갇힌 제작사가 제공하지 못하는 영화, 즉 사실적이고 지역 중심의 영화를 더 많이 보고 싶어 했다. 뉴 웨이브 감독인 허안화許鞍華, 서극徐克, 담가명譚家明이 업계의 판도를 완전히 바꿔놓았다. 쇼브라더스의 감독 초원과 유가량劉家良은 고룡古龍의 무협소설을 각색하여 1960년대 무술영화의 인기를 되살렸다. 초원은 〈유성호접검流星蝴蝶劍〉1976년과 〈천애명월도天涯明月刀〉1976년를 연출했고, 유가량의 〈소림 36방少林卅六房〉1976년과 〈홍희관洪熙官〉1976년은 소림사라는 새로운 흐름을 만들었다. 그럼에도 쇼브라더스의 전성기는 지나간 것이 분명했다. 쇼브라더스를 대표하던 유가휘劉家輝는 1980년대 내내 아시아 영화시장을 꽉 붙잡았던 골든하베스트의 성룡成龍을 당할 수 없었다. 영화업계에서 점점 영향력을 잃어가던 런런쇼와는 달리, 레이먼드 초우의 야심은 계속 커져 갔다. 이에 따라 골든하베스트는 영어 영화제작을 담당하는 특별 부서를 만들었다.[89] 이 특별 부서는 〈암스테르담의 음모荷京喋血, 영어 제목 The Amsterdam Kill〉로버트 클라우즈 감독, 1977년와 〈3중대의 병사들The Boys in Company C〉시드니 J. 퓨리(Sydney J. Fury) 감독, 1978년, 그리고 성룡을 세계적 스타로 만들고자 했던 기획인 〈성룡의 살수호殺手壕, 영어 제목 The Big Brawl〉로버트 클라우즈 감독, 1980년를 제작했다.[90] 그러나 기대와 달리 대규모 예산이 투입된 '글로벌' 프로젝트는 골든하베스트에 큰 손실을 남겼고, 이후 레이몬드 초우는 현지 영화시장에 집중하기로 결정했다. 골든하베스트는 성룡을 위한 주요 시장을 찾았다. 바로 일본이었다. 성룡의 〈폴리스 스토리警察故事〉1985년가 일본에서 흥행 돌풍을 일으켰다. 이 영화뿐만 아니라 성룡의 모든 영화가 일본, 대만, 한국, 동남아시아 지역을 비롯한 아시아 전역에서 엄청난 수익을 올렸다.

　반면 쇼브라더스에게는 레이먼드 초우의 비전과 같은 것이 없었다. 레이먼드 초우가 쇼브라더스를 떠날 때, 그의 자리를 이어받은 퐁얏와方逸華는 유럽과 미국에서 급변하고 있던 영화계 판도를 잘 포착하지 못했다. 그녀는 유럽의 영화제작사와 B급 영화를 공동제작하겠다는 잘못된 결정을 내렸고, 이 결정은 결국 쇼브라더스의 평판과 세계적 영향력에 막심한 피해를 입혔다.[91] 1974년부터 1976년까지 쇼브라더스는 영국의 유명한 공포영화 스튜디오 해머픽처스Hammer Pictures와 〈7인의 황금악마七金屍, 영어 제목 Legend of the Seven Golden Vampires〉로이 워드 베이커(Roy Ward Baker) 감독, 1974년 그리고 〈샤터奪命刺客, Shatter, 일명 Call Him Mr. Shatter〉몬테 헬만(Monte Hellman) 감독, 1974년를 공동제작했다.[92] 워너브라더스의 〈클레오파트라 카지노 정복Cleopatra Jones and the Casino of Gold〉찰스 베일(Charles Bail) 감독, 1975년은 쇼브라더스의 시설에서 촬영되었다.[93] 이외에도 쇼브라더스가 서양권 영화제작사와 공동제작한 영화로는 〈양기〉, 〈사왕일후四王一后, 영어 제목 Supermen against the Orient〉비토 알베르티니(Bitto Albertini) 감독, 1974년, 〈슈퍼맨 대 아마존三超人與女霸王, 영어 제목 Supermen Against the Amazon〉알폰소 브레시아(Alfonso Brescia) 감독, 1974년, 〈이번엔 당신을 부자로 만들게요財星高照, 이탈리아어 제목 Questa volta ti faccio ricco!〉지안프랑코 파롤리니(Gianfranco Parolini) 감독, 1974년, 〈성성왕猩猩王, 영어 제목 Mighty Peking Man〉호맹후아 감독, 1976년 등이 있다. 쇼브라더스는 이탈리아 미디어계의 거물 카를로 폰티Carlo Ponti와 쿵푸-서부극 〈총잡이와 소림 고수龍虎走天涯〉앤서니 도슨(Anthony Dawson) 감독, 1975년를 공동제작했다. 카를로 폰티는 이 영화에 리 밴클리프Lee Van Cleef와 로웨이羅烈를 캐스팅했는데, 이 캐스팅 구도는 성룡-오웬 일슨Owen Wilson 주연의 〈상하이 나이츠Shanghai Knights〉데이빗 돕킨(David Dobkin) 감독, 2003년의 전신이라고 볼 수 있다.[94] 〈총잡이와 소림 고수〉는 〈블러드 머니Blood Money, 이탈리아어 제목 Là dove non batte il sole〉라는 제목으로도 알려져 있다. 쇼브라더스의 해외제작 책임자인 추아람은 어느 인터뷰에서 "당시 외국 제작사들은 홍콩에서 신뢰할 수 있는 제작사를 찾아 협업하기를 원했습니다. 계약조건에 따라, 쇼브라더스는 현지에서 소요되는 모든 제작비를 부담하고 해당 영화의 동남아시아 판권을 소유했습니다"라고 말했다.[95]

이러한 노력에도 불구하고, 런런쇼의 글로벌 프로젝트는 국내시장과 해외시장 모두에서 저조한 성적을 거두었다. 외국 제작사와의 합작영화 중 단 한 편도 홍콩 박스오피스에서 좋은 기록을 남기지 못했다.[96] 쇼브라더스가 맞닥트린 최악의 참사는 아메리칸 인터내셔널 픽처스와 공동제작한 SF 재난영화 〈지구의 대참사Meteor〉로널드 님(Ronald Neame) 감독, 1979년였다. 미화 1,600만 달러가 투입된 이 블록버스터 영화는 겉으로 보기에 그해 여름을 강타할 흥행작이 될 모든 조건을 갖춘 것처럼 보였다. 더욱이 이 영화를 완성하기 위해, 〈포세이돈 어드벤처Poseidon Adventure〉1972년와 〈오뎃사 파일Odessa File〉1974년을 연출한 베테랑 감독 로날드 님Ronald Neame이 고용되었다. 숀 코너리Sean Connery와 나탈리 우드Natalie Wood가 주연을 맡았다. 그러나 이 영화는 그해 최악의 흥행 실패작이 되었다. 또한 쇼브라더스가 할리우드에 공들여 투자한 리틀리 스콧Ridley Scott의 〈블레이드 러너Blade Runner〉1982년는 투자지분을 회수하는 데 실패했다. 이후 런런쇼는 서구 영화시장 진출을 중단했고, 쇼브라더스는 몇 년 후 영화제작을 전면 중단했다.

1970년대 말 무렵, 기존 메이저 스튜디오 대부분은 더 이상 영화를 제작하지 않게 되었다. 1960년대와 1970년대 쇼브라더스의 아시아 지역 파트너이자 경쟁사였던 신필름은 정부의 압력으로 1975년 사업을 접었다. TV의 인기가 상승하면서 한국영화산업의 모든 분야가 힘을 잃어가는 상황이었다. 마찬가지로 대만 영화산업도 '저급한' 무협영화와 멜로드라마의 남발로 어려움을 겪고 있었고, 대만 관객들의 관심은 외국영화로 옮겨갔다.

이 책에서 '아시아스튜디오 네트워크'라고 부른 아시아 영화스튜디오의 시대는 이렇게 막을 내린다.

주석

1 Steve Fore, "Golden Harvest Films and the Hong Kong Movie Industry in the Realm of Globalization", *The Velvet Light Trap* 34, Fall 1994, p.42

2 Michael Curtin, "Media Capital : Toward the Study of Spatial Flows", *International Journal of Cultural Studies* 6, no.2, 2003, p.205

3 위의 책, p.222

4 Catherine R. Schenk, *Hong Kong as an International Financial Centre : Emergence and Development 1945~65*, London : Routledge, 2001, p.137

5 Stephanie Po-Yin Chung, "Moguls of the Chinese Cinema : The Story of the Shaw Brothers in Shanghai, Hong Kong and Singapore, 1924~2002", *Modern Asian Studies* 41, no.1, 2007, p.66

6 Stephanie Po-yin Chung, "The Industrial Evolution of a Fraternal Enterprise", p.2.

7 Stephanie Po-Yin Chung, "Moguls of the Chinese Cinema", p.669

8 "Shaw's Cinema Net in Singapore and Malaysia", *Nan Guo Dian Ying*[Southern screen] 2, January 1957, p.3.

9 쇼 말레이 프로덕션은 1939년에 설립되었다. 1957년까지 이 스튜디오는 100편이 넘는 영화를 찍어냈고, 영화 대부분은 현지 언어로 제작되었다. 이에 대해서는 다음을 참조. Raphaël Millet, 앞의 책; Jan Uhde·Yvonne Ng Uhde, 앞의 책.

10 Kean Fan Lim, "Transnational Collaborations, Local Competitiveness : Mapping the Geographies of Filmmaking in/through Hong Kong", *Geografiska Annaler, Series B. Human Geography* 88, no.3, 2006, p.346

11 "Shaw's Cinema Net in Singapore and Malaysia", pp.2~5.

12 "Shaw Adds 22 New Theatres in Two Years", *Nan Guo Dian Ying*[Southern screen] 21, September 1958, pp.6~9.

13 "Shaw Adds 3 New Theatres to Chain in February", *Nan Guo Dian Ying*[Southern screen] 25, February 1959, pp.3~4.

14 "Shaw's Chain of Theatres", *Nan Guo Dian Ying*[Southern screen] 47, January 1962, pp.62~63.

15 Poshek Fu, "Hong Kong and Singapore : A History of the Cathay Cinema", *The Cathay Story*, p.66.

16 다음을 참조. "Miss Kikuko", *Guo Ji Dian Ying*[International screen], December 1955, pp.14~19; "Merry-Go-Round", *Guo Ji Dian Ying*[International screen], January 1956, pp.14~15; "Motion Pictures Produced on International Cooperation Standard", *Guo Ji Dian Ying*[International screen], January 1956, pp.4~5.

17 스테파니 드보어(Stephanie DeBoer)는 그의 저서 제1장에서 이 3부작 중 처음 두 편을

다루고 있다. 다음을 참조. Stephanie DeBoer, *Coproducing Asia*, pp.1~24.

18 "Miss Yu Ming, the Reigning Movie Queen of Asia", *Guo Ji Dian Ying*[International screen], June 1960, pp.11~14; "Yu Ming Interviewed by Tokyo Newsmen", *Guo Ji Dian Ying*[International screen], December 1961, pp.17~18; "Yu Ming Filming in Japan", *Guo Ji Dian Ying*[International screen], May 1962, p.27; "Wild Welcoming for Yu Ming," *Guo Ji Dian Ying*[International screen], May 1962, pp.28~29; "A Letter from Lucilla Yu Ming", *Guo Ji Dian Ying*[International screen], May 1963, pp.21~24.

19 "Shaw's New Studio Opened", *Nan Guo Dian Ying*[Southern screen], January 1962, pp.30~33; "Visit Shaw's Movie Town with Ling Po", *Nan Guo Dian Ying*[Southern screen], January 1963, pp.30~35.

20 "Shaw Studio in 1968", *Nan Guo Dian Ying*[Southern screen], January 1969, pp.3~4.

21 Poshek Fu, "The 1960s : Modernity, Youth Culture, and Hong Kong Cantonese Cinema", *The Cinema of Hong Kong : History, Art, Identity*, ed. Poshek Fu · David Desser, Cambridge : Cambridge University Press, 2000, pp.81~82.

22 위의 책, pp.73~74

23 Tan See Kam, "Shaw Brothers' Bangpian : Global Bondmania, Cosmopolitan Dreaming and Cultural Nationalism", *Screen* 56, no.2, Summer 2015, p.207

24 "Airlines in Asia : Cathay Pacific", *Far Eastern Economic Review*, August 11, 1960, pp.331~33.

25 Leung Ping-kwan, "Urban Cinema and the Cultural Identity", *Fu and Desser*, The Cinema of Hong Kong, p.377

26 Poshek Fu, 앞의 책, pp.81~82.

27 Kinnia Yau Shuk-ting · June Pui-wah, "Transnational Collaborations and Activities of Shaw Brothers and Golden Harvest : An Interview with Chua Lam", *Hong Kong Cinema Retrospective : Border Crossings in Hong Kong Cinema*, Hong Kong : Hong Kong Film Archive, 2000, p.140

28 1960년대 홍콩에서 일본영화는 홍콩영화의 핵심 관객층인 학생과 화이트칼라 계층에 비해, 영화에 더 높은 관심과 충성도를 보이는 중산층 관객을 보유하고 있었다. 이에 대해서는 다음을 참조. Emilie Yueh-yu Yeh · Darrell William Davis, "Japan Hongscreen : Pan-Asian Cinemas and Flexible Accumulation", *Historical Journal of Film, Radio, and Television,* 22, no.1, 2002, pp.61~82.

29 이노우에 우메츠구가 홍콩에서 활동한 경력에 대해서는 다음을 참조. Darrell William Davis · Emilie Yueh-yu Yeh, "Inoue at Shaws", *The Shaw Screen : A Preliminary Study*, ed. Wong Ain-ling ,Hong Kong : Hong Kong Film Archive, 2003, pp.255~71.

30 "Spycatcher Pei-pei's Deadly Mission", *Nan Guo Dian Ying*[Southern screen], May 1966, pp.4~5.

31 "Japanese Directs Society Exposé", *Nan Guo Dian Ying*[Southern screen], June 1966,

pp.28~31.

32 다음을 참조. "Interpol", *Nan Guo Dian Ying*[Southern screen], November 1966, pp.24~25; "Jenny in Love Triangle", *Nan Guo Dian Ying*[Southern screen], August 1968, pp.30~33.

33 "Asiapol", *Nan Guo Dian Ying*[Southern screen], January 1967, p.50. 쇼브라더스는 한국의 액션장르 영화감독도 영입했다. 홍콩에서 〈순간은 영원히〉(1966년)가 인상적인 흥행성적을 거둔 후, 1968년 정창화 감독이 쇼브라더스에 합류했다. 정창화가 홍콩에서 활동한 경력에 대해서는 다음을 참조. Aaron Han Joon Magnan-Park, "Restoring the Transnational from the Abyss of Ethnonational Film Historiography : The Case of Chung Chang Wha", *Journal of Korean Studies* 16, no.2, Fall 2011, pp.249~83. 다음도 함께 참조. 이상준, 「정창화 감독과 아시아 합작영화의 시대」, 『영화천국』 21호, 2011.8, pp.28~31.

34 1956년 젊은 작가 이시하라 신타로의 소설 『태양의 계절(太陽の季節)』이 일본에서 가장 권위 있고 보수적인 문학상인 아쿠타가와(芥川)상을 수상했다. 이시하라의 소설은 부유하지만 악랄하고 나태한 등장인물을 묘사하며 문화적 센세이션을 일으켰다. 언론인들은 이시하라의 소설에서 영감을 받아, "여름휴가 동안 해변을 배회하는" 전후 세대를 가리키는 용어로 '태양족'을 만들었다. Sato Tadao, *Currents in Japanese Cinema*, trans. Gregory Barrett, Tokyo and New York : Kodansha International, 1982, p.212

35 마이클 레인(Michael Raine)은 이시하라 유지로의 초창기 경력이 현대 일본의 대중문화가 지닌 사회적이고 미학적 조건을 상징적으로 보여준다고 해석한다. 이에 대해서는 다음을 참조. Michael Raine, "Ishihara Yujiro : Youth, Celebrity, and the Male Body in late-1950s Japan", *Word and Image in Japanese Cinema*, ed. Dennis Washburn·Carole Cavanaugh, Cambridge : Cambridge University Press, 2010, pp.202~25.

36 Kinnia Yau Shuk-ting, "Interview with Umetsugu Inoue", *Border Crossings in Hong Kong Cinema*, pp.145~46.

37 쇼브라더스는 동남아시아 영화시장에 반일 정서가 여전히 강하게 남아있기 때문에, 일본인 감독의 이름을 앞세우면 영화배급에 걸림돌이 될 수 있다고 판단했다. 따라서 런런쇼는 쇼브라더스와 계약한 일본 감독들에게 중국 이름을 사용하도록 요구했다. 이노우에 우메츠구는 자신의 이름을 그대로 사용하길 고집했지만, 나머지 일본 감독들은 그들의 중국 이름을 크레딧에 올렸다. 다음을 참조. 위의 책, p.146

38 Yingjin Zhang, 앞의 책, p.180

39 James Kung·Zhang Yueai, "Hong Kong Cinema and Television in the 1970s : A Perspective", *A Study of Hong Kong Cinema in the Seventies, the 8th Hong Kong International Film Festival*, Hong Kong : The Urban Council, 1984, p.14

40 위의 책 p.14

41 위의 책 p.14

42 Hong Kong Film Archive, *Oral History Series 3 : Director Chor Yuen*, Hong Kong : Hong

Kong Film Archive, 2006.

43 그러나 1974년 허관문은 런런쇼를 떠났다. 허관문이 런런쇼를 떠난 것은 자신의 독립 영화제작사 허필름(Hui Film Company)을 세우기 위해서였고, 그는 레이먼드 초우의 골든하베스트와 함께 했다. 1970년대 내내 허관문은 일련의 광동어 코미디영화 각본을 쓰고, 연출하며 출연했다. 그의 영화들은 큰 성공을 거두었다. 대표작으로는 〈미스터 부(鬼馬雙星)〉(1974년), 〈천재여백치(天才與白痴)〉(1975년), 〈반근팔냥(半斤八兩)〉(1976년) 등이 있다.

44 영화는 덴마크에서 사업가로 활동하는 홍콩계 중국남성(청화(宗華) 분)이 매우 자유로운 성적 욕망을 지닌 덴마크 여성(비르테 토브 분)과 사랑에 빠지는 이야기를 다룬다. 그러나 토브의 적극적이고 열정적인 유혹에도, 청화는 끝내 보수적인 중국 여성(리칭 분)과 결혼한다. "With Love from Denmark", *Nan Guo Dian Ying*[Southern screen], March 1973.

45 "Bamboo House of Dolls", *Nan Guo Dian Ying*[Southern screen], January 1974, pp.55~62: "Bamboo House of Dolls", *Nan Guo Dian Ying*[Southern screen], October~November 1973, pp.55~62.

46 Jennifer Fay, "The Schoolgirl Reports and the Guilty Pleasure of History", *Alternative Europe : Eurotrash and Exploitation Cinemas Since 1945*, ed. Ernest Mathijs · Xavier Mendik, London : Wallflower Press, 2004, pp.39~52.

47 위의 글, pp.40~42. 〈여학생 리포터〉는 1960년대 성교육 영화(Aufklärungsfilme)의 요소를 가지고 있었지만, 그럼에도 영화는 어린 여성의 성적 욕망을 착취적인 방식으로 표현하고 있었다. 이 시리즈의 전례 없는 성공으로 서독은 세계 최고의 소프트코어 포르노 제작국이 되었다.

48 Grace L. K. Leung · Joseph M. Chan, "The Hong Kong Cinema and Overseas Market, a Historical Review 1950~1995", *Hong Kong Cinema Retrospective : Fifty Years of Electric Shadows*, Hong Kong : The Urban Council, 1997, pp.143~51.

49 "Moguls of the Chinese Cinema", p.675

50 Odd Arne Westad, 앞의 책, p.412

51 데이비드 데서는 쿵푸 열풍을 역사화하고자 시도했다. 데서에 따르면, 사실 이러한 현상은 세계 영화산업이 빠른 속도로 재편되고, 스파게티 웨스턴과 프랑스 코미디 같은 유럽의 '값싼' 오락영화가 유입되며, 미국산 액션영화가 일시적으로 끊긴 공백에서 기인한 결과였다. 다음을 참조. David Desser, "The Kung Fu Craze : Hong Kong Cinema's First American Reception", *Fu and Desser*, The Cinema of Hong Kong, pp.19~43.

52 Lester D. Friedman, "Introduction : Movies and the 1970s", *American Cinema of the 1970s : Themes and Variations*, ed. Lester D. Friedman, New Brunswick, NJ : Rutgers University Press, 2007, p.2.

53 Tino Balio, *United Artists : The Company That Changed the Film Industry*, Madison : University of Wisconsin Press, 1987, p.303

54 Lester D. Friedman, 앞의 책, p.3.

55 Sheldon Hall · Steve Neale, *Epics, Spectacles, and Blockbusters : A Hollywood History*, Detroit, MI : Wayne State University Press, 2010, p.107

56 Ben Goldsmith · Tom O'Regan, *The Film Studio : Film Production in the Global Economy*, Lanham, MD : Rowman and Littlefield, 2005, pp.11~13.

57 Kevin Heffernan, *Ghouls, Gimmicks, and Gold : Horror Films and the American Movie Business, 1953~1968*, Durham, NC : Duke University Press, 2004, p.136

58 위의 책, pp.135~36.

59 Paul Monaco, *The Sixties : 1960~1969, History of the American Cinema*, Berkeley : University of California Press, 2001, p.15

60 Robert Gustafson, "What's Happening to Our Pix Biz? From Warner Bros. to Warner Communications Inc.", *The American Film Industry*, ed. Tino Balio, Madison : University of Wisconsin Press, 1985, p.575

61 David J. Londoner, "The Changing Economics of Entertainment", *Balio, The American Film Industry*, p.607

62 Robert Gustafson, 앞의 책, p.576

63 위의 책, pp.582~83.

64 위의 책, p.575

65 Mark Werba, "Kung-Fu : Instant Box Office", *Variety*, March 7, 1973, p.7.

66 "Film Production Pulse", *Variety*, March 7, 1973, p.28

67 P. Flanigan, "Kung Fu Krazy or the Invention of the 'Chop Suey Eastern'", *Cineaste* 6, no.3, 1974, pp.8~10.

68 다음에서 인용. Darrel Y. Hamamoto, *Monitored Peril : Asian Americans and the Politics of TV Representation*, Minneapolis : University of Minnesota Press, 1994, pp.60~61.

69 Neela Banerjee, "Chinese Theatre Threatened", *AsianWeek.com*, November 17, 2000. http://www.asianweeks.com/2000_11_17/bay3_greatstartheatre.html.

70 Kevin Heffernan, "Inner-City Exhibition and the Genre Film : Distributing Night of the Living Dead(1968)", *Cinema Journal* 41, no.3, 2002, p.61

71 "Five Fingers of Death", *Variety*, March 21, 1973, p.12

72 "Swish! Thwack! Kung Fu Films Make It", *New York Times*, June 16, 1973, p.14

73 David A. Cook, *Lost Illusions : American Cinema in the Shadow of Watergate and Vietnam, 1970~1979*, Berkeley : University of California Press, 2002) p.266

74 *Variety*, March 28, 1973, p.8.

75 Tom Costner, "Hong Kong's Answer to 007", *Village Voice*, May 17, 1973, p.92

76 *Variety*, August 29, 1973, 8.

77 Howard Thompson, "'Enter Dragon', Hollywood Style", *New York Times*, August 18, 1973, p.26.

78 위의 책, p.26.

79 David Desser, 앞의 책, pp.19~43.

80 "Road to 'Dragon' and $10-Mil", *Variety*, September 19, 1973, p.16

81 Flanigan, "Kung Fu Krazy or the Invention of the 'Chop Suey Eastern'", *Cineaste* 6, no.3, 1974, p.9.

82 「홍콩영화제작자 황풍, '한국은 쿵푸영화 촬영에 이상적'이라고 말하다」, 『한국일보』, 1978.6.12, 5면.

83 Giovanni Arrighi, "States, Market, and Capitalism, East and West", *Positions* 15, no.2, 2007, p.260. 아리기는 전후 그리고 냉전기 동남아시아가 어떻게 재기했는지 세계 체제의 관점에서 비판적으로 분석한 바 있다. 이에 대해서는 다음을 참조. Giovanni Arrighi · Takeshi Hamashita · Mark Sheldon, eds., *The Resurgence of East Asia : 500, 150, and 50 Years Perspective*, London : Routledge, 2003.

84 Grace L. K. Leung · Joseph M. Chan, 앞의 글, pp.136~51.

85 정종화. 「액션영화 만들기-김시현 감독 인터뷰」, 『영화언어』 4호, 2004봄.

86 「재미교포 액션배우 바비 킴이 한국영화의 수출을 이끌다」, 『영화잡지』, 1975.9, p.102.

87 주성철. 「더 늙기 전에 멋진 연기 보여줘야지」, 『씨네21』, 2009.3.5.

88 "Swish! Thwack! Kung Fu Films Make It", p.14

89 "GH Will Keep Up Its Quality", *Golden Movie News*, January 1978, p.19

90 Mike Walsh, "Hong Kong Goes International : The Case of Golden Harvest", *Hong Kong Film, Hollywood and the New Global Cinema : No Film Is an Island*, ed. Gina Marchetti · Tan See Kam, London : Routledge, 2007, pp.167~76; M. C. Tobias, *Flashbacks : Hong Kong Cinema after Bruce Lee*, Gulliver Books, 1979, pp.69~86.

91 정창화, 저자와의 인터뷰, 2008.6.

92 *Variety,* December 19, 1973, p.17. 그러나 쇼브라더스가 서구의 영화스튜디오와 최초의 합작영화를 만든 시기는 1966년으로 거슬러 올라간다. 영국의 영화제작사 타워 필름스(Tower Films)는 쇼브라더스의 도움을 받아 〈사무루(Samuru)〉와 〈드래곤 수사망(Five Golden Dragons)〉을 제작했다. 다음을 함께 참조할 것. "The Legend of Seven Golden Vampires", *Nan Guo Dian Ying*[Southern screen], November~December 1973, pp.13~14; "Shatter", *Nan Guo Dian Ying*[Southern screen], March 1974, pp.40~43. 〈7인의 황금악마〉에 대해서는 다음을 참조. Sangjoon Lee, "Dracula, Vampires, and Kung Fu Fighters : The Legend of the Seven Golden Vampires and Transnational Horror Co-production in 1970s Hong Kong", *Transnational Horror Cinema : Bodies of Excess and the Global Grotesque*, eds. Sophia Siddique Harvey · Raphael Raphael, Palgrave/MacMillan, January 2017, pp.65~80.

93 "Cleopatra Jones Meets the Dragon Lady", *Nan Guo Dian Ying*[Southern screen], September 1974, pp.17~21; "An Insight into Shaw's Movie Town", *Nan Guo Dian Ying* [Southern screen], October 1974, pp.14~17.

94 "Shaws Giant Co-production with Carlo Ponti", *Nan Guo Dian Ying*[Southern screen], May 1974, pp. 18~33.

95 Kinnia Yau Shuk-ting, "Transnational Collaborations and Activities of Shaw Brothers and Golden Harvest : An Interview with Chua Lam", *Hong Kong Cinema Retrospective*, p. 141

96 1974년 연말 차트에 따르면 〈양기〉가 32위, 〈미니스커트 갱(瘋狂大笨賊)〉이 34위, 〈7 인의 황금악마〉가 39위에 올랐다. 1975년의 성적은 더욱 형편없었다. 그해 상위권 100편의 영화 중 〈총잡이와 소림 고수〉는 61위, 〈클레오파트라 카지노 정복〉은 65위, 〈슈퍼맨 대 아마존〉은 90위에 올랐다.

아시아에서 아시아·태평양으로

"40년의 역사를 지닌 국제영화제라면, 지금쯤 영화제작자와 미디어,
그리고 영화관객들로부터 마땅히 인정과 존중을 얻었을 것입니다.
그런데 1954년에 시작된 아시아·태평양영화제는
어째서 지금까지 국제영화제 서킷에서 뚜렷한 입지를 다지지 못한 것일까요?"
── 마르셀리 수마르노(Marselli Sumarno),
「자카르타에서의 아시아·태평양영화제」, 『버라이어티』(1995년 7월 17일 자) 중에서

마오쩌둥毛澤東은 1976년 9월 9일 사망했다. 마오쩌둥의 죽음과 함께,
장장 10년에 걸친 중국의 문화대혁명1966~76년도 역사의 뒤안길로 사라졌
다. 지안 첸Jian Chen이 주장한 것처럼, 마오쩌둥의 중국은 '혁명국가'로서
냉전에 진입했다.[1] 오드 아르네 베스타가 "국제적 국가 시스템an international
system of states"이라고 일컫는 냉전기간 동안 초강대국인 미국과 소련 간의
긴장이 두드러졌다.[2] 그러나 아시아 지역에서는 마오쩌둥이 이끄는 중국
이 중심적인 위치를 차지했다. 마오쩌둥의 장례식을 치른 지 몇 달 만에,
화궈펑華國鋒은 좌파 정치무리인 4인방을 제거했다. 그들은 중국공산당
출신으로 한때 강력한 영향력을 행사했던 장춘차오張春橋, 왕훙원王洪文, 야
오원위안姚文元 그리고 마오쩌둥의 부인 장칭江靑이었다. 4인방의 체포와

함께 1976년 중국의 문화대혁명이 막을 내렸다. 이후 화궈펑은 중국공산 당 제11기 중앙위원회 주석과 군사위원회 위원장을 역임했다. 그러나 화 궈펑의 권력은 오래가지 못했다. 1970년대 후반 덩샤오핑鄧小平, 1904~97년 이 중국의 최고지도자로 등극했기 때문이다. 덩샤오핑이 펼친 정책은 경 제개혁과 근대화 및 자유화로 특징지어지며, 그의 통치 아래 중국은 안보 와 개발 프로그램 측면에서 미국과의 전략적 동맹 관계를 형성하고 그로 부터 상당한 혜택을 받았다.[3] 중국이 정치적 변화를 맞이한 이 새로운 시 대에 중국영화 역시 급속도로 발전했다.[4] 장잉진의 설명에 따르면, 영화 제작자들은 "4인방이 문화대혁명 기간에 행한 만행"을 고발할 수 있었고, "정치적 박해, 여성의 섹슈얼리티, 무협 등 [문화대혁명기] 금기시되거나 민 감한 주제와 장르를 탐구"하면서 그들이 되찾은 자유를 실험했다.[5] 영화 스튜디오 여러 곳이 신설되었고, 문화대혁명 기간 동안 '재교육'을 받기 위해 농촌으로 보내졌던 '지식청년'知青에게 영화학원이 다시 문을 열었 다. 1978년 장이머우張藝謀, 톈좡좡田壯壯, 첸카이거陈凯歌를 비롯한 153명의 학생이 재개관한 북경전영학원北京电影学院에 다녔다. 이곳의 재개관은 중 국 5세대 영화의 시작을 알렸으며, 이곳에서 촉발된 중국의 전후 첫 번째 영화운동은 중국영화를 세계영화의 지도에 위치시켰다.[6]

1970년대 후반 아시아 지역의 영화문화 및 영화산업에 큰 변화가 일 어났다. 1977년 6월 홍콩국제영화제Hong Kong International Film Festival가 홍콩 의 시청에서 처음 열렸다. 홍콩 시의회가 추진하여 설립한 것이었다. 영 화제가 진행되는 2주 간 빔 벤더스Wim Wenders, 사티야지트 레이, 로베르토 로셀리니, 프랑수와 트뤼포Francois Truffaut, 호금전胡金銓의 영화를 비롯하여 총 37편의 영화가 상영되었다. 그로부터 1년 후, 국제영화제작자연맹은 홍콩국제영화제를 국제영화제로 승인했다.[7] 스티븐 티오의 말을 빌리자면, 홍콩국제영화제는 이내 "영화 산업의 상업적 이익이 아닌, 영화문화 및 예술로서의 영화를 표방한" 아시아 최초의 영화제가 되었다.[8]

1978년 9월, 오스트레일리아는 자국에서 첫 번째 아시아영화제를 개최했다. 개최지는 시드니였다. 오스트레일리아는 1975년 아시아영화제작자연맹에 가입했다. 오스트레일리아가 연맹에 가입하도록 열정적으로 주도한 사람은 사우스 오스트레일리아 필름South Australian Film Corporation의 위원 존 맥콰이드John McQuaid였다. 1년 후에는 한국의 남쪽 항구도시인 부산이 처음으로 아

〈그림 1〉 1978년 10월 2일부터 6일까지 오스트레일리아 시드니에서 열린 제24회 아시아영화제 공식포스터.
출처 : 아시아 · 태평양영화제작자연맹

시아영화제를 개최했다. 오스트레일리아가 부산 아시아영화제에 출품한 〈행잉록에서의 소풍Picnic at Hanging Rock〉피터 위어(Peter Weir) 감독, 1975년과 단편 영화 〈레저Leisure〉브루스 페티(Bruce Petty) 감독, 1976년는 여러 부문에서 상을 수상했다.[9] 오스트레일리아는 부산 아시아영화제에서 수상을 통해 [회원국들에게] 인정받은 이후, 아시아영화제작자연맹에 더욱 열성적으로 참여했다.[10] 그리고 2년 뒤, 시드니는 아시아영화제를 개최했다. 개막식은 이 항구 도시에 새로 문을 연 오페라하우스의 콘서트홀에서 열렸다.[11] 총 10개국오스트레일리아, 태국, 인도, 홍콩, 인도네시아, 말레이시아, 한국, 싱가포르, 대만, 일본이 시드니에 자국 영화와 대표단을 파견했다.

오스트레일리아 외교관 프레데릭 W. 에글스턴Frederick W. Eggleston의 표현에 따르면, 1970년대까지 오스트레일리아는 스스로를 "이국적인 바다에 떠 있는 영국민족의 전초기지"라고 인식했고, 따라서 아시아는 국가의 주요 관심사가 아니었다.[12] 그렇다면 오스트레일리아는 왜 아시아영화제작자연맹에 가입하려 했을까? 이에 대해서는 두 가지로 답변할 수 있다. 첫째, 1967년에 이르면 일본은 영국을 대체하여 오스트레일리아의 주요 무역상대국이 되었다. 실제로 1969~70년 오스트레일리아의 수출품의 25퍼센트가 일본으로 향했다.[13] 이제 오스트레일리아의 가장 중요한 무역상대국이 된 일본은 '아시아·태평양 정책'을 내놓고 있었다. 이 정책은 일본과 태평양의 선진국미국, 캐나다, 오스트레일리아, 뉴질랜드이 동남아시아 개발도상국의 경제발전을 촉진한다는 개념에 기초해있었다. 2장에서 논의한 것처럼, 일본이 동남아시아로 '복귀'하기 시작한 것은 1950년대 중반이었다. 1956년 『파이스턴 이코노믹리뷰Far Eastern Economic Review』는 다음과 같이 보도했다. "오늘날 일본은 아시아 무역에서 전쟁 전보다 크게 나아진 것이 없다. 일본이 [무역부문에서 보이는] 상대적 약세는 특히 남아시아 및 동남아시아 국가들에서 두드러진다. 이 지역의 주요 국가들은 다른 문제와 마찬가지로 무역 문제에서도 과거 지배자였던 서구 열강과 여전히 긴요하게 연결되어 있다."[14] 1966년 일본은 세계은행World Bank에 대응하는 아시아 금융기관으로서 아시아개발은행Asian Development Bank의 설립을 주도했다. 아시아개발은행의 아이디어는 동남아시아 개발프로젝트가 아시아 지역을 위한 새로운 금융기관으로부터 지원받을 수 있다는 것이었다. 일본 외무대신재임 1966~68년이자 아시아·태평양 정책을 추진한 미키 다케오三木武夫는 일본이 아시아와 태평양을 잇는 '다리bridge'가 되어야 한다고 생각했다.[15] 한편 오스트레일리아의 고프 휘틀럼 정부Gough Whitlam government, 1972~75년는 아시아를 이주민들의 원천이자, 자국이 속한 중요한 지역으로 인식해야 한다고 파악했다. 이에 따라 오스트레일리아는 아시아·태평양이라는 지역 정체성을 수용했다.[16]

둘째, 같은 논리로 오스트레일리아 영화산업은 1970년대 초부터 아시아로의 영화시장 확장을 구상하기 시작했다 오스트레일리아 영화산업이 아시아 영화산업과 처음으로 협력한 시도는 〈직도황룡直搗黃龍, 영어 제목 The Man from Hong Kong〉브라이언 트렌차드-스미스(Brian Trenchard-Smith) 감독, 1975년이었다. 이 영화는 오스트레일리아와 홍콩의 첫 번째 합작영화였다.[17] 분명, 맥콰이드를 비롯한 오스트레일리아 영화경영진들은 아시아의 영화제작을 유치하여 아시아 영화인들이 오스트레일리아에서 로케이션 촬영을 하고, 이곳의 후반작업 시설을 이용하도록 장려하고자 했다.[18] 오스트레일리아 영화인들은 아시아영화제를 기회로 보았다. 아시아영화제를 개최하는 것은 수백 명의 아시아영화제작자, 감독, 기술자들이 오스트레일리아 영화산업의 위상을 확인하는 자리와 기회가 될 것이며, 이는 신흥 산업으로서는 드문 기회였다.[19]

아시아영화제작자연맹에 오스트레일리아와 뉴질랜드1976년 가입가 참여하게 되면서, 연맹은 정관을 개정해야 했다. 1980년 인도네시아 족자카르타에서 열린 아시아영화제 기간 동안 연맹의 모든 회원들은 연례 영화제의 명칭을 바꾸는 데 동의했다. 인도네시아의 유명 영화감독이자 그해 영화제 조직위원회의 위원장이었던 투리노 주나이디Turino Djunaedy는 연맹에 '태평양' 지역의 회원국오스트레일리아와 뉴질랜드도 포함되니, 조직명에 '태평양'을 포함시키자고 제안했다. 이 지점에서 인도네시아가 1974년 아세안 영화제작자협회ASEAN Motion Picture Producers Association, AMPP를 설립했다는 점에 주목할 필요가 있다. 이 협회의 첫 번째 회의에서 인도네시아 대표단은 협회의 목적이 "아세안 국가 내 영화산업의 이익을 증진하고, 영화의 예술적 수준을 향상시키며, 영화를 통해 지역 간 문화교류와 전파를 보장하는 것, 그리하여 아세안 연대 정신의 발전에 기여하는 것"이라고 설명했다.[20] [이런 맥락을 고려할 때,] 인도네시아 대표단의 명칭 변경제안은 아시아영화제작자연맹의 정체성을 바꾸고, 홍콩 영화제작자들의 영향력을 감소시키려는 동남아시아 영화인들의 의지가 표출된 것으로서 이해되어야 한다. 아시아영화제작자연맹에서 오랫동안 활동한 마누엘 드 레온은 "아시아영화제작자연맹은 본래 '동남아시아'라는 단어를 사용했는데, 나중에서야 '아시아'로 바뀌었다. 1954년 마닐라에서 제정된 첫 번째 정관은 1956년 홍콩에서 개정되었다"고 언급했다. 족자카르타에서 열린 이사회회의 말미에 그들은 1년 후 마닐라에서 열리는 제27회 아시아영화제에서 명칭 변경 문제를 최종 결정하기로 정했다.[21]

하지만 마닐라에서 영화제는 개최되지 않았다. 그 이유는 분명하지 않지만 적어도 한 가지는 확실하다. 바로 필리핀 영화산업이 영부인 이멜다 마르코스Imelda Marcos, 1929년생와 그녀가 야심차게 추진한 제1회 마닐라국제 영화제로 무척 혼란스러웠다는 점이다. 마르코스 여사는 마닐라를 '동양의 칸Cannes of the East'으로 만들 축제를 꿈꿨다.[22] 제27회 아시아영화제가 열릴 예정이던 5월, 마르코스 여사는 그리스 판테온을 따온 9층짜리 거대 '필름센터Film Center' 건립을 명령했다. 마닐라 필름센터에 닥친 비극은 이미 널리 알려져 있다. 1981년 11월 7일, 건물 6층의 비계가 무너지면서 노동자 20명이 엄청난 잔해에 파묻혔다. 그러나 공사는 멈추지 않았다. 프로젝트 관리자는 마닐라국제영화제를 일정에 맞춰 개최하기 위해, 노동자들의 시체를 시멘트로 덮기로 결정했다.[23]

마르코스 여사는 조지 해밀턴George Hamilton, 피터 유스티노프Peter Ustinov,

제러미 아이언스Jeremy Irons, 프리실라 프레슬리Priscilla Presley를 비롯해 300명이 넘는 손님을 초대했다. 마르코스 여사는 대통령궁인 말라카냥Malacanang에서 파티를 열었고, 1982년 1월 18일에 호화로운 개막식을 열었다. 페르디난드 마르코스Ferdinand Marcos, 1917~89년, 재임 1965~86년 대통령이 축사를 했다.[24] 제1회 마닐라 국제영화제에는 총 39개국에서 출품된 영화들이 상영되었다. 인도가 출품한 〈36 초링기가36 Chowringhee Lane〉아프르나 센(Aparna Sen) 감독, 1981년가 영화제 폐막식에서 최우수작품상을 수상했다.

마닐라국제영화제로부터 9개월 후인 1982년, 말레이시아 쿠알라룸푸르에서 제27회 아시아영화제가 1년의 공백을 깨고 개최되었다. 10개 회원국태국, 인도, 홍콩, 인도네시아, 한국, 대만, 오스트레일리아, 일본, 뉴질랜드, 말레이시아이 참여했고, 6일간 40편의 장편영화가 상영되었다. 이번 영화제에서 이사회는 만장일치로 연맹의 이름을 '아시아영화제작자연맹'에서 '아시아·태평양영화제작자연맹'으로 변경하기로 결정했다. 이에 따라 아시아영화제의 명칭도 아시아·태평양영화제로 개칭되었다.[25] 새로운 명칭을 사용한 첫 번째 영화제는 1983년 11월 15일부터 19일까지 타이베이에서 열렸다. 이 영화제에서 최우수작품상의 영광은 이치카와 곤市川崑 감독의 〈사사메유키細雪〉1983년에게 돌아갔다.

*

아시아영화제작자연맹이 '아시아'에서 '아시아·태평양'으로 주요 정체성을 바꾸기 시작할 무렵, 미국의 '태평양' 전초기지인 하와이 호놀룰루에서 아시아 및 태평양지역의 영화를 소개하는 영화제가 시작되었다. 하와이국제영화제The Hawaii International Film Festival, HIFF는 배우 출신 대통령인 로널드 레이건^{Ronald Reagan, 재임 1981~89년}이 지미 카터^{Jimmy Carter, 재임 1977~81년}와
경쟁하여 미국 대선에서 승리한 해인 1981년에 시작되었다. 레이건은 대
선 승리로 미국의 제40대 대통령이 되었다. 레이건은 소련-아프가니스
탄 전쟁 이후, 닉슨-카터 행정부의 데탕트 정책을 폐기하고 영국의 마가
렛 대처^{Margaret Thatcher, 재임 1979~90년} 총리와 함께 미국과 소련 간의 냉전 긴
장을 고조시켰다. 레이건 정부는 유럽과 중동의 반공세력에 재정 및 군수
지원을 제공하는 동시에 아시아·태평양지역의 동맹국들과 '우정'을 공
고히 했다. 하와이국제영화제의 모태인 이스트웨스트센터^{the East-West Center}
는 레이건 행정부가 미국의 국익 증진을 위해 지원하고 적극적으로 활용
했던 수많은 조직, 연구기관, 싱크탱크 중 하나였다.

하와이대학교 마노아캠퍼스에 인접한 비영리 교육기관인 이스트웨
스트센터는 미국이 아시아·태평양지역에서 추진한 활동과 오랫동안 연
계되어 있었다. 이스트웨스트센터는 당시 미국의 부통령이었던 린든 존
슨^{Lyndon Johnson, 재임 1963~69년}의 아이디어로 1960년 하와이에 설립되었다.
1959년 존슨은 "세계 최고의 지성들이 모여 아이디어를 교류할 수 있는
진정한 국제적 교육기관을 육성하는 건 어떻습니까? 그와 같은 첫 번째
교육기관은 동서양의 학자들과 학생들을 유치하기 위해 하와이에 설립되
어야 합니다"라고 말했다.[26] 요컨대 이스트웨스트센터는 "미국과 아시아
및 태평양 지역 사람들 간의 관계 개선과 이해 증진"을 위해 설립되었다.[27]

이스트웨스트센터의 문화커뮤니케이션연구소는 전임 소장 메리 비터
만^{Mary Bitterman}이 기억하는 것처럼 예술에 방점을 두었고, 하와이대학에
서 하와이 및 폴리네시아 종교를 가르쳤던 존 샬롯^{John Charlot}이 이곳의 예
술그룹을 이끌었다. 문화커뮤니케이션연구소의 지역사회 관계 담당관이
자 교육 전문가였던 자넷 폴슨 헤레니코^{Jeanette Paulson Hereniko}는 아시아와

〈그림 2〉 1985년 11월 26일부터 30일까지 열린 제5회 하와이 국제영화제. 폴 클락이 소개한 첸카이거의 〈황토지(黃土地)〉가 영화제에서 상영되었다. 첫째 줄 왼쪽부터 오른쪽 방향으로 폴 클락, 장이머우, 첸카이거. 둘째 줄 중앙에 자넷 폴슨 헤레니코.

출처 : 자넷 폴슨 헤레니코

태평양 섬 주민 영화를 조명하는 영화제를 개최하자고 제안했다.[28] 그녀가 아이디어를 제안한 지 1년 만에, 하와이국제영화제가 "낯선 사람들이 만날 때When Strangers Meet"라는 주제 아래 개최되었다. 이 영화제는 브라질, 오스트레일리아, 뉴질랜드, 중국, 스리랑카, 인도, 일본, 미국의 영화 10편만 상영하는 소규모 지역행사로 시작하였다. 모든 상영과 심포지엄은 무료이자 공개 행사로 진행되었다. 하와이 주지사 조지 R. 아리요시George R. Ariyoshi가 언급했듯이, 하와이국제영화제의 목적은 "아시아, 태평양, 미국 사람들 간의 우정과 이해를 증진하고, 영화라는 매체를 통해 문화 간 교류를 증진하는 것"이었다.[29] 문화커뮤니케이션연구소의 두 번째 부서는 인문학에 중점을 두었다. 당시 연구소의 부소장이었던 위말 디사나야케 Wimal Dissanayake는 이 지역의 작가, 미술사학자, 철학자, 학자들이 하와이국 제영화제에 기여한 바를 강조했다. 예컨대 뉴질랜드 출신으로 근대 중국 역사를 연구하는 역사가 폴 클락Paul Clark은 저널리즘 그룹을 이끌었다.[30] 영화제 담당이사인 헤레니코 외에도, 위말 디사나야케, 존 샬롯John Charlot, 폴 클락이 영화제 프로그램을 적극적으로 기획하고, 일정을 조율하며 관리했다.

아시아재단이 특히 중국을 비롯한 아시아 지역에서 공산진영에 대항하기 위한 기관으로 출범했다면, 이스트웨스트센터의 목적은 미국의 이익을 위해 아시아·태평양지역에 기여하는 것이었다. 따라서 하와이국 제영화제는 적어도 1980년대에 미국의 여타 국제영화제와는 근본적으로 달랐다. 1980년대 내내 이스트웨스트센터와 하와이국제영화제는 미국인들에게 아시아 영화를 소개할 뿐 아니라, 아시아 영화에 관심 있는 영화예술가, 젊은 학자, 비평가들을 모으는 가장 중요한 장소 중 하나였다. 5장에서 논의한 바와 같이, 아시아재단이 샌프란시스코국제영화제와의 긴밀한 관계를 통해 "이데올로기적으로 적합한" 아시아 영화를 미국 땅에 소개하려 한 프로젝트를 착수한 지 20년이 지났다. 그리고 그 시점에 마커스 노네즈가 아시아 영화에 관한 가장 많은 정보를 제공하는 '통로conduit'라고 부른 하와이 국제영화제가 등장했다.[31] 헤레니코는 "우리는 영화평론가와 학자, 그리고 영화제작자들을 모으는 데 중점을 두었습니다"라고 회고했다. 그녀는 이어서 "우리는 비평가와 영화제작자와 관객 사이의 상호작용을 장려했습니다. 영화가 끝난 후에는 영화제작자와 관객이 주고받는 활발하고 흥미로운 토론이 있었고, 문화를 가로지르는 협업이 있었습니다. 이외에도 우리가 상영하는 영화의 내용을 탐구하는 학

술 심포지엄도 열렸습니다"라고 회상했다.[32]

하와이국제영화제는 학계의 도움을 받아 학술회의와 심포지엄을 조직했으며, 영화제 카탈로그로는 이례적으로 두껍고 학술적인 카탈로그를 발간했다.[33] 초창기 하와이국제영화제는 베트남, 스리랑카, 필리핀, 인도네시아, 말레이시아, 한국의 영화를 미국의 영화평론가 및 학자, 영화제작자들에게 소개했다. 또한 이 영화제는 중국의 5세대 영화가 미국에 '공식적으로' 데뷔한 행사로도 기억된다. 폴 클락이 소개한 첸카이거의 〈황토지〉[1984년]는 1985년 12월 하와이국제영화제에서 상영되어 열광적 호응을 얻었다.[34] 클락은 1985년 4월 홍콩국제영화제에서 〈황토지〉를 처음 관람했는데, 이 영화제는 중국 바깥의 관객들에게 중국 5세대 감독의 영화 두 편 — 〈황토지〉와 톈좡좡의 〈9월九月〉 — 을 소개했다. 헤레니코의 회고에 따르면, 〈황토지〉가 중국에 대한 세계의 인식과 영화계를 획기적으로 바꿀 수 있다는 점을 깨달은 하와이국제영화제 조직위원회는 "항공료를 모금하고 숙박시설을 기부받아, 장이머우와 구창웨이顧長衛, 첸카이거를 초청했으며, 영화에 열광적인 관객들에게 〈황토지〉를 상영했다."[35]

홍콩과 하와이가 아시아 영화를 소개하는 데 큰 성공을 거둔 후, 일본도 경제산업성 주도로 권위 있는 국제영화제를 구상하기 시작했다. 당시 일본의 경제산업성은 1970년 오사카 엑스포와 1975년 오키나와 엑스포에 이어, 일본에서 세 번째로 열리는 세계박람회인 1985년 츠쿠바 엑스포를 준비하고 있었다. 경제산업성은 1985년 도쿄국제영화제를 기획했고, 이는 영화제가 지닌 잠재적 시너지 효과를 활용하기 위함이었다. 1950년대 동남아시아영화제를 준비했던 때와 마찬가지로, 일본 영화계의 거물급 인사들이 영화제의 위원회를 맡았다. 그러나 과거와 달리, 일본정부와 일본 영화계의 협력 의도는 근본적으로 달랐다. 도쿄국제

영화제는 처음부터 아시아 영화에 국한되지 않고 칸과 베니스에 필적하는 일본의 '일류' 국제영화제로 자리매김하는 것을 목표로 삼았다. 그런데 공교롭게도 도쿄국제영화제가 출범한 1985년 6월 도쿄는 제30회 아시아·태평양영화제를 개최했다. 이 영화제의 일본인 조직위원회 구성원들은 도호, 도에이, 니카츠, 쇼치쿠, 다이에이, 닛폰헤럴드Nippon Herald와 후지필름Fuji Film의 사장들이었다. 한국의 배창호 감독이 연출한 〈깊고 푸른 밤〉1985년이 이 영화제에 최우수작품상을 수상했다. 시상식 후에는 뉴 오타니ニューオータニ 호텔에서 '갈라 폐막식'이 이어졌다. 아시아영화제작자연맹은 30년 전 연맹을 설립하는 데 기여한 네 명의 남성 — 나가타 마사이치, 런런쇼, 마누엘 드 레온, 바두반누 유갈라 왕자 — 에게 공로상을 수여했다. 연맹을 떠난 지 거의 10년이 지났으며, 영화계에서 은퇴했던 나가타가 다른 수상자들을 대신해 트로피를 받았다.[36] 그로부터 3개월 후, 나가타는 도쿄의 자택에서 사망했다. 일 년 후, 런런쇼는 그의 영화사를 완전히 문 닫았다.

*

　중국 천안문사태는 1989년 6월 비극적으로 끝났고, 베를린 장벽은 1989년 11월 붕괴되었다. 며칠 후, 환태평양 회원국을 대상으로 한 정부 간 포럼인 아시아·태평양경제협력체Asia-Pacific Economic Cooperation, APEC의 첫 번째 회의가 오스트레일리아의 수도 캔버라에서 열렸다. 중국은 1991년 11월 홍콩 그리고 대만과 함께, 아시아·태평양경제협력체에 가입했다. 불과 한 달 후인 12월 26일 미하일 고르바초프Mikhail Gorbachyev가 소련을 해체하면서, 이데올로기로서의 냉전과 정치형태로서의 냉전 모두 종식되었다. 미국이 승리를 거두었다. 이에 대해 프랜시스 후쿠야마Francis Fukuuyama는 자유민주주의의 승리로 "역사의 종말the end of history"이 도래했다고 선언했다.[37] 중국에게 냉전의 종식은 뼈아픈 충격으로 다가왔다. 중국은 갑자기 소련이 사라진 단극unipolar의 세계에서 미국과 맞서야 했다. 중국 뿐 아니라, 다른 아시아 지역의 민간인 대다수에게도 주변세계는 극적으로 변했다. 한국과 중국은 1992년 4월 수교 협상을 개시했다. 냉전기 아시아에서 미국의 전략적·이념적 동맹국이었던 한국과 대만은 얼마 지나지 않아 국교를 단절했다. 일본경제는 1990년대 초 경제난에 봉착하며 '잃어버린 10년'으로 알려진 장기불황과 디플레이션에 빠졌다. 1950년대 아시아재단이 활동한 주요 전장이자 이 책이 주목한 국가 중 한 곳인 홍콩은 1997년 중국에 반환되어 특별행정구가 되었다.

아시아영화제작자연맹이 냉전 이후 아시아에 미치는 존재감은 1980년 이후 점점 줄어들고 있었다. 아시아영화제작자연맹은 사실상 아시아에서 펼쳐진 냉전 영화네트워크였다. 이 연맹을 창설한 아시아재단의 근본적 목적은 동남아시아 화교를 넘어서 아시아를 장악하려는 공산주의 중국의 영향력으로부터 미국의 아시아를 보호하고, 이 지역을 미국의 통제하에 두려는 것이었다. 초기의 목적은 사라졌다. 새천년에 들어서면서 아시아영화제작자연맹과 연례 영화제는 아시아의 번영하는 영화문화와 영화산업에 거의 영향력을 발휘하지 못하게 되었다.[38]

한때 아시아영화제작자연맹의 최대 적이었던 중국은 이제 아시아 지역의 새로운 '큰형'으로 부상했다. 중국은 아시아영화제자연맹에 가입한 적이 없었다. 그러나 냉전이 종식되면서, 중국은 아시아 지역 영화산업에 문호를 활짝 개방했다. 1990년대 후반 중국은 '들어오세요请进来'라는 캐치프레이즈를 내걸었고, 마이클 킨Michael Keane이 '기꺼이 협력자가 되고자 하는 기업'이라고 적절하게 표현한 숱한 초국적 기업들이 중국과 손잡았다. 이 기업들은 중국의 저임금 노동력에 기대어 제조업 시설 설립을 우대하는 국가정책으로부터 혜택을 보았다.[39] 이제 중국은 '세계의 공장'이 되었고, 영화도 예외가 아니었다.

홍콩이 중국에 반환된 지 불과 1년 후인 1998년, 일본영화개발금융사 Nippon Film Development and Finance의 대표 이세키 사토루井関惺는 첸카이거 감독의 중·일 합작영화 〈시황제 암살荊軻刺秦王〉을 제작했다.[40] 그리고 홍콩을 대신하여 중국이 한국의 공동제작 파트너로 새로이 등장하게 된다. 유영식이 연출한 〈아나키스트〉1999년는 한·중의 첫 번째 합작영화였다.[41] 중국 영화산업은 업계 분석가들이 예측했던 것보다 훨씬 빠르게 발전했다. 2001년 장이머우의 무협 대작 〈영웅英雄〉2002년은 2004년 미국 박스오피스 1위를 차지하며 미화 5천만 달러 이상의 수익을 올렸다. 그 뒤를 이어 주성치周星馳의 〈쿵푸 허슬功夫〉2004년이 흥행에 성공했다. 중국의 국영 영화제작사인 중국전영집단공사中国电影集团公司, China Film Group는 2004년부터 홍콩의 영화제작사, 자본, 인력과 활발하게 협업하며 공동제작에 나서고 있었다. 실제로 홍콩과 중국의 협력은 2003년 6월 홍콩영화제작자들이 중국 영화시장에 진출할 수 있도록 만든 중국과 홍콩 간 포괄적 경제동반자 협정Closer Economic Partnership Arrangement, CEPA으로 기반이 다져졌다. 1990년대 중반 이후 국내 시장이 급격히 위축되었던 홍콩영화산업은 마침내 회생의 조짐을 보였다. 홍콩영화산업은 무한한 잠재력을 지닌 새로운 시장[중국]을 얻게 된 것이었다. 대럴 윌리엄 데이비스는 중국과 홍콩 간 포괄적 경제동반자 협정이 "홍콩과 마카오에 유리한 조건과 선호 제품을 제공하는 일련의 변화를 통해서 홍콩, 마카오, 중국을 통합하고자 했다"고 기술한다.[42] 중국 영화시장이 홍콩영화산업에 문을 연 것은 아시아 미디어시장에서 활동하는 업계인들을 끌어들였다. 불과 2년 만에 아시아에서 활동하는 대다수의 주요 미디어대기업들은 거대한 중국 영화시장을 공략하는 경쟁에 뛰어들었다.[43]

중국은 지난 반세기 동안 연간 30퍼센트 이상의 성장률을 기록하며 세계에서 가장 빠르게 성장하는 영화시장이 되었다. 2016년 중국의 전체 영화관 스크린 수는 미국을 넘어섰다.[44] 오늘날 미국영화산업에서 가장 큰 해외시장은 중국이다. 애런 한준 매그넌–박Aaron Han Joon Magnan-Park은 "할리우드 영화가 자국 시장에서 폭삭 망할 때" 할리우드를 구할 수 있는 곳은 중국뿐이었다고 설명한다.[45] 지난 10년간 중국 영화시장의 발전에 크게 힘입어, 아시아·태평양 지역의 연간 박스오피스 수익 총액은 2016년 기준 미화 167억 달러를 기록했고, 이는 모든 대륙과 지역을 통틀어 가장 큰 규모였다.[46] 더욱이 일본, 한국, 인도, 그리고 동남아시아에서 급부상하고 있는 강력한 현지 영화계를 중심으로 높은 수준의 아시아 영화가 제작되었고, 이 영화들은 다양한 통로상업영화, 예술극장, 주요 국제영화제, 디지털 플랫폼로 세계 영화시장에 유입되었다. 아시아와 전 세계 관객들을 이 영화들로 연결되었다. 미국, 유럽, 아시아를 비롯한 전 세계 영화감독들과 영화제작자들은 관객층을 확장하고 새로운 합작 파트너를 찾기 위해, 중국을 더 많이 찾고 있다.

1986년부터 영화제작을 중단한 쇼브라더스는 2005년 홍콩의 정관오將軍澳에 아시아 최대 규모의 디지털 포스트프로덕션 스튜디오를 새로 열었다. 중국 선전深圳에서 불과 30킬로미터 떨어진 중국의 관문에 전략적으로 자리 잡은 이 새로운 스튜디오는 "홍·중 합작영화의 포스트프로덕션 메카post-production mecca"가 되는 것을 목표했다.[47] 그뿐만 아니라 중국의 미디어 복합대기업들은 특히 기술자, 연기자, 창작자를 비롯한 아시아 지역 인재를 채용하고 아시아 안팎의 영화사 및 미디어사, 극장, 방송국을 인수해 왔다. 중국영화의 급속한 발전을 필두로, 아시아 영화산업 전반은 큰 변화를 겪고 있다. 그 어느 때보다 자신만만한 중국 영화산업은 이제 더 이상 외국 미디어기업의 투자와 창작능력에 의존하지 않는다. 중국 영화산업은 내수시장의 크기와 규모를 바탕으로 중국판 할리우드인 '차이나우드Chinawood' 건설을 꿈꾸고 있다.[48]

한편, 봉준호의 〈기생충〉2019년이 2019년 5월 칸영화제에서 황금종려상을 수상한데 이어, 2020년 2월 아카데미 시상식에서 한국영화로는 처음으로 국제 영화상외국어영화상을 수상했다. 〈기생충〉은 이외에도 감독상, 각본상, 국제장편영화상을 비롯한 주요 부문의 상을 휩쓸며 한국영화의 위상을 드높였다. 한국영화진흥위원회는 신임 위원장 오석근의 지휘 아래, 칸에서 한·아세안 영화기구 설립이라는 야심찬 계획을 공언하고 출범시켰다.[49] 인도네시아, 말레이시아, 태국, 캄보디아, 베트남, 미얀마, 필리핀, 싱가포르를 비롯해 동남아시아국가연합 10개국은 이 범아시아 영화기구 설립을 위해 손을 맞잡았다. 일본과 중국은 이 새로운 네트워크에 참여하지 않았다.[50] 부산국제영화제의 본거지인 부산이 이 영화기구의 본부로 결정되었다. 부산국제영화제는 매년 동남아시아국가연합의 예술가들과 경영진, 그리고 정부관계자들이 만나 토론하고 협력할 수 있는 플랫폼을 제공할 것으로 기대되었다.[51] 중국이 차이나우드를 꿈꾼다면, 한국영화는 동남아시아국가연합 영화산업의 허브로 자리매김하길 열망한다. 한국과 중국 모두 이 꿈을 이룰 수 있을까? 우리는 지금 신자유주의 시대에 새로운 아시아 영화네트워크의 탄생을 목격하고 있는 것일까? 아마도 시간이 흘러야만 알 수 있을 것이다.

주석

1 Chen Jian, *Mao's China and the Cold War*, Chapel Hill : University of North Carolina Press, 2001, p.277

2 Odd Arne Westad, 앞의 책, p.617

3 위의 책, p.24

4 크리스 베리(Chris Berry)는 문화대혁명 기간 동안 제작된 약 80편의 영화를 면밀히 조사한 바 있다. 다음을 참조. Chris Berry, *Post Socialist Cinema in Post-Mao China : The Cultural Revolution after the Cultural Revolution*, London : Routledge, 2004.

5 Yingjin Zhang, 앞의 책, pp.225~26.

6 해리 H. 쿠오슈(Harry H. Kuoshu)의 설명에 따르면, 영화학자들은 일반적으로 중국 영화제작자들을 다섯 세대로 구분한다. (일부에서는 소위 6세대 영화제작자들을 이 전통적 분류에 포함시키기도 한다.) 1세대는 1920년대의 선구자들, 2세대는 1930년대와 1940년대의 좌파 영화제작자들, 3세대는 1950년대 중화인민공화국 초기의 영화인들, 4세대는 1960년대 초부터 마오쩌둥 이후 1970년대 후반까지 활동한 영화제작자들, 5세대는 북경전영학원에서 훈련받은 마오쩌둥 이후의 뉴웨이브 감독들, 6세대는 1990년대에 등장하여 현대 중국의 청년문화 및 사회에 초점을 맞추고 5세대로부터 벗어나는 모습을 보인 젊은 영화제작자들을 가리킨다. 5세대 영화감독 중 가장 유명한 인물로는 장이머우, 첸카이거, 톈좡좡 등이 있다. 다음을 참조. Harry H. Kuoshu, *Celluloid China : Cinematic Encounters with Culture and Society*, Carbondale : Southern Illinois University Press, 2002, pp.2~3.

7 Ruby Cheung, "Ever-changing Readjustments : The Political Economy of the Hong Kong International Film Festival(HKIFF)", *New Review of Film and Television Studies* 14, no.1, 2016, p.64

8 Stephen Teo, "Asian Film Festivals and their Diminishing Glitter Domes : An Appraisal of PIFF, SIFF and HKIFF", *Dekalog 3 : On Film Festivals*, ed. Richard Porton, London : Wallflower Press, 2009, p.109

9 〈행잉록에서의 소풍〉은 우수자선영화상과 주연을 맡은 레이첼 로버츠(Rachel Roberts)의 여우주연상을 비롯하여 두 개의 상을 수상했다. 우수창작영화상은 〈레저〉에게 돌아갔다. 존맥콰이드가 오스트레일리아 수상자들을 대표하여 트로피를 받았다. "Asian Film Festival", *Filmnews*, August 1, 1976, p.11

10 1977년 오스트레일리아 영화계는 태국 방콕에서 열린 제23회 연례행사[아시아영화제]에 대표단 20명을 파견했다. 대표단은 뉴사우스웨일스필름(New South Wales Film Corporation)의 데미안 스테이플턴(Damien Stapleton), 오스트레일리아 영화위원회의 프랭크 가디너(Frank Gardiner), 컬러필름(Colourfilm)의 머레이 포레스트(Murray Forest)와 퀸즈랜드(Queensland)의 영화관계자 10명 등으로 구성되었다. 오스트레일리아

는 그해 경쟁부문에 영화 두 편 — 〈더 게팅 오브 위즈덤(The Getting of Wisdom)〉(브루스 베리스퍼드(Bruce Beresford) 감독, 1977년)과 〈썸머필드(Summerfield)〉(켄 한남(Ken Hannam) 감독, 1977년) — 을 올렸다. "Aust. Representation at Asian Film Festival", *Filmnews*, October 1, 1977, p.3.

11　덴마크 건축가 예른 웃손(Jørn Utzon)이 건축한 시드니 오페라하우스는 1973년 10월 20일 완공되었다.

12　다음에서 인용. F. W. Eggleston, *Rodney Tiffen, Diplomatic Deceits : Government, Media and East Timor*, Sydney : UNSW Press, 2001, p.5.

13　Danielle Anderson, *Fifty Years of Australia's Trade*, Canberra : Department of Foreign Affairs and Trade, Australian Government Report, 2014, p.3.

14　"United States Aid to Far Eastern Nations", *Far Eastern Economic Review*, June 6, 1957, p.720

15　Takashi Terada, "The Origins of Japan's APEC Policy : Foreign Minister Takeo Mikki's Asia-Pacific Policy and Current Implications", *Pacific Review* 11, no.3, 1998, pp.337~63.

16　오스트레일리아의 아시아·태평양 정책에 대해서는 다음을 참조. Ann Capling, "Twenty Years of Australia's Engagement with Asia", *Pacific Review* 21, no.5, 2008, pp.601~22.

17　오스트레일리아의 그레이터 유니온(Greater Union)에서 일했던 데이비드 하네이(David Hannay)가 영화의 메인프류도서를 맡았다. 홍콩의 골든하베스트는 영화사가 자랑하는 최고의 자산인 배우 왕우를 이 영화제작에 참여시켰다. 골든하베스트와 3편의 출연계약을 맺은 조지 레잔비(George Lazenby) — 前 제임스 본드(James Bond) 역을 맡았던 배우 — 가 이 쿵푸영화에서 인종차별주의자인 악당 역을 연기했다. 조지 레잔비는 〈직도황룡〉 이후, 〈철금강대파자양관(鐵金剛大破紫陽觀, 영어 제목 Stoner)〉(황풍 감독, 1974년)과 〈악담군영회(鱷潭群英會, 영어 제목 A Queen's Ransom)〉(팅샨시(丁善璽) 감독, 1976년)에도 출연했다. 이 영화들은 모두 골든하베스트가 제작했다. 〈직도황룡〉에 대해서는 다음을 참조. Stephen Teo, "Australia's Role in the Global Kung Fu Trend : The Man from Hong Kong", *Senses of Cinema* 62, 2001. Accessed at http://sensesofcinema.com/2001/cteq/man_hk/.

18　Verina Glaessner, "Asia Festival", *Sight & Sound* 48, Winter 1978, p.28

19　또한 1970년대는 오스트레일리아 영화산업이 과거의 번영을 되찾을 수 있는 기회를 제공했다. 고튼 정부는 오스트레일리아 영화개발공사(Australian Film Development Corporation), 실험영화 및 텔레비전 기금, 국립영화교육기관인 오스트레일리아 영화 및 텔레비전 학교(Australian Film and Television School)를 설립했다. 시드니에 위치한 이 학교는 1973년 문을 열었다. 그해 처음 입학한 12명의 학생에는 질리언 암스트롱(Gillian Armstrong), 필립 노이스(Phillip Noyce), 크리스 누난(Chris Noonan)이 포함되어 있다. 또 다른 진보적 지도자인 말컴 프레이저(Malcolm Fraser)는 영화산업에 지속적으로 지원했다. 휘틀럼-프레이저 시대 동안, 오스트레일리아 영화계는 피

터 위어(Peter Weir), 암스트롱, 노이스, 브루스 베레스포드(Bruce Beresford), 프레드 쉐피시(Fred Schepisi), 조지 밀러(George Miller)와 같은 저명한 감독을 배출하며 세계 영화계에 등장했다. 다음을 참조. Brian McFarlane, *Australian Cinema 1970~1985*, Melbourne : William Heinemann Australia, 1987, pp.20~21; Graham Shirley · Brian Adams, *Australian Cinema : The First Eighty Years*, Redfern, Australia : Currency Press, 1983, p.242

20 *Third Meeting of the ASEAN Sub-Committee on Film : Official Report*, Jakarta, Indonesia : November 1974.

21 "First Meeting of the FPA Board of Directors Held at Hotel Ambarrukmo Sheraton, Yogyakarta Indonesia 38th June 1980", 날짜 미상, Anthony Buckley Papers, 0622224 : 0001, The 27th Asian Film Festival Folder, National Film and Sound Archive, Canberra, Australia.

22 Pamela G. Hollie, "Manila Film Festival Proves All-Out Spectacular", *New York Times*, February 7, 1982.

23 Leo Ortega Laparan, "The '81 Film Center Tragedy : When Mystery Turns Into Reality", *Manila Bulletin Research*, November 17, 2012.

24 Pamela G. Hollie, 앞의 글.

25 "Constitution of the Federation of Motion Picture Producers in Asia-Pacific", 날짜 미상, Anthony Buckley Papers, 0622224 : 0001, The 27th Asian Film Festival Folder, National Film and Sound Archive, Canberra, Australia.

26 다음에서 인용. John A Burns, "The Tenth Anniversary", *East-West Center Magazine*, Fall 1970, p.4.

27 Institute of Culture and Communication, "Evolution of the Hawaiʻi International Film Festival", press release, October 12, 1985.

28 Mary Bitterman, interview by Karen Knudsen, September 15, 2008, interview narrative, East-West Center Oral History Project Collection, East-West Center, Honolulu, Hawaii. Accessed at https://www.eastwestcenter.org/fileadmin/resources/ris/Oral_History/Bitterman/BITTER MAN_Mary_narrative--FinalProtectedCombo.pdf.

29 The First Hawaii International Film Festival Program, November 1~7, 1981.

30 몇 년 뒤, 폴 클락은 중국영화의 방대한 역사를 담은 첫 번째 책을 집필했다. Paul Clark, *Chinese Cinema : Culture and Politics since 1949*, Cambridge : Cambridge University Press, 1987.

31 Abé Mark Nornes, "Asian Film Festivals, Translation and the International Film Festival Short Circuit", *Coming Soon to a Festival Near You : Programming Film Festivals*, ed. Jeffrey Ruoff, St. Andrews : St. Andrews University Press, 2012, p.43

32 Jeanette Paulson Hereniko, 저자와의 이메일 인터뷰, 2016.5.18.

33 1986년 이스트웨스트센터는 아시아 · 태평양 지역만을 대상으로 삼는 최초의 미국영

화저널 『이스트웨스트필름저널(*East-West Film Journal*)』을 창간했다. 짧은 기간 간행되었던 이 저널은 아시아 영화와 서양영화를 전 세계 관객에게 소개하고 감상하는 포럼을 운영했다. (저널은 1994년에 마지막 호를 발행했다.) 디사나야케, 샬롯, 클라이이 주도한 『이스트웨스트필름저널』은 이스트웨스트센터와 하와이국제영화제가 공동 주최한 컨퍼런스에서 발표된 글들을 주로 실었다. (이제) 아시아 영화계의 유명인사인 도널드 리치(Donald Richie), 데이비드 데서, 캐서린 러셀(Catherine Russell), 마닝(馬寧), 케이코 맥도널드(Keiko McDonald), 지나 마르체티(Gina Marchetti), 크리스 베리, 미츠히로 요시모토(MitsuhiroYoshimoto), 크리쉬나 센(Krishna Sen), 마커스 노네즈, 장잉진, 그리고 영화평론가인 토니 레인즈(Tony Rayn), 로저 이버트(Roger Ebert), 케네스 튜란(Kenneth Turan), 스티븐 티오, 조나단 로젠바움(Jonathan Rosenbaum)이 아시아, 동남아시아, 남아시아 영화를 주제로 저널에 글을 실었다.

34 크리스 베리는 "중국 밖에서 중국영화를 많이 본 사람은 극히 드물었고, 중국영화를 이해하거나 좋아한다고 말하는 사람은 더욱 드물었다. 그러나 홍콩국제영화제에 〈황토지〉가 등장하면서 불과 몇 달 만에 모든 것이 바뀌었다"라고 기술했다. Chris Berry, "Introduction", *Perspectives on Chinese Cinema*, ed. Chris Berry, London : BFI Publishing, 1991. 〈황토지〉의 성공 직후, 장이머우는 그의 데뷔작인 장편영화 〈붉은 수수밭(紅高粱)〉(1987년)으로 베를린 국제영화제에서 은곰상을 수상했다. 허우샤오시엔(侯孝賢)은 〈비정성시(悲情城市)〉(1984년)로 1989년 베니스국제영화제에서 수상한 이후, 국제영화제에 자주 모습을 비췄다. 허우샤오시엔의 동료인 에드워드 양(楊德昌, Edward Yang)은 〈공포분자(恐怖分子)〉로 1987년 로카르노 국제영화제(Locarno International Film Festival)에서 실버 레오파드상(Silver Leopard)을 받았다. 허우샤오시엔과 에드워드 양은 진곤후(陳坤厚)와 함께, 대만 뉴웨이브의 대표적 인물로 이름을 알렸다.

35 Jeanette Paulson Hereniko, 앞의 글.

36 "Asia Pacific Film Festival", *Variety*, June 11, 1985.

37 Francis Fukuyama, "The End of History", *National Interest* 16, 1989, pp. 3~18.

38 놀랍게도 아시아영화제작자연맹은 지금까지 연례 영화제를 개최하고 있다. 제58회 아시아·태평양영화제가 2018년 타이베이에서 열렸다. 제58회 시상식은 타이베이 소재 그랜드 메이풀 호텔(Grand Mayful Hotel)에서 진행되었고 대만TV를 통해 생중계되었다. 말레이시아, 중국, 일본, 마카오, 필리핀, 인도네시아, 베트남, 파키스탄, 이란, 방글라데시, 대만, 태국, 인도, 네팔, 오스트레일리아, 몽골, 러시아을 비롯한 총 16개 국가와 도시에서 대표단을 파견했다. 최우수작품상은 데브 파텔(Dev Patel)과 루니 마라(Rooney Mara)가 주연을 맡은 오스트레일리아 드라마영화 〈라이언(Lion)〉(가스 데이비스(Garth Davis) 감독, 2016년)에게 돌아갔다. 최우수감독상은 〈만달레이로 가는 길(The Road to Mandalay)〉(2016년)을 연출한 대만감독 미디 지(Midi Z)가 수상했다. 두 영화 모두 2016년에 제작되었다. 그러나 대만 영화계가 제58회 아시아영화제에 쏟아 부은 열렬한 지지와 지원에도 불구하고, 이 영화제는 부산국제영화제나 상하이국제영화제와 같은 쟁쟁한 경쟁영화제에 비해 외부의 관심을 많이 끌지는 못했다.

39 다음을 참조. Michael Keane · Brian Yecies · Terry Flew, eds., *Willing Collaborators : Foreign Partners in Chinese Media*, Lanham, MD : Rowman & Littlefield, 2018; Michael Keane, "China's Digital Media Industries and the Challenge of Overseas Markets", *Journal of Chinese Cinemas* 13, no.3, Fall 2019, pp.244~56; Michael Curtin, "What Makes Them Willing Collaborators? The Global Context of Chinese Motion Picture Co-productions", *Media International Australia* 159, no.1, May 2016, pp.63~72.

40 스테파니 드보어는 이세키 사토루에 대해 이렇게 기술했다. "이세키 사토루는 일본영화개발금융사의 대표이며, 다양한 상업영화 및 독립영화제작에 참여한 제자자이다. 그는 1980년대에는 배급업자로 일했고, 1990년에는 쿠로사와 아키라 감독의 〈란〉을 담당하는 프로덕션 매니저로 일했다. 그가 참여한 초국적 제작 영화로는 〈샤도우 오브 차이나(チャイナシャドー)〉〈야나기마치 미츠오(柳町光男) 감독, 1990년), 〈스모크(Smoke)〉(웨인 왕(王穎) 감독, 1995년), 〈묵공(墨攻)〉(장지량(張之亮) 감독, 2006년)이 있다. Stephanie DeBoer, "Framing Tokyo Media Capital and Asian Co-Production", *East Asian Cinemas : Regional Flows and Global Transformations*, ed. Vivian Lee, London : Palgrave Macmillan, p.214

41 〈아나키스트〉는 합작영화로 기획된 것이 아니었다. 훗날 다작 감독이 된 이준익 제작자는 일제강점기(1910~45년) 상하이에서 활동하는 의열단을 다룬 대서사극의 제작비를 절감하기 위해 상하이 스튜디오에 접근했다. 상하이 스튜디오 경영진들은 이준익의 제안을 흔쾌히 받아들였고, 이 영화는 1999년에 완성되었다. 이 영화는 흥행에 성공하지는 못했지만, 중국 영화시장의 문호를 개방하는 계기가 되었다. 한·중의 영화 협력에 대해서는 다음을 참조. Sangjoon Lee, "The South Korean Film Industry and the Chinese Film Market", *Screen* 60, no.2, 2019, pp.332~41.

42 Darrell William Davis, "Market and Marketization in the China Film Business", *Cinema Journal* 49, no.3, 2010, p.122

43 『스크린』의 특집호 「중국 영화시장 시대, 아시아 영화의 방향 전환("Reorienting Asian Cinema in the Age of the Chinese Film Market")」은 중국 영화시장의 비약적 발전과 그에 따른 변화(영화산업의 관행, 창작 노동, 예술적 도전, 아시아 간 공동제작, 지역정치, 미디어 기억)를 다룬 다섯 편의 글이 실려 있다. 다음을 참조. Sangjoon Lee, ed., "Dossier : Reorienting Asian Cinema in the Age of the Chinese Film Market", *Screen* 60, no.2, Summer 2019, pp.298~350.

44 "China's Total Number of Cinema Screens Now Exceeds the US", *PWC China*, June 16, 2017. Accessed at https://www.pwccn.com/en/press-room/press-releases/pr-160617.html.

45 Aaron Han Joon Magnan-Park, "The Global Failure of Cinematic Soft Power 'with Chinese Characteristics'", *Asia Dialogue*, May 27, 2019. Accessed at https://theasiadialogue.com/2019/ 05/27/the-global-failure-of-cinematic-soft-power-with-chinese-characteristics/?fbclid=IwAR0jZ1u7 BWV2-JIrOALUURBjofzQll94JbZFWfCZU0Rb2s3tu-

unncZF1oUE.

46 Motion Picture Association of America, *Theatrical Market Statistics 2016,* March 2017, 7.

47 웡카히, 앞의 글.

48 영화계 전문가와 시장분석가 대부분은 2022년에 중국 영화시장이 북미 영화시장을 넘어설 것으로 예측하고 있다. 2017년 중국에서 제작된 〈특수부대 전랑2(战狼2)〉(오경(吳京) 감독)는 중국에서만 미화 8억 7,400만 달러라는 경이로운 흥행 성적을 기록했다. 이 영화 외에도, 중국에서 제작된 흥행작들이 중국 영화시장에서 중국영화의 위상을 공고히 다지고 있다. 대표적으로 〈오퍼레이션 레드 씨(红海行动)〉(임초현(林超賢) 감독, 2018년)와 〈나는 약신이 아니다(我不是藥神)〉(문목야(文牧野) 감독, 2018년), 그리고 『삼체(三體)』를 쓴 유명작가 류츠신(刘慈欣)의 단편소설을 각색한 초대형 SF영화 〈크레이지 에일리언(疯狂的外星人)〉(닝하오(寧浩) 감독, 2019년)과 〈유랑지구(流浪地球)〉(귀판(郭帆) 감독, 2019년)가 있다.

49 前 부산영상위원회 위원장이자 베테랑 영화감독인 오석근 위원장은 2004년 아시아 준정부기관으로 구성된 아시아 영상위원회 네트워크를 창립하고 확립하는 데 크게 기여했다.

50 "S. Korea Preparing to Set Up Joint Film Organization with ASEAN", *Yonhap News Agency*, May 21, 2019. Accessed at https://en.yna.co.kr/view/AEN20190521002700315.

51 Patrick Frater and Sonia Kil, "Plans for Asian Film Center Given Launch in Busan", *Variety*, October 8, 2018. Accessed at https://variety.com/2018/film/asia/plans-asian-film-center-launch-in-busan-1202971854/.

부록————————————————————————————————————

더 읽을거리

미국 해외원조 및 자선단체 관련

Berman, Edward H., *The Influence of the Carnegie, Ford, and Rockefeller Foundations on American Foreign Policy : The Ideology of Philanthropy*, Albany : State University of New York Press, 1983.

_____, *American Philanthropy*, Chicago : University of Chicago Press, 1960.

Fleishman, Joel L., *The Foundation : A Great American Secret : How Private Wealth is Changing the World*, New York : Public Affairs, 2007.

Zunz, Olivier, *Philanthropy in America : A History*, Princeton, NJ : Princeton University Press, 2012.

미국 외교정책과 문화냉전

Ansari, Emily Abrams, *The Sound of a Superpower : Musical Americanism and the Cold War*, New York : Oxford University Press, 2018.

Castillo, Greg, *Cold War on the Home Front : The Soft Power of Midcentury Design*, Minneapolis : University of Minnesota Press, 2010.

Davenport, Lisa E., *Jazz Diplomacy : Promoting America in the Cold War Era*, Jackson : University Press of Mississippi, 2009.

Von Eschen, Penny M., *Satchmo Blows Up the World : Jazz Ambassadors Play the Cold War*, Cambridge : Harvard University Press, 2006.

Fosler-Lussier, Danielle, *Music in America's Cold War Diplomacy*, Oakland : University of California Press, 2015.

Kodat, Catherine Gunther, *Don't Act, Just Dance : The Metapolitics of Cold War Culture*, New Brunswick, NJ : Rutgers University Press, 2015.

Prevots, Naima, *Dance for Exports : Cultural Diplomacy and the Cold War*, Middletown : Wesleyan University Press, 1999.

Wagnleitner, Reinhold, *Coca-Colonization and the Cold War : The Cultural Mission of the United States in Austria after the Second World War*, trans. Diana M. Wolf, Chapel Hill : University of North Carolina Press, 1994.

최근 학자들은 스포츠가 냉전정치에 미친 영향과 그 역을 강조하고 있다. 관련 연구로는 아래 연구를 참조할 수 있다.

Parks, Jenifer, *The Olympic Games, the Soviet Sports Bureaucracy, and the Cold War : Red Sport, Red Tape*, Lanham : Lexington Books, 2017.

Redihan, Erin Elizabeth, *The Olympics and the Cold War, 1948~1968 : Sport as Battleground in the U.S.-Soviet Rivalry*, Jefferson : McFarland&Company, 2017.

Rider, Tony C., *Cold War Games : Propaganda, the Olympics, and U.S. Foreign Policy*, Chamaign : University of Illinois Press, 2016.

_____ · Kevin B. Witherspoon, eds, *Defending the American Way of Life : Sport, Culture, and the Cold War*, Fayetteville : University of Arkansas Press, 2018.

Witherspoon, Kevin B., *Before the Eyes of the World : Mexico and the 1968 Olympic Games*, Dekalb : Northern Illinois University Press, 2014.

트루먼-아이젠하워 시대, 미국의 라디오프로파간다(자유유럽라디오 및 라디오리버티)와 보이브오브아메리카(VOA)의 역사는 아래 연구에서 잘 정리되어 있다.

Johnson, A. Ross, *Radio Free Europe and Radio Liberty : The CIA Years and Beyond*, Washington, DC : Woodrow Wilson Center, 2010.

Krugler, David F., *The Voice of America and the Domestic Propaganda Battles, 1945~1953*, Columbia : University of Missouri Press, 2000.

Machcewicz, Paweł, *Poland's War on Radio Free Europe, 1950~1989*, Washington, DC : Woodrow Wilson Center, 2014.

Puddington, Arch, *Broadcasting Freedom : The Cold War Triumph of Radio Free Europe and Radio Liberty*, Lexington : University Press of Kentucky, 2000.

Urban, George R., *Radio Free Europe and the Pursuit of Democracy : My War Within the Cold War*, New Haven : Yale University Press, 1997.

아시아에서의 냉전

Aldrich, Richard J. Gary D. Rawnsley · Ming-Yeh T. Rawnsley, eds. *The Clandestine Cold War in Asia, 1945~1965 : Western Intelligence, Propaganda and Special Operations*, London : Frank Cass, 2005.

Ang, Cheng Guan, *Southeast Asia's Cold War : An Interpretive History*, Honolulu : University of Hawaii Press, 2018.

Chou, Grace Ai-Ling, *Confucianism, Colonialism, and the Cold War : Chinese Cultural Education and Hong Kong's New Asia College*, Leiden : Brill, 2011.

Cullather, Nick, *The Hungry World : America's Cold War Battle against Poverty in Asia* Reprint edition, Cambridge, MA : Harvard University Press, 2013.

Elliott, Oliver, *The American Press and the Cold War : The Rise of Authoritarianism in South Korea, 1945~1954*, New York : Palgrave Macmillan, 2018.

Friedman, Jeremy, *Shadow Cold War : The Sino-Soviet Competition for the Third World*, Chapel Hill : University of North Carolina Press, 2015.

Goscha, Christopher E. · Christian F. Ostermann, *Connecting Histories : Decolonization and the Cold War in Southeast Asia, 1945~1962*, Stanford, CA : Stanford University Press, 2009.

Hajimu, Masuda, *Cold War Crucible : The Korean Conflict and the Postwar World*, Cambridge, MA : Harvard University Press, 2015.

Kim, Charles R., *Youth for Nation : Culture and Protest in Cold War South Korea*, Honolulu : University of Hawaii Press, 2017.

Koikari, Mire, *Cold War Encounters in US-Occupied Okinawa : Women, Militarized Domesticity, and Transnationalism in East Asia*, Cambridge : Cambridge University Press, 2015.

Kwon, Heonik, *The Other Cold War*, New York : Columbia University Press, 2010.

Lee, Steven H., *Outposts of Empire : Korea, Vietnam, and the Origins of the Cold War in Asia, 1949~1954*, Montreal : McGill-Queen's University Press, 1996.

Li, Xiaobing, *The Cold War in East Asia*, New York : Routledge, 2018.

McGarr, Paul M., *The Cold War in South Asia : Britain, the United States and the Indian Subcontinent, 1945~1965*, Cambridge : Cambridge University Press, 2013.

Miller, Jennifer M., *Cold War Democracy : The United States and Japan*, Cambridge, MA : Harvard University Press, 2019.

Mizuno, Hiromi · Aaron S. Moore · John DiMoia, eds. *Engineering Asia : Technology, Colonial Development and the Cold War Order*, London : Bloomsbury, 2018.

Murfett, Malcolm H., ed. *Cold War Southeast Asia*, Singapore : Marshall Cavendish, 2012.

Ngoei, Wen-Qing, *Arc of Containment : Britain, the United States, and Anticommunism in Southeast Asia*, Ithaca, NY : Cornell University Press, 2019.

Oh, Arissa H, *To Save the Children of Korea : The Cold War Origins of International Adoption*, Stanford, CA : Stanford University Press, 2015.

Phillips, Matthew, *Thailand in the Cold War*, New York : Routledge, 2015.

Roberts, Priscilla · John M. Carroll, eds. *Hong Kong in the Cold War*, Hong Kong : Hong Kong University Press, 2016.

Schaller, Michael, *The American Occupation of Japan : The Origins of the Cold War in Asia*, New York : Oxford University Press, 1987.

Vu, Tuong · Wasana Wongsurawat, eds. *Dynamics of the Cold War in Asia : Ideology, Identity, and Culture*, New York : Palgrave Macmillan, 2009.

Zhou, Taomo, *Migration in the Time of Revolution : China, Indonesia, and the Cold War*, Ithaca : NY : Cornell University Press, 2019.

할리우드와 문화냉전

Carruthers, Susan L., *Cold War Captives : Imprisonment, Escape, and Brainwashing*, Berkeley : University of California Press, 2009.

Corber, Robert J., *Cold War Femme : Lesbianism, National Identity, and Hollywood Cinema*, Durham : Duke University Press, 2014.

Dick, Bernard F., *The Screen Is Red : Hollywood, Communism, and the Cold War*, Jackson : University Press of Mississippi, 2016.

Doherty, Thomas, *Cold War, Cool Medium : Television, McCarthyism, and American Culture*, New York : Columbia University Press, 2003.

_____, *Show Trial : Hollywood, HUAC, and the Birth of the Blacklist*, New York : Columbia University Press, 2018.

Frost, Jennifer, *Producer of Controversy : Stanley Kramer, Hollywood Liberalism, and the Cold War*, Lexington : University Press of Kentucky, 2017.

Hoberman, Jim, *An Army of Phantoms : American Movies and the Making of the Cold War*, New York : The New Press, 2012.

Prime, Rebecca, *Hollywood Exiles in Europe : The Blacklist and Cold War Film Culture*, New Brunswick : Rutgers University Press, 2014.

Smith, Jeff, *Film Criticism, the Cold War, and the Blacklist : Reading the Hollywood Reds*, Berkeley : University of California Press, 2014.

Upton, Bryn, *Hollywood and the End of the Cold War : Signs of Cinematic Change*, Lanham : Rowman&Littlefield, 2014.

아시아 영화와 문화냉전

Fu, Poshek · Man-Fung Yip, eds. *The Cold War and Asian Cinemas*, London : Routledge, 2020.

Hee, Wai Siam, *Remapping the Sinophone : The Cultural Production of Chinese-language Cinema in Singapore and Malaya Before and During the Cold War*, Hong Kong : Hong Kong University Press, 2019.

Hirano, Kyoko, *Mr. Smith Goes to Tokyo : Japanese Cinema Under the American Occupation, 1945~1952*, Washington : Smithsonian Institution Press, 1992.

Hughes, Theodore, *Literature and Film in Cold War South Korea : Freedom's Frontier*, New York : Columbia University Press, 2014.

Klein, Christina, *Cold War Cosmopolitanism : Period Style in 1950s Korean Cinem*, Berkeley : University of California Press, 2020.

Taylor, Jeremy E., *Rethinking Transnational Chinese Cinemas : The Amoy-dialect Film Industry in Cold War Asia*, London : Routledge, 2011.

아시아 영화의 초국가적 역사

Chan, Kenneth, *Remade in Hollywood : The Global Chinese Presence in Transnational Cinemas*, Hong Kong : Hong Kong University Press, 2009.

Chung, Hye Seung · David Scott Diffrient, *Movie Migrations : Transnational Genre Flows and South Korean Cinema*, New Brunswick, NJ : Rutgers University Press, 2015.

DeBoer, Stephanie, *Coproducing Asia : Locating Japanese-Chinese Regional Film and Media*, Minneapolis : University of Minnesota Press, 2014.

Van der Heide, William, *Malaysian Cinema, Asian Film : Border Crossings and National Cultures*, Amsterdam : Amsterdam University Press, 2002.

Lu, Sheldon, ed. *Transnational Chinese Cinemas : Identity, Nationhood, Gender*, Honolulu : University of Hawaii Press, 1997.

Nornes, Abé Mark, *Cinema Babel : Translating Global Cinema*, Minneapolis : University of Minnesota Press, 2007.

Tezuka, Yoshiharu, *Japanese Cinema Goes Global : Filmworkers' Journeys*, Hong Kong : Hong Kong University Press, 2011.

Wang, Yiman, *Remaking Chinese Cinema : Through the Prism of Shanghai, Hong Kong, and Hollywood*, Honolulu : University of Hawaii Press, 2013.

아시아영화제

Ahn, SooJeong, *The Pusan International Film Festival, South Korean Cinema and Globalization*, Hong Kong : Hong Kong University Press, 2011.

Berry, Chris · Luke Robinson, eds, *Chinese Film Festivals : Sites of Translation*, New York : Palgrave Macmillan, 2017.

Cazzaro, Davide · Darcy Paquet, *BIFF x BIFF. Busan : Busan International Film Festiva*l, 2015.

Iordanova, Dina · Ruby Cheung, eds, *Film Festival Yearbook 3 : Film Festivals and East Asia*, St. Andrews : University of St. Andrews Press, 2011.

참고문헌*

미국 위치 아카이브 및 기록보관소

Academy of Motion Pictures Arts and Sciences (AMPAS), Margaret Herrick Library, Los Angeles, CA

    Film Festivals P-Z

    Hedda Hopper Papers

    MPAA Production Code Administration Record

    San Francisco Film Festival Collection

Alfred Kohlberg Collection (AKC), Hoover Institution Archive, Stanford University, CA

Asia Foundation Records (AFR), Hoover Institution Archive, Stanford University, CA

Conant Collection, C.V. Starr East Asian Library, Columbia University, NY

Freda Utley Papers (1886~1978), Hoover Institution Archive, Stanford University, CA

Hawaii International Film Festival Collection, Research Information Services Center, East West Center, University of Hawaii, HI

Inez G. Richardson Collection, Hoover Institution Archive, Stanford University, CA

Rare Books, Special Collections and Preservation Department, River Campus Libraries, University of Rochester, NY

Robert Blum Papers (RBP), Manuscripts and Archives, Yale University Library, CT

아시아·태평양 위치 아카이브 및 기록보관소

국가기록원

국립중앙도서관

나라기록관

서울대학교도서관

한국영상자료원

Anthony Buckley Papers, National Film and Sound Archive, Canberra, Australia.

---

*   참고문헌 내 대괄호([ ])는 원저자가 표기한 것이다. 목록 내 한국 기관 및 자료는 국문으로만 표기하고 가나다순으로 재배치했음을 일러둔다.

Asia Pictorial Collection, Hong Kong University Library Special Collections, Hong Kong University Library, Hong Kong SAR

Asian Film Archive, Singapore

Hong Kong Film Archive, Hong Kong SAR

Lok Wan Tho Collection, National Archives of Singapore, Singapore

National Film Archive of Japan, Japan

잡지, 신문, 연감

경향신문

내외영화

대한일보

동아일보

서울신문

씨네21

신아일보

신영화

실버스크린

영화세계

영화잡지

영화천국

조선일보

한국일보

America : National Catholic Weekly Review

Asia Pictorial

Box Office

The Buddhist

Burma Weekly Bulletin

China Mail

China Yearbook

Daily Variety

East-West Center Magazine

Eiga Nenkan [Film almamac]

Far East Film News

Far Eastern Economic Review

Far Eastern Survey : American Institute of Pacific Relations

The Film Daily

Film Quarterly

Films in Review

Golden Movie News

Guo Ji Dian Ying[International screen]

Kinema Junpo[Cinema biweekly]

The Indian Review

KINO

Manila Bulletin Research

The March of India

Motion Picture Daily

Nan Guo Dian Ying[Southern screen]

The New Leader

The New York Times

Nippon Times

Oakland Tribune

Pacific Research and World Empire Telegram

The Quarterly of Film, Radio and Television

Ramparts

The San Francisco Chronicle

The San Francisco Examiner

San Francisco News

Screen Daily

Shin Tonga(New Tonga magazine)

Sight and Sound

South China Morning Post

Time

Variety

The Village Voice

개인 인터뷰

김갑의, 2008.8, 서울

김수용, 2009.8, 서울

이형표, 2008.8, 서울

조준형, 2007.6, 서울

정장화, 2008.8, 서울

진봉진, 2008.10, 서울

최경옥, 2008.10, 서울

박행철, 2008.7 · 2009.5, 부천

Cheng, Pei Pei, Ann Arbor, MI, USA, October 2012

Garcia, Roger, Xiamen, China, June 2019

Hereniko, Jeannette Paulson, May 2016 (이메일 인터뷰)

Ho, Meng Hua, Hong Kong, August 2009

Johnson-Tanner, Bobbi M., April 2016 (이메일 인터뷰)

Law, Kar, Hong Kong, September 2007 · August 2009

Wong, Ain-ling, Hong Kong, August 2008

Wong, Ka Hee, Hong Kong, January 2008

Yau, Shuk-ting Kinnia, Hong Kong, August 2008

단행본 및 논문

김미현, 『한국영화사』, 서울 : 커뮤니케이션북스, 2006.

김정일, 『영화예술론』, 평양 : 조선로동당출판사, 1973.

박지연, 「영화법 제정에서 제4차 개정기까지의 영화정책(1961~1984년)」, 김동호 편, 『한국
영화 정책사』, 서울 : 나남출판, 2005.

신상옥, 『난 영화였다』, 서울 : 랜덤하우스, 2007.

신필름채록연구팀, 『임원식, 이형표, 이상현, 김종원－2008년 한국영화사 구술채록연구 시
리즈 〈주제사〉 신필름2』, 한국영상자료원, 2008.

요모타 이누히코, 박전열 역, 『일본 영화의 이해』, 서울 : 현암사, 2001.

이상준, 「정창화 감독과 아시아 합작영화의 시대」, 『영화천국』 21호, 2011.8.

이순진, 「1950년대 한국영화산업과 미국의 원조 – 아시아재단의 정릉 촬영소 조성을 중심으로」, 『한국한연구』 43호, 2016.

_____, 「냉전체제의 문화논리와 한국영화의 존재방식 – 영화〈오발탄〉의 검열과정을 중심으로」, 『기억과전망』 29권, 2013.

이영일, 『한국영화전사』, 서울 : 소도, 2004.

정종화, 「액션영화 만들기 – 김시현 감독 인터뷰」, 『영화언어』 4호, 2004 봄.

정종현, 「'大東亞'와 스파이 – 김내성 장편소설 「태풍」을 통해 본 '대동아'의 심상지리와 '조선'」, 『대중서사연구』 22호, 2009.

조준형, 『영화제국 신필름 – 한국영화 기업화를 향한 꿈과 좌절』, 한국영상자료원, 2009.

조희문, 「'申필름' – 한국영화 기업화의 기능과 한계」, 『영화연구』 제14호, 1998.

차재영·염찬희, 「1950년대 주한 미공보원의 기록영화와 미국의 이미지 구축」, 『한국언론학보』 56권 1호, 2012.

한국영상자료원, 『한국영화 100선 –〈청춘의 십자로〉에서〈피에타〉까지』, 한국영상자료원, 2013.

『한국영화자료편람』, 한국영화진흥공사, 1976.

함충범, 「허정과도정부 시기 한국영화계 연구 – 4·19혁명과의 관련성을 중심으로」, 『순천향인문과학논총』 26호, 2010.

허은, 「냉전시대 미국의 민족국가 형성 개입과 헤게모니 구축의 최전선 – 주한미공보원 영화」, 『한국사연구』 155호, 2011.

Aitken, Ian, *The British Official Film in South-East Asia : Malaya·Malaysia, Singapore and Hong Kong*, London : Palgrave Macmillan, 2016.

_____·Michael Ingham, *Hong Kong Documentary Film*, Edinburgh : Edinburgh University Press, 2014.

Akamatsu, Kaname, "A Historical Pattern of Economic Growth in Developing Countries", *Developing Economies* 1, no.1, 1962.

Amsden, Alice H., *Asia's Next Giant : South Korea and Late Industrialization*, New York : Oxford University Press, 1989.

_____, "Diffusion of Development : The Late Industrializing Model and Greater East Asia", *American Economic Review* 81, no.2, May 1991.

_____, *Escape from Empire : The Developing World's Journey through Heaven and Hell*, Cambridge, MA : MIT Press, 2007.

Anderson, Danielle, *Fifty Years of Australia's Trade*, Canberra : Department of Foreign Affairs and Trade, Australian Government Report, 2014.

Armstrong, Charles K., "The Cultural Cold War in Korea, 1945~1950", *Journal of Asian Studies* 62, no.1, February 2003.

Aronova, Elena, "The Congress for Cultural Freedom, Minerva, and the Quest for Instituting 'Science Studies' in the Age of Cold War", *Minerva* 50, 2012.

Arrighi, Giovanni, "States, Markets, and Capitalism, East and West", *Positions* 15, no.2, 2007.

＿＿＿＿＿＿, Takeshi Hamashita · Mark Sheldon, eds. *The Resurgence of East Asia : 500, 150, and 50 Year Perspectives*, London : Routledge, 2003.

Asia-Pacific Film Festival 50th Anniversary Catalogue, Kuala Lumpur, Malaysia : Ministry of Culture, 2005.

Au, Tung Steve, *Lingnan Spirit Forever-A Mission in Transition, 1951~1990 : From the Trustees of Lingnan University to the Lingnan Foundation*, New Haven, CT : Lingnan Foundation, 2002.

Balio, Tino, *The Foreign Film Renaissance on American Screens, 1946~1973*, Madison : University of Wisconsin Press, 2010.

＿＿＿＿, "Struggles for Control", *The American Film Industry*, ed. Tino Balio, Madison : University of Wisconsin Press, 1985.

＿＿＿＿, *United Artists : The Company That Changed the Film Industry*, Madison : University of Wisconsin Press, 1987.

Barnhisel, Greg, *Cold War Modernists : Art, Literature, and American Cultural Diplomacy*, New York : Columbia University Press, 2015.

＿＿＿＿＿＿, "Cold Warriors of the Book : American Book Programs in the 1950s", *Book History* 13, 2010.

Basch, Antonin, "The Colombo Plan : A Case of Regional Economic Cooperation", *International Organization* 9, no.1, 1955.

Basket, Michael, *The Attractive Empire; Colonial Asia in Japanese Imperial Culture, 1931~1953*, Honolulu : University of Hawaii Press, 2008.

Belmonte, Laura A., *Selling the American Way : U.S. Propaganda and the Cold War*, Philadelphia : University of Pennsylvania Press, 2008.

Benitez, Francisco, "Filming Philippine Modernity During the Cold War : The Case of Lamberto Avellana", *Cultures at War : The Cold War and Cultural Expression in Southeast Asia*, eds. Tony Day · Maya H. T. Liem, Ithaca, NY : Cornell University Press, 2010.

Bernstein, Matthew · *Walter Wanger, Hollywood Independent*, Minneapolis : University of Minnesota Press, 2000.

Berry, Chris, "Introduction", In *Perspectives on Chinese Cinema*, ed. Chris Berry, London : BFI Publishing, 1991.

_____, *Postsocialist Cinema in Post-Mao China : The Cultural Revolution after the Cultural Revolution*, London : Routledge, 2004.

Blum, Robertm, "The Asia Foundation : Purposes and Program", *United Asia : International Magazine of Afro-Asian Affairs* 11, no.5, 1959.

_____, "The Work of The Asia Foundation", *Public Affairs* 29, no.1, 1956.

Bordwell, David · Janet Staiger · Kristin Thompson, *The Classical Hollywood Cinema : Film Style and Mode of Production to 1960*, New York : Columbia University Press, 1985.

Brzezinski, Zbigniew, *The Choice : Global Domination or Global Leadership*, New York : Basic Books, 2004.

_____, "Japan's Global Engagement", *Foreign Affairs* 50, 1971~72.

_____, "The Politics of Underdevelopment", *World Politics* 9, no.1, 1956.

Busch, Noel F., *Fallen Sun : A Report on Japan.* New York : Appleton Century Crofts, Inc., 1948.

Butwell, Richard, *U Nu of Burma*, Stanford, CA : Stanford University Press, 1963.

Câmara, Regina, "From Karlovy Vary to Cannes : Brazilian Cinema Nuovo at European Film Festivals in the 1960s", *Cultural Transfer and Political Conflicts : Film Festivals in the Cold War*, eds. Andreas Kötzing · Caroline Moine, Göttingen, Germany : V&R Unipress, 2017.

Capling, Ann, "Twenty Years of Australia's Engagement with Asia", *Pacific Review* 21, no.5, 2008.

Capra, Frank, *The Name above the Title : An Autobiography*, New York : Macmillan Company, 1971.

Caute, David, *The Dancer Defects : The Struggle for Cultural Supremacy During the Cold War*, Oxford : Oxford University Press, 2003.

Chang, Ha-joon, *The East Asian Development Experience : The Miracle, the Crisis and the Future*, London : Zed Books, 2006.

Charney, Michael, "U Nu, China and the 'Burmese' Cold War : Propaganda in Burma in the 1950s", *The Cold War in Asia : The Battle for Hearts and Minds*, eds. Zheng Yangwen · Hong Liu · Michael Szonyi, Leiden : Brill, 2010.

Chen, Jian, *Mao's China and the Cold War*, Chapel Hill : University of North Carolina Press, 2001.

Chen, Qingwei, *Xianggang dianying gongye jiegon ji shichang fengxi[The structure and marketing analysis of the Hong Kong film industry]*, Hong Kong : Dianying shuangzhoukan, 2000.

Cheung, Ruby. "Ever-changing Readjustments : The Political Economy of the Hong Kong International Film Festival(HKIFF)", *New Review of Film and Television Studies* 14, no.1, 2016.

Cho, Chun-hyong, ed. *Oral History Project 2008 : Shin Films*, Seoul, Korea : Korean Film Archive, 2008.

Cho, Tong-jae · Park Tae-jin, *Partner for Change : 50 Years of The Asia Foundation in Korea, 1954~2004*, Seoul, Korea : The Asia Foundation, 2004.

Choi, Chungmoo, "The Magic and Violence of Modernization in Post-Colonial Korea", *Post-Colonial Classics of Korean Cinema*, ed. Chungmoo Choi, Irvine : University of California, 1998.

Chotirosseranee, Sanchai, "Finding Santi-Vina", *Journal of Film Preservation* 96, April 2017.

Chung, Stephanie Po-yin, "The Industrial Evolution of a Fraternal Enterprise : The Shaw Brothers and the Shaw Organization", *The Shaw Screen : A Preliminary Study*, ed. Wong Ain-ling, Hong Kong : Hong Kong Film Archive, 2003.

_____, "Moguls of the Chinese Cinema : The Story of the Shaw Brothers in Shanghai, Hong Kong and Singapore, 1924~2002", *Modern Asian Studies* 41, no.1, 2007.

_____, "A Southeast Asian Tycoon and His Movie Dream : Loke Wan Tho and MP&GI", *The Cathay Story*, ed. Wong Ain-ling, Hong Kong : Hong Kong Film Archive, 2002.

Chung, Steven, *Split Screen Cinema : Shin Sang-ok and Postwar Cinema*, Minneapolis : University of Minnesota Press, 2014.

Clark, Paul, *Chinese Cinema : Culture and Politics Since 1949*, Cambridge : Cambridge University Press, 1987.

The Committee for Free Asia Study Group, *A Symposium on the Political, Economic and Cultural Position of the Overseas Chinese*, The Committee for Free Asia, August 15, 1953.

Cook, David A, *Lost Illusions : American Cinema in the Shadow of Watergate and Vietnam, 1970~1979*, Berkeley : University of California Press, 2002.

Cull, Nicholas J, *The Cold War and the United States Information Agency : American Propaganda and Public Democracy, 1945~1989*, Cambridge : Cambridge University Press, 2008.

Cumings, Bruce, "Japan's Position in the World System", *Postwar Japan as History*, ed. Andrew Gordon, Berkeley : University of California Press, 1993.

_____, *Dominion from Sea to Sea : Pacific Ascendancy and American Power*, New Haven, CT : Yale University Press, 2010.

Cummings, Richard H, *Radio Free Europe's "Crusade for Freedom" : Rallying Americans Behind Cold War Broadcasting, 1950~1960*, Jefferson, NC : McFarland and Company, 2010.

Curry, Ramona, "Bridging the Pacific with Love Eterne", *China Forever : The Shaw Brothers and Diasporic Cinema*, ed. Poshek Fu, Urbana : University of Illinois Press, 2008.

Curtin, Michael, "Media Capital : Towards the Study of Spatial Flows", *International Journal of Cultural Studies* 6, no.2, 2003.

_____, "What Makes Them Willing Collaborators? The Global Context of Chinese Motion Picture Co-productions", *Media International Australia* 159, no.1, May 2016.

Davis, D. W. · Emilie Yueh-yu Yeh, "Inoue at Shaws", In *The Shaw Screen : A Preliminary Study*, ed. Wong Ain-ling, Hong Kong : Hong Kong Film Archive, 2003.

_____, "Market and Marketization in the China Film Business", *Cinema Journal* 49, no.3, 2010.

Day, Tony · Maya H. T. Liem, eds. *Cultures at War : The Cold War and Cultural Expression in Southeast Asia*, Ithaca, NY : Cornell University Press, 2010.

DeBoer, Stephanie, "Framing Tokyo Media Capital and Asian Co-Production", *East Asian Cinemas : Regional Flows and Global Transformations*, ed. Vivian Lee, London : Palgrave Macmillan.

Desser, David, "The Kung Fu Craze : Hong Kong Cinema's First American Reception", *The Cinema of Hong Kong : History, Art, Identity*, eds. Poshek Fu · David Desser, Cambridge : Cambridge University Press, 2000.

Deyo, Frederic C., *Beneath the Miracle : Labor Subordination in the New Asian Industrialism*, Berkeley : University of California Press, 1989.

Dower, John W., *Japan in War and Peace : Selected Essays*, New York : New Press, 1993.

Dumont, Hervé, *Frank Borzage : The Life and Film of a Hollywood Romantic*, trans. Jonathan Kaplansky. Jefferson, NC : McFarland&Company, 2006.

Duus, Peter, *Modern Japan*, Boston : Houghton Mifflin Company, 1998.

Eldridge, David N., " 'Dear Owen' : The CIA, Luigi Luraschi and Hollywood, 1953", *Historical Journal of Film, Radio and Television* 20, no.2, 2000.

Elsaesser, Thomas, "Film Festival Networks : The New Topographies of Cinema in Europe", *European Cinema : Face to Face with Hollywood*, Amsterdam : Amsterdam University Press, 2005.

Evans, Peter B. · Dietrich Rueschemeyer · Theda Skocpol, eds. *Bringing the State Back In*, Cambridge : Cambridge University Press, 1985.

Falk, Andrew J., *Upstaging the Cold War : American Dissent and Cultural Diplomacy, 1940~1960*, Amherst : University of Massachusetts Press, 2010.

Fay, Jennifer, "The Schoolgirl Reports and the Guilty Pleasure of History", *Alternative Europe : Eurotrash and Exploitation Cinemas Since 1945*, eds. Ernest Mathijs · Xavier Mendik, London : Wallflower Press, 2004.

The Federation of Motion Picture Producers in Southeast Asia, *The First Film Festival in Southeast Asia Catalogue*, May 8~20, 1954, Tokyo, Japan.

_____, *Report on the 3rd Annual Film Festival of Southeast Asia*, Hong Kong, June 12~16, 1956.

Fehrenback, Heide, *Cinema in Democratizing Germany : Reconstructing National Identity after Hitler*, Chapel Hill : University of North Carolina Press, 1995.

The Film Society of Lincoln Center, *New York Film Festival Programs : 1963~1975*, New York : Arno Press, 1976.

The First Hawaii International Film Festival Program, November 1~7, 1981, Hawaii International Film Festival Collection, East West Center Library, The University of Hawaii, HI.

Fischer, Paul, *A Kim Jong-Il Production : The Extraordinary True Story of a Kidnapped Film-maker, His Star Actress, and a Young Dictator's Rise to Power*, New York : Flatiron Books, 2015.

Flanigan, P., "Kung Fu Krazy or the Invention of the 'Chop Suey Eastern'", *Cineaste* 6, no.3, 1974.

Ford, Eugene, *Cold War Monks : Buddhism and America's Secret Strategy in Southeast Asia*, New Haven : Yale University Press, 2017.

Fore, Steve, "Golden Harvest Films and the Hong Kong Movie Industry in the Realm of Globalization", *Velvet Light Trap* 34, Fall 1994.

Foreign Affairs and National Defense Division, *The Asia Foundation : Past, Present, and Future Official Report Prepared for the Committee on Foreign Relations United States Senate*, Washington, DC, 1983.

Friedman, Lester D., "Introduction : Movies and the 1970s", *American Cinema of the 1970s : Themes and Variations*, ed. Lester D. Friedman, New Brunswick, NJ : Rutgers University Press, 2007.

Fu, Poshek, "The 1960s : Modernity, Youth Culture, and Hong Kong Cantonese Cinema", *The Cinema of Hong Kong : History, Art, Identity*, eds. Poshek Fu · David Desser, Cambridge : Cambridge University Press, 2000.

_____, "The Ambiguity of Entertainment : Chinese Cinema in Japanese-Occupied Shanghai, 1941 to 1945", *Cinema Journal* 37, no.1, Autumn 1997.

_____, *Between Shanghai and Hong Kong : The Politics of Chinese Cinemas*, Stanford, CA : Stanford University Press, 2003.

_____, "Hong Kong and Singapore : A History of the Cathay Cinema", *The Cathay Story*.

_____, "Japanese Occupation, Shanghai Exiles, and Postwar Hong Kong Cinema.", *China Quarterly* 194, June 2008.

_____, "Modernity, Diasporic Capital, and 1950's Hong Kong Mandarin Cinema", *Jump Cut : A Review of Contemporary Media* 49, Spring 2007. https://www.ejumpcut.org/archive/jc49.2007/Poshek/

_____, "The Shaw Brothers' Diasporic Cinema", *China Forever : The Shaw Brothers and Diasporic Cinema*, ed. Poshek Fu, Urbana : University of Illinois Press, 2008.

Fukuyama, Francis, "The End of History", *National Interest* 16, 1989.

Gerow, Aaron, "Narrating the Nation-ality of a Cinema : The Case of Japanese Prewar Film",
　　　The Culture of Japanese Fascism, ed. Alan Talisman, Durham, NC : Duke University
　　　Press, 2009.

＿＿＿＿＿＿, *Visions of Japanese Modernity : Articulations of Cinema, Nation, and Specta-
　　　torship, 1895~1925*, Berkeley : University of California Press, 2010.

Gerteis, Christopher, "Labor's Cold Warriors : The American Federation of Labor and 'Free
　　　Trade Unionism' in Cold War Japan", *Journal of American-East Asian Relations* 12,
　　　no.3, 2003.

Goldsmith, Ben · Tom O'Regan, *The Film Studio : Film Production in the Global Economy*,
　　　Lanham, MD : Rowman and Littlefield, 2005.

Govil, Nitin, *Orienting Hollywood : A Century of Film Culture Between Los Angeles and Bom-
　　　bay*, New York : NYU Press, 2015.

Gustafson, Robert, "What's Happening to Our Pix Biz? From Warner Bros. to Warner Com-
　　　munications Inc", *The American Film Industry*, ed. Tino Balio, Madison : University of
　　　Wisconsin Press, 1985.

Hall, Sheldon · Steve Neale, *Epics, Spectacles, and Blockbusters : A Hollywood History*, Detroit,
　　　MI : Wayne State University Press, 2010.

Hamamoto, Darrel Y., *Monitored Peril : Asian Americans and the Politics of TV Representa-
　　　tion*, Minneapolis : University of Minnesota Press, 1994.

Hamid, Rahul, "From Urban Bohemia to Euro Glamour : The Establishment and Early Years of
　　　the New York Film Festival", *Film Festival Yearbook 1 : The Festival Circuit*, eds. Dina
　　　Iordanova · Regan Rhyne, St. Andrews : St. Andrews University Press, 2009.

Hansen, Miriam Bratu, "The Mass Production of the Senses : Classical Cinema as Vernacular
　　　Modernism", *Modernism/Modernity* 6, no.2, 1999.

Hatch, Walter F., *Asia's Flying Geese : How Regionalization Shapes Japan*, Ithaca, NY : Cornell
　　　University Press, 2010.

Heffernan, Kevin, *Ghouls, Gimmicks, and Gold : Horror Films and the American Movie Busi-
　　　ness, 1953~1968*, Durham, NC : Duke University Press, 2004.

＿＿＿＿＿＿, "Inner-City Exhibition and the Genre Film : Distributing Night of the Liv-
　　　ing Dead(1968)," *Cinema Journal* 41, no.3, 2002.

High, Peter B., *The Imperial Screen : Japanese Film Culture in the Fifteen Years' War, 1931-
　　　1945*, Madison : University of Wisconsin Press, 2003.

Hirano, Kyoko, "Japan", *World Cinema Since 1945*, ed. William Luhr, New York : Ungar, 1987.

Hochgeschwender, Michael, "Der Monat and the Congress for Cultural Freedom : The High Tide of the Intellectual Cold War, 1948~1971", *Campaigning Culture and the Global Cold War : The Journals of the Congress for Cultural Freedom*, eds. Giles Scott-Smith · Charlotte A. Lerg, London : Palgrave MacMillan, 2017.

Holt, Robert T., *Radio Free Europe*, Minneapolis : University of Minnesota Press, 1958.

Hong, Guo-juin, *Taiwan Cinema : A Contested Nation on Screen*, London : Palgrave Macmillan, 2011.

Hong Kong Film Archive, *Oral History Series 3 : Director Chor Yuen*, Hong Kong : Hong Kong Film Archive, 2006.

Horvat, Andrew, "Rashomon Perceived : The Challenge of Forging a Transnationally Shared View of Kurosawa's Legacy", *Rashomon Effects : Kurosawa, Rashomon and Their Legacies*, eds. Blair Davis · Robert Anderson · Jan Walls, New York : Routledge, 2016.

Howard, Christopher, "Beyond Jidai-geki : Daiei Studios and the Study of Transnational Japanese Cinema", *Journal of Japanese and Korean Cinema* 3, no.1, 2012.

_____, "Re-Orienting Japanese Cinema : Cold War Criticism of 'Anti-American' Films", *Historical Journal of Film, Radio and Television* 36, no.4, 2016.

Huang,Yu, "Foreword", *Chang Kuo-sin, Eight Months Behind the Bamboo Curtain : A Report on the First Eight Months of Communist Rule in China, VI-VIII*, Kowloon : City University of Hong Kong Press, 2015.

Jeong, Kelly Y., "Aimless Bullet(1961) : Postwar Dystopia, Canonicity, and Cinema Realism", *Rediscovering Korean Cinema*, ed. Sangjoon Lee, Ann Arbor : University of Michigan Press, 2019.

Johnson, A. Ross, *Radio Free Europe and Radio Liberty : The CIA Years and Beyond*, Washington, DC : Woodrow Wilson Center, 2010.

Johnson, Chalmers, *MITI and the Japanese Miracle : The Growth of Industrial Policy, 1925-1975*, Stanford, CA : Stanford University Press, 1982.

Katzenstein, Peter J., "Japan, Technology and Asian Regionalism in Comparative Perspective", *The Resurgence of East Asia : 500, 150, and 50 Years Perspective*, eds. Giovanni Arrighi · Takeshi Hamashita · Mark Sheldon, London : Routledge, 2003.

Keane, Michael, "China's Digital Media Industries and the Challenge of Overseas Markets", *Journal of Chinese Cinemas* 13, no.3, Fall 2019.

_____ · Brian Yecies · Terry Flew, eds. *Willing Collaborators : Foreign Partners in Chinese Media*, Lanham, MD : Rowman&Littlefield, 2018.

Khandpur, K. L., "Problems of Training Film Technicians in South East Asia", *UNESCO Meeting on Development of Information Media in South East Asia*, Bangkok, January 18~30, 1960.

_____ , "First International Film Festival of India", *70 Years of Indian Cinema (1913~1983)*, ed. T. M. Ramachandran, Bombay : CINEMA India-International, 1984.

Kim, Han Sang, "Cold War and the Contested Identity Formation of Korean Filmmakers : On Boxes of Death and Kim Ki-yong's USIS Film", *Inter-Asian Cultural Studies* 14, no.1, 2013.

Kim, Se Jin, "South Korea's Involvement in Vietnam and Its Economic and Political Impact", *Asian Survey* 10, no.6, June 1970.

Kitagawa, Joseph M., "Buddhism and Asian Politics", *Asian Survey* 2, no.5, July 1962.

_____ , *Religion in Japanese History*, New York : Columbia University Press, 1966.

Kitamura, Hiroshi, *Screening Enlightenment : Hollywood and the Cultural Reconstruction of Defeated Japan*, Ithaca, NY : Cornell University Press, 2010.

Klein, Christina, *Cold War Orientalism : Asia in the Middlebrow Imagination, 1945~1961*, Berkeley : University of California Press, 2003.

_____ , "Madame Freedom(1956) : Spectatorship and the Modern Woman", *Rediscovering Korean Cinema*, ed. Sangjoon Lee, Ann Arbor : University of Michigan Press, 2019.

Kötzing, Andreas, "Cultural and Film Policy in the Cold War : The Film Festivals of Oberhausen and Leipzig and German-German Relations", *Cultural Transfer and Political Conflicts : Film Festivals in the Cold War*, eds. Andreas Kötzing · Caroline Moine, Göttingen, Germany : V&R Unipress, 2017.

Kung, James · Zhang Yueai, "Hong Kong Cinema and Television in the 1970s : A Perspective", *A Study of Hong Kong Cinema in the Seventies*, the 8th Hong Kong International Film Festival, Hong Kong : The Urban Council, 1984.

Kuoshu, Harry H., *Celluloid China : Cinematic Encounters with Culture and Society*, Carbondale : Southern Illinois University Press, 2002.

Kurosawa, Akira, *Something Like an Autobiography*, trans. Audie Bock, New York : Vantage Books, 1982.

Lau, C. K., "Chang Kuo-sin : Patriot Who Stuck to the Truth", In Chang Kuo-sin, *Eight Months Behind the Bamboo Curtain : A Report on the First Eight Months of Communist Rule in China*, Kowloon : City University of Hong Kong Press, 2015.

Law, Kar · Frank Bren, *Hong Kong Cinema : A Cross Cultural View*, London : Scarecrow, 2005.

Leary, Charles, "The Most Careful Arrangement for a Careful Fiction : A Short History of Asia Pictures", *Inter-Asian Cultural Studies* 13, no.4, 2012.

Lee, Jin-kyung, "Surrogate Military, Subimperialism, and Masculinity : South Korea in the Vietnam War, 1965~73", *Positions : Asia Critique* 17, no.3, 2009.

Lee, Sangjoon, "Creating an Anti-Communist Motion Picture Producers' Network in Asia : The Asia Foundation, Asia Pictures, and the Korean Motion Picture Cultural Association", *Historical Journal of Film, Radio and Television* 37, no.3, 2017.

_____, "Destination Hong Kong : The Geopolitics of South Korean Espionage Films in the 1960s", *Journal of Korean Studies* 22, no.1, 2017.

_____, "Dracula, Vampires, and Kung Fu Fighters : The Legend of the Seven Golden Vampires and Transnational Horror Co-production in 1970s Hong Kong", *Transnational Horror Cinema : Bodies of Excess and the Global Grotesque*, eds. Sophia Siddique Harvey · Raphael Raphael, New York : Palgrave/MacMillan, 2017.

_____, "The Emergence of the Asian Film Festival : Cold War Asia and Japan's Reentrance to the Regional Market in the 1950s", *The Oxford Handbook of Japanese Cinema*, ed. Miyao Daisuke, Oxford : Oxford University Press, 2013.

_____, "It's 'Oscar' Time in Asia! the Rise and Demise of the Asian Film Festival, 1954~1972", *Coming Soon to a Festival Near You : Programming Film Festivals*, ed. Jeffrey Ruoff, St. Andrews : St. Andrews University Press, 2012.

_____, "Martial Arts Craze in Korea : Cultural Translation of Martial Arts Film and Literature in the 1960s", *East Asian Cultural Heritage and Films*, ed. Kinnia Yau Shuk-ting, New York : Palgrave/Macmillan, 2012.

Lee, Sangjoon, "On 'The Korean Film Industry' : The Asia Foundation, Korean Motion Picture Cultural Association, and John Miller, 1956", *Journal of Japanese and Korean Cinema* 7, no.2, 2015.

_____, "Seoul-Hong Kong-Macau : *Love with an Alien*(1957) and Postwar South Korea-Hong Kong Coproduction", *Asia-Pacific Film Co-Productions : Theory, Industry and Aesthetics*, eds. Dal Yong Jin · Wendy Su, London : Routledge, 2019.

_____, "The South Korean Film Industry and the Chinese Film Market", *Screen* 60, no.2, 2019.

Leung, Grace L.K. · Joseph M. Chan, "The Hong Kong Cinema and Overseas Market, a Historical Review 1950~1995", *Hong Kong Cinema Retrospective : Fifty Years of Electric Shadows*, Hong Kong : The Urban Council, 1997.

Leung, Ping-kwan, "Urban Cinema and the Cultural Identity", *The Cinema of Hong Kong : History, Art, Identity*, eds. Poshek Fu · David Desser, Cambridge : Cambridge University Press, 2000.

Li, Zhaojin, *A History of Modern Shanghai Banking : The Rise and Decline of China's Finance Capitalism*, London and New York : Routledge, 2003.

Lim, Kean Fan, "Transnational Collaborations, Local Competitiveness : Mapping the Geographies of Filmmaking in/through Hong Kong", *Geografiska Annaler*, Series B. Human Geography 88, no.3, 2006.

Lingzi, Chen, "In the Midst of the Overt and Covert : Hong Kong Asia Press in the Cultural Cold War", Master's thesis, National University of Singapore, 2017.

Londoner, David J., "The Changing Economics of Entertainment", *The American Film Industry*, ed. Tino Balio, Madison : University of Wisconsin Press, 1985.

Long, S. R. Joey, "Winning Hearts and Minds : U.S. Psychological Warfare Operations in Singapore, 1955~1961", *Diplomatic History* 32, no.5, November 2008.

Lu, Yan, "Limits to Propaganda : Hong Kong's Leftist Media in the Cold War and Beyond", *The Cold War in Asia : The Battle for Hearts and Minds*, eds. Zheng Yangwen · Hong Liu · Michael Szonyi.

MacCann, Richard Dyer, *Hollywood in Transition.* Boston : Houghton Mifflin, 1962.

_____, *Film and Society*, New York : Scribner, 1964.

_____, "Films and Film Training in the Republic of Korea", *Journal of the University Film Producers Association* 16, no.1, 1964.

MacCann, Richard Dyer, *The People's Films : A Political History of U.S. Government Motion Pictures*, New York : Hastings House, 1973.

MacDonald, Keiko I., *Mizoguchi*, Boston : Twayne Publishers, 1984.

Magnan-Park, Aaron Han Joon, "Restoring the Transnational from the Abyss of Ethnonational Film Historiography : The Case of Chung Chang Wha", *Journal of Korean Studies* 16, no.2, Fall 2011.

Marchetti, Victor · John D. Marks, *The CIA and the Cult of Intelligence*, New York : Knopf, 1974.

McBride, Joseph, *Frank Capra : The Catastrophe of Success*, Jackson : University Press of Mississippi, 2011.

McDowell, Bleakley, "Jules and Miriam Bucher", Master's thesis, New York University, 2015.

McFarlane, Brian, *Australian Cinema 1970~1985*, Melbourne : William Heinemann Australia, 1987.

McHugh, Kathleen · Nancy Abelmann, "Introduction", In *South Korean Golden Age Melodrama : Gender, Genre, and National Cinema*, Detroit : Wayne State University Press, 2005.

Millet, Raphaël, *Singapore Cinema*, Singapore : Editions Didier Millet, 2006.

Mizuno, Sachiko, "The Saga of Anatahan and Japan", *Spectator* 29, no.2, Fall 2009.

Monaco, Paul, *The Sixties : 1960~1969, History of the American Cinema*, Berkeley : University of California Press, 2001.

Moon, Jae-cheol, "The Meaning of Newness in Korean Cinema : Korean New Wave and After", *Korea Journal*, Spring 2008.

Moore, Aaron, *Constructing East Asia : Technology, Ideology, and Empire in Japan's Wartime Era, 1931~1945*, Stanford, CA : Stanford University Press, 2015.

Nanda, Ritu, *Raj Kapoor Speaks,* New Delhi : Viking Penguin Books India, 2002.

Ng, Grace, "Li Han Hsiang's Long Men Zhen", *Li Han-Hsiang, Storyteller*, ed. Wong Ain-Ling, Hong Kong : Hong Kong Film Archive, 2007.

Nornes, Abé Mark, "The Creation and Construction of Asian Cinema Redux", *Film History* 25, no.1 · 2, 2013.

Oba, Mie, "Japan's Entry into ECAFE", *Japanese Diplomacy in the 1950s*, eds. Iokibe Makoto · Caroline Rose · Tomaru Junko · John Weste, New York : Routledge, 2008.

Osgood, Kenneth, *Total Cold War : Eisenhower's Secret Propaganda Battle at Home and Abroad*, Lawrence : University Press of Kansas, 2006.

Parmar, Inderjeet, *Foundations of the American Century : The Ford, Carnegie, and Rockefeller Foundations in the Rise of American Power*, New York : Columbia University Press, 2012.

Pempel, T. J, ed. *The Politics of the Asian Economic Crisis*, Ithaca, NY : Cornell University Press, 1999.

Pierpaoli, Paul G., *Truman and Korea : The Political Culture of the Early Cold War*, Columbia : University of Missouri Press, 1999.

Puddington, Arch, *Broadcasting Freedom : The Cold War Triumph of Radio Free Europe and Radio Liberty*, Lexington, University Press of Kentucky, 2000.

Raine, Michael, "Ishihara Yujiro : Youth, Celebrity, and the Male Body in late~1950s Japan", *Word and Image in Japanese Cinema*, eds. Dennis Washburn · Carole Cavanaugh, Cambridge : Cambridge University Press, 2010.

Rajagopalan, Sudha, "Emblematic of the Thaw : Early Indian Films in Soviet Cinemas", *South Asian Popular Culture* 4, no.2, 2006.

Richie, Donald · Joseph Anderson, *The Japanese Film : Art and Industry*, expanded ed. Princeton, NJ : Princeton University Press, 1982.

Robinson, Andrew, *Satyajit Ray : The Inner Eye*, Berkeley : University of California Press, 1989.

Rodriguez, Hector, "The Cinema in Taiwan : Identity and Political Legitimacy", PhD diss., New York University, 1995.

Rostow, W. W., *An American Policy in Asia*, New York : John Wiley&Sons, 1955.

_____, *Eisenhower, Kennedy, and Foreign Aid*, Austin : University of Texas Press, 1985.

Ruberto, Laura E. · Kristi M. Wilson, "Introduction", *Italian Neorealism and Global Cinema*, eds. Laura E. Ruberto · Kristi M. Wilson, Detroit, MI : Wayne State University Press, 2007.

Rueschemeyer, Dietrich · Evans, Peter B., "The State and Economic Transformation : Toward an Analysis of the Conditions Underlying Effective Intervention", *Bringing the State Back In*, eds. Peter B. Evans · Dietrich Rueschemeyer · Theda Skocpol,Cambridge : Cambridge University Press, 1985.

Sato, Tadao, *Currents in Japanese Cinema. Translated by Gregory Barrett,* Tokyo and New York : Kodansha International, 1982.

Saunders, Frances Stonor, *The Cultural Cold War : The CIA and the World of Arts and Letters,* New York : The New Press, 2001. Originally published in the UK as *Who Paid the Piper? The CIA and the Cultural Cold War,* London : Granta Books, 1999

Sbardellati, John, *J. Edgar Hoover Goes to the Movies : The FBI and the Origins of Hollywood's Cold War,* Ithaca, NY : Cornell University Press, 2012.

Schenk, Catherine R, *Hong Kong as an International Financial Centre : Emergence and Development 1945~65,* London : Routledge, 2001.

Schilling, Mark, *No Borders, No Limits : Nikkatsu Action Cinema,* Farleigh : FAB Press, 2007.

Schönherr, Johannes, *North Korean Cinema : A History*, Jefferson, NC : McFarland&Company, 2012.

Sebo, Gabor, "A Study on the Impact of Shin Sang-ok on North Korean Cinema", PhD diss., Korea University, 2018.

Sen, Krishna, *Indonesian Cinema : Framing the New Order,* London : Zed Books, 1994.

Sharp, Jasper, "Buddha : Selling an Asian Spectacle", *Journal of Japanese and Korean Cinema* 4, no.1, 2012.

Shaw, Tony, *British Cinema and the Cold War,* London : I.B. Tauris, 2006.

_____, *Hollywood's Cold War,* Amherst : University of Massachusetts Press, 2007.

Shing, Angel On Ki, "The Star as Cultural Icon : The Case of Josephine Siao Fong Fong", Master's thesis, University of Hong Kong, 2000.

Shirley, Graham · Brian Adams, *Australian Cinema : The First Eighty Years*, Redfern, Australia : Currency Press, 1983.

Srivastava, Manoj, *Wide Angle : History of Indian Cinema,* Chennai, India : Norton Press, 2016.

Standish, Isolde, "Korean Cinema and the New Realism : Text and Context", *East-West Film Journal* 7, no.2, 1993.

Stephenson, Shelly, "'Her Traces Are Found Everywhere' : Shanghai, Li Xianglan, and the 'Greater East Asian Film Sphere.'", *Cinema and Urban Culture in Shanghai, 1922-1943,* ed. Yingjin Zhang, Stanford, CA : Stanford University Press, 1999.

Storper, Michael, "The Transition to Flexible Specialisation in the US Film Industry : External Economies, the Division of Labour, and the Crossing of Industrial Divides", *Cambridge Journal of Economics* 13, no.2, June 1989.

Straubhaar, Joseph D., "Beyond Media Imperialism : Asymmetrical Interdependence and Cultural Proximity", *Critical Studies in Media Communication* 8, no.1, 1991.

Stringer, Julian, "Regarding Film Festivals", PhD diss., Indiana University, 2003.

Suehiro, Akira, "The Road to Economic Re-entry : Japan's Policy toward Southeast Asian Development in the 1950s and 1960s", *Social Science Japan Journal* 2, no.1, 1999.

Suh, Sang-mok, "The Economy in Historical Perspective", *Structural Adjustment in a Newly Industrialized Country : The Korean Experience*, eds. Vittorio Corbo · Sang-mok Suh, Baltimore : Johns Hopkins University Press, 1992.

Tan, See Kam, "Shaw Brothers' Bangpian : Global Bondmania, Cosmopolitan Dreaming and Cultural Nationalism", *Screen* 56, no.2, Summer 2015.

Tang, James T. H., "From Empire Defense to Imperial Retreat : Britain's Postwar China Policy and the Decolonization of Hong Kong", *Modern Asian Studies* 28, no.2, 1994.

Teo, Stephen, "Asian Film Festivals and their Diminishing Glitter Domes : An Appraisal of PIFF, SIFF and HKIFF", *Dekalog 3 : On Film Festivals*, ed. Richard Porton, London : Wallflower Press, 2009.

_____, "Australia's Role in the Global Kung Fu Trend : The Man from Hong Kong", *Senses of Cinema* 62, 2001. http : //sensesofcinema.com/2001/cteq/man_hk/.

Terada, Takashi, "The Origins of Japan's APEC Policy : Foreign Minister Takeo Mikki's Asia-Pacific Policy and Current Implications", *Pacific Review* 11, no.3, 1998.

Third Meeting of the ASEAN Sub-Committee on Film : Official Report, Jakarta, Indonesia, November 1974.

Tiffen, Rodney, *Diplomatic Deceits : Government, Media and East Timor*, Sydney : UNSW Press, 2001.

Tobias, M. C., *Flashbacks : Hong Kong Cinema after Bruce Lee*, Gulliver Books, 1979.

Tomaru, Junko, "Japan in British Regional Policy towards Southeast Asia, 1945~1960", *Japanese Diplomacy in the 1950s*, eds. Iokibe Makoto · Caroline Rose · Tomaru Junko · John Weste, New York : Routledge, 2008.

Toohey, Aileen, "Badjao : Cinematic Representations of Difference in the Philippines", *Journal of Southeast Asian Studies* 36, no.2, 2005.

U, Nu, *The People Win Through*, Rangoon : Society for Extension of Democratic Ideals, 1952.

Uhalley Jr., Stephen, *A History of the Chinese Communist Party*, Stanford, CA : Stanford University Press, 1988.

Uhde, Jan · Yvonne Ng Uhde, *Latent Image : Film in Singapore*, London : Oxford University Press, 2000.

de Valck, Marijke, *Film Festivals : From European Geopolitics to Global Cinephilia*, Amsterdam : Amsterdam University Press, 2007.

Valicha, Kishore, *The Moving Image : A Study of Indian Cinema. Hyderabad*, India : Orient Longman, 1988.

Wada-Marciano, Mitsuyo, "The Production of Modernity in Japanese Cinema : Shochiku Kamata Style in the 1920s and 1930s", PhD diss., University of Iowa, 2000.

Wade, Robert, *Governing the Market : Economic Theory and the Role of Government in East Asian Industrialization*, Princeton, NJ : Princeton University Press, 1990.

Walsh, Mike, "Hong Kong Goes International : The Case of Golden Harvest", *Hong Kong Film, Hollywood and the New Global Cinema : No Film Is an Island*, eds. Gina Marchetti · Tan See Kam, London : Routledge, 2007.

Weiss, Linda, · John Hobson, *States and Economic Development : A Comparative Historical Analysis*, Cambridge : Polity Press, 1995.

Westad, Odd Arne, *The Cold War : A World History*, London : Penguin Books, 2017.

Wilford, Hugh, *The Mighty Wurlitzer : How the CIA Played America*, Cambridge, MA : Harvard University Press, 2008.

_____, "'Unwitting Assets?' : British Intellectuals and the Congress for Cultural Freedom", *Twentieth Century British History* 11, no.1, 2000.

Willemen, Paul, "Pesaro : The Limitations and Strengths of a Cultural Policy", *Framework : A Film Journal* 15~17, Summer 1981.

Wong, Cindy Hing-Yuk, "Film Festivals and the Global Projection of Hong Kong Cinema", *Hong Kong Film, Hollywood and the New Global Cinema : No Film Is an Island*, eds. Gina Marchetti · Tan See Kam, London : Routledge, 2007.

_____, *Film Festivals : Culture, People, and Power on the Global Screen*, New Brunswick, NJ : Rutgers University Press, 2011.

Woo, Jung-Eun, *Race to the Swift : State and Finance in Korean Industrialization*, New York : Columbia University Press, 1991.

Woo-Cumings, Meredith, ed. *The Developmental State*, Ithaca, NY : Cornell University Press, 1999.

Yamamoto, Satsuo, *My Life as a Filmmaker*, trans. Chia-ning Chang, Ann Arbor : University of Michigan Press, 2017.

Yau, Shuk-ting Kinnia, "The Early Development of East Asian Cinema in a Regional Context", *Asian Studies Review* 33, June 2009.

_____, "Interview with Umetsugu Inoue", *Hong Kong Cinema Retrospective : Border Crossings in Hong Kong Cinema*, Hong Kong : Hong Kong Film Archive, 2000.

_____, *Japanese and Hong Kong Film Industries : Understanding the Origins of East Asian Film Networks*, London : Routledge, 2009.

_____, "Shaws' Japanese Collaboration and Competition as Seen Through the Asian Film Festival Evolution", *The Shaw Screen : A Preliminary Study*, ed. Wong Ain-ling, Hong Kong : Hong Kong Film Archive, 2003.

_____, "Transnational Collaborations and Activities of Shaw Brothers and Golden Harvest : An Interview with Chua Lam", *Hong Kong Cinema Retrospective : Border Crossings in Hong Kong Cinema*, Hong Kong : Hong Kong Film Archive, 2000.

Yau, Shuk-ting Kinnia · June Pui-wah, "Transnational Collaborations and Activities of Shaw Brothers and Golden Harvest : An Interview with Chua Lam", *Hong Kong Cinema Retrospective : Border Crossings in Hong Kong Cinema*, Hong Kong : Hong Kong Film Archive, 2000.

Yecies, Brian · Ae-Gyung Shim, "Asian Interchange : Korean-Hong Kong Co-Productions of the 1960s", *Journal of Japanese and Korean Cinema* 4, no.1, 2012.

Yeh, Emilie Yueh-yu, "Taiwan : Popular Cinema's Disappearing Act." *Contemporary Asian Cinema : Popular Culture in a Global Frame*, ed. Anne Tereska Ciecko, Oxford : Berg, 2006.

_____, "Taiwan : The Transnational Battlefield of Cathay and Shaws", *The Cathay Story*.

_____ · Darrell William Davis, "Japan Hongscreen : Pan-Asian Cinemas and Flexible Accumulation", *Historical Journal of Film, Radio, and Television* 22, no.1, 2002.

Yeh, Emilie Yueh-yu · Darrell William Davis, *Taiwanese Film Directors : A Treasure Island*, New York : Columbia University Press, 2005.

Yip, Man-fung, "Closely Watched Films : Surveillance and Postwar Hong Kong Leftist Cinema", *Surveillance in Asian Cinema : Under Eastern Eyes*, ed. Karen Fang, New York : Routledge, 2017.

Yoshimi, Shunya · David Buist, "'America' as Desire and Violence : Americanization in Postwar Japan and Asia during the Cold War", *Inter-Asia Cultural Studies* 4, no.3, 2003.

Yoshimoto, Mitsuhiro, *Kurosawa : Film Studies and Japanese Cinema*. Durham : Duke University Press, 2000.

_____, "National Cinema as Translocal Practice : Reflections on Chinese Film Historiography", *The Chinese Cinema Book*, eds. Song Hwee Lim · Julian Ward, New York : Palgrave Macmillan, 2011.

Zheng, Yangwen · Hong Liu · Michael Szonyi, ed. *The Cold War in Asia : The Battle for Hearts and Minds*, Leiden : Brill, 2010.

인생에선 뜻하지 않게 다시 만나는 작품이 있다. 내게 그 작품은 영화 〈라쇼몽〉이다. 나는 학부와 대학원에서 영미문화와 영미소설을 전공하였 는데, 소설의 긴 서사구조와 대사 속에서 길을 헤맬 때마다 그리고 영어문 장이 더 이상 눈에 들어오지 않아 머릿속에서 글과 종이가 따로 떨어져 둥 둥 떠다닐 때마다, 영화를 찾았다. 하루는 어떤 영화를 볼까 고민하다 일본 영화의 거장이라 불리는 구로사와 아키라 감독의 〈라쇼몽〉을 보게 되었 다. 할리우드 스타일의 영화에 익숙했던 내게 영화는 가히 충격적이었다. 이 오래된 흑백영화가 선보이는 독특한 구성과 서사는 참으로 매력적이었 고, 특히 영화가 반복적으로 보여준 믿음과 불신의 전복과정은 강렬한 인 상을 남기었다. 한때 잠시나마 영화와 문학 사이에서 전공 선택을 고민했 던 나는 그 선택의 기로에서 종종 이 영화를 떠올리긴 했지만 그뿐이었다.

그리고 몇 년이 지나, 이 책을 통해 〈라쇼몽〉을 다시 만나게 되었다. 이 책은 양차 세계대전 이후 아시아 영화사의 네트워크를 추적하고 그 배후 에서 이 네트워크를 만들고 관리하고 지원한 미국의 냉전시대 문화정책 을 다각도로 살펴본다. 처음 책의 번역을 제안 받았을 때, 영화연구 관련 번역경험이 전무한 내가 방대한 자료에 대한 면밀한 검토를 토대로 아시 아 영화사를 독창적으로 다루는 이 책을 번역해도 될지 걱정이 앞섰다. 이런저런 고민을 하며 원서를 넘기던 중 2장에서 잠시 기억의 저편으로 물러난 영화 〈라쇼몽〉을 발견했다. '모든 것은 〈라쇼몽〉과 함께 시작되었 다'라는 소제목이 붙은 대목에서부터 저자는 본격적으로 세계 영화시장 에서 화려한 데뷔전을 치룬 이 흑백영화가 이후 아시아 영화네트워크를 구축하는 데 어떤 토대가 되었는지, 그리고 아시아 영화의 세계시장진출에 어떤 식으로 기여했는지 (혹은 이용되었는지) 살펴보고 분석한다. 이러한 접근은 단순히 수치와 통계, 연감 등의 '공식자료'에 의존하여 아시아 영화사를 다루는 것이 아니다. 그보다는 그 작품으로부터 촉발된 그러나 지금까지 외부의 힘으로 인해 주목받지 못했고 그리하여 그 중요성이 온전히 논의되지 않았던 숨은 이야기들을 '공식자료'와 '비공식자료'를 종횡무진하며 종합적으로 다루는 것이다. 본래 공적으로 기록된 자료보다 내밀한 방식으로 기록된 사적 자료에 더 끌리지 않는가? 나는 이 대목부터 점차 책에 빠져들기 시작했고, 책을 다 읽은 후에는 이 책이 선사하는 수많은 (숨은) 이야기가 더 많은 사람들에게 읽히길 바라게 되었다. 그러므로 이 책을 번역하겠다고 결심한 것도 제2장의 어느 소제목처럼 '〈라쇼몽〉과 함께 시작되었다'고 볼 수 있다.

이 책이 나오기까지 많은 분들의 애정과 도움이 있었다. 저자인 이상준 교수님은 내가 책을 번역하는 동안 매우 친절히 그리고 다양한 방면에서 도움을 주셨다. 책에 대한 상세한 설명과 자료는 물론이고 감수를 통해 오역의 가능성도 현저히 낮춰주었다. 그럼에도 책에 오역 내지 거친 문장이 있다면 그것은 전적으로 옮긴이의 책임이다. 소명출판과 인연을 맺게 도와주신 손지연 교수님, 이 책과의 인연을 맺게 도와주신 박성모 대표님, 조악한 번역 문장이 매끄러운 문장과 멋진 책으로 세상과 만날 수 있게 도와주신 박건형 과장님께 깊은 감사의 마음을 전한다. 저자가 오랜 시간 공들인 연구가 부디 많은 한국독자와 만나 그 진가를 발휘하길 바란다. 그 여정에 동참하게 되어 참으로 기쁘다.

2023년 6월
수원에서 김지은 씀